세계사를 뒤흔든
생각의 탄생

| 혼란의 시대를 돌파해 현대 경제 사회의
패러다임을 바꾼 11인의 위대한 생각들 |

세계사를 뒤흔든 생각의 탄생

| 송경모 지음 |

트로이목마

혼란의 시대를 돌파해 현대 경제 사회의
패러다임을 바꾼 11인의 위대한 생각들

세계사를 뒤흔든 생각의 탄생

초판 1쇄 발행일 2022년 11월 23일

지은이 송경모
펴낸이 박희연
대표 박창흠

펴낸곳 트로이목마
출판신고 2015년 6월 29일 제315-2015-000044호
주소 서울시 강서구 양천로 344, B동 449호(마곡동, 대방디엠시티 1차)
전화번호 070-8724-0701
팩스번호 02-6005-9488
이메일 trojanhorsebook@gmail.com
페이스북 https://www.facebook.com/trojanhorsebook
네이버포스트 http://post.naver.com/spacy24
인쇄·제작 ㈜미래상상

(c) 송경모. 저자와 맺은 특약에 따라 검인을 생략합니다.

ISBN 979-11-87440-03-1 (03300)

이 책은 저작권법에 따라 보호받는 저작물이므로 무단전재와 복제를 금지하며, 이 책 내용의
전부 또는 일부를 이용하려면 반드시 저작권자와 트로이목마의 서면동의를 받아야 합니다.

* 책값은 뒤표지에 있습니다.
* 잘못된 책은 구입하신 곳에서 바꾸어 드립니다.

이 책을 선택한 독자들에게

누구나 스마트폰 하나만 있으면 앉은 자리에서 거의 모든 것을 순식간에 찾고 보고 듣고 읽을 수 있는 시대다. 원하는 물건은 주문만 하면 착착 배달되고, 세련되고 우아한 소비와 향락 기회는 도처에 넘쳐난다. 게다가 사람이 해오던 어렵고 힘든 일까지 점점 로봇과 드론이 대신해주니, 얼핏 보면 우리는 인류가 꿈꾸어왔던 낙원 속에 사는 것 같다.

그런데 이 파라다이스 속 우리들의 삶은 과연 안녕하신가? 경제는 늘 어렵고, 일자리는 불안하다. 계층 간 반목은 날로 극렬해지고, 이익집단 내지 이념 집단의 외침과 싸움은 진정될 기미가 없다. 그럼에도 이를 해결해주겠다고 나서는, 사회의 리더를 자처하는 화상(畫像)들에게는 도대체 희망이 보이지 않는다.

이러다가 공동체가 붕괴할지도 모른다는 우려가 비단 우리에게만 있는 것은 아니다. 21세기 현재, 선진국과 후진국을 막론하고, 대부분의 나라가 그런 혼란에 휩싸여 있다.

사회가 혼란스러운 이유는 사상이 혼란스럽기 때문이다. 하지만 완벽한 정답이 될 만한 사상이란 있을 수 없고 또 있어서도 안 된다. 그런 시도는 대개 사상의 전체주의로 귀결되면서 개인과 사회를 모조리 질식시키고 파괴할 것이기 때문이다.

이즈음에 우리는 왜 지난 200여 년 전, 철 지난 마차와 증기선과 철도, 낡은 라디오와 컴퓨터의 시대를 살았던 인물들의 삶과 생각을 들여다보아야 하는 것일까? 바로 그 사람들도 오늘날 못지않은 혼돈과 격랑의 시대를 살면서, 그 시대에 맞는 새로운 사상의 방향을 모색하고 혁신 사업의 성과를 만들어냈기 때문이다. 지금 어찌할 바를 잘 모르겠다면, 옛사람들은 과연 어찌했는지 살펴보는 것도 작지 않은 도움이 될 것이다.

세계사 속 위대했던 고인(古人)들을 다 다룰 수는 없다. 그래서 11명을 골랐다. 이들을 고른 이유는 다음의 두 가지다.

첫째, 교과서든 어디든 수없이 등장하는 이름이지만, 정작 그들의 생각이 원래 취지와는 달리 과장, 왜곡, 편향된 채 알려져 있고, 심지어 그 이름이 오용되기까지 하는 인물들이다. 애덤 스미스, 프리드리히 리스트, 빌프레도 파레토, 존 메이너드 케인스, 조지프 슘페터는 각각 현대판으로 각색된 '보이지 않는 손', '보호무역', '80 대 20 법칙', '재정지출

만능론', 그리고 '창조적 파괴'라는 수식어로만 알려져 있을 뿐, 그들이 당시 품었던 생각의 중요성에도 불구하고 그 진짜 내막은 거의 알려져 있지 않다.

둘째, 누구든 얼핏 이름만 들어서 알고 있을 뿐인, 또는 그 이름조차도 듣기 어려웠던 인물들이지만, 사상 측면이나 사업 성과 측면에서 현대 사회에 끼친 영향이 너무나 크기 때문에 반드시 알려야 할 필요가 있다고 필자가 판단한 사람들이다. 코닐리어스 밴더빌트나 조지프 퓰리처는 대개 밴더빌트대학교나 퓰리처상이라는 이름을 통해서만 그 이름이 알려져 있을 뿐이다. 오늘날 기술창업과 벤처 생태계 종사자들도, 자신들이 프레데릭 터먼이나 조르주 도리오로부터 얼마나 큰 빚을 지고 있는지는 고사하고 그 이름조차 아는 사람이 드물다. 현대 산업 사회를 여는 데 큰 생각의 기틀을 제공했던 사상가, 장 바티스트 세나 앙리 드 생시몽이라는 이름은 대부분의 사람들에게 너무나 생소하다.

이들에 대해 학교에서, 또는 언론 기사에서 짤막하게나마 들었던 모든 것들은 다 잊자. 그리고 새로 보자. 경제학, 경영학, 사회학, 철학을 막론하고 말이다. 그들의 생각은 종종 잘못 알려져 있거나 아예 알려져 있지조차 않았다.

오늘날 여러 사회와 경제 문제를 다루는 연구자, 정책가, 정치인, 기업 실무자와 경영자는 물론이고, 바람직한 사회를 탐구하는 학생, 더 나아가 평소 이런 문제를 생각해볼 기회가 드물었던 예체능인들에게도, 그동안 미처 보지 못했던 새로운 생각의 창을 열어주는 데 이 책이 작게

나마 도움이 될 수 있다면 필자로선 최고의 기쁨이다.

　우리가 얻어야 할 것은 '정답'이 아니라 '반성(反省)하는 능력'이어야 한다. 교양은 어디서나 되돌아볼 줄 아는 사람의 몫이니까 말이다.

　　　　　　　　　　2022년 10월, 서울의 한 카페 창가에서 적다.

　　　　　　　　　　　　　　　　　　　　　　　송경모

• 차례 •

이 책을 선택한 독자들에게   **005**

- CHAPTER 1 • **개인** 조화의 도덕철학자 '애덤 스미스'(스코틀랜드(영국))   **011**
- CHAPTER 2 • **번영** 이상적 산업 사회를 꿈꾼 '앙리 드 생시몽'(프랑스)   **067**
- CHAPTER 3 • **기업가** 기업가정신의 선구자 '장 바티스트 세'(프랑스)   **095**
- CHAPTER 4 • **국가** 국가 시스템의 웅변가 '프리드리히 리스트'(독일)   **123**
- CHAPTER 5 • **개척** 신대륙 이주 사업가의 롤모델 '코닐리어스 밴더빌트'(미국)   **165**
- CHAPTER 6 • **정보** 신문 콘텐츠의 혁신가 '조지프 퓰리처'(미국)   **197**
- CHAPTER 7 • **사회** 도덕과 이성의 세계를 돌아 현실로 돌아온 '빌프레도 파레토'(이탈리아)   **223**
- CHAPTER 8 • **기대** 팔방미인 사회사상가 '존 메이너드 케인스'(영국)   **277**
- CHAPTER 9 • **변화** 창조적 파괴의 사상가 '조지프 슘페터'(오스트리아)   **331**
- CHAPTER 10 • **금융** 현대 벤처캐피털의 원조 '조르주 도리오'(미국)   **373**
- CHAPTER 11 • **창업** 실리콘밸리의 아버지 '프레데릭 터먼'(미국)   **403**

에필로그   **433**
감사의 글   **436**
Endnotes   **438**
찾아보기   **460**

◆ 세계사를 뒤흔든 11인의 사상가와 기업가 연표

연도	미국	영국	프랑스	프랑스	독일	오스트리아	이탈리아
1700년							
1750년		애덤 스미스(개인)					
1800년			앙리 드 생시몽(번영)	장 바티스트 세(기업가)	프리드리히 리스트(국가)		
1850년	코닐리어스 밴더빌트(개척)						
1900년	조지프 퓰리처(정보)		존 메이너드 케인스(기대)			빌프레도 파레토(사회)	
1950년	조르주 도리오(고용)	프레데릭 터먼(창업)				조지프 슘페터(변화)	
2000년							

· CHAPTER 1 · 개인

조화의 도덕철학자 '애덤 스미스'
(스코틀랜드(영국))

* 출처_위키피디아

 몇백 년 전부터인지도 정확하지 않다. 역사상 처음이었다. 개인(individual)의 소중함이 지식인 사이에 비로소 인식되기 시작했다. 그전까지는 군주와 사제를 중심으로 하는 상위 통치계층의 체제를 뒷받침하는 공동체 덕목에, 대부분의 피통치자들은 무조건 복종해야만 했다. 지금 우리가 사는 사회, 적어도 법적으로는 모든 이에게 자유와 평등의 권리가 부여되어 있고, 개인이 스스로 노력해 자신의 능력을 꽃피울 수 있는 사회는, 저 견고했던 예속 사회[1]의 지반을 뚫고 올라온 개인의 존엄성에 대한 인식과 더불어 태동했다. 모든 개인의 존귀함은 자유와 인권이라는 가치를 통해 비로소 구현되기 시작했고, 사법 체계가 이를 위해 정비됐다. 이렇게 새로이 등장한 시대는, 흔히 '근대(the modern era)'라는 이름으로 불리고 있다.

그런데 이 근대는 도대체 어디서부터 시작된 것일까? 구텐베르크^{Johannes Gutenberg, 1398~1468}의 인쇄 기술 혁신 이후, 그를 기반으로 일어난 《성경》 및 각종 이야기 출판물의 보급과 대중의 문해력 향상이 그 시작인가? 마키아벨리^{Niccolò Machiavelli, 1469~1527}나 데카르트^{René Descartes, 1596~1650} 같은 인물이 불러일으킨 세계관의 대전환이 시작점인가? 아니면 왕정과 공납을 대신한 의회 민주주의와 조세 징수권을 바탕으로 형성된 새로운 정체(political regime)로서 국민국가의 등장에서 기인하는가?

사실 이 현상은 16세기 이래 유럽 전역에서 발생한 여러 사건과 경험이 얽히고설키면서, 서로 영향을 주고받으며 일어난 것이다. 더구나 이 사건들이 일어난 원인들을 더 거슬러 올라가면 14세기 이래 르네상스와 그 이전 십자군전쟁까지 더듬이가 닿을 수밖에 없고, 역사가들이 흔히 하는 시대 구분을 단정하려는 시도는 점점 미궁에 빠질 수밖에 없다. 그러므로 특정 시대의 어떤 한 가지 사건이나 계기에 근대의 절대적인 원인성을 부여하는 일은 어리석을 것 같다. 하지만 근대가 태어나는 데 중요한 계기를 제공했던 수많은 사상가들이 있었던 것만큼은 사실이다. 그중에서도 이 책에서는 '애덤 스미스^{Adam Smith, 1723~1790}'라는 한 인물에 대해 좀 더 가까이서 살펴보기로 하자.

대중들에게는 단지, '보이지 않는 손(invisible hand)'이라는, 알 듯 모를 듯한 구절 하나 정도로 각인되어 있는 그, 또는 약간 공부를 한 사람들에게는 자유주의 시장경제의 이론적 토대를 구축한 인물 정도로 알려져 있는 그다. 그를 이렇게 알고 있다 해도 완전히 틀린 것은 아니지만, 완전히 맞는 것도 아니다.

사실 어떤 한 인물의 사상을 온전히, 심지어 객관적으로 이해한다는 것은, 그에 대해 평생을 연구한 전문가라 해도 사실상 불가능한 일이다.[2] 어쨌든, 우리는 그가 살았던 18세기 스코틀랜드에서 등장했던 지식 문화의 특성을 살펴봄으로써, 애덤 스미스의 본 모습에 보다 가까이 다가설 토대를 마련할 수 있는 것만큼은 확실하다.

◆ 스코틀랜드라는 나라

스코틀랜드는 18세기에 '북유럽의 아테네'라고 불릴 정도로 문화, 예술, 학문, 사상이 융성했던 지역이다. 그중에서도 에든버러(Edinburgh)가 돋보였다. 아테네가 지중해 연안에 인접해서 문물 교류의 중심지 역할을 했었던 것처럼, 항구도시인 에든버러 역시 그랬다. 에든버러는 17세기 스코틀랜드 지식인들의 집결지였고, 에든버러대학(University of Edinburgh)이 그 중심에 있었다. 데이비드 흄(David Hume, 1711~1776)이나 애덤 스미스가 직접 에든버러대학 교수직을 맡지는 않았지만, 그들은 에든버러대학 출신 또는 현직 교수들과 교류하면서 그들의 사상을 발전시켜갔다.

스코틀랜드를 단순히 영국의 한 자치령으로 보기에는 이 나라의 역사와 문화가 보여주었던 다채로움은 상상 이상이다. 애덤 스미스를 배출한 나라라는 사실을 떠나, 골프의 발상지, 백파이프와 남자 치마, 스카치위스키의 고향, 3M의 '스카치테이프' 상표명에 등장할 정도로 인색(?)한 국민성, 수도원에서 개발된 역사상 최초의 유족 연금 제도, 더구나 조앤 롤링Joanne K. Rolling, 1965~이《해리포터(Harry Porter)》를 집필했던 곳 등등, 헤아릴 수 없다. 철강왕 앤드루 카네기Andrew Carnegie, 1835~1919나 역사학자 니얼 퍼거슨Niall Ferguson, 1964~을 포함하여, 서구 역사상 활약했거나 현시대에 활동하는 수많은 스코틀랜드계 유명인사들은 일일이 거명하기가 불가능할 정도다. 더구나 검소하고 절제된 삶으로 유명했던 칸트Immanuel Kant, 1724~1804는, 그 성품의 일단이 스코틀랜드계 외가(外家)에서 유래한 것이 아닌가 하는 추측도 있다.

영국, 즉 잉글랜드의 발명으로 오인하기 쉽지만, 사실은 스코틀랜드의 산물인 사례가 의외로 많다. 그중 두 가지만 예를 들어보겠다. 하나는 인류 경제사에, 다른 하나는 지식사에 일대 전기(轉機)를 마련했다.

첫째는, 증기기관이다. 제임스 와트James Watt, 1736~1819는 스코틀랜드 항구도시 그리녹(Greenock)에서 태어났다. 타고난 기계 기술자였던 그는, 글래스고(Glasgow) 시내에 자신의 기계 공방을 운영했다. 그는 탁월한 엔지니어링 능력을 인정받아 글래스고대학(University of Glasgow)의 각종 시설, 실험 장비, 기계를 관리 보수하는 일을 맡았다. 그는 1763년에 글래스고대학에 설치되어 있던 뉴커먼(Newcomen) 증기엔진 수리를 의뢰받는다. 이 과정에서 기존 엔진의 문제점을 인식하고 개량 방안을 연구하기 시작했다. 마침내 1776년에 탄광에서 사용 가능한 수준의 개량된 증기기관을 개발하는 데 성공했다. 이 증기펌프는 이후 인류 경제사에 전례 없는 동력 혁명과 수송 혁명을 일으키는 도화선이 됐다.

둘째는,《브리태니커 백과사전(Encyclopedia Britannica)》이다. 원래 백과사전은 대륙에서 시작된 백과전서파 계몽주의 사상 운동이 낳은 결과물이었다.³ 에든버러의 인쇄 사업가 앤드류 벨Andrew Bell, 1726~1809, 콜린 맥파쿼Colin Macfarquhar, 1744~1793, 윌리엄 스멜리William Smellie, 1740~1795는 바다 건너 세상에서 일어난 이 출판 소식을 들었다. 그리고 자신들이 직접 인류의 지식을 집대성한, 제대로 된 백과사전을 만들어보겠다고 기획했다. 1768년부터 주간지 형식으로 항목별 해설을 작성하기 시작했고, 1771년에 이 내용을 묶어서《브리태니커 백과사전》초판 3권을 발간했다. 초판 발간 시 주요 집필자들은 스코틀랜드의 '사변협회'라고 하는, 에든버러대학 출신 지식인 모임의 구성원들이었다. 이 사전은 나중에 잉글랜드 지역의 지식인들로까지 집필진이 확대되며 계속 수정, 증보판이 만들어졌다. 21세기에 위키피디아(Wikipedia) 같은 온라인 개방형 백과사전이 확산되기 전까지, 이 백과사전은 200년 넘는 세월 동안 인류 지식의 보고(寶庫)로 전 세계 교양인의 가정에 비치되곤 했다.

◆ **현대인에게 비친 애덤 스미스의 인상**

애덤 스미스는 1723년에 태어났다. 출생지 커콜디(Kirkaldy)는 에든버러 항구로부터 만을 끼고 바다를 건너서 북쪽에 있는 지역이다. 그의 사망 연도는 프랑스 대혁명이 발발한 그다음 해인 1790년이었다. 그는 자신의 생각과 결이 전혀 달랐던 대륙의 계몽주의, 즉 이성주의 사조에 입각한 혁명이 가져온 혼란상은 미처 관찰하지 못한 채 죽었다.

1737년에 그는 글래스고대학에 입학했다. 입학할 당시 나이가 14세였다. 지금 기준으로는 중학생 나이니까 조기 영재가 아니었나 생각될 수도 있지만, 특별히 그렇지는 않았다고 보인다. 대학이라고 하는 곳은, 누구든 적절한 나이가 되면 필요에 의해서, 그리고 실력이 되면 입학할 수 있었다.

글래스고대학에서 프랜시스 허치슨^{Francis Hutchison, 1694~1746} 교수 문하에서 도덕철학(moral philosophy)을 공부했다. 대학 졸업 후에는 잉글랜드 각처로 돌아다니면서 공부를 심화시켰다. 그 과정에서 신선한 글과 강연으로 스코틀랜드 지식인 사이에서 평판이 높아졌다. 1751년, 28세 나이로 모교 글래스고대학에 도덕철학 과목 교수로 부임했다. 1763년 글래스고대학을 떠나 젊은 버클루 공작(Duke of Buccleuch)의 가정교사가 되었고, 교수 시절보다 더 높고 안정적인 보수를 받으며 연구에 몰두할 기회를 얻게 된다. 이후 잉글랜드와 대륙 각지를 여행하면서 여러 지식인들, 예컨대 프랑스의 계몽주의자들과 교류하면서 지식과 사상의 폭을 넓혔다. 이 기간의 경험과 사색이 그의 《국부론(The Wealth of Nations)》 집필에 상당 부분 기여했다.

스코틀랜드인다운 검소한 생활방식 외에도, 그는 아주 미약한 성인 ADHD(주의력결핍 과잉행동장애) 증상이 있다 할 정도로, 뭔가에 집중하면 주변 상황에 대한 주의력이 완전히 실종되는 경향이 있었다. 길 가다가 구덩이에 빠진 것은 물론이고, 잠옷 바람으로 거리를 활보했다는 등, 온갖 일화가 전해진다.[4]

그런데 애덤 스미스에 대해 현대인이 지닌 인상은 도덕철학자가 아니다. 그는 흔히 경제학의 아버지로 알려져 있다. 조금 더 나아가면 '경제적 자유주의(economic liberalism)'의 원조로 널리 알려져 있다.[5] 《국부론》에서 언급한 몇 가지 서술 때문에 스미스는, 오늘날 정부가 절대 개입하지 않는 시장 만능주의 또는 자유방임주의를 무조건 옹호하는 인물로 자주 인용되곤 한다. 더욱 안타까운 것은 그가 개인의 탐욕을 예찬했다는 오해다.

◆ 스코틀랜드의 종교 개혁과 세계관의 변화

애덤 스미스가 살았던 18세기, 특히 스코틀랜드의 사회상은 어떤 모습이었을까? 이를 이해하기 위해서는 먼저 16세기부터 시작된 스코틀랜드의 종교 개혁이 지식 사회에 끼친 영향을 알아야 한다. 스미스보다 200여 년 앞서 살았던 존 녹스 John Knox, 1513~1572가 그 선구자였다. 그는 오늘날 스코틀랜드 장로교의 시조로 일컬어지는 인물이다. 원래 로마 가톨릭 사제였던 그는, 프랑스에서 장 칼뱅 Jean Calvin, 1509~1564 으로부터 배운 후 스코틀랜드로 돌아와 갖은 박해를 무릅쓰고 종교 개혁 운동을 일으켰다.

그가 창시한 프로테스탄트 장로교단 내에서, 18세기에 이르러 중도파 목사(moderates)들의 역할에 주목할 필요가 있다. 휴 블레어 Hugh Blair, 존 흄 John Hume, 알렉산더 칼라일 Alexander Carlyle, 그리고 애덤 퍼거슨 Adam Ferguson 같은 인물이 대표적이었다. 동일한 기독교 전통에 속해 있었지만, 중도파 목사들은 특이하게도 세속화와 문명화의 가치를 수용했다. 고전적인 기독교의 교리에 따르자면 피조물인 인간은 모든 행동을 신의 뜻에 따라야만 하고, 금욕과 절제를 추구해야 하며, 하나님의 나라에 들기를 간절히 염원하는 자세를 지녀야만 했다. 반면에 중도파 목사들은 기독교인들은 신의 나라뿐만 아니라, 지상의 나라, 즉 현실 사회에서 벌어지는 여러 현상과 가치들도 수용해야 한다는 견해를 지녔다. 전통 기독교 교리 관점에서 보면 대단히 이단에 가까운 견해였다.

특히 중도파 목사들은 당시에 유행하던 계몽주의 철학과 발전된 과학 지식을 수용해야 한다고 주장했다. 그리고 종교적 관용(tolerance), 즉 기독교 교리에 대한 상이한 해석도 인정해주어야 한다는 입장에 섰다. 그들은 '기독교적 휴머니즘(Christian Humanism)'이라는 단어를 사용하곤 했다. 하지만 이 말은 사실상 모순 어법이었다. 휴머니즘이라고 하는 것은 신보다 인간을 더 우위에 둔다는, 일종의 반(反)기독교적 개념이기 때문이다. 18세기에 이르러 대다수의 스코틀랜드 지식인들은 장로교파에서 등장한 이런 진보적 세계관을 아무 거부감 없이 받아들이고 있었다.

◆ **상업의 융성에서 배우다**

애덤 스미스가 살았던 시대를 특징 짓는 또 다른 현상은 상업의 융성이었다. 사실 상업은 고대나 중세에도 늘 있었다. 그렇다면 18세기의 상업 활동은 과거의 그것과 무엇이 다른가? 과거에는 상업 활동이 사회에서 중심적인 지위를 부여받지 못했었다. 중세 서구 사회는 신앙에 복속된 모든 가치관으로 공동체를 이루고 사는 것이 일반적인 모습이었다. 거기에서 사제, 왕, 영주, 기사들이 사회의 중심적인 지위를 차지하고 있었다. 상업을 통해 이익을 추구하는 행위는 인간의 탐욕을 드러내는 죄였다. 상인도 상인이려니와 상거래에 필수적으로 수반되는 대부업자들의 활동은 사회에서 경멸의 대상이었다.

하지만 정작 사제와 군주들은 언제나 상인을 통해 필요한 물자를 조달했고, 자신의 지위를 유지하기 위해, 특히 전쟁을 수행하기 위해 늘 돈이 필요했기 때문에 대부업자들에게 의존할 수밖에 없었다. 200여 년에 걸쳐 진행된 십자군전쟁(1095~1291)을 통해서, 지중해 일대 군사들의 이동 경로를 중심으로 상인들의 군수물자 교역이 급증하면서 근대 상업 사회가 형성되는 계기가 마련됐다.

상업 사회가 도래하면서 일어난 중요한 변화 가운데 하나는, 바로 새로운 의미를 지닌 'society' 개념이 등장하게 됐다는 것이다. 상업이 융성하고 상인의 지위가 향상되기 전까지, 중세 서구 사회는 아직 근대적 의미의 '사회'라는 말을 붙이기조차 어려운, '종교 공동체' 내지 '신앙 공동체'였다. 중세 수도원을 중심으로 조성된 마을과 영주들이 통치하는 구역, 이 모든 곳에 기독교적 질서 체계가 있었다.

새롭게 등장한 'society'는 오직 'individual'을 전제할 때에만 의미가 있었다. 여기서 '개인'이란 단순히 팔다리를 움직이는 하나의 생물학적 개체를 의미하는 것을 넘어, 그가 지닌 자유의지와 그에 따른 선택이 지니는 가치, 효과, 의미를 인식하는 주체로서 독립한 한 사람을 뜻했다. 그러면서 '개인들 사이의 관계'로서 '사회'라는 현상이 새로운 각도에서 조망을 받기 시작했다. 저 오랜 기독교 전통을 뚫고 '개인주의'라고 하는 사조가 본격적으로 치고 올라오기 시작한 것이 바로 18세기 애덤 스미스가 살았던 시대였다.

그러나 애덤 스미스는 상업의 융성과 그에 따른 개인의 발흥은 보았어도, 훗날 기계의 발전과 대기업 조직의 등장이 몰고 올 미래는 볼 수 없었다. 그가 왕성히 활동했던 18세기 후반이라고 해보았자, 막 방적기와 증기기관 개발이 시작되던 시기였다. 그는 마차와 범선을 통한 교역이 이루어지는 세상을 보았을 뿐, 전기나 석유로 움직이는 기계는 물론이고 증기선과 증기기관차 같은 것은 꿈도 꾸지 못했다. 그가 경험한 공장이라고 해봐야 약간 규모가 큰 '공방(workshop)' 수준의 작업장이었다. 그는 19세기 후반 주식회사형 자본주의와 대량생산 시스템이 자리 잡기 이전 시대를 살았던 사람이었다. 그가 경험한 경제는 기본적으로 도구, 또는 마력이나 인력에 의존한 원시적인 기계가 투입된 '곡물 경제' 내지 '장인(craftsman) 경제'였다. 우리는 이 점을 알고 애덤 스미스의 생각을 읽어야 한다.

◆ **중심국이 아닌 주변국의 강점** [6]

잉글랜드에 대비한 스코틀랜드 사회의 위상과 거기에서 파생된 온갖 긴장 관계는 스코틀랜드 지식인 사회의 사유 체계에도 영향을 미쳤다. 1707년에 스코틀랜드는 잉글랜드에 합병됐다. 동아시아에서 약 200여 년 후 일어났던 한일합병과 성격이 비슷하다면 비슷하다고도 말할 수 있는 사건이었다. 당시 합병에 찬성하는 사람과 반대하는 사람 간의 아주 격렬한 대립이 있었다. 지금도 그 당시 합병 반대파의 기조를 이어받아서 스코틀랜드 독립운동을 추진하는 사람들이 많다. 오늘날에도 스코틀랜드인을 자칫 영국인이라고 부른다면 그야말로 모욕감을 불러일으키는 행동일 수 있다. 그만큼 영국 안의 또 다른 나라, 스코틀랜드인들의 자부심은 강하다.

어쨌든 1707년 합병 결과, 두 지역의 교역 거래는 더 활발해질 수밖에 없었다. 이와 아울러 두 나라 지식인들 사이에 사상 교류도 더욱 활성화됐다. 물론 합병되기 전에도 물자와 인력의 이동이 있었고 사상의 교류가 있었을 것이지만, 합병 이후에 비할 바가 아니었다.

당시 잉글랜드와 스코틀랜드 두 지역의 구별되는 지위를 이해할 필요가 있다. 잉글랜드는 식민지 무역을 통해서 막대한 상업자본이 축적되고 있었다. 이와 동시에 나타난 한 가지 현상은 사회 전반의 향락과 소비 문화였다. 식민지를 정복하고서 거기서 들여오는 차(茶)와 도자기를 포함하여, 인도와 중국 등지에서 가져오는 온갖 진귀한 물품들을 누가 더 많이 가지고 있느냐를 뽐내는 문화가 자리잡았다. 이런 향락, 소비, 사치 풍조는 금욕과 절제를 표방했던 전통적인 기독교 사상에 위배되는 것이었다. 잉글랜드에 새롭게 들이닥친 물질적 번영은 당시 발흥하는 개인주의와 결합하면서 사회 분위기를 크게 변화시켰다.

중심부였던 잉글랜드에 비하면 스코틀랜드는 주변국이었다. 물질적인 번영은 잉글랜드를 따라가지 못했지만, 스코틀랜드는 주변부에서 관찰자의 지위를 유지하면서 중심부에서 일어나는 변화를 바라볼 수 있었다.[7] 어떻게 보면 절반은 동경하고 절반은 객관적으로 관찰하는 위치였다. 스코틀랜드가 이 번영을 직접 누리기는 어려웠어도, 먼발치에서 객관적으로 관찰하고 분석하기는 유리했다.

스코틀랜드와 잉글랜드는 계속해서 모종의 대화를 나누었다. 물질의 번성과 정신의 가치 사이에서 개인의 자유라는 개념을 매개하고 싶어 했다. 잉글랜드와 스코틀랜드에 공히 전승된 종교 개혁의 분위기 아래서 다양한 사상적 자유가 허용됨으로써, 특히 기독교 교리에 대한 다양한 해석을 받아들임으로써 이 일이 가능해졌다. 근대 과학혁명 이후 자연과학의 성과를 충분히 이해하고 공부하려는 분위기가 형성된 것도 큰 몫을 했다.

사치 문화의 확산과 더불어 나타난 스코틀랜드와 잉글랜드의 중요한 키워드 가운데 '세련됨(refinement)'이라는 것이 있었다. 세련됨은 질박하고 거친 것의 반대말이다. 이는 단지 생필품만을 간신히 획득하며 살아가던 시절에는 생각하기 어려운, 오직 생존 수준 이상으로 물질의 풍요가 달성되었을 때에만 도달할 수 있는 상태다. 세련된 도자기, 세련된 직물, 세련된 파티 …. 깨끗하고 정돈되고 아름답고 우아한 것들에 대한 동경이었다. 세속적인 향유와 여흥, 레저활동, 사교, 파티 문화 등등, 어떻게 보면 기독교적 금욕과 절제 규범이 도래하기 이전 고대 그리스적인 이상과 같은 것을 추구하는 현상이 영국 사회에 다시 불었다.

◆ 잉글랜드보다 우월했던 스코틀랜드의 교육 시스템

스코틀랜드의 지식인 문화가 유독 발전한 배경으로는, 그곳의 교육제도 개혁이 잉글랜드에 비해 훨씬 앞서 일어났기 때문이다. 스코틀랜드의 종교 개혁가들은 17세기 이후 교구 전역에 걸쳐 지역민의 기금 후원을 독려하여 초등학교 설립을 대폭 확대했다. 이 제도로 17세기 스코틀랜드 사람들의 문해력은 급격히 향상됐다. 1750년대 스코틀랜드 성인 남성의 65퍼센트가 글을 읽을 줄 알았는데, 이는 잉글랜드에 비해 월등히 높은 수준이었다.[8]

스코틀랜드의 대학들은 모두 15세기 이후 중세 대학의 전통을 그대로 따랐으며, 교회의 통제를 받는 학감이 모든 교과과정 운영을 감독했다. 대학에서 뉴턴Isaac Newton, 1642~1727의 자연철학이나 여러 반(反)기독교적 인문학 사상을 가르친다는 것 자체가 허용되기 어려웠다. 그러다가 18세기 초에 중대한 변화를 맞는다. 17세기 이후 개신교가 강세를 보였던 네덜란드와 독일에서 공부하고 온 지식인들이 스코틀랜드 각 대학에 자리를 잡으면서 자연과학과 인문학 교과가 강화되었다. 무엇보다도 1708년 에든버러대학에서 학감 제도가 폐지된 것이 큰 계기가 됐다. 이후 대학은 기독교적 세계관에 덜 구애받는 다양한 교과목을 개설하고 전임교수들을 충원하기 시작했다. 이른바 '도덕철학' 과목이 개설되기 시작한 것도 그때부터였다.

이렇게 발전하기 시작한 스코틀랜드 지역 대학의 수준은 18세기 내내 잉글랜드의 옥스퍼드와 케임브리지대학교를 능가했다. 당시에 잉글랜드와 스코틀랜드를 통틀어 최고의 명문대학은 에든버러대학이었다. 애덤 스미스가 글래스고대학을 졸업한 뒤 잠시 옥스포드대학에서 공부한 적이 있었는데, 그때의 경험을 《국부론》에서 "상당수의 교수들이 제대로 가르치려는 시늉조차 하는 모습을 보기 힘들었다."[9]며, 그들의 태만을 대단히 실망스럽게 묘사한 적이 있었다. 스미스는 교수들의 이런 태만은, 당시 기부금 제도로 운영되면서 개별 교수의 성과에 따른 차등 인센티브가 없었던 잉글랜드 대학들의 관행 때문이라고 보았다. 스미스는 훗날 글래스고대학 교수 시절, 학생들이 직접 내는 수업료를 받았는데, 당연히 그의 강의에는 언제나 학생들이 몰렸다.

잉글랜드의 유명한 정치인 존 러셀(John Russel, 1792~1878)[10]은 1809년에 에든버러대학에 입학했다. 이는 전적으로 아버지의 충고를 따른 결정이었다. "잉글랜드의 대학에서는 배울 만한 것이 없으니 스코틀랜드로 가라." 옥스퍼드와 케임브리지대학은 훗날 에든버러대학의 운영 방식을 학습해서 세계적인 명문대학으로 발돋움하게 된 것이다.

18세기 이래 에든버러대학은 학생과 교수 모두에게 상벌과 선택의 엄정한 시스템을 적용했다. 수강생은 강의에 한 번 결석할 때마다 벌금 2실링을 납부했다. 매일 오후마다, 오전에 배운 내용을 확인하기 위해 쪽지시험을 치렀다. 학년이 끝날 때마다 통과시험을 봤다. 하루 일과는 예배 시간을 포함하여 오전 6시에 시작했고, 여름에는 좀 더 당겨서 오전 5시였다. 한편 교수들의 급여는 철저하게 수강생 숫자에 연동해서 지급됐다.[11] 수강생이 거의 없는 강좌를 맡은 교수는 가난하게 살아야 했다. 당시 스코틀랜드 대학교의 분위기를 오늘날 대학교와 비교해보면, 대학교라기보다는 마치 대입 기숙학원 같은 느낌이 들 정도다. 그러나 우리가 여기에서 유추해볼 수 있는 것은, 방종이 아니라 엄격함 속에서, 그리고 안주가 아니라 경쟁 속에서 에든버러대학은 스코틀랜드 지식인 사회를 선도할 수 있는 역량을 기를 수 있었다는 사실이다.

◆ 에든버러의 지식인 존중과 토론 문화

에든버러시 중앙에 마켓사거리(Market Cross)라고 하는 곳이 있다. 18세기 에든버러가 아무리 번성했다 하더라도 오늘날 서울이나 뉴욕 같은 메가시티가 아닌, 기껏 군청 소재지 정도의 수준에 불과했다. 사람들이 주로 모이는 곳은 뻔했다. 마켓사거리 일대의 식당과 카페는 당대 최고의 지식인들이 만나서 지식 토론을 즐기는 장소였다. 이 사거리를 거닐다 보면 당시에 애덤 스미스나 데이비드 흄 같은 인물들이 서로 대화를 하면서 지나가는 장면을 자주 목격할 수 있었다고 전해진다.

흄은 스미스보다 열두 살 연상이었지만 두 사람은 학문의 동료로서 늘 자유롭게 의견을 교환하던 절친이었다. 흄의 반기독교적 인간주의 사상은 스미스의 저술 곳곳에 스며들어 있고, 흄 역시 스미스로부터 많은 자극을 받았다. 에든버러시 중심가 자체가 마치 플라톤[Platon]과 아리스토텔레스[Aristoteles]가 대화하면서 걷는 아테네 학당의 분위기였다고나 할까. 흄이 말년에 와병 중일 때도 스미스는 자주 병문안을 갔고, 그에게 위로 편지를 보내곤 했다.

지식인들이 모이다 보니 자연스럽게 공부 모임이 결성됐다. 이중 대표적인 것으로 1754년의 '셀렉트 소사이어티(Select Society, 이하 명사(名士)협회)', 1757년의 '포커 클럽(Poker Club)', 그리고 1764년의 '스페큘러티브 소사이어티(Speculative Society, 이하 사변(思辨)협회)'가 있었다.

명사협회는, 스코틀랜드 장로교의 중도파 목사들이 중심이 되어 만들어졌으며, 주로 기성교회의 폐단과 문제점들을 비판하는 모임이었다. 1754년 보수적인 교구 목사 한 명이 데이비드 흄을 비롯하여 중도파 목사들의 불경(不敬)스러운 사상을 비난한 이후, 중도파 목사들이 자신의 우군들을 결집할 의도로 만들었다. 이 모임에는 당시 스코틀랜드 최상류층 인사와 문필가들이 대거 참여했다. 당시 글래스고대학에 재직하고 있었던 애덤 스미스는 명사협회에 정기적으로 참석했다. 글래스고에서 에든버러까지는 약 60킬로미터 정도, 그러니까 서울에서 안성 정도까지의 거리였다. 명사협회 모임이 있는 전날 애덤 스미스는 하루 종일 마차를 타고 가서 하룻밤 자고, 모임에 참석해서 하루 종일 토론을 하고, 다시 하룻밤 자고 글래스고로 돌아가곤 했다. 명사협회의 명성은 전 유럽은 물론이고 미국 대륙까지 알려졌다. 벤저민 프랭클린[Benjamin Franklin, 1706~1790]이 스코틀랜드를 방문했을 때, 명사협회 모임에도 참석했다고 알려져 있다. 그러나 세월이 흘러 초기 구성원이 노쇠하면서 모임이 정체됐고 1764년에 해체됐다.

포커 클럽은, 포커 치는 모임은 아니었고 정치 토론회였다. 포커라는 명칭은 위장(僞裝)용이었다. 이 모임은, 애덤 스미스를 포함하여 시민군(Civil Army)[12] 제도의 당위성에 공감한 인사들이 주축이 되어 1757년 시민군법(Militia Act) 조항을 심의하기 위해 정기적으로 만난 데에서 유래했다. 주된 논제는 시민군 제도를 포함하여 당시의 법, 정치, 사회 문제 전반에 걸친 것들이었다. 초기에는 관련된 지식 토론이 진지하게 일어났는데, 나중에는 사교와 유흥 모임으로 변질됐다고 알려져 있다.

사변협회는, 에든버러 대학생들이 처음 결성한 뒤 당대의 문필가와 지식인들이 속속 참여했다. 《브리태니커 백과사전》 초판 집필진 중 상당수가 바로 사변협회 회원이었음은 앞에서도 언급했다. 모임은 금요일 저녁마다, 스코틀랜드 지역의 선술집 펍(Pub)에서 이루어졌다. 펍에서 저녁 6시쯤 모여 간단한 식사와 음료를 먹으면서 토론을 했다. 훗날 이 모임은 더 이상 에든버러 시내 여러 펍을 전전하지 않고 에든버러대학 내에 정식으로 공간을 얻기에 이르렀다. 사변협회는 명사협회나 포커 클럽과 달리 100년 넘게 지속되면서 숱한 스코틀랜드 문필가와 지식인들이 여기에서 교류했다.[13] 하지만 19세기 중반에 이르러 스코틀랜드의 지식인들이 점점 런던으로 이주하면서 저 찬란했던 스코틀랜드의 문필 문화는 쇠락하고 지식의 주도권은 잉글랜드로 넘어가게 된다.

◆ 계몽주의 사상가 애덤 스미스

18세기 유럽 전역의 지식인들은 만날 때마다 '계몽(啓蒙, enlightenment, Lumières)'이라는 말을 입에 달고 다녔다. 마치 오늘날 경영자나 경영학자들이 만날 때마다 '혁신(革新, innovation)'을 입에 담는 것처럼 말이다.

그런데 도대체 '계몽'이란 무엇인가? 1780~1790년대 활동했던 독일 계몽사상가들의 글을 보면, 임마누엘 칸트는 "계몽이란 자기 스스로에게 책임이 있는, 미성숙 상태에서 벗어나는 것", 크리스토프 마틴 빌란트Christoph Martin Wieland, 1733~1813는 "어둠에서 밝음으로, 암흑에서 빛으로, 거짓에서 참으로 인식이 이행하는 것"이라고 보았다.[14]

파자(破字)해서 해석하면, enlightenment는 '빛을 비춤'이다. 어둠에 있는 사람을 빛으로 깨어나게 한다는 것이다. 뭔가 미성숙했던 상태가 어둠의 상태다. 한자 번역어 啓蒙도 어리석은 '몽(蒙)'에, 길을 열어주는 '계(啓)'다. 사람을 유치한 정신 상태에서 탈출시켜 성숙한 상태로 이끌어주는 것이 바로 계몽이다. 그럼 무엇이 유치하고 미성숙한 것인가? 칸트는 "미성숙이란, 다른 주체의 도움을 받지 않고는 자신의 이성을 사용할 수 없는 상태"라고 말했다.

여기서 칸트의 어법은 애써서 에둘러 말하기 또는 감추어 말하기다.[15] 여기서 다른 주체란 세계 만물을 창조하고 주재하는 기독교의 신을 뜻한다고 가정하고 읽어보자. 그렇다면 계몽이란 결국 신의 능력에 힘입는다거나 신의 은총 안에서만 살아가는 인간이기를 거부하고, 자신의 이성을 통해 판단하고 행동하는 인간으로 재탄생한다는 것을 의미할 것이다. 이때 계몽은 맹목적인 기독교 신앙에 대한 어떤 극복이 된다.

물론 계몽 그 자체는, 19세기로 굳이 한정하지 않더라도, 모든 시대 모든 지역에서 사람들이 낮은 단계의 지식을 벗어나 높은 단계의 그것으로 이행하는 것이겠다. 삶을 지배하는 온갖 미신과 편견, 인습과 타성, 그리고 경직된 이념에서 벗어나 보다 올바른 지식을 수용하는 것이 계몽일 것이다. 아름다운 언어로 건설된 모든 종교와 이념도 처음 등장할 때는 낡은 무지를 타파하려 했던 계몽이었다. 그렇게 해서 한 사회에서 어느덧 제도화, 화석화된 기독교, 불교, 이슬람교, 유교, 공산주의의 언어들이 인간과 세계에 대한 올바른 앎을 가로막는 변질된 무지로 전락해 있다면, 이를 극복하는 새로운 운동은 당연히 계몽이 될 것이다.

그런 의미에서 18세기의 계몽이란 중세 천년간 유럽 사회를 지배했던 기독교 사조에 대한 일종의 반작용이었다. 예컨대 마녀사냥에서처럼 누군가를 마녀로 지목해서 죽일 때, 거기에는 그 어떤 합리성도 이성도 없었다. 그렇게 죽임 당하는 여인은 존엄한 개인으로서 행사할 수 있는 어떤 권리도, 능력도 없었다. 흑사병 같은 전염병이 창궐해서 온 땅이 시체로 뒤덮여도 사람들은 그건 단지 신의 뜻이었다고, 신에게 기도함으로써 나을 수 있다고, 또는 부디 훗날 천국에 가서 이 고통이 끝나고 지복(至福)을 누릴 날이 오기만을 기원했었다.

그렇다면 개인이, 내 삶을 주재하는 저 숭고한 주체로부터 벗어난 다음에는, 즉 홀로 선 다음에는 무엇이 문제가 될까? 그것은 바로 개인이 자신의 어떠한 능력에 의거해서 판단하고 행동할 수 있느냐 하는 것이다. 바로 이 지점에서 대륙의 계몽주의와 스코틀랜드의 계몽주의가 차이를 보였다. 독일과 프랑스의 철학자들은 그 역할을 하는 것을 '이성(Reason(영어), Vernunft(독일어), Raison(프랑스어), Ratio(라틴어))'이라고 보았다. 반면 스코틀랜드 사상가들은 '정념(passion)'과 '감정(sentiment)'이라고 보았다. 이를 이해해야만 우리는 스코틀랜드인 애덤 스미스의 사상에 올바로 접근할 수 있다.

◆ 이성이란 정신 작용의 지극히 일부분에 불과하다

스코틀랜드의 계몽사상은 이런 관점에서 사회 진보에 대해서도 대륙의 사상가들과 다른 방향으로 생각했다. 장 자크 루소^{Jean-Jacques Rousseau, 1712~1778}는 이성의 힘으로 사회를 계획하고 건설할 수 있다고 말했고, 그의 사상은 프랑스 대혁명을 뒷받침했다. 반면에 스코틀랜드의 계몽주의자들은 사회가 제도와 관행을 통해서 형성된다고 보았다. 그리고 이 과정에서 이성이라는 능력이 일부분 역할을 하는 것은 맞지만, 이성만으로 사회를 건설할 수는 없다고 보았다. 스코틀랜드 계몽주의 관점에서 보면, 사회란 자연과학이나 공학에서 다루듯이 어떤 부분 요소들로 환원해서 그것들을 원하는 방식으로 조립하고 작동시키는 대상이 될 수 없었다.

스코틀랜드 계몽주의 사상가들은 매우 많았지만, 그 가운데 대표적인 인물이 데이비드 흄이다. 흄의 여러 저서 중 6권의 대저 《영국사(The History of England)》와 동시대의 숱한 철학자들에게 영감을 주었던 《인간 본성에 대한 논거(A Treatise of Human Nature)》가 대표적이다. 《영국사》는, 스코틀랜드와 잉글랜드 일대 지역에서 자유로운 상업 활동이 가능하도록 해주었던 정치 제도와 법 체계, 예컨대 사적 소유 제도의 정착, 군주제의 안정, 예절과 교양의 확산 등이 이루어져 온 역사를 연구한 방대한 저술이다. 흄은 당시 융성했던 무역과 상업 활동은, 전능한 신이 주재해서가 아니라, 자유무역이라는 시스템, 자유로운 개인들의 능력이 모여서 이루어낸 것이라고 생각했다.

흄은 인간 본성에 대해서도 이성 대신에 정념과 개연추론(probable

reasoning)의 역할을 강조했다. 뒤의 개념은 좀 더 쉬운 표현으로 하자면, '그럴 법한 지식'이다. 사람들이 내리는 도덕적 판단 가운데 수학적이고 논리적이고 이성적인 판단의 비중은 그리 높지 않으며, 많은 부분이 정념에 의존한다고 보았다. 여기서 'passion'이라는 단어는 '열정' 혹은 '정열', 그러니까 무언가를 향한 어떤 뜨거운 마음 또는 의지를 뜻한다기보다는, 차가운 이성의 반대편에 있는 정신 작용을 말한다. 인간이라면 누구나 지니고 있는, 쾌락을 바라고 고통을 피하려는 본성이 직접 반응하여 드러나는 감정을 뜻한다.

◆ 애덤 스미스의 스승, 프랜시스 허치슨

애덤 스미스는 14세에 글래스고대학에 입학해서 프랜시스 허치슨으로부터 배웠다. 허치슨은 존 로크[John Locke, 1632~1704]와 토머스 홉스[Thomas Hobbes, 1588~1679]의 생각에서 출발했다. 로크는 인간의 앎은 백지상태에서 경험을 통해서 형성되는 것이지, 선천적으로 갖추어진 지식 구조를 통해 나오는 것이 아니라고 생각했다. 홉스는, 인간들이 구사하는 자잘한 폭력들을 제어하는 수단으로서 거대한 폭력 기구인, 괴수 '리바이어던(Leviathan)'의 역할을 하는 '국가'가 필요하며, 이 국가를 통해서 사회 질서가 유지될 수 있다고 보았다. 허치슨은 인간이 지닌 권력욕과 자기애, 즉 이기심, 사리사욕, 탐욕을 제어하는 두 가지 수단으로서 '도덕감각(moral sense)'과 '국가'가 필요하다는 결론에 이르렀다. 도덕감각은 우리가 오감(五感)이라고 지칭하는, 눈으로 보고, 소리를 듣고, 냄새를 맡고, 맛을 보고, 촉각을 느끼는 능력과 별도로 존재하는 또 다른 감각이다. 사람이 마치 단맛과 쓴맛을 구분할 수 있는 것처럼, 선과 악이 무엇인지 구분할 수 있는 능력은 바로 이 도덕감각에서 나온다고 보았다.

잠시, 현대 경제학 교과서의 상투적인 서술 몇 가지를 예로 들어보자. '가격이 하락하면 상품에 대한 수요가 증가한다', '노동자에게 화폐 보상이 늘면, 즉 금전적 인센티브를 많이 주면 노동자들은 일하려는 동기가 상승한다', 또는 '주택 공급이 늘어나면 주택 가격이 하락할 것이다' 같은 식이다. 이 모든 사고가 'A이면 B이다', 또는 요인을 분해해서 요인 간 관계를 논리적으로 규정한 뉴턴이나 데카르트식의 사고법이다. 흔한 경제학 교과서를 가득 채우고 있는 수많은 그래프는, 외관상으로는 물리학이나 여러 자연과학에서 등장하는 그래프와 매우 비슷해 보인다.

물론 그래프가 알려주는 대로 되는 경우가 가끔 있기는 하다. 하지만 현실은 다르다는 사실을 현장에서 일하는 사람이라면 누구나 잘 알고 있다. 만약 화폐 보상보다는 유능한 동료와 함께 일하며 성과를 낼 수 있다는 기대 심리가 더 작용한다면 어떤가? 물건 가격이 떨어지면 사람들은 더 많이 사야 하는데, 물건마다 그럴 수도 있고 아닐 수도 있다면 그것은 무엇을 의미하는가? 노동자들이 더 열심히 일하도록 하기 위해서 또는 사람들이 상품을 더 구매하도록 만들기 위해서, 단순히 성과급이나 가격 이외에 어떤 요소들에 변화를 주어야 하는가? 사태에 개입하는 인과관계가 너무나 복잡하기 때문에 경영자를 포함한 수많은 의사결정자 입장에서는 무엇이 핵심인지 파악하기가 어려워진다. 게다가 인간 심리의 복잡성과 사건의 우연성까지 개입하게 되면 우리는 이성이 제공하는 지식의 한계를 뼈저리게 느낄 수밖에 없다. 이런 지식의 무능함을 단지 '다른 조건들이 동일하다면(ceteris paribus)'이라는 한 구절로 면피한 채, 마치 이성적 지식 체계를 완성한 것처럼 자족한다면 부끄러운 일이다.

'A라는 힘과 각도로 돌을 던지면 B라는 지점에 그 돌이 떨어진다'는 명제가 작동하듯이 사회와 경제가 작동한다면, 이 세상 모든 사회사상가들의 고민은 벌써 일소됐을 것이다. 그리고 그 모든 임무는 사회공학자들의 기계학습 프로그래밍으로 이미 다 대체되었을 것이다. 계획형 사회주의(planning socialism)가 바로 이렇게 생각했었지만 참담하게 실패했다.

애덤 스미스는 새롭게 태동한 상업 사회와 개인 사회가 혼란으로 치닫지 않고 질서 있게 작동하기 위해서, 과연 어떤 원리가 작동해야 하는지를 탐구한 것이다. 스미스는 스승 허치슨이 말했던 도덕감각과 국가의 역할에서 한 걸음 더 나아갔다. 그는 도덕감각을 단순히 본능적인 수준 이상의 것으로 통찰하고, 국가의 역할에 결코 전능한 기대를 걸지 말 것을 주문했다. 대신에 개인마다 자기 과업을 최고도로 성취해야 할 의무감을 발휘하고, 이타심이나 자기 탐욕 같은 극단적인 정서에 치우치지 않는 중용(中庸)의 감정을 취함으로써 그것이 가능하다고 말한 것이다. 사회는 조작 대상으로서의 기계가 아니다.[16] 세상의 조화는, 그것이 신이든 절대군주든, 어떤 전능한 주재자의 계획을 통해 이룩되는 것이 결코 아니다.[17] 자유로운 개인 사이의 관계로부터 나오는 것이다.

이때 사회철학자들에게 다가오는 난제는 다음과 같은 것이다. 자유로운 개인, 좋다. 그러나 폭력을 행할 자유, 거짓말을 할 자유, 무례하게 굴 자유, 타인에게 피해를 입히면서 내 이익을 취할 자유 같은 것도 무조건 다 허용해야 하는가? 자유의 방향을 어떻게 제어 또는 인도했을 때 사회 전체가 물질적, 정신적으로 조화와 질서에 이를 수 있는가? 그것이 단순히 친구나 가족 관계, 촌락, 지역, 국가, 조직체 안에서이거나, 기업이 기업을 상대로, 기업이 개인을 상대로, 또는 개인이 조직을 상대로 행하는 것이거나, 통제되지 않은 자유에서 발생하는 혼란과 고통을 어떻게 막을 수 있는가?

21세기에 이르러서도 수시로 벌어지는 세계 곳곳의 계층 갈등, 시위와 난동, 전쟁과 쿠데타, 폭력과 갈취, 차별과 소외와 불평등, 이 모든 아귀다툼을 어떻게 해야 벗어날 수 있을까? 개인 대 사회의 문제, 그러니까 개인의 행동은 어떤 원리를 따름으로써 조화로운, 또는 기능하는 사회를 이룰 수 있는가?

◆ 《국부론》은 도덕철학서다

개인의 행동 원리가 어떻게 서로 연결되어 질서 있는 사회를 이룰 수 있는가 하는 문제가 바로 애덤 스미스 생존 당시 스코틀랜드에서 형성된 도덕철학의 주제였다. '도덕철학'이라는 용어는 데이비드 흄이 처음 사용하면서, '자유로운 개인의 행동으로부터 질서 있는 사회에 이르는 원

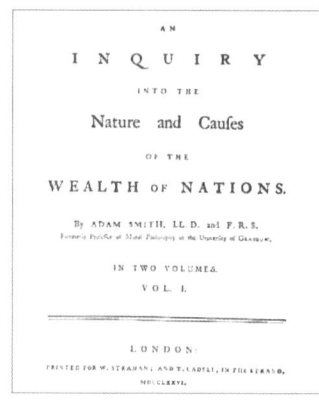

1776년 《국부론》 초판본(출처_ 위키피디아)

리를 다루는 지식'이라는 뜻으로 썼다. 그런 의미에서 오늘날 인류학, 사회학, 경제학과 같은 사회과학은 도덕철학이 세분화된 한 형태라고 말할 수 있다.

애덤 스미스는 《국부론》에서 도덕철학을, 자연철학(natural philosophy)과 쌍(雙)을 이루는 한 짝으로 파악했다.

"상이한 관측 대상들이 몇 가지 공통의 원리로 연결되어 체계적으로 배열된 데에서 오는 아름다움은 고대의 저 자연철학 체계를 다룬 원시적인 에세이에서 처음 나타났다. 그후 동일한 종류의 아름다움이 도덕을 다룬 글에서 나타나기 시작했다. 마치 자연 현상을 배치하고 연결했던 것과 마찬가지로 일상적인 삶의 규범들이 방법론상 잘 배치되고, 몇 가지 공통의 원리로 연결됐다. 이런 연결 원리들을 탐구하고 설명하는 과학을 우리는 '도덕철학'이라고 명명함이 적절하다."[18]

즉 스미스는, 자연 속 사물 사이의 관계와 마찬가지로, 사회 현상의 배후에 있는 개인의 행동 간 연결 원리를 탐구하는 학문을 도덕철학이라고 본 것이다.

《국부론》은 두 권의 책을 합쳐서 1,000쪽이 넘는 대작이다. 거기에는 당시 정치경제학(political economy) 차원에서 생각할 수 있는 거의 모든 주제가 담겨 있다. 저 유명한 〈제1편〉 '제1장. 분업의 원리'로부터 시작해서, 화폐, 가격과 교환 가치, 시장의 확대가 가져오는 효과, 노동력과 임금, 자본의 이윤과 이자, 토지의 지대, 금과 은의 가치, 자본축적, 국가와 도시의 융성 역사, 중상주의와 정경유착형 독점상인 비판, 자유무역에 대한 옹호, 왕실과 공공부문의 수입과 지출, 특히 국방, 사법, 교육 시스템의 운영, 그리고 조세 징수와 공채 발행 정책에 이르기까지 실로 방대한 주제가 등장한다.

《국부론》은 콘텐츠로 보자면 정치경제학 서적이 맞지만, 세계관으로 보자면 도덕철학 서적이었다. 이 모든 주제마다 고금의 다양한 사례를 들면서 한 사회의 개별 구성원들이 어떤 원리를 따를 때 사회 전체의 소비 수준이 최고 수준으로 향상되고 번영을 극대화시킬 수 있는가를 분석했다. 세세한 주제들에 대해서는 스미스 이후 100년이 넘는 세월에 걸쳐 수많은 정치경제학자들, 예컨대 데이비드 리카도 David Ricardo, 1722~1823, 카를 마르크스 Karl Marx, 1818~1883 등의 비판을 받으면서 상당 부분 폐기당하기도 하고, 한편으로는 옹호자들, 예컨대 장 바티스트 세 Jean-Baptiste Say 나 레옹 발라 Léon Walras, 1834~1910 같은 인물의 손을 빌어 더욱 발전되기도 했다.

이 모든 주제에 대해서는 경제사상사의 특수한 주제들이므로 일단 제쳐두자. 여기서는 저 말도 많고 탈도 많은 두 가지 어구, '보이지 않는 손'과 '이기심'의 의미를 살펴보자.

◆ 보이지 않는 손

오랜 역사 속에서, 온 세계에 걸쳐, 애덤 스미스의 '보이지 않는 손'이라는 표현만큼 유명한 카피 문구는 드물 것이다. 하지만 이 구절은 무슨 독립적인 장이나 소절에 제목으로 할애해서 심혈을 기울여 서술한 내용이 아니다. 정작 《국부론》에서 딱 한 번, 《도덕감정론(The Theory of Moral Sentiments)》에서도 단 한 번 스쳐지나가듯 등장한 비유였다.

《국부론》에서는 〈제4편〉 '제2장. 국내 생산 가능한 물품에 대한 외국으로부터의 수입 제한'을 다루는 소절에서 이 구절이 다음과 같이 등장한다. 좀 길긴 하지만, 문맥의 이해를 돕기 위해 앞뒤 문장까지 함께 신는다.

> "그러므로 각 개인은 국내 산업에 사용되는 자신의 자본을 가능한 한 최대한 투입하려고, 또한 그 산업의 생산물이 최대 수준에 이를 수 있도록 만들기 위해 한없이 노력할 것이며; 모든 개인은 그가 속한 사회의 연간 수입이 최대로 달성될 수 있도록 반드시 땀 흘려 일할 수밖에 없을 것이다. 그는 공공의 이익(public interest)을 증진시키겠다는 그 어떤 의도도 갖고 있지 않을 뿐 아니라, 자신이 그것을 어느 정도 규모로 증진시키고 있는지조차 알지 못한다. 국내 산업의 유리한 조건들을 외국 산업의 그것보다 더 선호함으로써, 그는 자신의 안전을 모색할 뿐 아니라; 그 산업의 생산물이 최대 가치를 실현할 수 있도록 만듦으로써 그는 자기 자신의 이득(his own gain)을 의도하고, 다른 여러 경우에도 그렇듯이 그는 이 과정에

서 **어떤 보이지 않는 손에 이끌려(led by an invisible hand)** 자신의 의도에 전혀 포함되어 있지 않았던 어떤 목적(an end)을 증진시키게 된다.

그 목적이 자신의 의도에 포함되어 있지 않다고 해서 사회에 항상 해가 되는 것은 아니다. 그는 자신의 이익(his own interest)을 추구함으로써, 자신이 사회의 이익을 증진시키려고 의도하는 경우에 비해 더욱 효과적으로 사회의 이익을 증진시키는 경우가 빈번하다. 공공의 선(public good)을 위해 장사를 한다고 내세우는 사람이 실제로 그런 선을 충분히 달성한 경우를 나는 전혀 본 적이 없다."[19]

결국 요지는, 개인이 자신의 노동과 자본 투입에서 오는 자신의 성과를 최대화하기 위해 노력하면, 사회 전체의 이익을 증진시키는 결과를 낳는데, 이 중간 메커니즘을 그저 '보이지 않는 손'이라는 비유로 표현한 것이다. 그 보이지 않는 손이 도대체 구체적으로 어떻게 작동하는지는 애덤 스미스의 눈에도 여전히 블랙박스였다.[20] 왜냐하면 보이지 않았으니까.

또, 《도덕감정론》에서는 〈제4부〉, '제1장. 효용(utility)이 모든 기예품에 부여하는 미, 그리고 이러한 종류의 미의 광범한 영향에 대하여'에 이 보이지 않는 손이 한 번 등장한다. 역시 좀 길지만, 문맥 이해를 돕기 위해 앞뒤 문장을 함께 소개한다.

"토지의 생산물은 언제나 그것이 먹여 살릴 수 있는 만큼의 주민을 유지할 뿐이다. 부자는 단지 큰 덩어리의 생산물 중에서 가장 값나가고 가장

기분 좋은 것을 선택할 뿐이다. 그들은 가난한 사람보다 별로 많이 소비하지도 못한다. 그리고 그들 천성의 이기심과 탐욕에도 불구하고(in spite of their selfishness and rapacity)[21] 비록 그들이 자신만의 편의를 생각한다고 하더라도, 또한 그들이 수천 명의 노동자를 고용해서 추구하는 유일한 목적인 그들 자신의 허영심과 만족될 수 없는 욕망의 충족임에도 불구하고, 그들은 자신들의 모든 개량의 성과를 가난한 사람들과 나누어 가진다. 그들은 **보이지 않는 손에 이끌려서** 토지가 모든 주민들에게 똑같이 나누어졌을 경우에 있을 수 있는 것과 같은 생활필수품의 분배를 하게 된다. 그리하여 무의식 중에, 부지불각(不知不覺) 중에, 사회의 이익을 증진시키고 인류 번식의 수단을 제공하게 된다.

신의 섭리는 대지를 소수의 귀족과 지주들에게 나누어주면서 이 분배에서 제외되었다고 생각되는 사람들을 망각하지도, 방기하지도 않았다. 후자의 사람들도 대지가 산출하는 모든 것에 대한 그들의 몫을 향유한다. 인간 생활의 참된 행복을 구성하는 것에 관한 한, 그들은 자신들보다 사회적으로 훨씬 높은 지위에 있다고 생각되는 사람들보다 결코 열등하지 않다. 육체의 안락과 마음의 평화에 있어서도 삶의 수준이 상이한 계층의 사람들이 거의 동일한 수준에 있다. 그리고 큰 길가에서 햇볕을 쬐고 앉아 있는 거지도 국왕들이 전투를 통해 보위하려는 그러한 안전을 이미 향유하고 있다."[22]

《도덕감정론》의 이 장 전체가 말하려고 하는 내용은 이렇다. 사람은 누구나 즐겁고, 아름답고, 보다 나은 상태를 추구하며, 고통스럽고 열등한 것들을 피하려고 하는데, 사회 곳곳에서 이를 달성하려는 수많은 개인들의 노력과 의지가 작용했을 때 보다 개선된 문물이 생산되고, 이것이 모든 사회 구성원들에게 알맞게 배분된다는 것이다.

이 문단에 등장하는 '보이지 않는 손'은 사회 구성원 간 배분된 자원·지위의 차이를 전제하고 있지만, 〈제4부〉'제2장'의 내용 전체는 각 개인의 효용을 추구하는 노력이 사회의 이익을 증진시킨다는 내용을 말하고 있으므로, 크게는 《국부론》의 그것과 맥락이 같다.

◆ 사익(own interest) 또는 이기심

공익을 의도하지 않는 개인들이 각자 사익을 추구할 때 역설적으로 공익이 달성된다는 것이 애덤 스미스 사상의 중요한 메시지 가운데 하나다. 그런데, 여기서 사익(私益)이라는 말을 단지 탐욕, 내지 나쁜 의미로 사용되는 이기심이라고 받아들이게 되면 애덤 스미스가 말하고자 했던 방향이 크게 왜곡된다.

사익은 'own interest'다. 《도덕감정론》에서는 종종 'self-interest' 라고 쓰기도 했다. 그런데, 이 단어는 역시 스미스가 종종 사용했던 'selfishness'[23] 와는 완전히 다른 뜻이다. 'selfish'는 이기적이거나 사리사욕을 추구한다는 나쁜 의미로 사용됐다. 'self-love'는 좀 모호한데, 경우에 따라 긍정적인 의미 또는 다소 부정적인 의미로 혼란스럽게 사용하고 있는 것을 볼 수 있다.[24] 즉 selfish는 인간 본성이 지닌 두 가지 극

단적인 성품 중 하나로서, 자애심 'benevolence'와 반대편에 있는 성품을 가리키는 것이다.²⁵

스미스는 《국부론》에서는 대부분 'own interest'를 사용했는데, 이 어구는 책 전반에 걸쳐 약 30여 회 사용됐다.²⁶ 이 가운데 시중의 경제학 책에서 가장 많이 소개되는 부분은, 바로 노동 분업의 원리를 설명하는 〈제1편〉 '제2장', own interest라는 구절이 처음 등장하는 바로 다음 문장이다.

> "우리가 저녁 식사를 기대할 수 있는 것은, 정육이나 제과 사업가의 자애심(benevolence)에서 기인하는 것이 아니라, 그들의 자기 이익(their own interests)에서 나오는 것이다."²⁷

그 외에 own interest가 등장하는 모든 문장들의 앞뒤 문맥을 보면, 그 뜻은 사리사욕을 추구하는 이기심이 아니라, 단지 타인이나 공중을 향한 'public interest'에 대비되는, '그 개인 당사자에 국한된 일' 또는 '당사자의 효용에 영향을 미치는 일'만을 단순히 가리키고 있다.²⁸

스미스는 《도덕감정론》에서 own interest 외에도 self-interest를 번갈아 사용했다. 《도덕감정론》에서 사용된 self-interest는 어떤 양극단의 극단적인 감정이나 성품, 태도와 무관한 대상 그 자체로서, '그 자신의 일' 또는 '그 자신에게 효용을 안겨주는 일'이라는 뜻이며, 종종 'object of self-interest'라는 구절 안에서 함께 쓰였다. 예를 들어 그는 어느 극단에도 치우치지 않는 아리스토텔레스식 중용의 미덕을 다음과 같이 설명했다.

"근검절약이라는 미덕은 탐욕과 낭비의 중간에 놓여 있다. 탐욕은 자기 이익의 대상(object of self-interest)에 대한 관심이 과도한 데 있고, 반면에 낭비는 그것이 부족한 데에 있다."[29]

사실 애덤 스미스가 이기심 내지 사리사욕을 찬양한 것처럼 오인된 데에는, 그보다 한 세대 앞의 인물이었던 버나드 멘더빌 Bernard Mandeville, 1670~1733의 악덕 찬양론과 스미스의 사상이 뒤섞여 소개된 것도 한 이유가 될 것 같다. 멘더빌은 《꿀벌의 우화: 개인의 악덕이 공중의 이익으로 전환될 수 있다(The Fable of the Bees: Private vices may be turned into Public Benefits)》(1714)라는 책에서, 종래 절제와 금욕의 기독교적 미덕을 대놓고 공격했다. 대신에 상인들이 사리사욕을 추구하는 활동, 즉 전통 기독교의 관점에서 보았을 때 악덕이라고 치부됐던 활동이 공공의 이익으로 전환될 수 있다며 장려했다. 두 근대 사상가 맨더빌과 스미스는 얼핏 비슷해 보이기도 한다. 하지만 애덤 스미스는 《도덕감정론》에서 맨더빌의 견해는 그럴싸한 글솜씨로 포장되어 인간 본성에 대한 나름 일리 있는 내용이 담겨 있는 듯하지만 다 엉터리 이론이라고 말하며, 이 따위 주장에 속아 넘어가지 말라고 했다.[30] 스미스가 말하는 도덕이란, 뒤에도 말하겠지만 사리사욕도 자애심도 아닌, 공평한 관찰자로서 견지하는 중용의 마음씨였기 때문이다.

◆ 아우구스티누스미스(Augustinusmith)

'보이지 않는 손'이라는 표현 자체는 애덤 스미스의 초기 저서 《천문학(Astronomy)》에서 처음 등장한 것으로 나타난다. 거기에서는 이 우주를 관장하는 '주피터 신의 보이지 않는 손'이었다.[31] 그가 태어났던 시대에는, 스미스뿐만 아니라 대부분의 유럽인이 어린 시절부터 기독교풍 교육을 벗어날 수가 없었다. 그런 사회 분위기에서 스미스 역시 어렸을 때 성직자가 되고자 하는 꿈을 지녔던 적도 있었으나, 신학자와 목사들의 언행에 실망하여 그 꿈을 접은 바 있었다. 내심 신보다 인간과 자연의 질서를 더 예찬했던 스미스의 책 곳곳에, 신의 섭리와 조화라는 구절이 자주 등장하는 것도 이해 못할 바가 아니다. 노골적으로 신을 부정했다가는 출판 자체가 어려웠을지도 모른다.

신의 섭리와 인간의 질서라는 두 사유 체계 사이를 왔다 갔다 했던 스미스의 입장을, 이쯤에서 다시 신의 섭리 쪽으로 기울여놓고, 그의 글을 패러디해보면 어떨까?

만약 스미스가 아니라 근 500년 전 성(聖) 아우구스티누스^{St. Augustinus}가 《고백록(Confessions)》에서 보였던 저 복종과 신앙의 간절한 마음으로 《국부론》을 저술했다면 이 구절은 다음과 같이 기술됐을지도 모른다.

> 모든 우리 피조물들이 각자 주님으로부터 부여받은 고유한 달란트를 가능한 한 최대한 발휘하다 보면, 피조물 스스로 각각 세상을 이롭게 하겠다는 의지 같은 것은 없어도 주님과 아버지 하나님의 인도하에 이 달란트

들이 조화를 이루어 이 세상 모든 이에게 커다란 유익을 가져다줄 것입니다.

반면, '자신의 일(self-interest)'에 주력하는 것이 이웃들의 삶을 향상시킨다는 취지의 구절은 다음과 같이 썼으리라 상상해본다.

우리가 식탁에서 고기를 먹을 수 있는 이유는 정육점 주인의 자애심 때문이 아니라, 이 가련한 피조물이 주님께 영광을 바치기 위해 애써 잡아서 도륙한 희생의 고기를 역시 주님의 아들딸인 이웃들이 나누어 가져가도록 하여 주님의 은총을 세상에 더욱 드러나게 하기 위함입니다.

스미스는 이 구절에서 사실상 '신'을 지운 대신에 그를 대신할 적절한 표현으로 '보이지 않는 손'이라는, 어찌 보면 불경스럽고 어찌 보면 신심에 가득 차 보이기도 하는 구절을 마지못해 끼워 넣은 것이 아닐까?

그는 신의 은총을 전제한 공동체 윤리가 개인의 삶을 지배하던 시대로부터 탈피하고 싶었다. 대신 개인의 의지와 능력이 무엇보다 우선하되, 공동체의 복리는 다만 그 결과일 뿐이라고 순서를 뒤바꾸어 놓았다. 어찌 보면 유럽에서 천년 넘게 다져진 사상의 일방통행로를 역주행(逆走行)한 셈이다. 과감한 역주행은 언제나 사고를 낼 수 있다. 더욱이 마주 오는 차는 기독교 공동체와 절대왕정이라는 초거대 차량이었으니까. 공연히 핍박당하기 싫었던 스미스가 표현에 신중할 수밖에 없었던 것은 아닐까 추측해본다.

◆ 개인의 능력으로부터 사회의 능력이 나오는 과정

《국부론》은 출간 이후 전 유럽에 슈퍼 베스트셀러이자 스테디셀러로 등극해서 수많은 지식인들을 매료시켰다. 기본적으로 한 나라의 부(富)는 교역의 결과로 보유하게 되는 귀금속(금, 은)의 양에 의존하는 것이 아니라, 그 나라의 구성원들이 소비할 수 있는 재화의 양과 품질에 의존한다고 발상을 전환시켰다. 이를 위해 분업과 무역을 통한 생산력 증대와 시장의 크기 확대가 필수적이며, 왕실과 결탁해서 독점적 사업권을 획득해서 이익을 추구하는 모리배들은 국가의 부를 증대시키는 데 장애가 된다고 배격했다.

무엇보다도 《국부론》이 세상에 던진 가장 중요한 메시지는 건설적 개인주의였다. 자유로운 개인들이 경쟁하면서 자신이 맡은 일에서 최대의 성과를 얻으려 노력할 때, 그것이 사회의 혼란, 투쟁, 갈등이 아니라 조화(調和)로 연결된다는 것이었다. 스미스는 개인들의 능력이 사회의 능력으로 전환되는 연결고리를 다음과 같이 말했다.

> "모든 개인은 자신이 지배할 수 있는 자본에 대해서는 가장 유리하게 사용할 수 있는 방법을 찾으려 끊임없이 노력한다. 실제로 개인이 그런 안목을 갖추게 되는 것은 오로지 그 자신의 우월한 능력이지 결코 사회의 우월한 능력이 아닌 것이다. 그러나 그 자신의 우월한 능력을 탐구하다 보면 자연스럽게, 아니 필연적으로, 사회 전체에 가장 유리한 결과를 가져다주는 자본의 사용법을 추구하게끔 되어 있다."[32]

이때 현장에서 자본을 가장 효과적으로 활용해야 하는 개인의 판단력은, 그 어떤 정치가나 법률가가 그 개인들을 위해 뭔가 해주겠다고 머리를 쥐어짜서 나온 정책보다 훨씬 뛰어나다.[33] 스미스의 견해에 따르면, 개인들의 우월한 능력은 말 그대로 개인으로부터 나온 것이지 사회, 보다 구체적으로는 유능한 행정가 혹은 정치가들이 만들어줄 수 있는 것이 아니었다. 오히려 개인들이 각자 구사한 우월적인 능력이 결과적으로 사회, 즉 한 국가의 우월적인 능력과 번영으로 연결된다.

스미스는 개인이 자신에게 가장 유리한 결과를 내도록 자본을 사용한다고 했는데, 이는 사실 고대부터 현대에 이르기까지 모든 사업 경영자의 기본 덕목이다. 당시 스미스가 바라보았던 자본은 기껏 도구 내지 원시적인 기계, 또는 재고자산 등에 국한된 것이었음에도 그는 이 기본 덕목을 잘 이해하고 있었다.

◆ 보이는 손, '경영'의 시대를 예비하다

스미스 사후 200년이 훌쩍 지난 요즈음, 자본의 개념은 무형자본(intangible capital : 브랜드, 기술력, 설계도, 업무 매뉴얼, 독점적 계약, 고객 목록, 소프트웨어, 데이터, 예술작품 등)과 인적자본(human capital : 노동자에 체화된 지식, 기술, 의지, 도덕규범 등)으로 확장되었다. 이 점을 감안해도, 자본의 효과적인 사용이라는 기본 덕목에는 변함이 없다. 예컨대 18세기 상인에게는 마차나 범선, 상품 재고가, 농부에게는 마소와 쟁기가 애지중지하는 자본이었겠지만, 21세기 핀테크(fin-tech) 기업은 양질의 고객 데이터와 탁월한 프로그래머가 최고의 자본일 것이다.

특히 개인의 우월한 능력에 대한 스미스의 생각에는 이미 현대 경영의 원리가 소박한 형태로나마 함축되어 있었다. 오늘날 사업체를 구성하는 구성원의 직무와 직위에 따라 서로 다르다는 점, 즉 피터 드러커 Peter F. Drucker, 1909~2005가 말했듯 개인 간 강점(strength)의 차이를 인정하고 강점에 맞는 인사 배치와 목표 설정이 필수적이라는 생각이 그 안에 담겨 있었다.

훗날 알프레드 챈들러 Alfred D. Chandler, 1918~2007는 20세기에 집중적으로 등장한 대기업 경영 활동을 가리켜 '보이는 손(visible hand)'이라고 불렀다. 스미스에게 아직 보이지 않았던 손은, 훗날 '경영(management)'이라는 '보이는 손'을 통해 구현되기에 이르렀다. 경영은 19세기 말 이후 서구 대기업에서 새로운 조직관리 기법으로 개발된 데에서 출발해서,[34] 양차 세계대전을 거치며 진화를 거듭한 끝에 오늘날 모든 중소기업과 자영업자에까지 확산된 새로운 현상이다. 경영은, 개인의 모든 흩어진 지식들을 모아 자동차를, 도로를, 냉장고를, 컴퓨터를, TV를, 스마트폰을, 암 치료제를, 인터넷 서비스를, 쇼핑센터를 보다 많은 사람들에게 안겨준 '보이는 손'이다.

한때 동유럽에서 계획형 사회주의자들이 중앙통제에 의한 배급 경제 체제가 애덤 스미스식 '보이지 않는 손'의 역할을 대신할 수 있을 것이라 믿었던 적이 있다. 통제 당국이 마치 신과 같은 전능함을 지니고 자유시장을 대체할 수 있다고 믿었던 근거 없는 오만은, 결국 작동 불가능한 것으로 판명났다.

◆ 정의롭고 포용하는 사회와 국가의 역할

스미스의 생각이 개인주의와 시장만능주의 일변도로 치달은 것은 아니었다. 사실상 우리나라를 포함하여 오늘날 서구 사회가 겪는, 21세기에도 여전히 맞닥뜨리는 수많은 문제에 대해 이미 그는 다 이야기했었다. 국가의 역할과 의무, 경제적 풍요 이외의 교양과 품위, 과도한 분업이 인간성에 미치는 부작용, 시대에 맞지 않는 낡은 법률이나 사회 기구들의 폐해(대학 등), 정권과 결탁해서 특권을 만들고 계속해서 자기 이익을 추구하는 계층의 폐해, 소득 수준에 의해 제약을 받지 않는 평등한 교육 기회 제공 같은 것들이다.

다만 오늘날에는 이 문제들이 복잡해졌을 뿐 문제 자체가 새롭게 등장한 것은 거의 없다. 그가 말했던 바람직한 사회상은 지금도 상식과 교양이 있는 사람이라면 누구나 수긍할 수밖에 없는 이야기다. 다만 지켜지지 않을 뿐이다.

스미스는 결코 무정부주의자가 아니었다. 개인의 자유가 실현되도록 돕는, 국가의 중요한 의무들을 강조했다. 첫째, 외부 국가의 침입이나 전란을 막는 것, 둘째, 국가의 어떤 구성원이든 그 국가의 다른 구성원으로부터 정의롭지 못한 대우나 압력을 받지 못하도록 하는 것, 즉 공정한 사법 체계를 갖추는 것, 셋째, 개인이나 시장의 힘만으로는 생산도 유지도 될 수 없는 공공의 업무(도로 교량 등 공공시설물, 공공 교육기관 등)를 수행하는 것이다.[35]

국가는 이 의무를 수행하기 위해 기본적으로 수익자 부담 원칙에 입각한 조세 정책과 적절한 수준의 (특히 평시가 아닌 전시에) 공채 발행이 필요하다고 말했다. 하지만 과도한 조세가 개인의 자유를 침범하는 수준으로까지 이루어져서는 안 되며, 특히 생필품에 대한 과세나 사업 이익에 대한 과도한 과세를 비판했다. 또한 건전 재정의 필요성을 누구보다 강조했다. 하지만 동서고금을 막론하고 권력 기구는 항상 차입을 통해 자신의 권력을 유지, 확장하고 싶은 유혹에 노출되어 있다. 영국을 포함해서 당시 유럽 대국들의 과도한 정부 채무 누적은 당시 스미스의 눈에도 파멸이 우려될 정도의 심각한 사안이었다.[36]

더 이상 시대에 맞지 않는 낡은 법률이나 과거의 필요에 의해 만들어지기는 했지만 현 시대의 필요에 더 이상 부응하지 않는 각종 사회 기구, 예컨대 길드(guild) 조합 같은 것들이야말로 자유의 실현에 장애물이 된다고 보았다. 이런 낡은 제도는 생산적으로 사용되어야 할 각종 인적, 물적 자원이 비생산적인 활동에 묶여 있도록 할 뿐만 아니라, 사회의 모든 구성원들이 보유한 천혜의 능력이 발휘되지 못하도록 한다는 면에서 정의롭지 못하다.[37]

길드는 물론이고 정권과 결탁해서 무역 또는 제조에 대한 일체의 독점적 특권을 향유하는 계층들을 혐오했다. 독점이야말로 어디서나 경쟁을 통한 향상을 방해하는, 좋은 경영의 적(a great enemy to good management)이다.[38]

부유한 계층의 자녀들은 훌륭한 교육을 받을 여력이 충분하므로 사회에 기여할 수 있는 지위에 오를 가능성이 크지만, 빈민 계층의 자녀들은 그렇지 못하다. 17세기 이래 스코틀랜드에서 널리 확산된 교구 학교(parish school)처럼 보다 많은 지역에 공립학교들이 설립되어, 가난한 집 아이들에게도 보다 많은 교육 기회를 주어야 한다고 했다. 다만 이들이 교육을 받은 뒤 사회 내에서 어떤 지위를 얻을 때에는 반드시 시험 또는 그에 준하는 엄격한 검증을 통과하도록 해야만 한다.[39] 스미스처럼 상식이 있는 사람이 학벌, 재력 가문의 연고주의가 아니라 모든 이에게 공정한 능력제(meritocracy) 사회를 이미 말했다는 것은, 전혀 이상하지 않다.

분업은 경제 성장을 촉진하는 중요한 요인이지만, 파편화된 단순 작업만을 행하는 노동자의 인성과 지식은 자칫 편협해질 수 있다. 이런 사람들은 평소 자신의 교양을 훈련시킬 기회가 없으므로 세련된 문화와는 거리가 먼 삶을 살 가능성이 크다. 경제가 발전하면서 사회에 소비 가능한 재화들이 풍족해지고 물질적으로 번영하는 것처럼 보여도, 정작 노동자들의 마음이 이런 식으로 거칠게 퇴보한다면 잘못이라고 보았다.[40]

애덤 스미스 같은 대(大)철학자들까지 갈 것도 없다. 상식으로 보았을 때 잘 산다는 것은, 잘 먹고 잘 입고 잘 노는 차원을 넘는 일이다. 타인의 자유와 존엄성을 존중하고 문화와 예술의 아름다움을 즐길 줄 알며, 세상과 사회의 문제에 대해서도 본능, 미신, 편견, 이념에 얽매여 보는 것이 아니라, 말 그대로 계몽된(enlightened) 마음으로 볼 줄 알아야 잘 사는 것이다. 내 돈 내가 쓰는데 웬 상관이냐거나 이 더러운 세상 확 뒤집어 엎어버리자는 식으로 핏대를 세우는 사람들이 도처에서 보이는 한, 잘 사는 사회를 맞이할 희망은 희박하다. 원시 채집·수렵 사회로부터 시작해서 농경 사회, 산업 사회를 거쳐 정보화 사회에 이른 오늘날에도 여전히 그렇다.

◆ 정념이 아니라 덕성의 준칙으로 자신의 행동을 통제하라

《국부론》은 이기심을 찬양한 것이 아니라 자유로운 사회에서 개인의 능력을 충분히 발휘해야 한다는 메시지를 전했다. 이제 《도덕감정론》에서 말하는 덕성의 준칙을 알아야 할 차례다.

스미스가 말한 올바른 도덕은 어떤 대립하는 양극단의 성정(性情)에 이끌리지 않고 균형을 잡는 데에서 나온다. 사람들의 행동은, 길들이지 않은 상태에서는 쉽사리 격정이나 탐욕에 이끌리기 쉽다.

흔히 근검절약이라고 하는 미덕은 어떤 경우에 도덕이 될 수 있는가? 돈의 노예가 된 듯 움켜쥐고 있는 수전노도, 무분별하게 돈을 써대는 탕자도 정념과 탐욕에 의해서 이끌리는 한 쪽 양극단에 속한다. 이건 스미스의 도덕이 아니다. 근검절약의 도덕성은 이 둘 어디에도 치우치지 않는 신중함으로, 돈이 쓰일 곳과 아닐 곳을 구분할 줄 아는 데에 있다.

불쌍한 사람을 보았을 때 드는 한없는 연민의 마음이나 지구를 구하고 사회를 진보시키겠다는 슈퍼맨에 버금가는 사회운동가들의 열정 같은 것도, 종종 격정과 탐욕에 이끌리는 감정일 가능성이 크다. 지금도 사회생활에서 문제를 일으키는 온갖 성품들, 가령 꼰대 취급받는 고루

함, 과거의 화려했던 시절에 대한 집착, 근거 없는 자신감, 타인을 훈계하려고만 하는 태도, 남의 말은 듣지 않고 끝없이 자기 이야기만 하는 모습, 모든 게 남 탓, 사회 탓이라거나 모든 게 자기 탓이라고 자포자기하는 나약함, 기타 미약한 정신 질환으로 분류되는 모든 증상들이 사실은 균형을 잃은 도덕감정에서 연유한다.

스미스에게 '공감(sympathy)'은 덕성의 완성이 아니라 그 출발점이었다. 덕성은 공평한 관찰자의 자세를 견지할 때에 비로소 완성된다. 인간 본성에 선천적으로 갖추어져 있는 공감의 원리는 당시 스코틀랜드 계몽주의자 데이비드 흄이 이미 강조했던 내용이다. 흄은 인간이 단지 개인으로서만 존재하지 않고 사회적 존재일 수 있는 이유는, 바로 공감 능력에서 연유한다고 보았다. 만약 인간에게 공감 능력이 결여되어 있다면 모든 사람이 자기의 이익만을 추구하면서 그 이익은 서로 충돌하고 사회는 큰 갈등과 혼란에 휩싸일 것이다. '남이 그러하듯 나도 그러하다'는 이 앎이야말로, 사회 질서를 가능하게 하는 힘이다.

스미스 역시 흄과 같은 맥락에서 사고했다. '내가 아프면 다른 사람도 아플 것이다', '내가 하기 싫은 것은 다른 사람도 하기 싫어할 것이다.' 비록 내가 당사자가 되어 직접 체험하지 못하더라도 인간의 본성에 원래 갖추어진 이 공감 능력 덕분에 우리는 타인의 아픔을 어느 정도는 알 수 있다. 이 앎이야말로 어떤 개인에게 선뜻 다른 개인을 아프게 하거나 타인이 싫어할 일을 행하지 못하도록 막는 장치다.

누구든 주변의 위대한 인물에 대해 찬탄하게 되는 것이나, 부당하게 피해를 입은 사람들의 상황에 분개하게 되는 것도 공감 능력이 있기에 가능하다. 내가 그 위인의 입장이 되었거나 그 피해자가 되었다고 상정했을 때, 그 일이 과연 어떤 일이었겠는가를 나 스스로 느낄 수 있기 때문이다. 또한 사람은 자신이 직접 겪은 고통이나 즐거움을 홀로 간직하지 않고, 남들에게 하소연하거나 언어, 선물, 연회 등 여러 표시 수단을 통해 공유함으로써 공감 능력이라는 본성을 더욱 적극적으로 발휘하기도 한다.

이 공감 능력이 사람으로부터 제거되면, 인간은 그냥 고립된 개인일 뿐 인간들의 모임은 도저히 사회(society)로 성립할 수 없다. 마치 시각, 청각, 미각, 후각, 또는 촉각이 사람에게서 제거되면, 세상을 세상답게 존재할 수 있도록 하는 그 모든 음악, 풍경, 음식, 또는 모든 경험할 수 있는 사물 자체가 성립할 수 없는 것과 같다. 공자의 "내가 하고 싶지 않은 바를 남에게 행하지 마라.(己所不欲勿施於人)"라는 말도 공감 능력이 있기에 성립할 수 있다. 사람들이 공감 능력을 갖추지 못한 정도가 클수록, 그 사회는 더욱 더 아귀다툼의 지옥으로 바뀔 것이다.

공감 능력은 인간 본성의 중요한 요소로 분명히 실재(實在)한다. 하지만 이것만으로 덕성이 완성되지는 않는다. 균형 잡히지 않은 공감 능력은 자칫 우리의 진정한 덕성을 타락시키는 요인으로 전락할 수도 있다. 예컨대 누구든 부자와 권세가를 바라볼 때, 자신이 직접 그들이 되지는 못했어도 그들이 세상의 모든 좋은 것들을 향유하는 그 즐거움에 공감해서 찬탄하고 아첨할 수 있다. 하지만 정작 가난하고 비참한 상태에 있는 사람들에 대해서는 전혀 공감하지 못한 채 경멸하거나 무시하려는 성향 또한 얼마나 강한가! 물론 이런 감정 때문에 신분 상승 욕구가 작동해서 삶에 보다 노력을 기울이게 하는 요인이 되기도 한다. 하지만 이런 상태의 분열되고 치우친 공감 능력은 도덕감정의 타락에 불과하다.[41]

스미스 이전에 흔히 관행으로 통하던 여러 행동의 원리, 특히 공감의 원리에 따르는 여러 행동들, 그리고 신중함이나 자애심 등 모든 극단의 감정을 '자기통제(self-command)'하면서 균형에 이르게 하는 도덕의 원리들은 다 일말의 옳음이 있다고 보았다. 그러나 불완전하다고 보았다. 스미스에게 진정한 덕성은 '공평한 관찰자(impartial spectator)'를 통해 완성된다.

이건 마치 내 안에 또 다른 '나'가 있는 것으로 비유할 수 있다. 내 안의 또 다른 나는, 나와 함께 사는 사람들 사이에서 일종의 재판관(judge) 역할을 한다. 즉, 어떤 행위의 결과가 오로지 타인의 모든 효용을 무시하고 나 자신만의 이익이 되거나, 특정한 누군가의 효용이나 이익에 지나치게 치우치지 않도록, 모든 것을 초월한 공평한 판단을 내린다. 이 판단을 따르는 것을 스미스는 궁극의 미덕이라고 보았다.

정념에 휩싸여 행동할 때에는 오직 내 입장밖에 안 보이거나(이기심, 사리사욕), 또는 타인의 입장에만 과도하게 매몰되어 있거나(연민, 동정심) 할 가능성이 크다. 그러나 끓어오르는 정념을 통제하면서 나와 타인에 관련된 정보들을 보다 냉철하게, 그리고 두루 수집해보면, 이 공평한 관찰자의 입장에 보다 가까이 다가서게 된다. 그러기에 스미스는, '냉정(cool)'이라는 표현을 함께 써서 '냉정하고 공평한 관찰자'라는 구절을 기꺼이 사용한 것이다.[42]

우리 앞에 배고픈 자에게 빵을 나누어주는 사람이 있다고 하자. 하지만 우리는 과연 그게 정념에 이끌린 행동인지 냉정한 관찰자로서 그리하는 것인지, 적어도 밖에서 보기에는 알기 어렵다. 불의에 맞서 분노하며 싸우거나 웃는 얼굴로 사람들을 접대하는 사람이 있다 해도, 역시 알기 어렵다.

그러나 고대 이래 모든 현자들이 늘 일깨웠던 부동심, 평정심, 또는 초월 감각은 웬만한 훈련이 되어 있지 않다면 참으로 갖추기 어려운 능력일 것이다. 그래서 '누구나 그렇게 되어야 한다'거나 '그렇게 될 수 있다'고 요구하기는 어렵다. 다만 그곳을 향하는 마음을 놓치지 말고, 항상 그곳을 바라보아야 한다는 점만큼은 누구나 받아들일 수 있다.

원대한 야심과 불굴의 열정을 지닌 경영자는 항상 자신의 정념이 어느 한 쪽에 치우치지 않도록, 공평한 관찰자의 입장에 가까워지려고 노력할 필요가 있다. 난무하는 정보와 예측하지 못했던 사건들 속에서, 그렇게 해야만 경영자는 사태의 본질을 보다 정확히 파악할 수 있다. 스티브 잡스Steve Jobs, 1955~2011나 래리 엘리슨Larry Ellison, 1944~ 같은 탁월한 CEO들이 명상과 참선을 생활화했던 것도 결코 우연이 아니다.

국가 간 관계에서도 마찬가지다. 국가 간에 연민의 감정이라는 것 자체가 도저히 있을 수 없을뿐더러, 실제로 그런 감정이 있다 하더라도 불쌍한 나라를 돕는 데 아무런 도움이 되지 않는다. 어떻게 하면 저들을 가난에서 벗어나게 할 수 있을까? 가난한 사람들에게 돈을 주지 말고 돈 버는 법을 가르친다든지, 배고픈 사람에게 먹을 것을 주지 말고 물고기 잡는 법을 가르친다든지 하는 탈무드의 격언은, 연민이라는 정서를 초월한, 공평한 관찰자로서 취할 행동을 가르친다.

크리스텐슨^{Clayton M. Christensen, 1952~} 교수가 말한 '시장창조형 혁신(market-creating innovation)'도 바로 그런 지혜를 말한다.[43] 한번 보자. 빈국에 지급하는 원조물품들은 대개, 그 국가의 부패한 집권 세력들이 강탈해가는 일이 많다. 설령 잠시 대중에게 혜택이 돌아가더라도 그들의 삶이 근본적으로 달라지는 일은 없다. 이런 식의 도덕적(?) 원조보다, 시장창조형 기업가들이 활동할 수 있도록 정부가 초기 추동을 가했던 나라만이 빈곤의 나락에서 벗어날 수 있었다. 이를 뒷받침하는 인력을 양성하기 위해 교육 제도를 정비하는 것도 필수적이다. 우리나라는 한국전쟁 이후 국제사회에서 연민의 대상으로 전락할 뻔했던 세계 최빈국 중 하나였다. 우리나라 정부는 선진국의 원조를 시장창조형 기업 육성에 투입했다. 그렇게 해서 경제대국으로 올라선 예는 우리나라가 세계에서 유일하다.

한국의 경험은 예외라 치고, 대부분 후진국의 지도자들은 그 나라 국민의 생활 수준을 향상시키고 자유와 존엄을 신장시키는 데에는 별 관심이 없고, 시장창조형 기업과 인력 육성에도 적극적이지 않다. 그런 권력자들이 구사하는 온갖 선심성 구호들은 애덤 스미스의 관점에서 보자면 정치인으로서 진정한 덕성이라기보다는 그들 자신의 격정과 탐욕을 위장하는 가면에 불과하다.

◆ 애덤 스미스의 '개인'과 '공감', 그리고 현대 경영자

개인의 우월한 능력들이 사회의 우월한 능력으로 전환된다. 다만 스미스는 이를 가능하게 하는 '경영'의 메커니즘을 아직 깊이 인지하지는 못했다. 그는 개인이 자신의 노동력과 자본을 최대의 성과를 내도록 투입하려는 동기가 있고, 그것이 시장과 경쟁의 힘으로 가능하다고 본 정도였다.

하지만 개인을 그대로 놓아둔다고 해서 그 개인이 언제나 이상적으로 행동할까? 현대 산업심리학의 연구들에 따르면, 인간의 심리는 복잡하기 그지없어서 강력한 명령통제만으로도, 또는 자율이나 권한위임(empowerment)만으로도 창의적인 노동 방식은 고사하고 단순히 의욕적인 노동 동기조차 불러일으키지 못할 가능성이 있다.

훗날 피터 드러커는 자유로운 개인으로부터 조직의 질서와 성과를 이끌어내는 원리로서 '목표와 자기통제에 의한 경영(management by objectives and self-control, MBO)'을 제안했다. 이 방법은 개인의 자유를 인정하되 자신이 참여하여 상사와 함께 설정한 목표 체계에 자신을 복종시킴으로써 자유에 일정한 제한을 가하는 것이다. MBO를 통해서 개인의 강점은 비로소 조직의 강점으로 전환된다. MBO가 경영의 사회적 책임(social responsibility)과 결합했을 때, 비로소 드러커의 표현대로 '기능하는 사회(functioning society)', 즉 올바로 작동하는 사회가 가능하다고 보았다.

경영자에게는 공감의 원리도 당연히 필요하다. 무엇보다도, 그가 집무실에서 서류만 들여다보거나 회의 중 올라오는 보고에만 갇혀 있다 보면, 조직 구성원들이 생산, 판매, 연구개발 등 현장에서 실제로 무엇을 느끼고 어떤 생각들을 하고 있는지 도저히 알 수가 없다. 공감이 절실하게 필요한 이 대목에서 바로 현장 방문과 경청이 강조된다. 하지만 현장 방문이나 신입 직원과의 대화랍시고 일장 훈시만 하다 끝나서는 공감과는 한없이 멀어진다.

또한 경영자가 고객 수치 데이터에만, 특히 요즘처럼 빅데이터 인공지능 분류모델에 따른 고객집단 분류에만 의존하다 보면, 고객의 마음 깊은 곳에서 어떤 일들이 일어나는지 눈치채기는 정말 어렵다. 결국 상품 기획에 실패할 가능성이 크다. 경영철학 컨설팅회사 레드어소시에이츠(Red Associates)의 경험에서도 알 수 있듯이, 레고(Lego)의 경영자는 어린이들이 컴퓨터와 게임에 몰두하는 시간이 날로 많아지고 있다는 빅데이터 인구통계 수치보다는, 어린아이들이 뛰노는 곳으로 가서 그들이 노는 모습을 직접 보며 마음 깊은 곳에서 그들과 공감했다. 그 결과 고난도 레고 상품 기획을 성공리에 이끌어낼 수 있었다.[44]

그러나 단순한 공감에 그쳐서는 아직 안 된다. 경청이나 체험이나 다양한 의견 수용으로 끝나는 것이 아니다. 공감만으로는 늘 오판할 수 있다. 공평한 관찰자로서 중용의 입장에 서서 치우치지 않는 판결을 내리는 데에 이르러야 한다. 종업원을 아끼는 한없는 자애심이나 사회봉사 내지 환경보호에 대한 끓어오르는 사명감에 차 있다 보면, 자칫 느슨한 업무 규율, 과도한 복지 지출, 사회봉사나 자연보호 활동에 대한 회사 자원의 낭비 등으로, 회사는 동호회나 자선단체 수준의 조직으로 전락할지 모른다.

고객 심리에 대한 일순간의 체험도 자칫 편견이 될 수 있다. 아무리 잠깐의 확신이 들었어도, 한 번 더 다른 입장에 서보거나, 다른 고객집단과도 접해보고, 통계 데이터에 비추어 다른 각도에서도 검증해보아야 한다. 이 모든 정보들이 서로 상충할 수도 있지만, 결국 결정은 어디에도 치우치지 않는 평정한 내면의 상태에서라야 나온다.

◆ **이제 애덤 스미스는 잊어도 될 때가 오지 않았나?**

애덤 스미스는 본격적인 대기업 자본주의가 도래하기 전에 살았던 인물이다. 물론 원시적인 기계와 같은 자본재와 임금 노동이 존재했고 귀족 지주나 신흥 부르주아 상인과 평민들 사이에 소득 격차 같은 문제들이 있기는 했지만, 훗날 카를 마르크스가 말했던 자본주의 생산 양식(capitalist mode of production)의 구조적 모순이라거나 21세기 자본주의의 불평등을 운운하는 도마 피케티$^{Thomas\ Piketty,\ 1971~}$ 같은 인물들이 말하는 문제들이 표면화되기 이전이었다.

그가 말했던 노동 분업(division of labour)의 원리는 여전히 타당하다. 육체노동 시대를 지나 지식노동과 조직경영의 시대가 되면서, 노동 분업은 조직 내 역할과 책임(role and responsibility, R&R)의 원리로 발전했다. 한편 진화경제학자 브라이언 아서$^{William\ Brian\ Arthur,\ 1945~}$는 지식과 정보가 경제를 주도하는 시대에는 노동 분업의 원리보다 제품과 서비스마다 모듈 분화(division of modules)의 원리가 더 크게 작용한다고 말했다.[45] 예컨대 오늘날 스마트폰 같은 첨단기기 제조를 위해서 국가 간 또는 조직 내 구성원 간 노동 분업이 전제되어 있겠지만, 그보다도 세계 각지에서 분리된 모듈 생산이 더 중요한 역할을 한다.

농촌에서 공장에 일자리를 얻으러 온 도시노동자들의 곤궁한 삶, 무너져가는 귀족의 지위와 떠오르는 신흥 자본가의 삶의 애환을 그렸던 대표 작가, 영국의 찰스 디킨스Charles Dickens, 1812~1870나 프랑스의 오노레 드 발자크Honore de Balzac, 1799~1850 등은 한결같이 애덤 스미스 이후의 세상 사람들이었다.

애덤 스미스보다 95년 뒤에 태어난 독일의 카를 마르크스는 애덤 스미스가 미처 보지 못했던 자본주의 생산 양식의 암울한 폐단들을 경험했다. 그는 지식의 대선배 애덤 스미스의 가치론을 철저히 해부하고 비판하는 데에서 출발해서 자본주의에 대한 그의 격한 증오심을 이론화하기에 이르렀다.

'자본주의가 언제부터 시작됐는가'는 '중세와 근대의 구분이 정확히 언제였는가' 하는 질문처럼 답하기 어려운 문제다. 오늘날 자본주의라는 이름으로 불리는 사회가 도래하기 이전, 동서고금 어느 시대에도 시장, 가격 형성, 그리고 부유함에 이르는 이치, 즉 기초적인 경제 원리는 항상 있었다. 예를 들어 기원전 1세기경 출간된 사마천司馬遷의 《사기열전(史記列傳)》 제일 마지막 장 〈화식열전(貨殖列傳)〉에도 이미 그런 내용들이 담겨 있었다.

플라톤 이후의 모든 철학자들이 플라톤의 각주를 다는 데에 불과했다는 말이 있는 것처럼, 스미스 이후의 모든 경제사상가들 역시 그랬다. 중상주의와 집단주의 시대의 사조를 끝내고 개인의 자유와 능력이 한껏 발휘되는 시대를 연 스미스의 생각은, 말 그대로 한 시대의 획을 긋는 역할을 했다. 동시에 스미스가 새로이 열어놓은 문에 진입한 후대의 사상가들은 한결같이 스미스에 온갖 각주를 달면서 그를 부수고 넘어서기 시작했다.

지금 시대는 자본주의인가? 아니다. 이미 지났다. 지금은 피터 드러커가 말했듯이 자본주의 이후의 사회(post-capitalist society)다. 하지만 지난 150여 년간 지식인들의 뇌세포에 낙인찍힌 '자본주의'라는 단어의 잔흔이 너무나 강하다. 그래서 그 말을 지우고 다른 어떤 독립된 이름을 지어내기도 대단히 어려울 뿐만 아니라 수정자본주의니 금융자본주의니 하는 낡고 어색한 단어를 더 이상 쓸 계제도 아니지만, 지난 세기 숱한 반(反)자본주의자들이 머릿속에 담고 있었던 형상의 자본주의는 분명히 아니다.

지금은 차라리 '경영주의(managerialism)' 시대다. 다시금 강조하지만 '경영'은 '자본'과 전혀 구별되는 현상이다. 전(前)시대 '자본'의 속성이라고 알려져 있었던 많은 특성들, 예컨대 수

고향 에든버러 커콜디에 있는 애덤 스미스 무덤
(출처_위키피디아)

확체감의 법칙, 착취, 이윤율 하락 같은 현상이 여전히 나타나는 영역들이 있지만, 전체로 보면 상당 부분 희석됐다. 대신에 지금 경영이 직면하고 있는 문제들은 과거 '자본'이 겪었던 그것들과 완전히 다른 성격의 것들이다. 지식노동(knowledge work)과 정보화의 확산, 무형자본의 역할 증대, 그리고 행동경제학과 진화심리학 등에서 밝힌 인간 본성과 심리에 대한 새로운 이해가 축적되면서, 250년된 스미스 패러다임은 지금쯤 박물관에 넣어두어도 좋을 시점이 됐다.

오늘날 시장 원리는 더 이상 전문 지식이 아니다. 누구도 부정할 수 없는 현실 원리인 동시에, 시민으로서 당연히 알아야 할 상식이 되어 있다.[46] 하지만 시장 원리와 자유방임(laissez faire)을 구별하자. 자유방임은, 통제받지 않는 개인들의 자유가 야기하는 온갖 부작용, 인간의 극단적인 탐욕과 저급한 욕망들이 야기하는 범죄와 그에 따른 사회적 고통을 줄일 능력이 부족하다.

물론 경쟁 메커니즘이 개인의 무분별한 욕망들을 억제하는 역할을 수행한다. 경쟁자들이 있기에 누구든 함부로 가격을 올릴 수 없고, 불량품을 마구 유통시켜 이득을 취하려 들기 힘들다. 경쟁은 사람들로 하여금 도태당하지 않기 위해 더 노력하도록 만들고 더 나은 성과를 내도록 유인한다. 하지만 이런 작용은 언제든 깨질 위험이 있다. 지배 기업 내지 인허가권자들 사이의 담합과 음모, 또는 자칫 잘못 설계된 성과 보상 체계는 이 모든 경쟁의 미덕을 무력화시킨다.

인간의 자기 이익 추구욕을 비롯한 여러 감정은 시장을 작동시키는 중요한 에너지원이지만, 그것은 애덤 스미스의 주장처럼 높은 수준의 덕성에 의해서 통제되어야 한다. 그런데 그 통제가 과연 개인의 자율과 책임감에만 맡겨 놓으면 잘 이루어질 수 있을까? 시장 원리가 잘 작동되도록 하기 위해 어느 선까지 입법가, 정책가, 그리고 조직 경영자들이 행동 규범을 제정해야만 한다.

그런데 그 중 국가의 개입이 어느 날부터인가 도를 지나치기 시작했다. 스미스 당시에는 경험하기 힘들었던, 게다가 19세기까지만 해도 상상하기 힘들었던 새로운 모습의 국가주의와 금융주의가 제2차 세계대전 이후 세상에 똬리를 틀었다. 이 모든 일들이 두 차례의 매머드급 전쟁을 통해 한바탕 가동했던 국가 동원 체제의 연장선에서 이루어졌다. 스미스가 말했던 국가의 기본 의무 외에도 국가가 모든 것을 다 해줄 수 있다는 것이었다. 국가가 어버이로서 백성들의 삶을 속속들이 보살펴 주겠다는 과잉 자신감과 그걸 당연히 요구하는 국민들의 태도는 지금 일상이 된 듯하다.

또한 국가의 거대한 '보이는 손'을 뒷받침했던 재정 지출의 형태가 완전히 다른 모습으로 새로 등장했다. 단순히 조세 제도의 정비는 논외로 하더라도 2차대전 이후 금본위제 폐기, 기축통화 미국 달러를 비롯한 각국의 지폐 발행의 무한 확대, 국채 시장의 성장, 그리고 그와 더불어 형성된 거대한 글로벌 투자금융(investment banking) 사업 네트워크가 그것이다. 이 시대의 모든 금융위기, 그리고 소득 양극화는 애덤 스미스 시대의 그것과는 성격이 많이 다르다.

이 새로운 시대가 오기까지, 애덤 스미스가 낡은 시장의 시대에 말했던 원리는 지난 200년간 낱낱이 해부됐고 온갖 발전된 이론과 실증 연구를 통해 폐기 또는 보완됐다.

　이어지는 장들은, 애덤 스미스가 새롭게 터놓았던 저 대로(大路)에 속속 들어온, 그를 잇기도 하고 키우기도 하고 거부하기도 하고 실천하기도 했던 거대한 인물들의 이야기다.

§ 참고문헌 §

- 이영석, 《지식인과 사회: 스코틀랜드 계몽운동의 역사》, 아카넷, 2014.
- Adam Smith, 《An Inquiry into the Nature and Causes of the wealth of nations》, Volume 1 and 2, 1776 (R. H. Campbell, A. S. Skinner, and W.B. Todd ed., 1976, Oxford, Clarendon Press) (김수행 옮김 《국부론》 (상), (하), 개역판, 비봉출판사, 2021)
- Adam Smith, 《The Theory of Moral Sentiments》, 1759, (Prometheus Books, 2000) (박세일·민경국 옮김, 《도덕감정론》, 개역판, 비봉출판사, 2009)
- 임마누엘 칸트 외, 임홍배 옮김, 《계몽이란 무엇인가》, 도서출판 길, 2020.

· CHAPTER 2 · 번영

이상적 산업사회를 꿈꾼 '앙리 드 생시몽'
(프랑스)

*출처 _ 위키피디아

애덤 스미스가 겪었던 개인과 상업의 시대는 자연스럽게 산업 시대로 이어졌다. 인더스트리(industry)는 원래 '근면함'이라는 뜻이었다. 그런데 18세기 이후 프랑스에서 '조직적인 생산 활동'이라는 뜻이 추가됐다. 또한 애덤 스미스식 '개인'이 발흥하면서 그 약점과 한계가 드러나기 시작했다. 이와 동시에 개인의 반대편에 있는 '사회'에 대한 관심이 일기 시작했다.

잉글랜드와 스코틀랜드와는 또 다른 색깔의 역동성을 지닌 나라, 프랑스의 '앙리 드 생시몽'Henri de Saint-Simon, 1760~1825'이라는 사회주의 사상가는, '인더스트리'와 '사회'의 역할을 특별히 강조했다. 생시몽에 대해 살펴보기 전에, '사회주의' 그러니까 'socialism'이라는 단어의 뜻을 해부해 볼 필요가 있다. 이와 아울러 그 출발점인 society의 의미 역시 살펴볼 필요가 있다. 생시몽 당시 socialism이라는 단어는 훗날 시대를 거치며 여러 가지 맥락이 추가되면서 의미가 복잡해졌다.

◆ 도대체 'society'가 무슨 뜻인가?

페이스북이나 인스타그램을 '소셜미디어(social media)'라고 부른다. 그래서인지 번역도 '사회관계망'이라고 한다. 남녀가 짝으로 추는 오스트리아의 왈츠, 중남미의 차차차나 탱고 무용을 '소셜 댄스(social dance)'라고 부른다. 하지만 '사회 무용'이 아닌 '사교춤'이라고 번역한다. 경제학에서 말하는 '소셜 캐피털(social capital)'은 더욱 손에 잡히지 않는다. '사회 자본'이란 항만, 도로, 인터넷망처럼 공동체 구성원들이 공동으로 활용하면서 생산 활동에 기여하는 기반시설물(infrastructure) 또는 공동체의 생산성을 올리는 데 기여하도록 구성원 간 축적된 무형의 지식 수준, 신뢰 규범, 도덕의식 일체를 가리키기도 한다. 하지만 오늘날 그 누구도 페이스북의 창업자와 서비스 참여자, 차차차 무용수, 도로 설계자, 또는 공동체에 도덕과 질서를 강조하는 사람을 가리켜 '사회주의자'라고 부르지는 않는다.

혁신의 확산 이론으로 유명한 사회학자 에버렛 로저스[Everette M. Rogers, 1931~2004]는, 모든 혁신은 사회의 맥락(social context)에 의해 제약당한다고 말했다. 똑같은 혁신 상품이라 해도 그 확산 속도는 도시민과 촌락민 사회에서 크게 차이 날 수 있다. 그들이 지닌 가치관과 선호가 다르기 때문이다. 피터 드러커는 기업을 가리켜 사회 기구(social institute)라고 했고, 노동자에 대해서도 사회 내 지위와 기능(social status and function)을 부여해야 한다고 했다. 하지만 우리는 그들을 사회주의자라고 부르지는 않는다. 모든 사회과학자에 대해서도 마찬가지다.

한 걸음 비켜서서 이념과 제도의 세계로 들어오면, 과학적 사회주의(scientific socialism), 공상적 사회주의(utopian socialism), 기독교 사회주의(Christian socialism), 국가사회주의(national socialism), 사회민주주의(social democracy), 사회적 시장경제(social market economy), 사회주의적 시장경제(socialist market economy), 사회적 기업가정신(social entrepreneurship) 등등, 뒤죽박죽이다.

근대 일본의 개화파 지식인들도, 서구 근대 철학서에 자주 등장하는 society라는 단어에 '사회(社會)'라는 번역어를 대응시키기 전까지 그 의미 파악에 많은 어려움을 겪었다.[47] 일본은 물론이고 우리나라와 중국 어디에도 지난 수천 년간, 근대 서양 철학자들이 말했던 society를 뜻하는 표현이 없었기 때문이다. 거기에는 오직 신분이 있었을 뿐 평등한 개인은 없었다. 서구 계몽주의 이래 철학자들이 새로운 의미를 부여해서 사용하기 시작한 society는 바로 그런 개인들 사이의 관계를 전제로 하는 것이었기 때문에, 군주와 신민의 평등, 사제와 평민의 평등, 양반과 서민의 평등이라는 것을 꿈도 꾸지 못했던 동아시아 전통에서는 유럽 근대 철학에서 언급하는 society 개념이 생소할 수밖에 없었다.

1814년 일본 최초의 영-일 사전 《안게리아어림대성(諳厄利亞語林大成)》에는 society가 '여반(侶伴)', 그러니까 요즘 사용하는 '반려(伴侶)'

라는 뜻으로 소개됐다. '함께하는 사람'이란 원래 society가 처음 지녔던 뜻이기도 했다. 후쿠자와 유키치(福澤諭吉, 1835~1901)는 1868년 유럽의 사회철학서에 등장하는 society를 '인간 교제(人間 交際)', 즉 '사람들이 서로 만나서 소통한다'는 뜻의 단어로 잘못 옮기기도 했다. 당시 지식 수준으로는 어쩔 수 없는 미숙한 번역이었다. 우여곡절을 겪다가, 한문(漢文)권에서 '같은 목적을 지닌 사람들의 모임'이라는 뜻으로 쓰이고 있던 '사(社)'와 '일반적인 모임'을 뜻하는 '회(會)'를 합친 신조어 '사회(社會)'가 1870년대 이후 사용되기 시작했다. 그 사이에 society의 번역어로 '사회'는 물론이고 '회사'라는 단어도 섞여 사용되기도 했지만, 뒤의 단어는 '결사체(結社體)'라는 뜻으로 '사회'와 점점 구분되기 시작했고, 'company'의 번역어로 통용되기에 이르렀다. 일본에서 등장한 '사회'라는 신조어는 구한말 우리나라의 개화파 일본 유학생들을 통해 우리나라에 수입되어 오늘날까지 사용되고 있다.

◆ 사회주의와 공산주의라는 용어

기록상으로는 1753년에 베네디토 수도사인 안셀름 데싱(Anselm Desing, 1699~1772)이 '사회주의자(socialiste)'라는 단어를 처음 사용했는데, 자연의 사회성(natural sociability)을 다루는 근대의 '자연법 이론가'를 뜻했다. 1803년에 이탈리아의 쟈코모 줄리아니(Giacomo Giuliani)가 사용한 사회주의자는 사적 소유제를 옹호하는 사람이라는 뜻이어서 훗날 사회주의자의 이미

지와는 많이 달랐다.⁴⁸ 1827년에 영국의 잡지 〈협동조합 매거진(Co-operative Magazine)〉에서는, 기업가 로버트 오언 Robert Owen, 1771~1858 의 사상을 따르는 오언주의자들을 가리켜 사회주의자(socialist)라고 표현했다. 1832년에 프랑스의 〈르 글로브(le Globe)〉에서는, 생시몽의 사상을 가리켜 socialisme라고 불렸다. 1839년에 프랑스의 경제학자인 제롬 블랑키 Jérôme-Adolphe Blanqui, 1798~1854 는 자신의 책 《정치경제학의 역사(History of Political Economy)》에서 오언주의자와 생시몽주의자를 통칭해서 '유토피아 사회주의자(utopian socialist)'라고 불렀다. 이후 사회주의 및 사회주의자라는 단어는 프랑스와 영국에서 널리 사용됐고, 이후 독일과 미국으로 확산됐다. 당시 사회주의라는 단어는, 막 융성하기 시작한 상공업 시스템을 바탕으로 인간의 존엄과 행복을 구현할 새로운 공동체 질서를 추구하는 사상이라는 뜻으로 쓰였다.⁴⁹

20세기 들어 소련, 동유럽, 그리고 일부 북유럽 국가들의 다양한 경험을 거치면서 사회주의라는 단어의 뜻이 많이 바뀌었다. 그중 반사적으로 튀어나오는 반응은 개인의 경제적, 사회적 자유에 대한 통제가 이루어지는 체제라는 것이다. 우리나라가 사회주의 사회가 되어서는 안 된다고 말하는 경우, 그 배경은 바로 이 점에 대한 거부감이다.

한편 공산주의라는 단어도 프랑스에서 처음 등장했다. 1840년대에 에티엔 카베 Étiene Cabet, 1788~1856 가 자신의 책에서 '꼬뮤노떼(Communauté)'라는 단어를 처음 사용했다. 이는 이웃 공동체, 자치 공동체 간의 어떤 연합체를 가리키는 단어였다. 이때 그는 공동 소유를 강조했다. 이런 공동 소유 구조를 추구하는 사상을 가리켜 '꼬뮤니즘(Communism)'이라고 불렀다. 이 단어는 영국, 독일 등지로 확산됐다. 그러면서, 원래 사회주의자로 불리던 영국의 오언주의자들이 이 단어를 프랑스로부터 역수입해서 자신들을 공동체주의자들이라는 뜻에서 '커뮤니스트(Communist)'라고 부르기 시작했다. 그뒤 이 단어가 유럽 사회에서 널리 쓰이던 중, 1848년 카를 마르크스와 프리드리히 엥겔스$^{\text{Friedrich Engels, 1820~1895}}$가 소책자 《공산당 선언(Manifest der Kommunistischen Partei)》에서 이 단어와 관련해서 새로운 의미를 부각시켰다. 바로 계급투쟁과 사적 소유 철폐였다. 그들 이전의 사회주의에서는 별로 생각지 않았던 개념이었다. 그들은 이 책자에서 인류의 역사는 계급투쟁의 역사이며 사적 소유를 이 모든 계급투쟁과 온갖 사회악의 근원으로 지목했다. 그들은 훗날 펴낸 《자본론(Das Kapital)》에서 노동가치론과 착취론에 입각해서 자본은 필연적으로 이익률 저하에 직면함으로써 자기파괴 당한다고 주장했다. 그들은 이 경로가 과학에 따르는 필연적인 법칙이라고 보았다. 그들이 말한 과학적 사회주의는 오언과 생시몽 등이 처음 생각했던 사회주의와는 전혀 다른 스토리로 변했다.

◆ 인본주의 경영

로버트 오언은, 생시몽보다 11년 뒤인 1771년, 영국 웨일스 지방 몽고메리주 뉴타운(Newtown)에서 태어났다. 그는 고등 교육을 받은 학자는 아니었다. 고등 교육은커녕 정규 교육을 받을 기회가 없어서 어렸을 때부터 견습공과 사무원 일을 하면서 성장했다. 당연히 성장기에 애덤 스미스나 카를 마르크스처럼 철학 공부와 글쓰기를 훈련받은 적이 한 번도 없었기에 그의 사상은 그리 복잡할 것도 심오할 것도 없다. 그런데 이 단순한 사상을 현장에서 실천에 옮기는 위대한 일을 해냈고, 그것이 수많은 사회운동가와 지식인들로부터 호응을 얻었다.

1800년에 오언은 스코틀랜드 뉴래너크(New Lanark) 지역의 방직공장을 인수해서 새로운 실험을 시작했다. 그는 공장을 청결하게 유지하고 질서 있게 정돈했다. 또한 모든 노동자에게 기숙사를 지어주었고, 양질의 음식과 의복을 제공했다. 보건기금을 마련해서 모든 직원들이 의료 혜택을 받을 수 있도록 했다. 교육과 계도를 통해 술주정, 절도, 문란한 성생활과 같은 나쁜 습관들을 교정하려고 노력했다. 물론 모든 직원들이 그의 뜻을 다 따른 것은 아니었지만, 대부분의 노동자들은 그를 존경하고 따랐다. 그의 노력 덕분에 뉴래너크 지역 일대가 살기 좋은 곳으로 바뀌었다.

그는 개인이 행복해져야만 공동체가 행복해질 수 있다고 보았다. '최대 다수의 최대 행복'을 주장했던 공리주의자 제러미 벤담 Jeremy Bentham, 1748~1832 은 오언의 경영 방식에 크게 호응했다. 오언은 개인이 행복해지지 못하는 것은 단지 그 개인의 잘못이나 책임이 아니라, 그에게 올바른 지식과 습관, 능력을 기를 기회를 주지 못한 환경의 잘못이라고 생각했다. 공장에서 사람의 잠재력을 이끌어내고 숙련을 증대시키면, 기업은 성과를 내고 인간은 기아와 질병에서 벗어나 이상적인 사회에 도달할 수 있다고 생각했다. 사실 이 정도면, 오늘날 유행하는 인본주의 경영철학과 크게 다를 것이 없다.

사람의 존엄을 무시하고 가혹한 노동을 강요하며 이익만을 추구하던 영국의 공장주들은 오언을 헐뜯기 시작했다. 심지어 동업자들조차 오언의 경영 방식을 비난했다. 그러나 그는 이 모든 비난을 무릅쓰고 자신의 방식을 관철시켰다. 뉴래너크 공장의 실험은 유럽 전역에 알려졌고, 수많은 사람들이 방문하고 견학했다.

오언의 성과에 대해서는 지금도 해석과 평가가 분분하다. 그의 뉴래너크 공장이 단지 외부인에게 보여주기 위해 운영되었으며, 노동자들은 사실상 억압 속에서 일했다는 보고도 있다. 가장 흔한 것은 그가 온정주의자(paternalist)에 불과했다는 비판이다. 그는 자본가로서 아버지 또는 계몽군주와 같은 입장에 서서 노동자를 교화, 심지어 개조하려고 했을 뿐, 결코 노동자와 진정으로 소통하지 않았다는 것이다. 또한 조직과 개인이 목표를 명확히 인식하게 하고 성과 평가와 피드백이 제대로 이루어지지 않는다면, 오언식의 복지 경영은 종업원들의 무사안일과 나태로 이어질 수밖에 없다는 것은 분명하다.

그러나 한 가지 확실한 것은, 그가 적어도 사람 중심 경영과 이익 중심 경영이 양립할 수 없다는 당시 자본가들의 편견을 깨뜨렸다는 사실이다. 그가 이룩한 성과는 단순히 노동자 복지 증대 차원에 머물지 않고, 사람에 대한 투자를 통해서 기업의 성과를 올릴 수 있다는 현대 인적자원 개발(Human Resource Development, HRD) 사상의 선구라는 데에 더 큰 의미가 있다. 교육 훈련은 그 핵심이었다. 오늘날 지식 사회에서 상식이 된 교육 훈련의 중요성을 그는 훨씬 앞선 시기에 주장했던 것이다.[50]

◆ 사회주의 1.0

오언을 비롯하여 생시몽이나 푸리에^{Charles Fourier, 1768~1830} 등이 추구했던 사회주의는 훗날 마르크스의 그것과 전혀 달랐다. 앞의 사회주의를 후대에 사회주의1.0이라고 부르기도 했다.[51] 세부 내용은 사람마다 다르지만 초기 사회주의자들이 추구했던 몇 가지 공통점을 추려내자면 다음과 같다.

첫째, 보편적 인류의 생활 수준 향상을 추구했다. 신분 제약에 갇혀 있었던 대중의 지위를, 새로 탄생한 상공업 사회 안에서 회복시킴으로써 보다 개선된 공동체를 만들 방안을 모색했다.

둘째, 자유방임을 반대했다. 개인으로 모든 요소를 환원시켜서 개인들의 노력과 능력만으로 사회 문제가 해결되기를 기대하기는 어렵다고 보았다.

셋째, 정치권력을 불신했다. 사회를 진보시킬 수 있는 주체는 정치권력가들이 아니라, 기업과 산업 부문에 종사하는 사람이라고 보았다.

넷째, 사유재산권을 인정했다. 다만 사유재산권을 남용해서 사회에 피해를 끼치는 경우에 대해서는 제도를 통해 교정해야 한다고 생각했다.

사실 사회주의1.0의 내용을 들여다보면, 자유방임만으로는 문제 해결이 안 되며 지도계층의 적절한 인도가 있어야 한다는 생각을 제외하면, 요즘 보수주의자나 자유주의자들이 생각하는 견해와 큰 방향에서는 차이가 없다. 초기 사회주의가 후대의 사회주의와 확연히 구분되는 특징은, 바로 사유재산권을 인정했다는 점, 그리고 계급투쟁 개념이 전혀 없었다는 점이다.

◆ 이상사회를 꿈꾼 프랑스의 귀족

본명이 클로드 앙리 드 루브루아 콩트 드 생시몽 Claude-Henri de Rouvroy, Comte de Saint-Simon 으로 대단히 긴, 줄여서 앙리 드 생시몽이라고 부르는 이 인물은, 1760년 프랑스 파리의 유서 깊은 귀족 가문에서 태어났다. 스스로 샤를마뉴 Charlemagne 왕가의 후손이라고 주장했다. 비록 귀족 출신이었지만 새로이 부상하는 자유의 이념을 추앙했다. 그래서 미국 독립전쟁에 직접 참여하기도 했다. 열렬한 자유주의자로서 귀국 후 프랑스 혁명에 적극적으로 참여했다. 하지만 귀족 출신으로서 자신의 배경, 국유지 투기 행위 전과, 운동가들과의 노선 차이 등으로 구체제 인사로 낙인찍히고 투옥당하기도 했다. 1794년 석방 후 가문 소유의 땅을 가지고 여러 사람과 공동으로 부동산 투기를 비롯한 다양한 사업을 했지만, 동업자에게 사기를 당해서 빈털터리가 됐다. 결혼생활도 순탄치가 못해서 1년 만에 이혼했다.

그뒤 모든 사회활동을 접고 혼자 이상사회 건설 방안을 연구하기 시작했다. 생시몽은 어렸을 때부터, 세상을 구원하는 위대한 인물이 되고 싶다는 꿈을 꾸곤 했다. 하지만 헛된 꿈에 그치지 않고 이를 실천에 옮겼다는 점이 특이하다.

그의 이상사회 건설 구상은 수많은 추종자를 낳았다. 그들 가운데에는 특히 에콜 폴리테크니크(École Polytechnique) 출신 인사들이 많았다. 프랑스 실증주의 철학의 창시자이자 사회학의 원조인 오귀스트 콩트 August Comte, 1789~1857 도 그 가운데 한 명이었다. 콩트는 생시몽의 비서 역할을 하면서 그의 집필과 출판을 돕기도 했지만, 결국 그와 노선 차이를 깨닫고 결별했다. 그는 자신이 생시몽의 제자였다는 사실이 세상에 알려지는 것을 대단히 꺼렸다.

◆ 사회를 구성하는 계급

생시몽의 글은 체계적이라기보다, 이데올로기로서 감성과 통찰에 의거한 듯했다. 그리고 시기에 따라 용어도, 주장도 혼란스럽게 변화하는 경우가 많았다. 그럼에도 불구하고 그의 사회관이 지닌 몇 가지 특징을 요약할 수 있다.

우선 생시몽은 1803년 초기 저작인 《제네바의 한 주민이 당대인에게 보내는 편지(Lettres d'un habitant de Genève à ses contemporains)》에서 사회를 3계급으로 나누었다.

첫째, 학자(les savants), 즉 정신의 능력을 소유한 사람들이다. 과학자, 예술가, 자유주의자들을 포함한다. 학자 계층은 이후 그가 산업계층(les industriels)으로 개념을 확장시켰다. 원래 인더스트리는 부지런하다, 활동적이다, 또는 열심히 일한다는 뜻이었는데, 16세기 이후 상공업 활동이라는 의미가 추가됐다.[52] 생시몽은 1817년 '산업(L'industrie)'이라는 제하의 선언문을 통해서 산업계층이 지배하는 사회에 대한 자신의 구상을 공표했다. 이후 산업과 산업인이라는 표현을 지속적으로 사용했다.

둘째, 유산자(les proprietaires) 계급. 이들은 물질을 소유한 사람들이었다. 지주, 귀족, 금리생활자들이야말로 이들을 대표한다. 이들은 유한계층(les oisifs)이기도 하다. '게으른 자들'이라는 뜻이다. 생산적인 일에 종사하는 바 없이 가문에서 받은 물리적 재산에만 의존해서 살아가기 때문이다.

셋째, 무산자(les non-proprietaires) 계급. 앞의 학자와 유산자 이외의 모든 계층을 말한다. 무산(無産) 노동자들이 여기에 포함되었다.

그는 앞으로 다가올 사회는 유한계층과 군인의 힘이 줄어들고 산업계층이 주도하는 사회가 되어야 한다고 생각했다. 다만 군인계층은 사회 방위를 위하여 필요한 최소 수준으로만 유지할 필요가 있다. 산업계층은 생산자(producteur)의 역할을 담당하는, 사회의 핵심 계층이어야 한다. 산업계층을 구성하는 자본가와 노동자에 대해서는 결코 투쟁하는 관계로 보지 않았다. 이들은 각자 산업계층의 일원으로서 자신의 노동을 투입해서 사회에 기여하는 협력 관계에 있다고 보았다. 다만 산업인의 주축은 기술자, 즉 엔지니어들이며, 이들이 자본가와 노동자를 다스려야 한다고 생각했다. 비슷한 시기 장 바티스트 세[Jean-Baptiste Say]가 지식의 매개자로서 기업가를 강조했다면, 생시몽은 그 매개 역할을 엔지니어 계층에 부여했다. 엔지니어야말로 따로 흩어져 있는 학문 지식, 예술 지식, 산업 지식을 통합할 수 있는 능력을 지닌 계층이었다.

사실 산업주의는 생시몽 고유의 창작이 아니었다. 19세기 초 프랑스 사회 전반에 선진 영국을 동경하던 분위기 속에서 자연스럽게 등장해서 널리 쓰이던 말이었다. 책의 제3장에서 다룰 장 바티스트 세는 바로 그런 조류를 확산시킨 주요 인물 가운데 한 명이었다. 생시몽이 세의 《정치경제학 논고(Traité d'économie politique ou simple exposition de la manière dont se forment, se distribuent et se composent les richesses)》를 실제로 얼마나 탐독했는지 여부는 알 수 없지만, 적어도 1817년에 자신의 글에서 장 바티스트 세를 언급했던 것으로 보아, 어느 정도는 세로부터 영향을 확실히 받았다고 보인다. 사회 전반에 소비가 아니라 생산을 장려해야 한다고 역설했던 세의 사상은, 생시몽의 산업주의에 크게 영향을 미쳤다. 세 역시 산업이라는 용어를 사용했는데, 그는 무가치했던 사물에서 효용을 창조해내는 일이 바로 기업가의 산업이라고 말했다. 또한 세는 생시몽과 마찬가지로 군대, 정부, 성직자들을 비생산적인 계층, 즉 부의 파괴자라고 보았다.[53]

한편 생시몽은 오늘날 용어로 표현하자면 철저한 능력제 사회와 노동 존중 사회를 주장했다. 그런 취지에서 상속제도를 철폐해야 한다고 주장했다. 오직 개인이 자신의 노력에 의해서만 대가를 받아야 한다고 생각했다. 그런 관점에서 그는, 본인 스스로 귀족 출신임에도 불구하고, 무노동 귀족 계층을 혐오했다.

그는 노동자를 존중해야 한다고 말했고, 특히 말년에 《신기독교론(Nouveau Christianisme)》에서는 가난한 노동자들이 구원받아야 한다고 말하기도 했다. 하지만 결코 평등주의자는 아니었다. 그는 산업사회에서 자본가와 노동자는 협력하는 관계여야 한다고 보았지만, 내심 엘리트주의자였다. 유능한 사람이 그렇지 않은 사람을 계몽하고 지배하는 사회가 그의 이상이었다.

이로부터 한 걸음 더 나아가서 국가는 귀족 출신 정치인들이 통치해서는 안 되며, 산업가들이 계획하고 조직해야 한다고 생각했다. 유한 귀족의 세력이 줄어들고 엔지니어와 기술관료가 더 많은 역할을 해야 바람직하다고 보았다.

◆ 신과학주의와 지식의 통일 추구

생시몽은 42세 이후 자신의 사회 건설 방안을 여러 편의 글로 남기기 시작했다. 《제네바의 한 주민이 당대인에게 보내는 편지》(1803)를 필두로, 《19세기의 과학 성과 입문(Introduction aux travaux scientifiques de XIXe siècle)》(1807~1808), 《신백과사전 소묘(Esquisse d'une nouvelle encyclopèdie)》(1810), 《인간 과학에 대한 논고(Mémoires sur la Science de l'homme)》(1813), 《우주의 중력에 대한 논고(Travail sur la gravitation universelle)》(1813), 그리고 말년의 《신기독교론》(1825)에 이르렀다.

1803년의 《편지》에서, 생시몽은 세상을 구원할 지식 체계는 통일되어야 한다는 생각을 펼쳤다. 기존에 프랜시스 베이컨[Francis Bacon, 1561~1626]과 데카르트 이후 등장한 인간과 사회에 대한 모든 지식과 과학·산업기술 지식이 통합됨으로써 인간은 보다 나은 사회를 계획하고 건설할 수 있다고 믿었다. 우주와 자연의 물리 현상은 인간과 사회의 도덕 현상과 차이가 없으며 둘은 통합되어야 한다고 보았다.

그는 각 분야의 전문 지식인들을 향해 모두 모일 것을 호소했다. 그 목적은 인간의 행복(human well-being)을 고양할 인간성의 과학(science of humanity)을 건설하려는 데에 있었다. 그가 말한 과학은 단순히 자연과학에 한정된 것이 아니라 도덕과학까지 포함하는 것이었다. 도덕과학이란, 자연현상이 아니라 인간 행동이 어떤 원리에 따라 이루어지는가를 연구하는 지식이다. 그는 심지어 《제네바의 한 주민이 당대인에게 보내는 편지》에서 뉴턴의 종교(Religion of Newton)가 인간 행동을 분석하는 역할을 해야 한다고까지 말했다.

그는 나중에 그 지식의 대상을 과학뿐만 아니라 예술에 이르기까지 전방위로 확장했다. 그의 《신백과사전 소묘》는 종전에 디드로Denis Diderot, 1713~1814와 달랑베르Jean Le Rond d'Alembert, 1717~1783가 벌였던 백과사전 운동보다 훨씬 넓은 범위의 지식을 담으려 했다. 말하자면 예술, 자연과학, 도덕(사회)과학이라는 3종 분과를 하나의 지식 체계 안에 포섭시키려고 시도했다. 그는 나폴레옹에게 이런 성격의 지식 체계를 연구하고 교육하는 새로운 기구를 설치할 것을 제안하기도 했다.[54]

그가 이런 생각을 하게 된 배경에는 역사가 진보한다는 사실에 대한 확신이 있었다. 그런데 그가 보기에 프랑스 혁명은 그런 진보를 달성하는 과정에서 전혀 기여가 없는 것은 아니었지만, 많은 한계가 있었다. 혁명은 놀고먹는 유한계층, 그러니까 구체제 귀족들을 파괴했다는 면에서 어느 정도 성과가 있었지만, 동시에 사회에 혼란과 무질서를 낳았다. 프랑스 혁명은 결코 신사회를 건설할 통합된 원리를 제공하지 못했다고 보았다.

특히 프랑스 혁명에는 과학과 산업기술에 기반을 둔 사회 건설 이념이 결여되어 있다고 생각했다. 그는 에콜 폴리테크니크 학생과 졸업생들에게 자신의 이런 사상을 전파하기 시작했고, 그들로부터 많은 호응을 얻었다. 그들은 대개 1790~1810년 사이에 태어난 토목, 광업 엔지니어와 공병장교가 많았다. 그 시대에 태어난 이들은 급격히 도입된 공화정 사회에서 어린 시절을 보냈다가 다시 청년기에 복고왕정을 겪으면서 불안을 경험한 세대였다.[55] 그 시대는 가치관의 혼란기이자, 시대를 이끌 정신의 공백기였다. 마치 오늘날 우리 사회가 겪고 있는, 1990년대 정보화 이후 출생자들과 그 이전 산업화 시대를 살았던 세대 사이의 단절과 같았다. 19세기 초 프랑스 사회의 정신적 공백기에 처해 있던 청장년 신흥 엘리트층에게 생시몽의 메시지는 새로운 희망이었다. 과거 귀족사회와 그 사회를 떠받치던 종교 이념과 군사 제도는 서서히 사라지고, 과학과 산업기술 인력이 주도하는 새로운 사회가 도래할 것이라는 그의 설교는 충분히 매력적이었다.

특히 지난 시대의 기독교 교리로는 결코 다가오는 시대에 대응할 수 없다고 말했다. 기존 신학을 부정하고 과학에 기반을 둔 새로운 기독교가 탄생해야 한다고 주장했다. 이때부터 이미 생시몽은 사이비 교주로 전락할 소지가 있었다고 보인다. 이처럼 세상을 바꾸겠다며 등장한 모든 웅대한 지식은 언제라도 부패할 준비가 되어 있다.

◆ **세계 연결망 사상**

생시몽은 지식 통합을 중시했던 만큼 세계 통합에도 관심이 많았다. 젊은 시절 유럽 각지와 아메리카 대륙을 여행하면서 멕시코와 스페인에 운하를 건설해야 한다고 주장했다. 생전에는 그냥 생각으로만 멈추었지만, 그가 죽은 뒤, 이 생각은 후계자들을 통해 현실이 됐다.

생시몽의 충실한 제자 앙팡탱Barthélemy Prosper Enfantein, 1796~1864은 유럽과 아시아를 연결하는 대운하 건설을 추진했으나 실패했다. 하지만 나중에 프랑스의 사업가 겸 정치인이자 생시몽주의자였던 페르디낭 드 레셉스Ferdinand de Lesseps, 1805~1894는 1869년에 지중해와 홍해를 관통하는 수에즈(Suez) 운하를 개통시키는 데 성공했다.

생시몽주의자 미셸 슈발리에Michel Chevalier, 1806~1879는 박람회를 통해 세계 각국의 문물이 한데 모여 전시되는 여러 프로젝트를 성공시켰다. 그 성공을 보고 영국이 모방하기 시작했다. 1851년에 영국 런던 하이드파크에서 제1회 EXPO(엑스포)가 개최됐다. 박람회장 건물은 철 구조물과 유리만으로 이루어져, 수정궁(the Crystal Palace)이라고 불렸다. 엑스포는 이후 세계 각국에서 번갈아 개최되며 오늘날까지 이어졌고, 우리나라도 대전(1993)과 여수(2012)에서 정식 EXPO는 아니었지만 소규모 EXPO를 개최하기도 했다. EXPO는 더욱 진화해서, 현재 CES(Consumer Electric Show, 세계가전박람회) 등 수많은 글로벌 MICE(Meeting, Incentives, Convention & Exhibition의 4가지 분야를 아우르는 서비스 산업) 행사로 발전했다. 이 모든 행사의 발원지는 생시몽이었다.

생시몽은 1814년에 최초로 유럽연방을 구상했다. 유럽의 여러 나라들은 각자 떨어져서 생존하는 대신에 연방제 형태로 통일되어야 한다고 주장했다. 물론 그 연방제의 중심은 프랑스와 영국에 두어야 한다고 생각했다. 좀 편향된 생각처럼 보이기는 하지만, 생시몽의 눈에도 영국과 프랑스는 유럽에서 가장 개화한 나라였다. 독일조차도 당시 그의 눈에는 아직 미개국으로 보였던 것 같다.

그가 살아 있을 때에는 이 구상이 실현되지 못했다. 그의 제자 슈발리에는 스승의 사상을 구현하기 위해 노력했다. 그는 통신 및 교통 인프라를 통해 세계 통합의 꿈을 실현하고 싶어 했다.[56] 그는 1861년 나폴레옹 3세의 경제고문으로 활동하면서 1861년에 프랑스-영국 자유무역협정을 유도해서 체결시키는 데 성공했다. 그는 이어서 영-불 해저철도 건설을 시도했다. 기공식까지는 성공했는데, 그후 여러 사정으로 공사가 진척되지 않고 1860년대 말에 중단됐다. 그로부터 100년 후인 1994년에 이르러서야 영-불 해저를 관통하는 유로터널(Eurotunnel)이 개통됐다. 세계적인 건설회사 벡텔이 시공한 이 터널을 지나는 유로스타 (Eurostar) 열차가 지금도 운행 중이다.

사실, 1993년 EU(유럽연합) 창설로 이어지는 유럽통합 모델은 생시몽 자신의 것은 아니었다. 그것은 프랑스의 정치인이자 금융가였던 장 모네Jean Monnet, 1888~1979가, 제2차 세계대전 중이었던 1943년에 처음 제안한 데에서 출발했다. 그는 유럽은 개별 국가의 힘이 아니라 국가 간 연합을 이루어서 공존해야 한다고 주장했다. 1950년 그는 독일과 프랑스가 석탄과 철강을 공동관리하는 초국가 기구를 설립할 계획을 제안했다. 이는 전쟁 중 연합국 측의 물자 수송 공동관리를 계획해온 그의 경험에서 나온 것이었다. 모네의 제안은 프랑스 외교장관 로베르 쉬망Robert Schuman, 1886~1963에 의해 구체화됐다. 전범국 독일을 향한 유럽 각국의 화해의 메시지와 세계 평화의 염원이 담긴 이 계획은, 1951년 4월 18일 프랑스, 서독, 이탈리아, 네덜란드, 벨기에, 룩셈부르크 간 유럽석탄철강공동체(ECSC) 조약 체결로 이어졌고 초대 수장에 장 모네가 선출됐다. 이 기구는 오늘날 EU의 모태가 됐다.[57]

사실 1950년대에 장 모네와 로베르 쉬망의 계획이 등장하기 이전에도 유럽통합 구상은 이미 여러 번 등장한 적이 있었다. 생시몽보다 좀 앞서서 독일의 임마누엘 칸트는 1795년에 《영구평화론(Zum ewigen Frieden. Ein philosophischer Entwurf)》에서 개별 국가주의를 극복하는 수단으로서 국가 간 연맹을 이미 구상한 적이 있었다. 프랑스에서는 생시몽 이후 빅토르 위고 Victor-Marie Hugo, 1802~1885가 전쟁을 봉쇄할 수단으로서 유럽합중국 창설을 역시 주장한 적이 있었다. 기독교 정신세계와 지리상 인접성으로 연결되어 있는 유럽의 국가들은, 고대 그리스-로마 문화에 연원을 두었을 뿐만 아니라 르네상스와 계몽주의 철학을 함께 일으켰다는 공감대가 있었다. 그런 이유로 유럽의 나라들 사이에서는 이런 종류의 공동체의식이 조성될 토양이 있었다고 보인다.[58] 생시몽의 유럽통합론은 그 여러 선구 사상 가운데 하나로써 큰 역할을 했다.

◆ **산업은 금융의 힘으로 성장한다**

생시몽은 자신의 구상을 실현하기 위해 금융의 힘을 강조했다. 운하를 통한 세계 연결망 건설 프로젝트는 정치인의 힘으로는 부족하며, 막강한 금융의 뒷받침이 필요하다. 금융업은 그러한 자본을 형성해서 투자하고 관리하는 시스템이다.

생시몽의 제자 가운데 유대인 수학자 올랭 로드리그$^{\text{Olinde Rodriques, 1795~1851}}$가 있었다. 로드리그의 사촌 페레르 형제$^{\text{Émile Péreire, 1800~1875, Isaac Péreire, 1806~1880}}$는 생시몽의 사상을 접하고 깊이 감화를 받았다. 그들은 1852년에 '소시에테제네랄크레디모빌리에(Société Générale du Crédit Mobilier) 은행'을 설립했다. 이 은행은 유럽 전역에 광산, 철도, 각종 인프라 건설 사업에 투자하고, 그 사업이 성장할 수 있도록 지원했다. 또한 페레르 형제는 1855년에 '대서양횡단해운회사(Compagnie Générale Maritime)'를 설립해서 유럽 대륙과 북미 대륙을 연결함으로써 사람, 화물, 우편물의 이동 범위가 지역 단위를 넘어 세계로 확대되는 계기를 마련하기도 했다.

크레디모빌리에 은행은 1864년에 파산했지만, 이 은행이 구사했던 사회 기반시설에 대한 자금 지원 기능은 유럽 각국의 사업가와 정치인들에게 큰 인상을 남겼다. 훗날 일본의 장기신용은행(1952)이나 우리나라의 KDB산업은행(1954)도 그런 사회 기반시설 금융의 전통을 이어받았다.

페레르 형제의 금융사업 모델은 비슷한 시기 이를 모방한 독일의 '도이체방크(Deutschebank)'의 등장으로 이어졌다. 19세기 후반 유럽과 미국 전역에 확산되어 초기 JP모건, 골드만삭스 등 투자은행, 이른바 IB(Investment Bank) 조직이 우후죽순처럼 등장했다. 이들은 전기, 에너지, 철강, 자동차 등이 주도하는 2차 산업혁명의 핵심 자금공급원으로서 역할을 했다.

금융기관을 통한 대규모 프로젝트 지원을 통해 사회 변화가 이루어지는 이 장면은, 훗날 블라디미르 레닌$^{\text{Vladimir Lenin, 1870~1924}}$을 비롯한 공산주의자들에게도 큰 영향을 미쳤다. 마르크스의 원래 사상에는 계획주의가 없었다. 생시몽주의자들이 금융기관을 통해 조직적으로 프로젝트를 수행하는 모습에 영향을 받은 레닌은, 러시아 혁명 이후 공산주의에 계획주의를 접목했다. 레닌의 뒤를 이어 스탈린은 '신경제계획(New Economic Plan)'이라는 소련식 경제 개발 계획을 추진했다.

우리나라 박정희 대통령이 1962년 이후 추진한 '경제개발5개년계획'도 같은 맥락에서 시작된 것이었다. 일본이 2차대전 패전 후 정부가 주도하는 산업 정책을 채택하면서 부활하는 모습은 한국의 정치 지도자에게 깊은 인상을 남겼다. 우리나라는 정부가 조직적으로 산업체에 신용할당을 유도하는 방식으로 금융이 기업, 특히 오늘날 흔히 재벌로 분류되는 기업들의 육성에 개입하도록 하는, 어떻게 보면 반(反)시장적인 정책을 통해 1970년대 이후의 성장을 이끌었다. 또한 박정희 대통령은 과학 및 산업기술 엘리트 육성이 경제 발전의 관건임을 알고 있었다. 그런 면에서 박정희 대통령의 공과대학 육성 사상은 생시몽의 기술관료 중심주의와 같은 맥락에 서 있었다.

1990년대 이후 개혁개방 기치를 들고 사회주의형 시장경제 육성에 돌입한 중국도 덩샤오핑^{鄧小平} 이후 정치 이념만 공산주의로 유지했을 뿐, 경제 개발 전략은 박정희의 그것을, 특히 싱가포르 리콴유^{李光耀}의 그것을 철저히 따랐다.[59]

생시몽주의자들이 추구했던 금융주의와 사회통합 비전은 이렇게 20세기 후반 한국 및 동아시아 사회로까지 그대로 이어져 구현됐다.

계획주의와 시장주의 사이에 이것이냐 저것이냐식 논쟁이야말로 참으로 무익하다. 제8장 케인스 편에서 이 문제에 대해 좀더 자세히 언급하겠지만, 개인이나 조직이나 사회나 계획이 어느 정도는 필요하다. 어디로 가야 할지 방향을 정하지 않고, 어떤 수단을 가동해서 어떤 이정표를 따라 그 일을 해낼지 전혀 구상이 없다면, 우리가 무슨 일이든 제대로 해낼 수 있을까? 다만, 계획자의 오만이 한없이 팽창해서 기업가와 소비자의 자유 자체를 질식시키는, 본말이 전도된 상황은 반드시 피해야 할 것이다. 그때 계획은 뛰노는 운동장이 아니라 숨 막히는 감옥이 될 것이기 때문이다. 공산주의가 채택했던 계획주의는 그렇게 실패했다. 반면에 우리나라의 그것은 자유가 충분히 살아 움직이게 한 계획이었기에 성공할 수 있었다.

생시몽 자신은 초기에 고전적 자유주의를 따랐었다. 하지만 자유주의가 전(前) 시대에 구체제를 붕괴시키는 역할을 충실히 수행하기는 했지만 이미 시대적 소명을 다했기에 폐기되어야 하며, 그 자리를 산업주의가 대체해야 한다고 생각했다. 자유주의를 명분으로 해서, 예컨대 프랑스 혁명 이후 각종 봉기와 소요에서 나타난 파괴와 무질서와 혼란을 그는 받아들일 수 없었다. 그의 산업주의는 난장판으로 특징지어지는 개인들의 무질서 대신, 자원을 조직화함으로써 생산적인 사회 질서를 구축하려는 것이었다. 이런 생각을 펼치는 과정에서 생시몽의 자유주의에 대한 입장은 자주 일관성을 잃기도 했다. 말년에는 자신의 산업주의를 실시하기 위해서는 강력한 군주제가 필요하다고 말하기도 했다. 다만 그 군주는 과거 부르봉 왕가처럼 유한 권력 집단으로서 전제군주

가 아니라 국민의 대의를 대변하는 군주여야 한다고 했다.[60]

◆ 사이비 종교처럼 타락한 집단

생시몽의 주장들이 여러 면에서 꽤 타당성이 있었음에도 생시몽 본인은 점점 자기확신과 과대망상에 빠지게 됐다. 1825년 그의 사후 후계자들의 행태는 더욱 괴이하게 변했다. 그들은 마치 신비주의 집단처럼 행동하기 시작했다.

생시몽은 사망하던 해에, 미완성작 《신기독교론》을 남겼다. 생시몽은 기독교인이었지만, 초기에는 신학 자체에 큰 관심이 없었다. 하지만 지식의 통합을 연구하던 과정에서 기존 기독교 교리들을 비판하게 됐고, 자신이 생각하는 올바른 기독교 원리를 새로 제시했다. 《구약성서》에 나타난 유대인 구원의 시대가 올 것이고 자신의 사상을 추종하는 세력이 그 주도적인 역할을 해야 한다고 생각했다. 이런 장면은 역사상 수많은 기독교 계열 사이비 종파들이 탄생하는 모습과 크게 다르지 않았다. 다행히 세상의 공인을 받았더라면 정통으로 인정받을 수도 있었겠지만, 생시몽의 것은 그렇지 못했다.

생시몽 사후 추종자들은 파리 근교에서 정기적으로 모여서 스승의 사상을 공부하고 토론했다. 그 집단은 앙팡탱과 바자르(Saint Amand Bazard, 1791~1832) 두 명이 이끌었다. 어느 날 그들은 구시대의 낡은 교회 조직은 앞으로의 신사회 건설에 적절하지 않다는 데에 뜻을 같이했다. 그래서 가톨릭교회와 전혀 다른 형태의 조직을 만들기로 했다. 가톨릭교회는 교황, 추기경 등 위계적 조직이 있지만, 자신들의 모임은 아버지(Father), 사도(Apostles) 등으로 위계를 구성했다. 이때 아버지는 바로 앙팡탱과 바자르 두 사람이었다. 그러다가, 나중에 모든 인류는 평등하고 남성과 여성도 평등한데 왜 아버지만 있어야 하느냐, 어머니(Mother)도 있어야 한다는 의견이 나왔다. 그래서 어머니에 적합한 인물을 찾아야 했다. 그런데 바자르는 이미 결혼한 상태였다. 그의 부인도 생시몽주의자였다. 하지만 부부가 아버지, 어머니 자리를 다 차지해서는 곤란했다. 그래서 내부에 분란이 일어났다. 결국 이 집단은 바자르가 탈퇴한 뒤 앙팡탱 1인 지배 체제가 됐다. 앙팡탱은 반정부 인사로 지목받아서 투옥되기도 했다. 그는 석방된 다음에도 계속 어머니에 적합한 인물을 찾으러 전 유럽을 돌아다녔으나 실패했다.

많은 생시몽주의자들이 실제로 사회 개선을 위해 여러 업적을 남겼지만, 신비주의 집단으로 전락한 이런 모습 때문에 생시몽주의는 훗날 학문 세계는 물론이고 사회에서조차 외면당하고 말았다.

◆ 생시몽의 교훈

생시몽의 생각은 일관성이 부족하고 허황된 면도 있었지만, 꽤 타당한 부분도 있었다. 정치인이 아니라 산업가가 세상을 통치해야 한다는 생각은, 사회가 생산적인 일에 종사하지 않고 권력 충동으로만 가득한 저질 인물들에 의해 좌우되는 일 없이 합리성과 과학 정신으로 무장한 사람들에 의해 운영되어야 한다는 취지였다.

산업가의 활동을 뒷받침하는 금융기관의 역할을 강조한 점은 대단히 현실적인 통찰이었다. 또한 자유로운 개인들에게 맡겨둔다고 사회가 행복을 저절로 달성할 수 있는 것이 아니라, 사회가 자본을 과학적, 합리적으로 배분하는 지도 계층이 능력을 갖추어야만 한다는 생각은 맹목적인 자유주의의 한계를 잘 헤아린 것이기도 했다.

무엇보다도 과업을 개인들에게만 맡겨두지 말고 조직화해야 한다는 그의 사상은 훗날 실현됐다. 19세기 후반부터 유럽과 미국에서 주식회사 형태로 대거 등장한 거대 기업들은, 전례가 없었던 기술관료들에 의해 '조직화'된 경영의 구현체였다. 조지프 슘페터[Joseph Schumpeter](제9장)나 존 갤브레이스[John Kenneth Galbraith, 1908~2006], 알프레드 챈들러가 보았던, 대규모로 조직화, 관료화된 조직의 모습이 바로 그것이었다. 그 이전 시대까지 대규모 조직화는 오직 공무원, 군대, 종교 조직에서만 이루어졌을 뿐, 상공업체들 사이에서는 아직 본격적으로 일어나지 않았었다.

자본주의가 실제로 19세기 이후에 변모해온 과정을 보면 마르크스나 엥겔스가 예측했던 것과는 딴판이었다. 자본주의가 고도화된 사회에서 프롤레타리아 혁명 같은 것이 일어난 적은 없었다. 훗날 실제로 전개된 현실에 비추어 보았을 때, 공상적 사회주의와 과학적 사회주의, 누가 더 공상에 가까웠을까? 공상적 사회주의가 오히려 현실에 가까웠고, 마르크스와 엥겔스의 사회주의가 오히려 공상적이었다고 말해야 할지 모르겠다.[61] 그들의 공상은 공상으로 끝나지 않았다. 그들의 실험은 의도와 달리 또 다른 전체주의만을 낳은 채 실패했다.

오히려 현실은 사회주의1.0, 특히 생시몽이 추구했던 바대로 대부분 전개됐다. 정부가 주도하는 사회 기반시설 건설은, 오늘날 도처에서 볼 수 있는 현실이다. 기술관료가 주도하는 사회 변화는, 제2차 세계대전 이후 미국과 우리나라를 포함하여 경제 발전을 추구하는 수많은 나라가 실제로 채택했다. 대부업이 아니라 투자은행업(Investment Banking)이 신사업의 성장을 주도하고 있다. 사회 기반시설을 통한 세계 연결망, 20세기 들어 해저 케이블을 통한 전 세계 전화망과 인터넷망, 더 나아가 21세기에는 무선 데이터망으로까지 발전했다. 교육을 통한 생산성 향상과 인본주의 경영, 1990년대 이후 인적자본 사상과 인간 중심 경영 사상으로 정착했다. 개인의 행복을 오직 개인이 각자도생하도록 맡겨둘 수만은 없다는 사고, 각국에 사회보장제도가 확충되면서 현실이 됐다.

다만 생시몽의 생각에서 우리는, 모든 그럴듯한 사상이 지닌 유용성과 위험성을 동시에 발견한다. 사회를 구원하고 개혁해야 한다는 신념은 잠깐 효력을 발휘할 수 있을지는 몰라도 언제나 그 효용은 사라지고 자칫 부패할 수 있다. 합리와 과학 정신으로 무장한 엘리트가 국가 운영을 계획할 수 있다는 생각은 하이에크[Friedrich Hayek, 1899~1992]의 말처럼 치명적 자만(fatal conceit)으로 흘러 오히려 사회를 파괴할 수 있다.

생시몽의 사상은 혼란스러웠던 프랑스 혁명 직후, 사회를 이끌 정신의 공백기를 틈타 등장했다. 히틀러[Adolf Hitler, 1889~1945]의 전체주의 역시 1차 대전 패전 이후 파국으로 치달은 독일 경제의 혼란상을 틈타 등장했다. 지금 우리 사회는 과연 어떤 상태일까 자문해본다.

§ 참고문헌 §

- G.D.H. Cole, 《Socialist Thoughts the Forerunners 1789~1850》, McMillan, 1955. (이방석 옮김, 《사회주의 사상사 I (1789~1850)》, 민족문화사, 1987.)
- 김덕호 외, 《근대 엔지니어의 탄생》, 에코리브르, 2013.
- 문지영, "19세기 프랑스 생시몽주의자 - 엔지니어들의 산업프로젝트 - 에콜 폴리테크닉 출신을 중심으로", 2011, 프랑스사 연구 제25호. pp.87~112.
- 송경모, "꿈의 직장들이 인공지능을 탐하는 이유", 〈테크엠〉, 2016년 4월호.
- _____, "생시몽, 글로벌 네트워크 사회를 꿈꾸었던 인물", 〈테크엠〉, 2016년 2월호.
- 손기웅·김미자·김유정·노명환·배규성·신종훈·전혜원·정영태 〈EC/EU 사례 분석을 통한 남북 및 동북아공동체 추진방안: 유럽공동체 형성기를 중심으로〉, 통일연구원, 2012년 4월.
- 임계순, 《중국의 미래, 싱가포르 모델》, 김영사, 2018.
- 최갑수, 〈생시몽의 사회사상: 자유주의에서 사회주의로의 이행〉, 서울대학교 서양사학과 박사학위 논문, 1990년 12월.
- 야나부 아키라, 김옥희 옮김, 《Freedom, 어떻게 자유로 번역되었는가》, AK, 2020.
- Richard G. Olson, 《Science and Scientism in Nineteenth-Century Europe》, University of Illinois Press, 2008.
- Kirk Watson ed., 《Socialism1.0: The First Writings of the Original Socialists, Saint-Simon Fourier, Owen, 1803-1813》, Independently published, 2020.

· CHAPTER 3 · 기업가

*

기업가정신의 선구자 '장 바티스트 세'
(프랑스)

* 출처 _ 위키피디아

프랑스는 현대 경제에서 너무도 중요한 뜻을 지닌 단어 하나를 만들어 냈다. 바로 '앙뜨러쁘러뇌(Entrepreneur)'다. 이 단어의 우리말 번역어는 '기업가'이다. 지금은 수많은 경제 및 경영 용어들이 영어로 정착해 있지만, 기업가를 뜻하는 이 단어 하나만은 전 세계에서 프랑스어를 그대로 사용하고 있다. 기업가정신, entrepreneurship도 말할 것이 없다. 스타트업 벤처의 세계는 물론이고, 자영업자와 대기업 조직에서도 이 '엔트러프러너십(entrepreneurship)'의 중요성은 아무리 말해도 지나침이 없다. 프랑스인들은 이 단어가 프랑스에서 유래했다는 사실에 큰 자긍심을 느끼고 있다.

◆ 기업가, 기업가정신이라는 단어의 유래

혁신과 창조적 파괴의 사상가 슈페터[Joseph A. Schumpeter]는 초기 독일어 저서인 《경제 진화의 이론(Theorie der Wirtschaftlichen Entwicklung)》(1911)에서는 독일어 'Unternehmer'를 사용했을 뿐 'entrepreneur'는 전혀 사용하지 않았다. 하지만 이 책 제2판의 영어 번역본(1934)에서는 entrepreneur가 사용됐다. 이후 슈페터 본인의 영어 저술, 예를 들어 《경기 순환(Business cycles: a theoretical, historical, and statistical analysis of the capitalist process)》(1934, 1939)과 《자본주의, 사회주의, 민주주의(Capitalism, socialism and democracy)》(1943)에서는 한결같이 entrepreneur와 entrepreneurship을 사용했다. 슈페터에게 기업가와 관리자(manager)[62]는 둘 다 기업을 경영하는 사람이지만 중대한 차이가 있다. 앞은 혁신을 수행하는 사람이고, 뒤는 그렇지 않은 사람이다.[63] 앞은 역동하면서 경제를 진화[64]시키는 사람이고, 뒤는 바삐 일하는 것처럼 보이기는 하지만 사실은 정지해 있는 사람이다.

이 단어를 유럽 전역에 널리 보급시킨 장본인은 바로 '장 바티스트 세[Jean-Baptist Say, 1767~1832]'였다. entrepreneur라는 단어는 세 이전에도, 프랑스의 경제사상가 캉티용[Cantillon, 아일랜드 태생, 1680~1734]의 저술 《일반 상업의 본질에 관한 에세이(Essai sur la Nature du Commerce en Général)》에 이미 등장했었다. 원래 의미는 뭔가를 떠맡는 사람, 어떤 과업을 받아서 행하는 사람, 영어로는 undertaker라는 의미였는데, 한동안 큰 의미 없이 사용되다가 장 바티스트 세에 이르러 특별한 의미를 부여받아 관심을 끌기 시작했다. entrepreneur는 영어로 merchant(상인), adventurer(모험가), employer(고용주) 등으로 번역되기도 했으나, 프랑스어가 지닌 복합적 의미를 동시에 담아내기에는 부족했기에 결국 원래 프랑스어를 그대로 사용하게 됐다. '기업가정신'을 뜻하는 영어 단어 entrepreneurship도 그로부터 만들어졌다. 영국의 자유주의 사상가 존 스튜어트 밀^{John Stuart Mill, 1806~1873}은 1848년 《정치경제학 원리(Principles of Political Economy)》에서 이 단어를 사용했다.

> "통상적 산업 또는 산업의 어떤 분야에서든 만약 개인 사업가가 진취적 기업가정신을 필요한 정도로 갖추고 필요한 각종 수단을 동원해서 활용할 수 있다면, 정부사업체는 그런 개인사업체를 상대로 동등한 경쟁을 유지하기가 거의 불가능하다는 사실로도 정부 사업의 열등함이 증명된다."[65]

그러나 그것도 잠깐. 이 개념은 경제사상가들의 관심에서 점점 멀어졌다. 경제학자는 물론이고 경제 정책가와 경영자들이 이 단어에 다시 주목하기까지는, 100여 년 뒤 슘페터가 이 단어를 부활시킬 때까지 한참을 기다려야 했다. 이후, 적어도 자유시장 원리를 추종하는 경제학자나 경영사상가치고, 예컨대 프리드리히 폰 하이에크나 프랭크 나이트^{Frank Knight, 1885~1972}는 물론이고, 심지어 정부의 적절한 개입이 필요하다고 보았던 존 메이너드 케인스(제8장)까지, 이 개념을 지지하지 않는 사람이 없었다. 안전과 확실함의 세계에 갇혀 있지 않고, 불확실성 아래서 과감히 행동을 일으키는 인물이 사회 진보에 미치는 기여는 아무리 강조해도 지나치지 않다.

◆ Entrepreneurship의 두 가지 의미

훗날 entrepreneurship은, '기업가정신'으로 번역되는 원래의 뜻으로부터 출발해서, '창업'이라는 뜻이 새로 추가됐다. 기존 조직, 예를 들어 이미 대기업이라 하더라도 불확실성이 높은 신사업에 적극적으로 진출하는 것을 기업가정신이라고 할 수 있다.

건설 사업에서 입지를 다졌던 정주영 회장이 전혀 경험이 없었던 조선 사업을 시작한 것이나, 가전제품 사업을 영위하던 삼성전자가 역시 한 번도 경험이 없었던 반도체 생산에 뛰어든 것이나, 소셜미디어 페이스북이 메타버스(Metaverse) 사업으로 방향을 전환한 것이나, 한결같이 기업가정신의 소산이다.

한편, 이 단어는 '신생 창업', 그러니까 학자가 자신의 연구성과를 사업화하기 위해, 또는 직장인들이 평소 구상했던 사업모델을 구현하기 위해 회사를 설립하고 초기 경영에 몰두하는 활동을 가리키는 단어로 널리 쓰였다. 대학교수가 유전학 연구성과를 바탕으로 바이오 벤처를 창업한 것이나, 직장인 컨설턴트가 새로운 사업모델 아이디어로 스타트업을 시작하는 것이 모두 entrepreneurship이다.

이런 회사형 창업 이외에도, 자영업 창업 활동 역시 entrepreneurship

의 범주에 포함된다. 카페, 식당, 의류점, 잡화점, 기타 다양한 소매상을 설립하거나, 심지어 길거리에서 포장마차 하나를 운영하는 데에도 기업가로서 혁신 경영 지식이 필요하다.[66] 사회 전반의 역동성과 진화를 뒷받침한다는 면에서 이제 자영업 혁신가들의 중요성은 대기업 안에서 지원을 받으며 혁신하는 임직원들 못지않게, 아니 그 이상으로 더 중요하다.

월마트는, 1962년 미국 아칸소주의 시골 밴튼빌(Bentonville)에 작은 프랜차이스 소매점을 냈던 점장 샘 월튼[Sam Walton, 1918~1992]의 창고형 박리다매 혁신에서 출발했다.[67] 물론 이 역시 뒤이어 등장하는 또 다른 혁신가들 앞에서 언제 쇠락할지 모르는 운명이겠지만 말이다. 기업가정신의 역동성이야말로 현대 경제를 살아 움직이게 하는 가장 큰 원동력이다.

◆ 경제사상가들의 동네북, 장 바티스트 세

케인지언(Keynesian) 경제학자인 그레고리 맨큐[Gregory Mankiw, 1958~]의 저 유명한, 오늘날 경제학의 표준 교재로 알려져 있는 《맨큐의 경제학(Economics)》에는 세의 이름조차 등장하지 않는다. 심지어 그 교과서는 경제 발전의 핵심 원리인 entrepreneurship 개념조차도 소개하지 않고 있다. 게다가 경제학의 역사에서 수많은 대가들이 세에 대해서 한결같이 무지하고 편협한 사상가라는 프레임을 씌워놓았다. 세는 다음과 같이 동네북 신세를 면하지 못했다.

프리드리히 리스트(제4장)는 세를 혐오했다. 세는 애덤 스미스의 사상을 프랑스어로 번역해서 알리는 열렬한 전도사였는데, 이 과정에서 자유무역은 유럽의 모든 나라를 이롭게 한다는 스미스의 주장을 충실히 전파했다. 세는 자연스럽게 리스트에게 타도 대상이 됐다.

카를 마르크스는 세를 가리켜 바보라고 비난했다. 세의 사상에 따르면 자본주의 시장의 순환 과정에서 잠시 부분적인 판매 부진은 있을 수 있어도 경제 전체에 일반적인 공황이라는 것은 있을 수 없다는 것이었다. 자본주의가 주기적인 불황에 필연적으로 노출될 수밖에 없다고 보았던 마르크스 입장에서 세는 무지한 인물이었다.

존 메이너드 케인스는 《고용, 이자, 화폐에 관한 일반이론(The General Theory of Employment, Interest and Money)》의 서문에서, 자신의 이론은 오랜 세월 동안 세의 시장법칙(law of markets)이라고 알려진 그릇된 명제를 타파하려는 데에 있다고 공언했다. 케인스는 세의 시장법칙이란 '공급은 수요를 창출한다'라는 명제로 요약될 수 있다고 단언한 뒤, 우리 모두 이 세의 원리로부터 벗어나야만 한다고 주장했다.

◆ 프랑스 개신교파 가문의 영국 조기 유학생

장 바티스트 세는 1767년에 프랑스 리옹(Lyon)에서 출생했다. 집안은 대대로 위그노(Hugunot), 즉 프랑스의 칼뱅주의 개신교파였다. 그의 증조부 루이 세$^{Louis\ Say}$는 1685년 낭트칙령(Edict of Nantes)이 철회되자 박해를 피해 프랑스를 탈출해서 암스테르담으로 이주했다. 루이는 1694년 제네바로 이주해서 시민권을 얻었고 이후 자손들은 그곳을 중심으로 활동했다. 루이 때부터 집안은 모직물 무역에 종사했는데, 장 바티스트의 아버지 장 에티엔 세(Jean Estienne Say)는 특히 비단 무역에 주력했다.

세의 부모는 당시 장 자크 루소의 교육론에 강한 영향을 받았다. 교육열이 높았던 그들은 1775년, 세가 9세가 되었을 때 리옹에 소재한 기독교 계열 기숙학교에 입학시켰다. 이 학교는 비록 라틴어와 이탈리아 교육을 중심으로 하는 전통적인 기독교 방식의 교육관을 고수했고 당시 떠오르는 계몽주의 철학과는 거리가 멀었지만, 세는 이런 교육에도 비교적 잘 적응했다.

1780년 아버지의 비단 사업이 파산하면서 온 가족이 파리로 이주했다. 막 10대 중반에 접어든 장 바티스트는 은행 사무원으로 취직해서 생계를 이어나갔다.

1785년, 장 바티스트가 18세가 됐을 때, 동생 장 호라스 세(Jean-Horace Say)와 함께 영국으로 유학을 떠났다. 당시 유럽의 최선진국은 영국이었다. 아버지는 두 아들이 프랑스라는 좁은 사회에만 갇혀 있지 말고 선진 사회의 발달된 모습, 특히 교육 제도와 상업 문화를 경험하고 오기를 희망했다. 세는 런던에서 인도를 상대로 설탕 무역을 하던 제임스 베일리 상회(James Baillie & Co.)에 점원으로 취직해서 일하기도 했다. 그가 영국에 체류하던 중 최대 수확은 산업혁명이 일어나는 현장을 직접 경험했다는 것, 그리고 영어를 공부함으로써 훗날 애덤 스미스를 직접 읽을 수 있는 바탕을 마련했다는 것이다.

◆ 황당한 창문세(Window Tax) 경험

세가 런던 근교에 크로이든(Croydon) 지역에서 하숙했을 때의 일이다. 어느 날 갑자기 집주인이 들어오더니 창문을 덮개로 가리기 시작했다. 왜 멀쩡하게 빛이 잘 들어오는 창문을 가리느냐고 물었다. 그는 주인의 답을 들은 뒤, 그게 당시 창문세(Window Tax)라고 하는 세금을 피하기 위해 하는 행동이라는 사실을 알게 됐다. 창문세란 집마다 부착된 창문의 개수에 따라서 누진세를 징수하는, 일종의 재산세였다. 지금도 런던에 가면 창문세를 피하기 위해 창이 있어야 할 자리가 벽으로 차단된 건물들이 많이 남아 있다.

그때 세는 이렇게 생각했다. '아니 도대체 이런 말도 안 되는 짓을 왜 하는 것일까? 이렇게 해서 창문 개수대로 세금을 걷는다고 하면 사람들은 전부 다 그걸 피하기 위해서 이렇게 창문을 막을 것이고, 그 안에 사는 사람들은 햇빛을 못 쬐니까 고통을 당하고, 정부는 정부대로 원래 의도했던 세금을 걷지 못하게 될 것이니, 아무도 여기서 혜택을 보는 사람은 없고 오히려 모두에게 나쁜 결과만 가져오는 것이 아닌가? 이런 말도 안 되는 일이 왜 일어나는 것일까?' 10대 청소년 세는 강력히 의문이 들었다. 이때부터 세는 조세가 사람들의 행태와 경제에 어떤 영향을 미치는지 관심을 갖기 시작했다.

◆ 언론인, 정치인, 사업가의 경험을 지녔던 사상가

1786년에 프랑스로 귀국한 그는 생명보험회사에 취직했다. 회사 사장 에티엔 클라비어Étienne Clavière, 1735~1793는 세의 가계와 동일한 제네바 개신교파에 속했고, 프랑스 혁명 이후 재무장관으로 임명되기도 했던 인물이다. 클라비어는 여러 면에서 세의 인생 멘토였다. 그는 탁월한 금융가이기도 했지만, 계몽주의 사상과 루소의 사회철학에도 조예가 깊었다. 그는 자신의 서재에 있던 애덤 스미스의《국부론》을 세에게 빌려주면서 읽어볼 것을 권했고, 세가 새로운 사상에 눈뜨게 해주었다. 이 책에 감명을 받은 세는 곧바로 1789년 출판된《국부론》제5판을 직접 구입했다. 세가 소장한《국부론》제5판에는 모든 쪽마다 세의 밑줄과 요약과 비망록이 가득한데, 이 책은 1888년 세의 손자가 파리의 도서관에 기증해서 지금도 남아 있다고 한다.

또한 클라비어는 혁명 정부 장관 시절에 세를, 자신과 같은 온건 중도 노선의 지롱드(Girondins)파 사상가였던 미라보Count Mirabeau, 1749~1791가 발간하는 정기간행물〈쿠리어 드 프로방스(Courrier de Provence)〉에서 일할 수 있도록 알선해주기도 했다. 비록 짧은 기간이었지만 이 시기의 경험을 바탕으로 세는, 1794년 창간된〈공화정 사회를 위한 철학, 문학, 정치의 시대(La Decade philosophique, litteraire, et politique, par une Societe de Republicains)〉잡지의 편집위원 중 한 명으로 일하게 됐다. 그는 이 잡지를 통해 애덤 스미스의 사상을 프랑스에 전파하기 시작했다. 그는 이 잡지 편집위원으로 1800년까지 일했다.

이후 혁명의회 의원 생활을 하면서 자신의 집필 활동을 틈틈이 이어갔다. 1803년에는《정치경제학 논고 또는 부의 형성, 분배, 구성 원리에 대한 간단한 설명(Traité d'économie politique ou simple exposition de la manière dont se forment, se distribuent et se composent les richesses)》초판을 출판했다. 그는 이 책에서 자유무역에 대한 정부의 개입을 강하게 비판했는데, 이 내용이 빌미가 되어 나폴레옹 집권 후 제2판 출판이 금지되기도 했다. 세 자신이 면직업체를 소유하고 있었기에 적어도 나폴레옹이 1806년 영국을 상대로 대륙봉쇄령을 내리기 전까지 그의 사업은 번창일로에 있었다. 나폴레옹의 등장은 저술가이자 사업가였던 세에게는 크나큰 재앙이었다.

나폴레옹이 몰락하고 1814년 왕정이 복고된 이후에 세는, 영국에 밀사로 파견되었다. 영국의 산업화 과정에 대한 상세한 정보를 수집, 분석해서 프랑스에 보고하라는 특명을 받았다. 이때 영국의 저명한 사상가들인 제러미 벤담, 데이비드 리카도, 제임스 밀James Mill, 1773~1836 **68** 등과 교분을 쌓았다. 1819년에는 예술공예 컨서바토리(Conseravatoire des Arts et Metiers)에 경제학 교수로 임용됐고, 1830년 7월혁명 이후에는 프랑스칼리지(College de France) 최초의 경제학 교수가 됐다. 1819년 교수직을 맡았을 때 초봉은 월 480프랑에 불과했는데, 세가 고용한 가정부 월급 300프랑보다 약간 높은 수준이었다. 이 월급으로는 그의 한 달 생활비 1,000프랑에 턱없이 부족했다. 이듬해 4월이 되어서야 강의 시수도 늘어나고 월급은 2,642프랑으로 올랐다. 그는 이 월급 외에도 국채 투자에서 받는 이자, 벤처기업 투자에서 받는 배당금 등으로 생활비를 충당

했다.⁶⁹

　세보다 아홉 살 연하였던 영국의 존 스튜어트 밀은 1820년 프랑스 여행 중 세와 함께 지낸 적이 있었다. 밀은 《자서전(Autobiography)》에서 당시 만났던 세를 '프랑스 혁명 정신이 가장 잘 구현된 표본, 보나파르트 나폴레옹 앞에서도 절대로 굽히지 않았던 인물, 진정으로 강직하고 용감하며 깨어 있는(enlightened) 인물'이라고 묘사했다.⁷⁰

　세는 연구자로서 단지 애덤 스미스처럼 책상물림 생활만 한 것이 아니라 다양한 회사 생활, 언론인 활동, 정치인 경력, 그리고 사업 경험까지 풍부하게 갖춘 인물이었다. 가업의 영향으로 면직물 직조업을 영위한 것은 물론이고, 알코올증류업, 제분업 등 다양한 사업을 실제로 경영했던 경영자이기도 했다. 하지만 사업가로서는 연이어 실패할 뿐이었다. 1810년대에는 곡물, 프랑스 국채, 해외 사업 등에 다양하게 투자했는데, 성과는 그리 좋지 않았다. 1816년에는 동업자 2인과 함께 각자 1만 프랑을 투자해서 알코올증류업을 시작했지만, 결국 분쟁과 손실로 점철된 채 끝났다. 1817년 영국의 친애하는 데이비드 리카도에게, 새로 구상하는 감자 제분업에 자신은 2만 프랑을 투자할 테니 당신은 3~4만 프랑을 투자하면 어떻겠냐고 제안하기도 했다. 하지만 영리한 리카도는 심사숙고 끝에 세의 제안을 거절했다.

　세는 연극배우를 꿈꿨을 정도로 인문학에도 대단히 관심이 많았다. 다양한 사업을 했음에도 크게 성공하지는 못했는데, 사실 그는 평소 돈보다는 인문 정신과 자유의 가치를 더 중시했다. 세는 1820년대까지도 유럽 사회에 존속되고 있었던 노예무역과 노예노동을 인간의 존엄과 정의의 원칙에 위배되는 것이라고 격렬히 비난했다. 노예제에 의존하는 식민제국 시스템은 반드시 붕괴할 것이라고 말하기도 했다.[71]

노년에는 계몽주의 사상가로서 다양한 집필과 기고 활동에 보다 많은 시간을 투여하면서 생활했다. 세의 영민한 두뇌와 경제에 대한 통찰력을 아깝게 여긴 친구가 나폴레옹 정권하에서 세무서에 요직을 하나 그에게 추천했다. 하지만 세는 그런 자리에서는 돈을 좀더 벌 수 있고 권력을 행사할 수 있을지 몰라도, 자신의 가치관과 맞지 않는다는 이유로 그 제안을 거절했다.

또한 미국을 방문해서 그곳에서 자유 정신이 발현되는 광경을 몸소 체험하고 미국의 문화를 찬탄하기도 했다. 거기서 토머스 제퍼슨[Thomas Jefferson, 1743~1826] 같은 인물들과 교류하면서 자유주의 사상에 대해 더 강력한 확신을 갖게 됐다.

◆ **애덤 스미스가 미처 보지 못했던 현상, 기업가를 발견하다**

세는 스스로 애덤 스미스 전도사를 자청했지만, 스미스가 미처 보지 못했던 한 가지 현상을 발견했다. 경제에는 '기업가'라고 하는 특별한 존재가 있다는 사실이다.

세의 기업가는 슘페터의 기업가와는 의미가 좀 달랐다. 슘페터는 기업가를 '혁신하는 존재'로 보았지만, 세는 '중개하는 존재(intermediary)'로 봤다. 연결하는 주체라는 의미였다. 무엇과 무엇을 연결하는가? 생산자와 생산자를, 생산자와 소비자를, 그리고 학자와 노동자를 연결한다.

20세기 말 IT 네트워크가 급속히 발전하면서 연결 경제, 연결 비즈니스라는 개념이 등장했다. 내가 찾는 상품이 어디에 있는지, 내 물건을 사줄 고객이 어디에 있는지, 내가 필요로 하는 공급사가 어디에 있는지, 내가 만나고 싶어 하는 사람이 어디에 있는지, 그리고 보다 많은 연결네트워크를 지닌 서비스(신용카드 가맹점, 가입 고객 등)가 무엇인지를 보다 빨리 파악해서 연결할 수 있게 됐다.

지금 같은 IT 시스템의 조력이 등장하기 이미 200년 전에 세는 그런 역할을 전문적으로 수행하는 사람이 있다는 사실을 말한 것이다. 세 이전의 경제학자들은 세상에 생산자, 소비자, 학자 계층이 따로 있고 각자 자신의 역할이 주어져 있다고 생각했다. 하지만 이들을 촘촘히 연결시켜주는 역할을 하는 계층이 따로 있다는 생각은 하지 못했다.

훗날 피터 드러커는, 상이한 지식을 결합하여 성과를 내는 데에 책임이 있는 사람을 경영자로 정의했다. 세는 사람들을 연결한다고 했지만, 이를 드러커의 관점에서 해석하면 사실은 지식들을 연결하는 것이다. 오늘날 CEO의 역할은 직접 공장에서 물건을 만들어내는 것도, 밤새워 실험실에서 연구개발을 하는 것도, 몸소 세일즈를 하러 다니는 것도 아니다. 그 CEO는 여러 곳에 흩어져 있는 상이한 지식들을 통합해서 조직의 성과가 나오도록 하는 것이다. 세가 말하는 중개하는 존재로서 기업가의 역할은, 바로 연결 및 통합하는 존재로서 현대 경영자의 특성을 처음 간파한 것이라고 할 수 있다.

세는 기업가의 특징 가운데 하나로서, 자신의 지식이 아니라 남의 지식으로 이익을 창출한다는 점을 강조했다. 이는 세가 시장경제의 본질이 정보와 지식의 통합 기능에 있고, 그 수행 주체는 바로 기업가들임을 강조한 것이다. 소니(Sony)가 트랜지스터 라디오를 성공시킨 것도 AT&T 벨연구소(Bell Laboratory)와 텍사스인스트루먼트가 이미 개발해놓은 지식을 이용한 것이었고, 호프만-라로슈(F.Hoffmann-La Roches)가 비타민C로 성공한 것도 다른 학자들이 등록해놓은 특허를 이용한 것이었다. 어디선가 뛰어난 발명이 등장하면, 기업가는 그 발명 지식으로 어떻게 시장에서 고객과 이익을 창출할 수 있을까를 고민한다. 비단 발명이 아니더라도 도처에 산재한 다양한 시장과 다양한 자원 보유자들 사이에, 사람들이 미처 보지 못했던 어떤 연결점을 기업가는 찾아낸다. 거기에서 모든 비즈니스가 탄생한다.

생산자나 상인이나 자본가는 단순히 생산자, 상인, 자본가로 머물고 끝날 수도 있지만, 얼마든지 기업가로 변신할 수도 있다. 공방에서 열심히 자신의 물건을 만들기만 하면 그는 생산자에 불과하다. 헨리 포드Henry Ford, 1863~1947가 시카고의 도축장에서 도축육을 차례차례 이동시키는 시설을 보기 전까지는 단순히 탁월한 엔지니어에 불과했다. 하지만 그 아이디어를 자동차 생산 공정에 결합시킴으로써 그는 기업가 역할을 수행할 수 있었다. JP모건 가문이 초기 영국에서 대부업을 하기만 했다면 흔한 금융자본가로 끝나고 말았을지 모른다. 그러나 신시장 미국에 큰 기회가 있음을 알고 본거지를 뉴욕으로 옮기고 수많은 혁신기업을 발굴해서 성공시킴으로써 기업가가 됐다.

세의 눈에 기업가란, 자원을 비생산적인 곳으로부터 생산적인 곳으로 이동시키는 존재다. 자연의 볼품 없는 돌덩어리는 그냥 놓아두면 비생산적인 물건에 불과하지만, 그것이 어느 건설 현장에 필요한지 알고 이동시키는 기업가 덕분에 비로소 생산적인 가치를 부여받을 수 있다. 기업가는 시장, 수요, 가격, 욕구, 이 모든 것들을 늘 살피면서 비생산적인 것들이 생산적인 자원으로 전환될 수 있도록 하는 중요한 존재다.

◆ **제4의 계급, 기업가**

기업가는 세에 이르러 처음으로 제4의 계급으로 지위를 부여받았다. 애덤 스미스 이래 경제 주체는 지주, 노동자, 자본가 이렇게 3계급으로 나뉘어 있었다. 지주는 토지를 보유하고 있는 사람, 노동자는 노동력을 보유한 사람, 자본가는 자본을 보유한 사람이다. 거기에 기업가는 없었다.
애덤 스미스는 곡물 경제를 주로 예로 들었으므로 농사에 빗대어 말해보자. 농부가 토지에서 소와 쟁기를 이용해서 경작을 한다면, 여기에는 3개 계급이 관여한다. 농지 소유자, 농부, 그리고 소와 쟁기의 소유자다. 만약 그 농부가 토지 소유자이자 소와 쟁기의 소유자이기도 하다면, 모든 세 계급이 이 한 농부에 체화되어 있는 것이다. 하지만 농부는 노동력만 제공하고, 농지와 소, 쟁기의 소유자는 다른 사람이라면, 세 계급은 각각 존재하는 것이다. 세상이 아무리 복잡하게 바뀌어 스마트 팩토리나 인공지능 작업 공정이 등장했다 해도, 이 계급 구조에는 변함이 없다.

그런데 세는 여기에서 제4의 계급이 등장할 가능성을 보았다. 농부가 열심히 경작해서 곡물을 수확했을 때까지는 아직 생산자다. 그가 자신의 수확물을, 늘 나가는 장에 내다 팔면 그는 상인의 역할까지 하는 것이다. 그런데 누군가가 그 농부에게 다가와서 이 곡물을 필요로 하는 전혀 다른 신시장을 중개하거나, 소와 쟁기 대신에 보다 성능이 우수한 장비를 대여해주고 그 대가로 적절한 이익을 수취해간다면, 그는 전혀 다른 계급, 즉 기업가의 역할을 하는 것이다. 만약 그 역할을 농부 스스로 한다면, 그 농부는 이미 기업가다.

이 세상에는 이런 일을 하는 특수한 계층의 사람들이 분명히 있다. 흔한 경제학 교과서가 생산자와 소비자라는 두 집단만을 대상으로 공급 곡선과 수요 곡선이 단순히 '만난다'고만 이야기하고 있다면, 이 만남을 적극적으로 성사시키는 매개인으로서의 기업가의 존재를 간과하고 있는 것이다.

◆ **세는 정말, 사회 전체의 수요는 공급량에 항상 맞추어진다고 말했던 것일까?**

케인스는 세의 시장법칙, 그러니까 '수요는 공급에 의해 창출된다'는 명제가 오류라고 단언했다.[72] 케인스가 이해한 세의 말인즉슨, 경제는 늘 자원이 충분히 가동되며, 판매 부진으로 기계나 노동력이 놀고 있는 상황은 결코 일반적인 현상이 아니라는 것이었다. 즉 공급된 상품은 일시적인 판매 부진은 있을지 몰라도 궁극적으로는 다 팔린다는 것이 세의 의도라고 케인스는 생각했다. 케인스는 시장경제에서 언제나 유효수요가 공급량에 비해 부족해지는 경향이 있고, 완전고용을 보장하지 않는 구조적 불안정 요인이 있다고 생각했으므로, 그의 입장에서는 세의 말이 오류일 수밖에 없었다. 케인스 이전 또는 이후, 수많은 경제학자들 사이에서 세의 말이 맞냐 틀리냐에 대해 수많은 논쟁이 있었다. 세의 《정치경제학 논고》가 판을 거듭하면서 관련 문구들이 조금씩 달라졌고, 표현도 모호한 부분들이 있어서 더욱 논란을 가중시켰다.

세가 말하고자 했던 내용은 '수요와 공급은 항상 일치하게 되어 있다'는 취지가 아니었다. 그 대신에 '화폐 보유량은 생산물이 다 팔리느냐 안 팔리느냐와 무관하다'는 것, 즉 '화폐 잔액이 작다고 해서 판매가 부진한 원인이라고 말할 수 없다'는 데에 초점이 맞춰져 있었다. 좀 더 자세히 말하자면, '어떤 생산물의 판매경로는 사람들이 보유하고 있는 화폐량에 의해서가 아니라, 기업가의 투자 및 생산 활동을 통해서 형성된다'는 것이었다.[73] 좀 더 경제학적으로 표현하자면, '상품을 구매하는 것은 상품이지, 화폐가 아니다.'[74] 이것은 케인스가 곡해했던 '수요는 항상 공급과 일치하게 되어 있다'라는 말과는 전혀 취지가 다른 것이다.

소위 세의 시장법칙 또는 판로법칙에서 'market'으로 통용된 영어는, 세가 사용한 프랑스어 devouches, 즉 출구, 또는 통로를 번역한 것이다. 시장에 나온 상품은 그 판매 통로를 찾아야 하는데, 그 통로는 여타 기업가들의 투자 및 생산 활동을 통해 마련된다는 것이 세의 취지였다. 이를 뒤집어 말하면, 어떤 상품이 판매 부진을 겪고 있다면 시중에 돈을 늘린다고 해서 그 부진이 해소되는 것이 아니라, 그 상품의 구매를 야기하는 다른 생산 활동을 일으킴으로써 그 해소가 가능하다는 것이다.[75]

내륙 오지에서 재배된 농작물이 판매되지 않고 있다. 만약 여기에 공장이 건설됨으로써 그 농지에 투입됐던 노동력과 자본의 일부분이 이 공장으로 이동된다면, 결국 공산품이 농작물을 사들이게 되는 효과를 낳는 것이다. 또한 필요 이상으로 투입된 자원 때문에 과잉 생산이 이루어졌다 해도, 이 자원들이 다른 생산 기회를 찾을 수 있다면 이런 문제는 곧 해소될 것이다.

세는 기업가야말로 이 판로를 형성하는 주체라고 보았다. 어떤 상품이 판매되기 위한 적재적소의 판로는 기업가들이 적극적으로 생산을 일으킴으로써 창출될 수 있다. 시장에 출시된 상품은 일시적으로는 다 팔리지 않을 수 있지만, 기업가를 매개로 등장하는 또 다른 생산과 투자 활동이 결국 이를 다 흡수한다. 만약 기업가라는 존재를 전혀 배제한 상태에서 '공급은 수요를 창출한다'고 단언해버리면, 모든 이야기는 반쪽으로 끝나고 만다. 기업가의 역할이 없다면 시장의 과잉 공급은 해소될 경로가 없다. 케인스는 판로 형성의 주체로서 기업가의 역할을 보지 못했다. 그런 상태에서 그는 세를 가리켜 틀렸다고 말한 것이다.

◆ 케인스는 왜 세를 오해하게 됐을까?

그렇다면 왜 세기의 천재 케인스조차 세의 견해를 단순히 '공급은 수요를 창출한다', 또는 '수요는 공급에 의해 창출된다'는 명제로 오해하게 된 것일까?

우선 1909년 미국의 경제학자 프레드 테일러[Fred Manville Taylor, 1835~1932]가 〈정치경제학 저널(Journal of Political Economy)〉에 게재한 초급 경제학 교육을 다룬 논문에서, 당시 서구 사회에서 흔히 받아들여지고 있던 '시장법칙'에 '세의 시장법칙'이라는 이름을 처음 붙인 것이 발단이었다. 그러면서 테일러는 이 법칙을 '공급이 수요와 필연적으로 일치할 수밖에 없다'는 명제로 소개했다. 그는 1921년 자신이 집필한 교과서 《경제학원리(Principles of Economics)》에서 이 사실을 다시 강조했다. 테일러는 1921년에, 케인스보다 훨씬 앞서서, 세의 법칙이 통하지 않는 단기 불황 시 정부 지출의 효과에 대해 그의 책에서 강조했었다. 하지만 케인스는 자신의 저서 어디에도 테일러를 언급한 적이 없었다. 케인스가 테일러를 읽고 큰 영향을 받았다는 표면상 증거는 없지만, 케인스보다 훨씬 앞섰던 테일러의 논조가 케인스의 그것과 너무 비슷하다는 사실과, 테일러의 책이 1920년대에 영국 경제학도에게 이미 널리 읽혔다는 사실로부터, 케인스가 어떤 경로를 통해서든, 그러니까 친구와 대화를 통해서든 잡지의 기사를 통해서든, '세의 시장법칙'이라는 용어 자체를 포함하여 세에 대한 테일러의 해석을 수용했을 개연성이 매우 높다.[76]

다음으로 케인스의 인식에 영향을 미친 사람 가운데 한 명으로 할란

맥크라켄Harlan Linneus McCracken, 1889~1961이 있었다. 맥크라켄은 자신의 책《가치론과 경기순환(Value Theory and Business Cycles)》(1933)에서, 일반적 불황은 있을 수 없다는 데이비드 리카도와 그렇지 않다는 토머스 맬서스Thomas R. Malthus, 1766~1834의 견해를 비교했다. 그러면서 그는 맬서스의 손을 들어주었다. 아울러 '구조적인 불황이란 없다'고 생각한 리카도는 틀렸고, 같은 전선에 속해 있는 세의 시장법칙도 틀렸다고 주장했다.[77] 케인스가 맥크라켄을 읽었다는 증거는 그의 저작 여러 곳에서 드러난다. 케인스는 맥크라켄에 동조하면서 맬서스의 입장을 받아들였다. 맥크라켄은 자신의 책에서 세의 시장법칙과 리카도의 사상을 한통속으로 몰아넣고 비판했는데, 그 논조는 그대로 케인스의 뇌리에 박혀버렸다.[78] 맥크라켄의 책이 나온 3년 뒤, 케인스는《고용, 이자, 화폐에 관한 일반이론》서문에서 맥크라켄 버전(version) 세의 시장법칙을 한껏 비판했다. 이후 수많은 경제학자들이 우루루 케인스를 따라 세를 혹평했다.

 누군가 필자에게 당신은 어느 쪽이냐고 묻는다면, 필자는 맬서스와 케인스의 견해가 맞다고 답하겠다. 그런데 동시에 세의 견해도 맞다고 말할 것이다. 돌이켜보면 경제 신문이나 뉴스에서 접했던 소식 중에 경제가 잘 돌아간다고 했던 적이 종종 있었지만, 경제가 어렵다는 소식이 훨씬 많았다. 경험을 통해 보건대, 경제는 좋을 때보다 나쁠 때가 많고, 사업 역시 순항하기보다 난관에 빠질 가능성이 크다.

 현실을 바라보면 비관적이지만, 세가 전해준 기업가라는 메시지 덕분에 우리는 이 불황의 구덩이에서 탈출할 희망을 비로소 가질 수 있다. 기업가는 하늘에서 내려온 전능한 구원자는 결코 될 수 없을지 몰라도,

적어도 '향상일로(向上一路)'를 위해 붙잡을 수 있는 한 줄기 동아줄인 것만큼은 확실하다.

케인스처럼 영리한 사람조차도 세의 사례에서 보듯, 잘못 알고 말하는 수가 있다. 모든 지식은 글을 통해서나 이야기를 통해서나, 사람에서 사람으로 전해지는 과정에서 자주 이런 함정에 빠질 수 있다. 필자 역시 늘 경계하는 바이다.

◆ 세계 최초의 경영전문대학 설립

세는 노년에 접어들면서 건강이 쇠약해졌다. 1819년 대학교수 생활을 시작한 이후, 몇 차례 뇌졸중으로 쓰러지기도 했다. 하지만 풍부한 지식과 통찰에서 나오는 그의 강의는 인기가 있어서 언제나 만석이었다. 아울러 세의 명성은 그의 《정치경제학 논고》 제2판과 제3판을 통해 프랑스뿐 아니라 영국, 독일 등 이웃 국가들에까지 확산됐다.

세는 스스로 사업가로서의 경험, 경제사상을 연구한 경력, 그리고 경제학을 가르치는 과정을 거치면서, 기업가의 역할을 보다 전문적으로 가르치는 학교가 필요하다고 생각했다. 1818년 어느 날 그는 잘 알고 지내던 화학자 루이 자크 바롱 테나르Louis Jacques Baron Thénard, 1777~1857에게 보내는 편지에서 그 구상을 처음 밝혔다. 이것이 그가 세계 최초의 경영전문대학, ESCP 설립을 추진하게 된 계기였다.

"실무 기술들(arts)은, 부의 진정한 실체를 이루는 여러 가치들을 만들어 내는 데에 과연 어떤 방식으로 기여하는 것일까? 상업이나 공업에 종사하는 기업가(entrepreneur)는 바로 이 내용을 교육받아야 한다. 왜냐하면, 노력을 결과로 연결시키고, 수단을 목표와 결합시키며, 투자를 생산물로 연결시키는 사람이 바로 그 기업가이기 때문이다."[79]

세는 당대의 사업가인 루Vital Roux, 1766~1846 및 프랑스의 여러 유력자들과 함께 1825년에 '상공업전문대학(Ecole Speciale de Commerce de d'Industrie)'을 설립했다. 이 학교는 훗날 '파리상업고등대학(École Supérieure de Commerce de Paris, ESCP)'으로 이름이 바뀌어 오늘에 이르고 있다. 현재 파리 뿐만 아니라 베를린, 런던, 마드리드, 토리노, 바르샤바에 글로벌 캠퍼스를 운영하고 있는 글로벌 명문 경영대학이 되어 있다.

11세기에 이탈리아에서 볼로냐대학이 등장한 이래 유럽의 모든 대학은 기독교 세계관 아래서 성직자와 공무원을 양성하는 기관으로서 역할에 충실했다. 계몽주의 시대를 거쳐 19세기 초 독일에서 근대 인문학 중심의 베를린 훔볼트대학(Humbolt Universität zu Berlin) 모델이 등장할 때까지만 해도 대학에서 엔지니어링이나 상업을 가르친다는 것은 상상도 하지 못했다. 공과대학과 비즈니스 스쿨, 즉 경영전문대학을 세계 최초로 도입한 곳은 영국도, 미국도 아니었다. 놀랍게도 프랑스였다. 프랑스는 1740년대에 최초로 토목학교, 공병학교, 광업학교를 이미 개설했다. 1794년에 프랑스 혁명 정부는 에콜 폴리테크니크를 설립해서 산업과 기술 교육을 이끌었다. 1825년에는 ESCP의 전신으로서 경영전문학교가 프랑스에서 세계 최초로 등장했다.

프랑스가 도입한 이 경영전문학교 모델은 이후 유럽 다른 나라로 확산됐다. 특히 미국이 적극적으로 수용했다. 1881년에 미국 펜실베이니아주립대학 안에 금융경제학교(School of Finance and Economy)라고 하는 별도의 단과대학이 설립됐다. 이 단과대학은 나중에 기증자의 이름을 따서 와튼스쿨(Wharton School)로 바뀌었다. 1908년에는 하버드대학 안에 비즈니스스쿨이 단과대학으로 들어왔고 오늘날 하버드비즈니스스쿨(Harvard Business School)로 이어졌다.

한편 산업혁명의 발원지였음에도 불구하고 후속 기업가 양성에 실패한 왕년의 제국, 영국은 매우 늦었다. 1964년에 이르러서야 런던대학에 런던비즈니스스쿨(London Business School)이 설립됐다. 어쨌거나 이 모든 경영 교육의 변화를 점화시킨 최초의 인물은, 프랑스의 경제사상가 장 바티스트 세였다.

◆ **정부 지출이거나 기본소득이거나, 그 돈이 생산과 소비 중 어느 쪽으로 흘러가느냐에 따라 성과는 전혀 달라진다**

경기 활성화를 위해서 생산을 장려하는 것과 소비를 장려하는 것 중 어느 것이 더 효과가 있을까? 세의 관점에서 보자면 당연히 전자 쪽이다. 세는 "좋은 정부의 목표는 생산을 자극하는 것이고, 나쁜 정부의 목표는 소비를 권장하는 것"⁸⁰이라고 말했다.

　세의 관점에서 보면, 수요는 번영의 결과이지 결코 번영의 원인이 아니다. 화폐 소득이 구매자들의 손에 많이 쥐어지는 것만 가지고는 번영을 담보할 수 없다. 그를 뒷받침하는 또 다른 생산 활동이 사회 안에서 병행되어야만, 그 화폐 소득의 증가가 번영을 낳을 수 있다. 세가 옳았다.

　21세기 들어 전 세계에서 기본소득(basic income) 논의가 한창이다. 하지만 세의 관점에서 보면, 적어도 기본소득의 증가만으로는, 그것이 사회 내에서 또 다른 생산 활동을 창출, 병행시키지 못하는 한, 아무리 시장에서 상품들을 구매하는 데 소비되어도 경제는 살아나지 않는다.

　예를 들어 정부가 조세로 000원을 걷었다고 하자.⁸¹ 이 000원은 민간 기업가와 노동자들이 1년 동안 생산 활동에 참여하면서 받는 소득(급여, 매출)의 일부를 중간에 걷어간 것이다(만약 국채 발행이라면 그 소득의 일부를 꼬박꼬박 보험료, 은행저축, 펀드 등에 납입한 돈으로 빠져나갈 것이다). 이 돈 000원을 전 국민에게 기본소득으로 다시 나누어주었다. 그런데 기존 생산 활동 구조에는 아무런 변화가 없다고 하자. 국민들은 이렇게 받은 돈으로 음식이든 옷이든 서비스든 뭔가를 구입할 것이다. 그런데 그렇게 기본소득을 받는 그 사회의 모든 개인들은 총합으로 000원을 이미 세금으로 냈었다. 그럼 이 사람들이 처음 세금을 냈을 때와 이를 기본소득으로 받은 이후 사이에, 사회 전체에 무슨 차이가 있을까?

　한편 상황을 다시 바꾸어서, 정부가 이렇게 걷은 세금 000원 일체를 전혀 기본소득으로 나누어주지 않고 정부의 각종 예산사업 또는 공공사업 수행에 지출한다면, 처음 세금을 거둬들였을 때와 이렇게 정부 지출로 집행한 이후 사이에는 무슨 차이가 있을까?

당연히 차이가 있다. 당장 동일한 구매력이라도 그냥 일상의 소비로 써버리는 것과 생산적인 활동에 투자하는 것은 큰 차이가 있다. 소비에 충당하는 지출은 사람의 당면한 생존을 유지하거나 욕망을 채우기 위해 단지 재화를 소모해버리거나 기껏 생존을 지속하고 현상을 유지하는 데에 기여하는 정도로 끝나지만, 생산적인 활동에 투입되는 지출은 생산 활동과 소득 증대를 가속화할 뿐더러 그 소득이 노동자나 공급사로 유입되면서 그들의 소비 자체도 활성화할 수 있다. 경기 침체를 해소하기 위해 오직 소비의 활성화에만 초점을 두게 되면, 문제는 근원적으로 해결되지 않는다.

사실 개인에게 기껏 소액으로 지급되는 기본소득으로는 이것이 어떤 의미 있는 생산적 활동에 지출되리라고 기대하기는 어렵다. 그 돈을 가지고 창업이 일어난다거나 연구개발 혹은 의미 있는 자본 투자를 기대하기는 어려울 것 같다. 많은 사람이 일상의 생필품을 구입하거나 자잘한 편의 서비스를 이용하는 데에 써버리고 끝날 가능성이 높다. 세의 관점을 따르자면, 기본소득 자체가 문제가 아니라 그것이 생산을 일으키는 활동과 병행되지 않는 것이 문제인 것이다.

정부 지출의 효과도 그런 관점에서 보아야 한다. 교과서에서 흔히 말하듯 정부 지출이 민간 투자를 몰아낸다는, 이른바 구축효과(crowding-out effect) 선입견에 갇힐 필요는 없다. 각국 정부의 수많은 예산사업 중에는 단순히 사회 구성원 일부의 소비 지출을 지원하는 성격의 것도 있지만, 생산을 진흥하는 용도로 투자되는 것들도 많다.[82] 적어도 세의 관점에서는, 후자의 형태야말로 민간부문에서 구매를 일으키고 생산을 진작시킴으로써 수요 부진을 만회하고 경제를 성장시키는 데에 기여할 수 있다.

이때 단지 돈을 얼마 썼느냐에 앞서 더욱 중요한 요소가 하나 더 있다. 그 안에서 경영(management)이 얼마나 작동했느냐의 여부다. 이 점이 바로 피터 드러커의 통찰이었다. 정부 자금을 집행하고 운용하는 주체는, 오직 올바른 경영을 통해서만 이 자금으로 필요한 자원들을 조달해서 새로운 성과를 창출해낼 수 있다. 경영 능력과 의지가 없는 주체들이 서류만 맞추어서 사업 성과를 꾸며 보고하고, 지원받은 자금이 사실상 소비로 지출되고 끝난다면, 경제 성장에 기여하는 바는 거의 없을 것이다.

한편, 그 돈이 정부에 징수당하지 않고 민간 주체들에게 남아 있었더라면 그들이 그 돈으로 실행할 수도 있었을 생산적인 투자에 대비해서, 정부로 흘러들어간 돈이 더 나은 성과를 내리라고 기대할 수 있을까? 즉 정부의 자금 경영이 민간의 자금 경영보다 더 나은 결과를 낼 수 있겠는가? 사실 정부나 민간, 어느 한 쪽이 반드시 더 우월하다고 단정할 근거는 없다. 어느 쪽이든 기업가정신과 관료주의 가운데 무엇이 더 득세하느냐에 따라 그 답이 달라질 것이기 때문이다.

§ 참고문헌 §

- 존 스튜어트 밀, 박동천 옮김, 《정치경제학 원리(1, 2, 3, 4권)》, 나남, 2010.
- 송경모, "세이가 말했다. '모험하는 기업가만이 앙트러프러너다.'", 〈테크엠〉, 2016년 3월.
- Evelyn L. Forget, 《The Social Economics of Jean-Baptiste Say: Markets and Virtues》, Routledge, 1999.
- Steven Kates, 《Say's Law and Keynesian Revolution》, Edward Elgar, 1998.
- Jean-Baptiste Say, (tr. by C. R. Princep from 4th ed, 1821), 《A Treatise on Political Economy; or the Production, Distribution, and Consumption》, Batoche Books, Kitchner, 2001.
- Evert Schoorl, 《Jean-Baptiste Say: Revolutionary, Entrepreneur, Economist》, Routledge, 2013.

· CHAPTER 4 · 국가

국가 시스템의 웅변가 '프리드리히 리스트'
(독일)

*출처_위키피디아

　서구 역사에서 독일은 유럽의 다른 나라들과 확연히 구분되는 그 무엇이 있었다. 중세에 로마 가톨릭 전통 사회에서는 게르만 야만족(barbarian)으로 분류됐을 정도로 낙후됐었고, 일찍이 대항해 시대에 모든 유럽 국가들이 바다로 치달을 때에도 해양 진출에 소극적이었으며, 영국처럼 근대 산업혁명의 최초 본원지가 되지도 못했다. 프로이센 지역의 난립한 제후국들이 통일 국가로 합치면서 발돋움한 것도 1871년의 일로써, 영국이나 미국에 비해 너무 늦었다.

　하지만 일찍이 1440년경 마인츠(Meinz)에서 요하네스 구텐베르크의 활판인쇄소가 개업했고, 1517년 비텐베르크(Wittenberg)의 교회 벽에 마르틴 루터_{Martin Luther, 1483~1546}의 '95개조 반박문'이 붙었던 사건만으로도, 영국과 미국에 비해 뒤처져 있던 이 모든 역사를 만회하고도 남을 만큼 인류사에 큰 영향을 끼쳤다.

18세기 후반 베토벤Beethoven, 1770~1827, 괴테Goethe, 1749~1832, 칸트, 헤겔Hegel, 1770~1831을 배출하면서 클래식 음악과 낭만주의 문학과 이상주의 철학을 주도한 나라로 등극했고, 19세기 들어서는 베를린의 훔볼트대학이 서구 근대 인문학 중심 대학의 원형을 정립했다. 그러다가 20세기에 들어서는 히틀러의 폭력적 국가주의와 전체주의를 등장시킴으로써 인류사에 죄악 국가로 오점을 남기기도 했다.

전후 영국과 미국의 시민들이 주식투자에 골몰하고 있을 때에도, 독일의 시민들은 일간 신문에 주식 시세표가 실리는 영미 사회가 오히려 이상하다고 여겼을 정도로 자본시장보다는 산업과 실생활에 더욱 주력했다. 1991년 통독 이후, 1993년 유럽연합 창설 전후의 모든 과정에서, 그리고 2010년 유럽 재정위기 이후에도 독일이 남긴 인상은 주변 유럽 국가들에 비해 언제나 굳건하고 신실하다는 것이었다. 뭔가 튼튼한 국가, 이런 독일의 이미지는 그냥 생긴 것이 아니다.

◆ 보이지 않는 손이 아니라 국가 시스템이다

독일에서는 유독 개인보다 국가를 중시하는 사상이 강세를 보였는데, 그중 한 사람으로 '프리드리히 리스트Friedrich List, 1789~1846'가 있었다. 독일은 1989년, 리스트 탄생 200주년을 기념하는 우표를 발행하기도 했을 정도로, 그가 독일의 지식 전통에서 차지하는 위상은 매우 높다.

프리드리히 리스트 탄생 200주년 기념 우표
(출처_ 위키피디아)

스코틀랜드의 애덤 스미스는 국가가 부와 번영을 이루기 위해 개인의 자유와 능력이 중요하다고 보았던 반면에, 리스트는 스미스와 달리 국가 시스템이 한 나라의 번영을 달성하는 데에 더할 나위 없이 큰 역할을 한다고 이야기했다.

프리드리히 리스트는 1789년에 독일 남부 뷔르템베르크(Württemberg)주의 로이틀링겐(Reutlingen)시에서 태어났다. 아버지는 가죽 염색업을 영위했는데, 아들이 자신의 가업을 승계해주기를 바랐지만 어린 리스트는 아버지의 뜻과 달리 공부를 해서 관청에 회계원으로 취업했다. 1817년에 튀빙겐대학(University of Tübingen) 행정학 교수로 취임했다. 1820년에는 뷔르템베르크주 주의원으로 선출됐다. 기존 사법 및 행정 제도를 과격하게 비판하면서 개혁안을 냈다가, 1822년에 재판에 회부되어 10개월 징역, 그리고 노역형을 선고받았다. 리스트는 이를 피해 해외로 도피했다. 여러 나라를 전전하다가 1824년 잠시 귀국했는데 체포당했다. 미국으로 떠나서 다시는 돌아오지 않겠다고 서약한 뒤에야 석방됐다.

미국에서는 펜실베이니아 지역에 정착했다. 농장 경영, 신문사 운영, 탄광 개발, 철도 건설 사업 등에 참여하면서 미국의 다양한 기업가와 지식인들을 만났다. 또한 직접 사업 경험을 통해 경제 문제를 이해하는 눈을 갖게 됐다. 이 과정에서 유럽 전역에 퍼져 있던 애덤 스미스의 경제관을 의심하기 시작했다.

미국과 유럽을 계속 왕복하면서 다양한 언론 및 사회 활동, 기업 경영을 했다. 말년에는 연이은 사업 실패로 불운한 시절을 보냈고, 안타깝게도 1846년 자살로 생을 마감하기에 이르렀다.

리스트의 여러 저서 가운데 후대에 많은 영향을 미쳤고 그의 사상을 잘 집약한 책은, 1841년에 출간된《정치경제학의 국가 시스템(Das Nationale System der Politischen Ökonomie)》이다.

그가 말한 'Nation'은 특정 권력 기구와 정치 체제에 속한 사람들의 집단, 영토의 구획, 또는 혈통의 계보를 넘어서 그 안에 공유하는 관습, 신념, 도덕, 규범, 지식 수준을 포함하는 개념이다. 이 때문에 적절한 번역어를 고르기가 참 어렵다. 민족 시스템, 국민 시스템, 국민적 체계, 민족적 체계 등 여러 번역이 가능하다. 이승무의 한국어 번역서는 '민족적 체계'라고 되어 있다.

'민족'이라는 단어는 19세기 후반 일본의 개화파 지식인들[83]이 피통치자로서 백성을 뜻하는 '민(民)'과 붙이, 무리를 뜻하는 '족(族)'을 합성한 신조어였다. 이 단어로는 리스트가 말했던 Nation의 의미를 포괄하기 어렵다. 또한 오랜 세월 외침과 분단을 겪어온 한국인의 집적(集積) 무의식 속에 자리잡은 '민족'의 의미는 복잡 미묘하기까지 하다. 영토와 주권으로 구분된 정치 체제 단위를 암시하는 '국가'라는 말도 한계는 있다. 그럼에도 불구하고 국민이라는 단어로 가면 다시 그 안의 개체들만을 부각시키는 성격이 강해진다. 어떤 단어를 쓰더라도 Nation의 뜻을 근사하게 반영하기는 어렵다. 하지만 이 모든 뜻의 차이를 이해했다는 전제하에, 여기서는 편의상 '국가'라고 하자.

　'체계(體系)'라는 한자어는 System과 매우 유사하기는 하지만 정확히 일치하지는 않는다. 체계는 안정된 패턴과 질서를 더욱 암시한다. 반면에 System은 통일성과 안정성이라는 의미도 있지만, 여러 개체들이 연결되어 '상호작용'하는 과정을 강조한다. 애덤 스미스는 개체들이 모여서 전체를 만들어내는 메커니즘을 단지 '보이지 않는 손'이라는 추상적인 표현을 써서 비유했는데, 이것은 아직 체계라거나 System으로 불릴 수준은 아니었다. 리스트는 개인과 제도들이 전체 안에서 상호작용하면서 단순히 개인의 합 이상으로서 전체를 만들게 되는 상호작용력을 중시했다. 그래서 체계보다는 원어 그대로 '시스템'으로 표현하기로 하겠다. 다만, 이런 모든 사정에도 불구하고, 이승무의 번역서를 참고문헌으로 인용하는 경우에 한해서는 '민족적 체계'라고 표현하겠다.

◆ 독일 역사주의 학파, 보편적 역사 법칙을 거부

리스트는 독일 '역사주의(historicism) 학파'에 속했다. 독일 역사주의의 성격을 먼저 이해해야 리스트 사상의 특성을 보다 올바르게 이해할 수 있다.

　리스트는 애덤 스미스를 가리켜 역사 공부를 제대로 안 했다고 비판했다. 예를 들어서, 애덤 스미스는 동시대인이자 절친이었던 데이비드 흄의 대저 《영국의 역사》조차 제대로 읽지 않았기 때문에 영국이 당시

강대국으로 성장하기까지 국가의 역할이 얼마나 중요했는지를 과소평가하고 있다고 보았다.[84]

역사주의는, 분석하고자 하는 사회가 처한 역사적·사회적 특수성에 바탕을 두고 분석해야 하며, 그런 특수성을 무시한 보편적인 원리만을 탐구해서는 결코 사회를 올바로 이해할 수 없다는 입장이다.

역사주의는, 비록 동일한 '역사'라는 단어가 들어가 있기는 하지만 헤겔이나 마르크스의 역사철학과는 전혀 성격이 다르다. 그들의 생각은 인류사에 두루 적용되는 일종의 보편적인 법칙을 탐구하자는 입장이었기 때문이다. 그들에 따르면 세계사 자체가 어떤 보편적인 원리, 좀 더 구체적으로 말하면 변증법을 따라 궁극적인 이상 상태에 도달한다. 세계의 모든 현상은 '정(These)-반(Antithese)-합(Synthese)'의 과정을 거치며, 시대별로 등장하는 모순을 끝없이 지양(aufheben)하면서 종합에 이르는 과정을 겪는다. 그들이 보기엔 '세계정신(Weltgeist)'의 구현이나 '프롤레타리아 독재 사회'가 바로 역사의 종말에 맞이하게 될 이상 상태였다. 이렇게 도달한 상태가 시간의 끝이라는 의미에서 그게 말세(末世)일 수도, 말세 이후일 수도 있다. 시간의 끝, 그러니까 심판의 날이 가까워지고 있다는 생각은, 중세 이래 기독교 사회에서는 날이면 날마다 반복되었던 주문이었다. 그로부터 천년이 지난 오늘도 이 주문은 여전히 반복되고 있다. 앞으로 천년이 지나도, 또 천년이 지나도 끝없이 반복될 것이다. 헤겔과 마르크스식 역사철학은 기독교만큼이나 강력하고 광범위하지는 않았지만, 아직도 지식 세계에서 '그날이 아직 오지 않았다'는 메시지만을 끝없이 반복해서 던지고 있다.

반면에 독일 역사주의는 그렇게 세상의 전개를 일방향의 진행으로 보지도 않고 종말론에 강박 당하지도 않았다. 대신에 어떤 사회, 민족, 국가마다 처한, 그리고 그들이 보유한 고유한 특질과 역사 속 특수한 경험들을 이해하고, 그로부터 행동 지침과 교훈을 도출하는 것이 올바른 역사 연구라고 생각했다. 일종의 상대주의였다. 그들은 객관적 역사법칙 같은 것을 부정했다. 보편적인 법칙과 이성 개념을 중심으로 등장했던 근대 계몽주의 철학 사조에 비추어 보았을 때 역사주의는 매우 이질적이었다. 어떤 면에서는 역사주의는 이성주의보다는 낭만주의에 가까웠다.

물론 독일 역사주의가 보편성을 완전히 무시한 것은 아니었다. 연구자마다 정도의 차이는 있었지만, 논리 전개 과정에서 보편적인 원리를 개입시키기도 했다. 하지만 그 중점은 아무래도 역사와 사회의 특수성, 개별성에 두었다. 이런 과정에서 역사주의는 본래의 순수함을 잃고, 국가주의, 더 나아가서 요즘 속된 말로 '국뽕' 사상, 즉 자국의 절대 우월성을 뒷받침하는 사상으로 변질되기도 했다. 유스투스 뫼저Justus Möser, 1720~1794, 요한 고트프리트 폰 헤르더Johann Gottfried von Herder, 1744~1803, 레오폴드 폰 랑케Leopold von Ranke, 1795~1886, 카를 베르너Karl Werner, 1821~1888, 구스타프 폰 슈몰러Gustav von Schmoller, 1838~1917 등이 대표적인 연구자였다.[85] 프리드리히 리스트는 바로 이런 생각의 흐름에 속했다.

◆ 애덤 스미스가 보편타당하다고 주장했던 원리가 언제 어디서나 통하는 것은 아니다

리스트는 애덤 스미스의 경제학을 '코즈모폴리턴(cosmopolitan) 경제학'이라고 불렀다. 흔히 '사해동포주의' 또는 '만민 경제학'이라고 옮긴다. 전 세계 어느 나라, 어느 지역을 가도 보편적으로 통용되는 원리라는 의미다. 리스트의 눈에 스미스의 주장은 분명 맞는 면이 있기는 하지만, 언제 어디서나 보편 원리로 통용되지는 않는다고 보았다.

19세기 초반에 유럽을 휩쓴 가장 강력한 두 명의 군주가 있었는데 한 사람은 나폴레옹이었고, 다른 한 사람은 애덤 스미스였다.[86] 나폴레옹은 대륙의 영토를 점령했고, 스미스는 지식인의 두뇌를 점령했다. 나폴레옹의 무기는 총칼이었지만, 애덤 스미스의 무기는 세계 어느 지역에나 통용되는 보편 개인이라는 이념이었다.

물론 스미스가 국가의 역할을 전혀 무시한 것은 결코 아니었다.(제1장 49쪽~52쪽) 더구나 스미스의 책 제목 자체가 'Wealth of Nations'였다. 리스트 자신도 스미스와 마찬가지로 개인의 강점과 능력이 최대한 발휘되는 사회가 바람직하다고 주장했다. 그런데도 리스트는 스미스의 국가 견해 중 무엇이 문제라고 생각한 것일까?

리스트에 따르면, 개인이 진정한 개인으로 성립하기 위해서는 개인만 가지고 되는 것이 아니라 그가 속한 공동체 안에 적절한 조건들이 구비되어 있어야 한다. 그런데 스미스는 바로 이런 조건들을 무시하고 국가의 부가 자유로운 개인들로부터 저절로 만들어지는 것처럼 묘사했다

는 것이다. 아무리 우수한 잠재력을 지닌 개인이라 해도, 국가라고 하는 최고의 통일 형태가 이를 뒷받침해주지 못하면 개인의 능력이 발휘될 기회를 얻기 어렵다는 것이었다. 이런 사회적 응집력을 단순히 '보이지 않는 손'의 힘이라고 치부해버린다면 너무 무책임하다.

다음으로 리스트는 스미스가 각국이 처한 역사 단계의 특수성을 무시하고 당시 스코틀랜드와 잉글랜드의 경험을 모든 나라에도 적용될 수 있는 보편적인 현상으로 간주하고 있다고 비판했다. 어느 사회나 대개 '야생 → 목축 → 농업 → 농업/제조업 → 농업/제조/상업'으로 발전하는 단계를 거쳐왔는데, 단지 먼저 도달한 나라와 그렇지 않은 나라의 차이가 있다. 무역과 교류를 통해서 앞선 나라의 지식은 뒤처진 나라에 전수된다. 뒤처졌던 나라는 앞섰던 나라를 제치고 나아간다. 이 과정은 또 다른 뒤처진 나라가 등장하면서 계속 반복된다.

그런데 이 모든 지식의 전달이 단지 '자유무역'만으로 가능한가? 절대 그렇지 않다는 것이 리스트의 생각이었다. 그는 국가 차원에서 지식을 이전받고 생산 역량을 축적하는 적극적인 조치가 병행되어야만 그것이 가능하다고 보았다.

애덤 스미스가 살았던 18세기에 세계 최강대국은 영국이었다. 하지만 영국이 처음부터 강대한 나라는 아니었다. 16세기 스페인, 포르투갈, 네덜란드가 해양 패권을 장악했을 당시, 영국은 여전히 야생, 목축 단계에 머무는 후진국이었다. 이랬던 영국이 어떻게 저토록 강성한 국가로 변신할 수 있었을까?

1990년대 이후 태어난 우리나라 사람들이, 지난 역사를 배우지 못했다면 마치 우리나라가 원래부터 이렇게 잘 살았던 나라인 것으로 오해하기 쉬운 것처럼, 스미스도 부강한 영국을 가능케 했던 지난 역사 속 국가의 역할을 과소평가했다.

20세기 패권국 미국 역시 처음부터 강대국은 아니었다. 리스트는 영국의 식민지였다가 독립을 쟁취한 신생국가 미국의 현장을 젊은 시절에 직접 경험했다. 18세기 초까지만 해도 영국에 비해 후진국이었지만, 낡은 유럽 사회와 전혀 다른 기풍이 생동했던, 더욱이 보호주의 정책으로 스스로 역량을 키워가려 했던 미국 정치인들의 모습에서 그 나라의 무한한 가능성을 발견했다. 훗날 미국 역시 단지 개인들의 노력만으로 자연스럽게 국가의 융성을 달성한 것이 아니었다. 바로 국가와 정부의 현명한 개입 덕분에 그 일이 가능했다.

◆ **해양대국 스페인과 포르투갈은 왜 쇠퇴했는가?**

10세기~12세기 유럽에서 가장 강대하고 번성했던 나라, 스페인은 어떻게 훗날 영국에 패권을 넘겨주고 세계사에서 존재감이 저토록 희미해졌는가? 리스트는 그 이유를 《정치경제학의 국가 시스템》에서 상세히 설명했다.

12세기경 스페인이 가장 강성했을 때, 그 지역은 유럽 최대의 양 사육지였고, 세계 최고의 직물은 스페인산(産)이었다. 그 중심에는 유대인과 무어인 직조 기술자들이 있었다. 당시만 해도 스페인이 이슬람권 지배하에 있을 때였다.

리스트는 이렇게 말했다.

> "영국인들의 부가 부지런하고 검약한 가장의 부와 같다면, 그들(스페인인과 포르투갈인)의 것은 큰 행운을 잡은 난봉꾼의 부일 뿐이었다."[87]

스페인과 포르투갈은 지리상의 발견을 주도하면서 막대한 부를 축적할 기회를 얻었다. 그런데 이 기회가 산업 역량 배양으로 연결된 것이 아니라 소비와 향락의 수단으로 그쳤다. 스페인은 식민지에서 채굴해 온 귀금속, 특히 은을 다른 유럽 지역의 공산품들을 수입하고 소비하는 데에 소모했다. 그 결과 소비 수준은 늘었어도 스스로 공산품 제조 기반을 육성하는 데에 실패했다. 사람들의 관심도 오직 식민지에 가서 어떻게 하면 좀 더 은을 캐올 수 있는가, 노예들을 좀 더 수송해올 수 있는가 하는 데에만 쏠려 있었다.

1492년 스페인의 이사벨라(Isabella I) 여왕은 저 아름다운 이슬람 고성(古城) 알람브라 궁전을 탈환한 후 알람브라 칙령(Alhambra Decree)을 반포했다. 기독교 왕국 재건과 이교도 추방을 선언했다. 유대인과 무어인에 대한 박해가 시작됐다. 그들이 스페인을 탈출하면서 그들의 공업 지식도 함께 외국으로 떠나버렸다. 그들이 다져놓았던 스페인의 제조업 기반은 무너지기 시작했다.

1713년에 영국의 정치인들은 스페인을 상대로 아시엔토 조약(Asiento de Negros)을 체결했다. 그 내용은 영국의 노예 무역선이 스페인의 포르트벨라(Port Bella) 항구에 입항하는 것을 허락한다는 것이었다. 그런데 여기에 영국의 계략이 있었다. 단순히 배가 들어오게 되는 것으로 끝나지 않고 그 배를 통해 들어온 영국산 공산품, 특히 모직물을 스페인 사회에 확산시키려는 의도가 숨어 있었다. 그나마 존재했던 스페인의 제조 기반은 이후 서서히 붕괴되기 시작했다.

이베리아반도에서 유대인과 무어인이 탈출한 여파는 인근 포르투갈에까지 미쳤다. 그런 와중에 1681년에 포르투갈의 재상 루이스 데 메네세스, 제3대 에리세이라 백작Luís de Meneses, 3rd Count of Ericeira, 1632~1690은 국내 산업을 육성해야겠다고 마음먹었다. 그는 프랑스 산업 육성을 주도했던 장 바티스트 콜베르Jean-Baptiste Colbert, 1619~1683 재상에 종종 비교되는 인물이었다. 메네세스 제3대 에리세이라 백작은 한때 융성했던 직물 산업을 다시 일으키기 위해서 영국의 직물 제조공들의 포르투갈 이민을 장려하기 시작했다. 이와 동시에 영국산 직물 수입을 금지했다. 두 나라 사이에 밀수 숨바꼭질이 시작됐다. 영국은 포르투갈에서 수입 금지 품목으로 지정된 모직물을 밀수출하고, 포르투갈은 적발하고, 영국은 숨어 있다가 다시 재개하는 그런 과정이었다.

1703년 영국은 존 메수엔John Methuen, 1650~1706이 중심이 되어 포르투갈을 상대로 이른바 메수엔 조약(Methuen Treaty)을 체결했다. 그 내용인 즉, 영국은 포르투갈에 모직물을 줄 테니, 포르투갈은 영국에 와인을 제공한다는 것이었다. 적어도 표면상으로는 서로 동등한 수준의 관세협약인 것처럼 보였다. 영국과 포르투갈은 영원한 친구이자 동맹자라면서 우호적으로 계약이 체결됐다. 그러나 그 결과 영국의 모직물 산업은 계속 융성하고 포르투갈의 직물 제조업은 완전히 몰락했다.

◆ 영국은 원래 해양 약소국이었다

영국은 섬나라였음에도 불구하고 원래 해양 지식이 대륙의 해안 국가에 비해 매우 부족했다. 영국인들에게 필요한 물자의 해양 수송은 철저히 북유럽 한자(Hansa) 동맹 상인들에 의존했다.

'한자 동맹(Hanseatic League)'은 1237년 함부르크(Hamburg)와 뤼벡(Lübeck) 두 도시 사이에 처음 체결된 이후 일대의 95개 도시들로 동맹이 확산되었고, 1630년경 해체될 때까지 북유럽 해상 운송을 독점하다시피 한 해상연합체였다. 처음에는 상인들이 해적 퇴치를 목적으로 결성했는데, 세력이 커지면서 자체 해군을 보유하는 수준에 이르렀다. 한자 동맹 소속 상인들은 유럽 대륙 지역에서 생산된 공산품과 영국에서 생산되는 1차 산품, 주로 양털을 중개무역했다. 이 과정에서 단순히 상인 동맹으로서의 지위에 머물지 않고, 북유럽 지역과 영국의 여러 군주들에게 강력한 지배권을 행사했다. 돈은 권력보다 아래인 것처럼 보이지만, 언제나 권력을 쥐고 흔드는 것은 바로 돈이었다.

그런데 영국이 언제까지나 한자 동맹 상인들이 갖다 파는 물건만으로 생활하는 데 그쳤다면, 영국의 지위가 훗날 그토록 상승하는 일은 없었을 것이다. 영국인들은 한자 상인들과 끝없이 접촉하는 과정에서 항해, 선박, 무역 관련 지식들을 서서히 흡수했다.

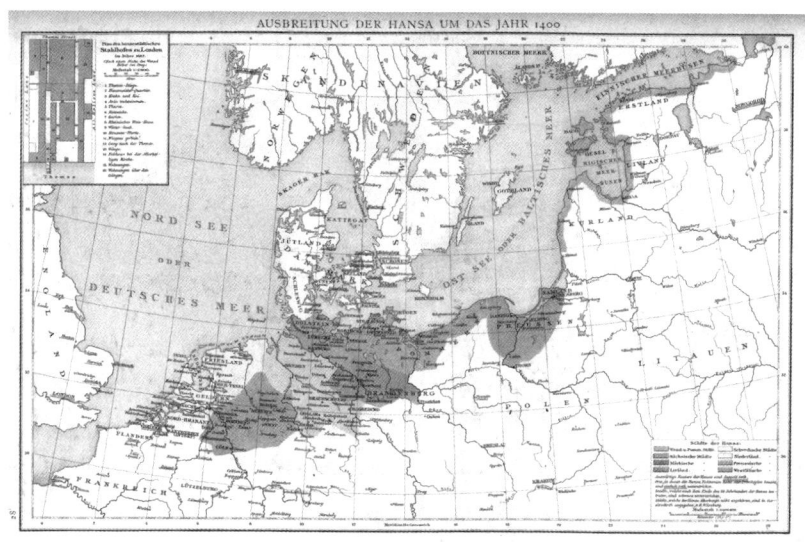

1400년 북유럽 한자 동맹 지역 (출처 _ 위키피디아)

영국은 14세기에 이르기까지 무역 지식이 거의 없었다. 영국의 전통적인 화폐 단위는 파운드 스털링(Pound Sterling)이었다. 파운드는 귀금속의 무게를 재는 단위이고, 스털링(Sterling)은 오스털링(Osterling), 즉 동쪽의 상인, 한자 상인이라는 뜻이었다. 파운드 스털링은 오랜 세월 한자 상인들과 거래하면서 생긴 이름이었다.

리스트는 한때 한자 상인들이 영국인들에게 가했던 힘이, 어느 날 영국인들이 대륙에 가하는 압력으로 바뀌었다는 사실을 알아챘다. "영국인들은 한자인들이 계약과 권리의 이름으로 간주했던 것을 자칭 학문의 이름으로 갈망한다."[88] 여기서 리스트가 지칭하는 학문이란, 바로 전 유럽의 지식계를 석권한 애덤 스미스의 자유무역 사상이었다.

영국인들이 한자 상인의 영향력 아래 살아갔던 시절에는 양털을 깎는 것이 영국인들의 일이었다. 한자 상인들은 영국인들이 잘 깎아 놓은 양털을 받아 대륙에 넘겼다가, 다시 멋진 모직물을 만들어 영국에 되팔았다. 이런 과정이 오래 지속되던 어느 날, 영국의 에드워드 3세^{Edward III, 1312~1377}는, 우리나라에서 이렇게 양을 많이 키우고 양털을 많이 깎아주는데 모직물도 우리가 직접 만들면 되지 않겠느냐고 생각하기에 이르렀다. 그래서 북유럽 플랑드르 지역의 직조공을 대거 영국으로 이민시켰다. 이와 동시에 대륙으로부터 모직 수입을 금지했다. 이는 기득권 한자 상인들로부터 엄청난 반발을 초래했다. 그들은 영국 왕실에 온갖 압력과 로비를 했고, 영국은 한자 상인의 압력에 굴복해 이 조치를 철회했다.

◆ **한자 상인을 박멸한 이후 영국의 도약**

15세기에 이르기까지 영국의 평민들은 주로 양을 길렀을 뿐 수공업을 하는 사람은 많지 않았다. 귀족들도 양털 수출이 돈이 된다는 것을 알고 양 사육에만 관심을 기울였으며 공산품에서는 관심이 적었다.

그러던 어느 날 기계를 돌리고 수공업을 하는 사람이 조금씩 늘어나기 시작했다. 무역을 통해 사람과 지식을 야금야금 이전받은 결과였다. 영국 사회에 변화가 일기 시작했다. 과거에는 노예의 수로 군주의 권위를 내세우는 문화가 지배적이었는데, 언제부터인가 사람들이 호텔의 위용과 마차의 우아함, 그리고 가재도구의 값비쌈을 내세우는 풍토가 자리잡기 시작했다. 사회가 농경목축 단계를 지나 상업과 제조업 단계에 접어들면서 나타나는 현상이었다.

한자 상인들은 영국에서 제조업이 일기 시작했다는 사실이 달갑지 않았다. 이는 자신들의 독점적 권한이 침해받는 일이었기 때문이다. 한자 상인들은 헨리 8세^{Henry VIII, 1491~1547} **89**를 찾아가서 영국에서 일하고 있는 벨기에 직조공들을 추방하라고 압력을 가했다. 이유는 그들이 영국 내 모직물 가격을 폭등시키는 주범이라는 것이었다. 그 결과 벨기에 직조공 15,000여 명이 영국에서 추방당했다.

이렇게 영국이 자체 제조업 역량을 축적하면서 한자 상인들과 충돌이 잦아지던 와중에, 두 명의 위대한 지도자가 등장하면서 세력 판도가 완전히 바뀌게 된다. 한 명은 엘리자베스 1세^{Elizabeth I, 1533~1603} 여왕, 또 한 명은 올리버 크롬웰^{Oliver Cromwell, 1599~1658} 재상이었다.

엘리자베스 여왕은 1588년 칼레해전에서 스페인 무적함대를 격침함으로써 해양대국 스페인의 위세를 꺾고 영국이 신흥 해양강국으로 도약할 수 있는 계기를 마련했다. 여왕은 규제와 보조금을 병행하면서 영국의 조선과 해양산업을 육성했는데, 선박 건조용 목재는 유럽 북동부 국가에서 수입했고 고래잡이 기술은 비스케이 만(Bay of Biscay) 주민들로부터 학습했다. 여왕은 또한 당시 종교 개혁 갈등에 대해 극단적인 대립이 아니라 서로 화합할 수 있는 관용(religious tolerance)의 정신을 정착시켜, 영국 사회가 기독교 구교(舊敎)의 족쇄에 갇히지 않고 근대의 인문과 과학 지식을 개발하는 데에 기여했다.

여왕은 특히 오랜 세월 그들의 경제를 좌우해왔던 한자 상인들을 박멸하기로 했다. 영국이 한자 상선 60척을 나포하자 이에 불만을 품은 한자 선단이 영국을 공격했고, 어부 100여 명을 익사시키는 사건이 발생했다. 결국 전쟁이 벌어졌다. 하지만 영국이 이미 강력해진 뒤였다. 한자 상인들은 완패했다. 영국에서 한자의 위세는 완전히 꺾였고, 영국은 외국의 압력으로부터 자유로워진 상태에서 자체 제조업을 본격 육성하는 단계로 접어들었다.

엘리자베스 1세 사후, 1651년 올리버 크롬웰 재상은 '항해조례(Navigation Act)'를 제정했다. 기나긴 조문의 핵심은 결국 '영국에는 영국의 배만이 들어올 수 있다'는 것이었다. 모든 상인들이 영국에 입항할 때에는 오직 영국 배만을 사용해야 했다. 영국에는 이미 선박 건조 지식이 어느 정도 축적되어 있던 상태였는데, 이 조례를 계기로 영국의 선박 제조 기술과 항해 지식이 본격적으로 성장하기 시작했다.

한편 애덤 스미스는 영국의 항해조례에 대해, 정치적으로는 아주 좋은 결정이지만 경제적으로는 불리한 결정이었다고 비판했다. 크롬웰의 행태는 애덤 스미스의 눈에 자유무역 정신에 위배되는 것이었기 때문이다. 리스트는 스미스와는 반대로 영국이 바로 이 항해조례 덕분에 생산 역량을 축적할 수 있는 기폭제를 마련했다고 보았다. 리스트는 그와 동시에 정치와 경제를 분리해서 생각하는 애덤 스미스를 가리켜 현실을 모르는 반푼어치 지식인이라고 생각했다.[90] 지금도 경제학 전공자 가운데에는, 경제는 정치와 분리된, 독립해서 작동하는 과학 현상이라고 생각하는 사람들이 종종 있다. 그들은 그런 면에서 애덤 스미스의 후예다.

리스트의 주장은 이렇게 요약할 수 있다. 영국이 저절로 상업과 무역 강국이 된 것이 아니며 스스로 보호주의를 통해서 그것이 가능했는데, 그랬던 영국이 자기들이 언제 그랬냐는 듯이 대륙에 대해서도 똑같이 개방을 요구하고 있다는 것이다. 영국의 군주가 외국 상인들의 요구에만 따르는 무력한 존재였다면, 영국은 절대로 자립할 수 없었을 것이라고 리스트는 확신했다. 힘 있는 세력은 언제나 약자에게 자유방임이 가장 좋은 것이라며 꼬드긴다.

◆ **프랑스의 노력과 부침**

루이 14세^{Louis XIV} 시절 재무부 장관 장 바티스트 콜베르는 프랑스를 강대국으로 만들기 위해서, 영국이 300년 이상에 걸쳐 이룩했던 제조업을 프랑스에서는 단기간에 육성하겠다고 마음먹었다. 제조업을 육성하기 위해서 당장 필요한 것은 지식과 사람, 기계였다. 그는 외국의 장인과 공업가들이 대거 프랑스로 이주하도록 지원했다. 동시에 외국의 좋은 기계들을 사들였다. 산업 스파이들을 파견해서 각 나라의 영업비밀인 지식과 노하우를 배워 왔다. 이와 동시에 프랑스 영토 내 지역 간 관세를 모두 철폐했다. 대신에 프랑스 외부 지역에 대해서는 대외 관세를 강화했다.

이런 조치에 대해서 반(反)콜베르 인사들은 크게 반대했다. 그들이 저항하는 이유는 아주 단순했다. 콜베르가 제조업 육성을 핑계로 프랑스의 전통 농업을 말살시키고 있다는 것이었다. 콜베르는 아랑곳하지 않고 제조업 육성에 기반을 둔 부국강병 정책을 추진했다.

훗날 서구 사상에서 늘 화두가 된 유명한 어구 하나가 콜베르로부터 탄생했다고 알려져 있다. 바로 자유방임, 프랑스어 'Laissez faire(레세페르)'다. 하지만 서구 자유방임 사상의 대변자로 알려져 있는 애덤 스미스가 살았던 당시에는, 이 단어가 아직 지식인 사회에 보급되기 전이었다. 그의 《국부론》과 《도덕감정론》에는 이 단어가 등장하지 않는다.

어쨌든 이 어구를 탄생시켰던 콜베르의 일화는 이렇다. 그는 프랑스를 강대한 나라로 만들기 위해서 사업가들을 불러 모은 뒤에 물었다. "나라가 여러분들을 어떻게 도와드리면 좋겠느냐?" 그때 여기 참석했던 한 상인이 답했다. "우리가 하는 대로 그냥 놔두세요!(Laissez-nous faire!, Let us do it!)"였다.⁹¹

콜베르 사후 반콜베르 세력들은 프랑스 내에서 활동하던 사업가와 부자 50여만 명을 추방했다. 쫓겨난 그들은 인근 국가인 스위스, 네덜란드, 영국 등지로, 특히 주로 개신교가 정착된 지역으로 뿔뿔이 흩어졌다. 프랑스는 콜베르 시절 축적했던 모든 자원을 스스로 걷어차고 말았다.

세월이 흘러 1786년 프랑스는 영국과 '이든 조약(The Eden Treaty)'을 체결했다. 이 조약은 사실상 영국의 정치인 윌리엄 이든[William Eden, 1744~1814]의 계략에 프랑스가 말려든 것이었다. 영국의 공산품과 프랑스의 와인을 자유롭게 교환하자는 것이 조약의 주된 내용이었는데, 이는 예전에 포르투갈이 영국과 맺었던 메수엔 조약과 동일한 성격의 것이었다. 역시 명분은, 프랑스는 와인 품질이 뛰어나고 영국은 공산품이 우수하니 자유무역은 두 나라 모두에게 이롭다는 데에 있었다. 한때 콜베르가 이룩하려 했던 제조업 강국 프랑스라는 꿈이 예전 스페인과 포르투갈이 그랬던 것처럼 물거품이 되어가는 순간이었다.

리스트는 18세기 말 프랑스에 혜성처럼 등장했던 나폴레옹의 말을 소개했다.

> "기존 세계 상황에서 자유무역의 원칙을 따르는 제국은 가루로 분쇄될 수밖에 없다. (중략) 옛날에는 단지 한 종류의 소유, 토지 소유만이 있었다. 새로운 소유가 이제 추가되었는데, 그것은 산업이다."[92]

리스트는, 정치경제학을 체계적으로 공부해본 적이 없는 나폴레옹이 어찌 그리 예리한 통찰력을 가지게 되었는지 놀라울 뿐이라면서, 나폴레옹이 (애덤 스미스의) 정치경제학을 공부하지 않은 것이 프랑스에는 천만다행이라고 평했다. 나폴레옹은 단지 군인으로서만 탁월한 전쟁 수행 능력을 보였던 것뿐만 아니라, 국가가 주도적으로 과학기술과 산업을 육성하고 이를 위한 민법과 상법 체계의 정비가 얼마나 중요한가를 인식하고 또 이를 실천에 옮겼던 인물이다. 19세기 들어 프랑스의 진보는 정작 혁명 정신보다는 과학기술과 산업 진흥의 역할이 더 컸다. 나폴레옹을 가리켜 독재자니 뭐니 아무리 비판을 하더라도 그 토대를 닦았던 공적을 부인하기는 어렵다. 독서광이었던 나폴레옹이 과연 애덤 스미스를 읽었는지는 확실치 않지만, 설령 읽었더라도 그의 사상을 받아들이지는 않았을 것 같다.

◆ **독일의 기회**

17세기에 이르기까지 내륙 독일 지역은 영주와 수도원에 소속된 경작지에서 곡물을 기르거나 가축을 키우는 일 이외에 이렇다 할 제조업이 드물었다. 그나마 해안 지역은 한자 상인들의 교역을 통해 제조업이 흥했고, 하천 유역, 엘베강, 도나우강, 라인강 인근에서는 수상 운송업과 그에 따른 공업이 조금씩 자리잡고 있었던 정도였다. 고지 독일이나 알프스 기슭은 이탈리아와 그리스의 육로 무역을 통해 물자를 조달했을 뿐이다.

독일은 여러 지역의 왕들 사이에 동맹체로 유지되는 사회였을 뿐, 국가 통일성을 지닌 사회가 아니었다. 발트해 연안의 한자 동맹을 포함하여, 라인 동맹, 홀란드 동맹, 스위스 동맹 등 그 지역 간 도시들끼리 동맹이 여럿 존재했다. 이 동맹들은 각개 활동 수준에서 유지됐을 뿐, 어떤 국가 시스템이 그들을 뒷받침하고 있던 것은 아니었다.

이랬던 독일에 상공업이 발달할 기회가 찾아왔다. 독일 내부가 아니라 외부에서 굴러온 행운이었다. 1685년 프랑스의 루이 14세가 '낭트칙령'을 철회했다. 낭트칙령은 1598년에 프랑스의 앙리 4세[Henri IV de France, 1553~1610]가 개신교에 대해 종교의 자유와 관용을 허용한 선언문이었다. 프랑스에서 이 선언이 철회됨으로써 100년 넘게 허용됐던 종교의 자유가 다시 구속당했다. 이후 프랑스에서 개신교 활동이 위축되면서, 개신교도 상공업 부르주아 계층이 대규모로 해외로 이주하기 시작했다. 수많은 모직, 견직, 보석세공, 모자, 유리, 도자기 제조업자들이 독일로 이주했다. 독일은 그 덕으로 제조업 인력과 지식을 별다른 노력 없이 확보하게 됐다.

그 뒤 독일에 도움이 된 또 하나의 사건은 나폴레옹의 대륙봉쇄령이었다. 1806년에 나폴레옹은 영국을 고립시키기 위해서 대륙봉쇄령을 내렸다. 이러면서 영국산 물품이 대륙으로 들어올 수 있는 길이 차단됐다. 리스트는 대륙봉쇄령이 독일과 프랑스의 산업을 육성할 수 있는 획기적인 계기였다고 평가했다. 1811년에 봉쇄령이 해제되면서 다시 영국산 공산품이 독일로 물밀듯이 들어왔는데, 이때 독일의 제조업이 위협을 받게 됐다. 이에 대응하기 위해 독일은 영국산 수입품에 적용하는 보호관세를 대폭 인상했다. 바깥 지역을 상대로 관세를 인상했던 것과 달리, 오스트리아와 구(舊) 한자 지역 도시를 제외한 독일의 전 영토에 대해서는 내륙 관세를 철폐 또는 축소함으로써 내륙 경제 통합을 이룩했다. 그 결과 19세기 독일 제조업이 본격적으로 성장할 수 있는 바탕이 마련됐다.

◆ **항해하는 자만이 자유를 쟁취한다**

리스트는 앞서 스페인과 포르투갈, 영국, 프랑스, 독일의 경험 외에도, 이탈리아, 로마, 네덜란드 등에 대해서도 마찬가지 설명을 했다. 각국의 역사를 돌아보면서 그는 중요한 교훈 하나를 도출했다. 고대 위대한 문명의 발상지였던 인도와 중국은 왜 강대국이 되지 못했는가? 리스트의 해석은, 그들은 내륙에 한정된 치수(治水), 그리고 내륙 수운(水運)에만 주력했을 뿐, 바다를 개척하려는 시도를 안 했기 때문이라는 것이다. 리스트는 '오직 항해하는 자만이 자유를 쟁취한다'고 결론지었다. 그리스와 로마도 제해권을 잃었을 때부터 쇠퇴하기 시작했으며, 이집트인들은 아예 해운업 자체를 꺼렸다.[93]

리스트가 보기에 북미와 남미 대륙의 운명이 엇갈린 것도 이 지점에서였다. 북미 지역은 식민지 모국이었던 영국의 함선과 전쟁을 불사했고 결국 독립을 쟁취했다. 이어서 미국은 다시 남북 내전에서 북부 제조업 지역과 남부 농업 지역이 격돌한 뒤 결국 제조업이 승리하는 역사를 거쳤다. 하지만 남미 대륙은 이에 비견할 그 어떤 독립도 승리도 없었다.

오늘날 남미의 여러 나라에 창의적이고 근면한 인재와 기업가정신으로 충만한 사업가들이 없는 것은 아니다. 하지만 정치와 치안이 불안하고 법치가 이루어지지 않고 국가 시스템이 이들의 능력을 한껏 발휘할 수 있도록 지원할 수 있는 역량이 부족한 한, 그들의 노력이 꽃을 피우기는 쉽지 않다. 애덤 스미스의 교리처럼 개인의 자유로운 거래를 허용하기만 하면 저절로 그곳에 번영이 찾아오리라고 기대하기는 힘들 것이다.

리스트는 해운업이 수많은 사업 중 한 분야에 불과한 것이 결코 아니라, 모든 종류의 제조업을 육성하는 기본 전제조건이라고 보았다.[94] 미국이 이토록 강대해질 수 있었던 것도, 그 바탕에는 바다를 다스리는 힘이 있었다. 미국이 19세기 대서양 포경업(捕鯨業)을 지배했던 점, 또는 1970년대 전 세계 바다와 육로를 연결하는 컨테이너 시스템을 발명했다는 점은 중요한 시사점을 갖는다. 우리나라가 1990년대 이후 일본을 추격하는 제조업 강국으로 부상할 수 있었던 것도 단순히 전자, 가전, 자동차 기업만의 힘은 아니었다. 3면이 바다로 둘러싸인 우리나라는 철광석 매장량이 부족함에도 세계 수준의 조선 기술과 그에 병행하는 철강 제조업을 기적처럼 자력 육성할 수 있었고, 한때 세계 5위권에 달했을 정도의 해운업 역량을 스스로 달성할 수 있었다. 바다에 눈을 돌렸기에 이 모든 일이 가능했다.

사업 차원에서, 아울러 국제정치 차원에서, 바다를 둘러싼 주변국들의 힘겨루기는 지금도 진행 중이다. 이때 바다, 그리고 바다 건너 땅이 아닌, 오직 내륙으로만 시선이 머물러 있다면 희망이 없다.

21세기 새로운 바다는 디지털 세계의 바다다. 우리나라는 지금까지, 초고속 인터넷과 모바일 통신망, 그리고 네이버나 카카오 등 사례에서 보듯이 디지털 내륙의 수운 개척에는 꽤 성공했다고 보인다. 하지만 앞으로 아마존, 구글, 메타, 넷플릭스 등이 제패한 글로벌 디지털 제해권(制海權) 가운데 과연 얼마만큼이나 쟁취해올 수 있을까? 전 세계에서 인정받는 K-팝이나 K-무비만으로는 비록 화려한 항해객(航海客)이 될 수 있을지는 몰라도, 아무래도 디지털 바다를 제패하는 함선의 주인공이 되기에는 아직 부족한 듯하다.

의약 바이오, 농·축·수산, 나노기술, 블록체인 등 어떤 영역에서 우리가 새로운 형태의 디지털 제해권을 얼마나 획득할 수 있을까? 리스트의 견해에 따르자면, 개인들이 아무리 발명과 혁신 능력, 그리고 열정과 기업가정신으로 가득 차 있다 해도, 국가의 정치인과 지도자들이 만들어가는 국가 시스템의 수준이 결국 이 모든 성취를 제약하는 병목이 될 수 있다. 우리에게는 또 다른 엘리자베스 1세 여왕이 필요한지 모른다.

◆ 한 사회에는 눈에 잘 보이지 않는 총체적 생산 역량이라는 것이 있다

왜 어떤 나라는 융성하고 어떤 나라는 그렇지 못하는가? 2012년 대런 애쓰모글루^{Daron Acemoglu, 1967~}와 제임스 A. 로빈슨^{James A. Robinson, 1960~}의 베스트셀러 《국가는 왜 실패하는가?(Why Nations Fail)》는 포용적 경제 제도(inclusive economic institutions)라는 개념으로 이 문제를 분석해서 세간에 많은 일깨움을 줬다. 이 책은 리스트가 150년 전에 말했던 내용들을 현대판으로 훌륭하게 재탄생시켰다. 게다가 포용적 제도에 착취적 제도(extractive institutions)를 대비시킴으로써 바람직한 국가 시스템이 지녀야 할 방향성을 보다 선명하게 부각시키기까지 했다. 리스트가 애덤 스미스를 향해 비판했던 것처럼, 그들은 경제 문제가 단지 경제 문제로서만 존재하지 않고, 정치와 사회 문제이기도 하다는 사실을 강력히 보여주었다.

리스트는 이를 국가 전체의 생산 역량(Produktive Kräfte)이라는 개념으로 표현했다. 독일어의 'Kraft'는 영어의 'Force'에 해당하는 말인데, '힘'이라는 뜻 외에 어떤 사물을 움직이는 '추동력'이라는 뜻을 지니고 있다. 그런 관점에서 '요인, 또는 요소'라고도 번역할 수 있다.

리스트는, 국가 전체의 부는 개인의 근면, 절약, 발명, 기업가정신만 가지고는 큰 성과를 이룬 적이 없다는 것을 역사 속에서 분명히 보았다. 축적된 전문 지식과 기술은 물론이고, 사람들 사이의 신뢰감, 공정한 사법 제도와 치안 기능, 시민의 준법정신과 도덕감각, 사회 구성원 전반에 공정한 기회와 효과적인 교육 제도, 부패 없는 청렴한 공직 사회, 효율적인 행정 시스템, 그리고 이런 요소를 구현하려는 정치인과 지도자의 적극적인 의지 등 제반 요소가 뒷받침되어야만 한다. 스미스는 이런 요소들을 대단히 소극적으로 말했을 뿐 거기에 결코 적극적인 의미를 부여하지 않았다.

비유하자면, 어떤 아이가 재능이 있는데, 이 재능이 향후에 활짝 꽃피려면 그 재능만으로 되는 것이 아니다. 그 어린이가 태어나서 처음 접하는 환경, 그리고 성장 과정에서 어떤 사람을 만나느냐에 따라서 그 결과는 완전히 달라진다. 그 결과는 어떤 부모, 어떤 친구, 어떤 스승, 어떤 동료를 만나느냐에 철저히 의존하는데, 이 만남은 결국 그가 어떤 시스템 안에 던져져 있느냐에 달려 있다. 한 나라도 마찬가지다. 그 나라 사람들이 아무리 근면하고 성실하고 두뇌가 영민해도 국가 시스템이 이들을 꽃피워줄 수 있는 어떤 통일적인 구조를 못 갖추고 있으면 대부분 허사가 된다.

리스트는 공동체의 지식 축적 메커니즘을 무시한 채 단순한 경제적 보상 체계만으로는 절대로 사회의 부가 늘어날 수 없다고 보았다. 예를 들어, 1,000탈러(Thaler, 과거 유럽에서 사용했던 은화)와 토지를 지닌 가장이 자녀를 두고 있는데, 부모가 이 자녀를 키우는 과정에서 애덤 스미스의 노동가치론에 따른 보상과 리스트의 잠재역량 발견에 따른 축적이 낳는 효과는 전혀 다르다. 앞의 방식은, 자녀들에게 농사를 시키면서 1,000탈러에 대한 이자를 그 노동에 대한 보상 형태로 지급하는 것이다. 뒤의 방식은 자녀마다 각각 특수한 산업 활동에 진출하도록 1,000탈러로 돕는 것이다. 앞의 방식은 단지 자녀의 생존과 연명만을 가능하게 하겠지만, 뒤의 방식은 각각 정신 역량과 재능을 개발하고 이것이 축적되도록 하여 후대에까지 그 효과를 미치게 할 수 있다.[95]

예에서 보다시피, 이런 무형의 국가 시스템을 제대로 파악하려고 할 때 스미스의 노동관은 큰 장애가 된다. 스미스는 재화의 가치는 노동에서 나온다고 보았다. 노동가치설이다. 사실 스미스는 노동에서 만들어진 가치와 시장에서 교환을 통해 얻을 수 있는 교환가치를 아직 엄밀히 구분하지 않은 단계이기는 했다. 예컨대 1년을 뼈 빠지게 노동해서 얻은 곡물보다, 투입 노동력은 그에 훨씬 못 미치는 다이아몬드가 왜 시장에서 더 비싼 값을 받아야 하는지 명확히 구분하지 못했다.

어쨌든 재화의 가치가 노동으로부터 나온다는 스미스의 생각은 또 다른 혼란을 불러일으켰다. 그는 눈에 보이는 유형의 산출물을 내는 노동만을 생산적인 노동(productive labor)이라고 본 것이다. 몸을 써서 짐을 나르거나, 가축을 키우거나, 악기를 제작하는 일은 스미스 관점에서는 생산적인 노동이었다. 그런데 머리를 써서 수학 계산을 하거나, 사람을 교육시키거나, 음악가가 악기를 연주하는 일은 비생산적인 노동(unproductive labour)이었다. 리스트는 스미스의 이런 견해를 편협하다고 비판했다. 만약에 스미스의 말이 옳다면 백성들이 고된 육체노동으로 날밤을 새웠던 고대 국가가 근대 국가보다 더 번성해야 했을 것 아닌가![96] 아이작 뉴턴이나 윌리엄 셰익스피어William Shakespear, 1564~1616처럼 뛰어난 두뇌를 지녔던 사람의 연구나 창작은 모두 비생산적이란 말인가?

리스트는 저 유명한 스미스의 분업 이론에 대해서도 그 한계를 지적했다. 잘 알려져 있듯이, 핀 공장에 갔더니 누구는 망치만 두드리고, 누구는 다른 작업만 하고 이런 식으로 일을 사람마다 나누어 행함으로써, 혼자서 모든 작업을 할 때에 비해 시간당 엄청나게 많은 양을 만들어낼 수 있다는 내용이다. 리스트는 스미스처럼 이렇듯 단순하게 반복되는 노동만을 보아서는 일의 본질을 제대로 알 수가 없다고 보았다.

예를 들어서 농장의 일꾼들이 매일 똑같이 반복하는 일만을 보아서는 안 되며, 그 농장이 어떤 환경에 처해서 그런 일들을 하는지를 보아야 한다. 똑같은 농장도 도시에 인접해 있는 농장은 구매자인 도시민들로부터 받는 자극으로 인해 어떻게든 모든 역량을 총동원해서 영농기법을 개선하려고 노력하는 반면, 도시로부터 멀리 떨어진 곳에 있는 외진 농장은 그런 자극이 없기 때문에 대부분 구태를 반복하면서 일하는 데에 그친다.[97] 어떤 공장이든 농장이든 그곳이 어떤 사회 환경에 처해 있는가를 보고 노동 생산성을 말해야 한다.

◆ 최고의 분업은 정신노동과 물리적 노동의 분업

리스트는 공장 안 분업보다 한 국가 안의 분업을 강조했다. 국가 안에서 정신의 일과 물질의 일 사이의 분업이 이루어져야 한다. 정신의 일이란, 지식을 추구하고 축적하고 도덕성을 함양하고 그 사람들을 계몽시키고 안정된 정치 시스템을 갖추기 위한 일들이다. 물질의 일은 말 그대로 손에 잡히는 물건을 만들어내는 일이다. 한 나라는 이 두 가지의 일이 균형 있게 분업을 이뤄야 한다.

이 두 일에는 각각 정신 역량과 물질 역량이 필요하다. 어느 한쪽이 다른 한쪽에만 영향을 미치는 것이 아니라 둘이 서로 영향을 미친다. 훗날 카를 마르크스 같은 사람은 물질 토대, 그러니까 한 사회의 하부구조가 사회의 의식 체계, 상부구조를 결정한다고 보았다. 리스트는 그렇게 일방적인 관계만 존재하는 것이 아니라, 정신 역량이 물질 역량의 증진에 영향을 끼치고, 다시 물질 역량이 정신 역량 증진에 영향을 미친다고 생각했다. 대중들이 하루하루 일용할 양식조차 부족한 나라에서 선량한 품성과 도덕성, 높은 수준의 예술, 세련된 문화를 기대할 수는 없다. 반대로, 전문 지식과 교양과 도덕력이 부족한 사회에서 경제 성장을 기대할 수 없다.

리스트에 따르면, 한 국가가 병드는 가장 큰 원인 가운데 하나는 이 두 가지 역량 사이에 균형이 파괴되는 것이다.

먼저 정신 역량이 물질 역량에 비해 턱없이 부족한 사회는 어떨까? 훗날 '천민자본주의(vulgar capitalism)'라 불렸던 사회가 바로 그런 모습이다. 거기에서는 대부분 사람들이 돈을 추구하고 그 결과 부자는 넘쳐날지 몰라도 정직, 신뢰, 공정 같은 도덕률은 찾아보기 힘들다. 자신의 이익을 위해서는 수단과 방법을 가리지 않고, 타인을 존중하는 공동체 의식 따위는 거의 보이지 않는다.

반대로 정신 역량이 물리 역량에 비해 턱없이 과도한 사회는 더 끔찍하다. 서점에는 온통 쓸모없는 책들이 넘쳐나고, 마주치는 인물이란 성직자와 지식인밖에 없고, 도처에 공무원이 판을 치는 사회다. 사람들은 현장에서 직접 일을 하고 경험하려는 것보다 앉아서 관리감독 하기만을 바란다. 뭔가 유익한 것을 만들어내고 문제를 해결하려 노력하는 사람은 드물고, 일마다 나서서 꼬치꼬치 비평만 하는 사람으로 들끓는다.[98]

◆ 정신자본이 실물자본보다 중요하다

자본(capital)이란 무엇인가? 실물자본(physical capital: 기계장치, 건물, 재고 등), 화폐(금융)자본(monetary capital, financial capital: 현금, 증권 등), 무형자본(브랜드, 데이터, 평판 등)처럼 여러 형태를 띨 수 있지만, 자본이란 장기에 걸쳐 뭔가를 지속적으로 생산해낼 능력이 있는 바탕 덩어리(stock)를 가리킨다. 우리는 지금 먹어 치우는 음식을 자본이라 부르지는 않는다. 그 음식은 내게 먹는 즐거움과 영양분을 주지만 아주 짧은 시간에 그치기 때문이다. 그러나 그 음식을 먹으며 유지하는 우리의 몸과 마음은 자본이라 불릴 만한 자격이 충분히 있다. 적어도 이 몸과 마음은 수십 년 움직이고 생각하면서 소득을 얻는 데 기여하기 때문이다. 사실 자본과 자본 아닌 것 사이의 구분에 절대적인 기준은 없다. 어떤 대상을 자본으로 만드느냐, 단지 소모품으로 전락시키느냐는 그것을 사용하는 사람의 의지와 능력에 달려 있다.

리스트 이전에는 자본이라 하면 실물자본만을 뜻했다. 특히 애덤 스미스가 그랬다. 화폐자본이나 금융자본은 리스트보다 뒤늦게 카를 마르크스와 루돌프 힐퍼딩 Rudolf Hilferding, 1877~1941 같은 사람들이 개념화했다. 리스트는 오늘날 무형자본과 사회자본(social capital) 개념의 원조라 할 수 있는 '정신자본(Geistiges Kapital, Mental Capital)'이 존재한다는 사실을 처음 일깨웠다.

애덤 스미스는 실물자본만을 봤을 뿐 정신자본의 존재를 간과했다. 어떤 사업가가 보유하고 있는 자본은 그가 보유한 기계장치나 부동산만이 아니라, 그가 지닌 신체적, 정신적 역량의 총체까지 포함한다. 그가 가진 지식, 정신력, 노하우, 도덕성, 이 모든 것들이 그 사업가의 자본이다. 사업가를 넘어 나라로 대상을 확장해보면, 한 나라의 자본은 단지 그 나라가 돈을 얼마나 저축하고 있느냐에만 국한되는 것이 아니라, 그 나라에 형성된 모든 정신적, 사회적 보조수단들을 다 포함한다.

그런데 한 나라의 정신자본은 애덤 스미스식으로 개인들 사이의 관계로부터 저절로 생겨나는 법이 없다. 반드시 사회 안에서 누군가 개입해서 인위(人爲)로 방향을 설정해주어야만 한다. 한 나라 구성원들의 전반적인 지식 수준, 도덕성, 가치관 향상과 신뢰성 있는 사법 행정 시스템 가운데, 깨어 있는 지도자 집단이 적극적으로 노력하지 않고 저절로 만들어진 사례를 역사에서 발견하기란 불가능하다.

◆ **개방할 것인가, 보호할 것인가**

개방주의와 보호주의 사이에 논쟁은 끝이 없다. 거기에서 리스트는 언제나 보호주의 옹호자로 분류되어 왔다. 하지만 리스트의 보호주의에는 숨은 맥락이 있다. 무조건 보호가 아니라 보호해야 할 단계에서 보호하자는 것이다. 산업을 자체 수행할 지식과 물리적 역량이 전혀 안 갖추어진 상태, 사람으로 치면 아직 달릴 능력조차 없는 어린아이 시절에만 보호해야 한다는 것이다.

보호라는 단어를 단계와 대상에 맞지 않게 무분별하게 사용하다 보면, 언제나 소모적인 논쟁만을 낳게 된다. 예를 들어서 프랑스 콜베르 재상 때에도 그랬듯이, 제조업 보호가 농업을 희생시킨다는 식의 말초적인 불만은 늘 등장할 수 있다. 그러나 산업 간 상호작용은 어디서나 다차원에 걸쳐 복잡계로 연결되어 있다. 제조업이 융성하면 농업도 함께 이익을 누리게 된다. 리스트의 보호주의는 쇄국주의가 아니다. 역량 배양을 통해 미래를 도모하자는 생각이었다.

우리나라에서 자동차 생산 기술이 안정기에 도달하기 전 1990년대까지 거리에서 외제차를 본다는 것은 특별한 광경이었다. 이것을 가지고 자동차 쇄국주의였다고 매도할 일은 아니지 않는가! 한국 영화 의무 상영제도, 이른바 스크린 쿼터를 없애면 영화산업이 경쟁에 노출되어 우리 영화 제작 역량이 향상될 것이라고 단순하게 결론짓는 것도, 반대로 스크린 쿼터 때문에 우리 영화계가 살아남아서 오늘날 전 세계적 K-무비 열풍이 가능했다고 단정하는 것도, 다 일면에만 치우친 견해다. 경쟁과 협력의 메커니즘은 생각보다 매우 복잡해서 참여 기업의 자발적인 노력뿐만 아니라 정부의 뒷받침이 어떤 형태로든 개입해야 원하는 성과를 낼 수 있는 것이다.

이런 상식적인 관계를 애덤 스미스가 모를 리 없었다. 스미스조차도 사실은 보호무역을 완전히 배척한 것이 아니었다. 그는 경우에 따라 보복 관세가 필요하고, 국가안보 관련 산업은 보호할 필요가 있다고 주장했다. 다만 스미스는 리스트와 달리 보호를 역량의 축적 관점에서 보지 않았다.

자유무역에 노출되면 무역 당사국들이 항상 혜택을 보는가? 지금도 열대 지방의 가난한 커피콩 재배국들은 자유롭게 커피콩 자유무역에 동참하고 있다. 그곳 커피 농장의 노동자들은 선진 공업국에서는 상상도 못 할 낮은 임금을 받으며 뙤약볕 아래서 매일 커피콩 따는 일을 한다. 그리고 수출한다. 하지만 여전히 가난하다.

커피나무 한 그루 자라지 않는 북미와 유럽의 나라들이 오히려 거대한 커피 산업과 문화를 창조했다. 스타벅스의 고향 미국 시애틀은 말할 것도 없고, 더치 커피는 네덜란드 무역선에서, 에스프레소 머신은 이탈리아에서 처음 등장했다. 그런데 왜 정작 커피콩 재배국들은 그만큼의 부가가치를 생산하지 못하는가? 애초부터 식민지 근성에 젖어서 그랬던가? 하지만 지금은 이미 다 독립했다. 가장 큰 이유는 커피 비즈니스를 일으킬 수 있는 사회 경제 기반 자체가 없기 때문이다. 충분한 중산층 소득이 뒷받침되지 않고 사람들의 삶에 문화와 여유가 없기 때문이다. 권력자들은 오랫동안 집권 특혜만 누릴 생각을 하고, 인력, 지식, 제조업과 기술기업을 육성할 생각을 안 하는데 어떻게 그것이 가능할까? 오늘날 커피콩만 따는 나라의 현실은 한때 양털만 깎고 살았던 전근대 영국과 판박이처럼 같다.

하지만 영국은 17세기 초에 이 굴레를 벗어났다. 지도자의 현명한 선택으로 자체 제조 역량 구축에 성공했기 때문이다. 멕시코 마킬라도라

(maquiladoras)처럼 자유무역특구가 아무리 들어섰어도, 영원히 미국의 하청 생산만 반복하면서 기업들이 스스로 제품을 설계하고 시장을 창조할 역량을 만들어내지 못한 나라는 결코 가난의 굴레를 벗어날 수 없다. 번영은 개인들의 노력만이 모여서 저절로 이루어지는 것이 결코 아니다.

◆ 미국 역사는 보호무역의 역사였다[99]

1990년대 이후 미국은 세계화와 자유무역의 주창국으로 알려져 있다. 하지만 원래 미국의 모습이 그랬던 것은 아니다. 알렉산더 해밀턴^{Alexander Hamilton, 1755~1804}과 같은 건국의 아버지들은 보호무역 정책으로 기틀을 잡았다. 미국은 이후 경제 성장 단계에 따라 자국의 이익을 위해 자유무역과 보호무역이라는 칼을 번갈아가면서 사용했을 뿐이다.

미국 다트머스칼리지(Dartmouth College)의 더글러스 어윈^{Douglas Irwin, 1962~} 교수는 《통상 마찰(Clashing over Commerce)》(2017)에서 미국의 보호주의 역사를, 관세의 목적에 따라 수입(revenue: 1789~1860), 제한(restriction: 1861~1933), 그리고 호혜(reciprocity: 1934~2017)의 시대로 구분했다.

1820년대에 재무장관 헨리 클레이^{Henry Clay, 1777~1852}는 강력한 보호관세 정책을 실시했지만, 이내 남부의 저항에 직면했다. 남부 지역(당시는 민주당 지지 지역)은 연방정부의 통제를 벗어나 독자적으로 무역을 하겠다고 주장하기까지 했다.

1861년 정권을 잡은 공화당은 고관세를 남북전쟁의 재정 확보 수단으로 활용했다. 이 기조는 한동안 유지됐지만, 민주당은 높은 관세가 간접적인 소비자 징세이자 경제 독점을 강화한다는 이유로 이를 반대했다. 마침내 1913년 민주당의 우드로 윌슨(Thomas Woodrow Wilson, 1856~1914) 행정부에서 '언더우드(Underwood) 관세법'이 통과되면서 관세가 크게 인하됐다. 이 정책이 지지받을 수 있었던 또 다른 배경은, 당시 미국이 강력한 공산품과 철강 제품 수출국으로 이미 성장해 있었기 때문이다.

그러다가 1차대전 이후 1922년 '포드니맥컴버(Fordney-MaCumber) 관세법'과 1930년 '스무트홀리(Smoot-Hawley) 관세법'을 거치면서 고율 관세가 다시 등장했다. 민주당의 프랭클린 루스벨트(Franklin Roosevelt, 1882~1945) 대통령에 이르러 남미를 중심으로 하는 호혜무역주의가 천명되면서 관세는 다시 인하됐다. 루스벨트 사후 트루먼(Harry S. Truman, 1884~1972) 시절, 1947년 'GATT(관세 및 무역에 관한 일반협정) 체제'가 출범하면서 호혜무역주의와 저관세 정책이 확고히 자리잡았다.

그러다가 1970년대에 민주당과 공화당의 입장이 바뀌었다. 신기술과 금융 산업 편에 섰던 공화당은 자유무역을 옹호했고, 노동 계층을 대변했던 민주당은 보호무역을 주장하기에 이르렀다. 미국 역사에서 남부는 오랫동안 자유무역을 주장해왔지만, 섬유 산업이 개도국의 공세에 위협받으면서 결국 보호무역을 주장하게 된 것이다. 하지만 민주당 출신의 클린턴(Bill Clinton, 1946~)은 이 흐름을 뒤바꾸었다. 그는 1994년 'NAFTA(북미자유무역협정) 체결'을 통해 저관세 기조를 관철시켰다. 이 긴장이 한동안 팽팽히 유지되다가, 공화당의 트럼프(Donald Trump, 1946~) 행정부 출범 이후 쇠락해 있던 미국 제조업의 부활을 구실로 고관세 기조가 다시 득세했다.

한 나라 무역정책의 기조는 미국의 경험에서 보는 것처럼 자국 내 경제적 이익이 대립하는 집단 간 정치 투쟁에 크게 좌우될 수밖에 없다. 이때 정책가에게는 스미스식 자유무역이라거나 리스트식 보호무역이라거나 하는 이념 진영보다, 현실 속 정치적 긴장을 돌파하거나 그 균형을 유지하는 일이 항상 더 중요했다. 리스트 자신이 그랬던 것처럼 우리 모두 현실주의자일 필요가 있다.

◆ 외국 문화와 외국 노동자

국가주의나 종족주의자들은 외국 문화나 외국인 노동자들을 자주 배척하고는 한다. 리스트의 생각이 그런 데에 자칫 동원될 가능성도 있다. 하지만 리스트는 한 나라의 지식 생산과 축적에 기여하는 인력은 인종과 국적을 불문하고 유치할 필요가 있다는 교훈을 남겼다. 영국이 그랬고 프랑스가 그랬다. 미국은 특히 더 그랬다. 일본은 오히려 외국 문화 중 좋은 것을 찾아내어 모방한 뒤 더 나은 형태로 바꾸어 역수출하고는 했다.

사상과 인력의 이동에서 고립된 종족은 언제나 퇴보했다. 더구나 그 고립이 민족이나 종교의 순수성에 대한 집착, 예컨대 탈레반의 이슬람 원리주의 같은 데에서 연유한다면, 사회의 번영과 진보는 꿈도 꿀 수 없다. 중세 찬란했던 이슬람 문화가 16세기 이래 유럽 과학혁명과 산업혁명 위세에 눌려 세계사의 뒤켠으로 물러나게 된 것도 그런 고립 때문이었다.

트럼프 정부에서 가장 고조됐던 반(反)이민 정책도, 백인 우월주의 같은 이념에 초점이 있었던 것은 아니다. 그들이 반대했던 것은 뛰어난 역량과 두뇌의 이민이 아니라, 미국 백인 중산층의 단순 노동력 일자리를 대체하는 제3세계 인력들의 이민 내지 불법 난민이었다. 우리나라는 반대로 가고 있다. 외국의 고급 두뇌를 받아들이기 위한 장기 정책은 고사하고, 그런 정서 자체가 아예 없을 뿐만 아니라, 그저 단순 노동력을 요하는 일자리를 채우는 외국인을 받아들이는 데에만 급급하고 있다.

어느 나라나 거쳤고, 지금도 거치고 있다. 영국, 프랑스, 이탈리아, 네덜란드, 스페인이 거쳤고, 미국이 거치고 있는 중이다. 우리나라라고 해서 예외는 아니다. 농·목·축산업 단계를 간신히 벗어나 제조업이 번성하는가 했더니, 어느새 고비용 구조가 되어 생산 기지는 다 후발국으로 빠져나가고, 제조업 일자리는 다 사라진다. 그것만 달아나는 것이 아니라 지식도 함께 빠져나간다. 후진국이라고 무시했던 나라가 어느 날 갑자기 우리를 앞서기 시작한다. 우리도 그렇게 해서 일본을 추격했다. 중국 역시 그렇게 우리나라와 미국을 추격하고 있다.

◆ 우리나라는 쇄국주의를 버렸기에 지식경제의 문턱을 넘을 수 있었다

지금 자력으로 자동차, TV, 가전제품을 생산할 수 있는 나라가 과연 전

세계에 몇이나 있을까?

우리나라 정책가들이 자유무역 이론을 따르지 않은 것은 참으로 현명한 선택이었다. 하지만 우리는 쇄국주의를 따르지도 않았다. 우리나라는 1970년대 이후 수입 규제 보호주의와 수출 주도 성장전략을 잘 섞어 구사했기에 이런 기적을 이룰 수 있었다. 삼성, 현대(그룹), LG 등의 창업가, 그들의 노력만으로는 어려웠을 것이다. 정부가 제도적으로 그 기업들의 생산 자금 조달과 판로 지원을 돕기도 했다. 처음 그 기업들이 TV나 자동차를 직접 만들기 시작했을 때, 냉소자들은 그 형편 없는 품질을 조롱했다. 한국인들에게는 일제나 미제가 최고였다. 일본인들은 한국산 삼류 제품을 경멸했고, 1990년대에 오마에 겐이치大前研一, 1943~ 같은 저명한 평론가는 한국은 절대로 일본을 따라올 수 없을 것이라며 냉소했다.

이렇게 기업들이 정부의 지원을 받아 성장하는 과정에서 종종 사리를 추구하는 정경유착의 폐해가 발행하기도 했다. 하지만 정치가 기업을 드러내놓고 도왔던 것은 그때 우리 경제가 유치원생 같았던 시절에는 효과가 있었다. 물론 지금 그 방식이 여전히 타당하다고 볼 수는 없다. 지금은 한국 경제의 성장 단계가 이미 그때와 달라져 있으니까.

리스트의 보호주의가 폐쇄주의자의 변명거리로 동원되어서는 안 된다. 그는 무역의 장점을 누구보다 옹호한 사람이었다. 우리나라 역시 무역의 힘으로 성장했다.

20세기 후반 이후 세계가 리스트가 살았던 시대와 다른 점은 공산품의 모듈화(modularization)와 글로벌 가치사슬 구조가 한층 강화되었다는 사실이다. 공정에 소요되는 모든 부품과 소재를 다 국산화한다는 것은 불가능할 뿐만 아니라 큰 의미가 없다. 만약 IKEA가 애국심에 충만해서 모든 원자재와 부품을 스웨덴 내에서만 조달하겠다고 한다거나, 애플 역시 미국산 부품만을 사용하겠다고 달려든다면 웃음거리가 될 것이다.

리스트 당시처럼 한 나라가 무슨 제품을 만들 수 있느냐를 물었던 시대는 지났다. 이제는 글로벌 지식 분업 체계에서 한 나라가 어떤 강력한 지식 자원을 보유하고 있는가를 묻는 시대로 바뀌었다.

◆ 멋진 글에 현혹되지 말라

리스트에 대한 이야기를 끝맺으면서 이런 질문을 한번 던지고 싶다. 세상에 넘쳐나는 멋진 글들은 과연 바람직한 정신자본으로서 자격이 있을까?

> "나는 아름다운 문장을 작성하고 싶지 않았다. 문체의 아름다움은 민족경제학에 속하는 것이 아니다. 그것은 민족경제학 저서에서는 장점이 아닐 뿐 아니라 결함인데, 불건전하거나 약한 논리를 덮고 궤변적 논변을 근원적이고 생각이 깊은 것으로 통하게 하는 데 오용되는 일이 드물지 않은 것이다. (중략) 예리한 감각이 있어 보이는 연역, 과장된 문구들, 그리고 꾸민 말투를 쓰는 사람들은 오직 사물의 본성을 근원적으로 들여다볼

예리한 감각이 결여된 자들, 스스로 명확하지가 않아서 남에게도 명확히 전해줄 도리가 없는 자들뿐이다."[100]

미문(美文)은 아무리 잘해보았자 단장(丹粧)에 불과하다. 물론 치장은 중요하다. 뛰어난 인품과 능력이 지저분한 얼굴과 의상 때문에 가려져서는 안 되기 때문이다. 작가는 충분히 균형 잡히고 아름다운 글로 독자를 대할 의무가 있다. 하지만 글의 외모가 아니라 그 안에 담긴 전갈(傳喝) 자체가 혼란스럽고 그릇된 것이라면 그런 치장이 무슨 소용이 있을까?

현대 사회과학자들이 온갖 개념어와 'OO론'을 동원해 '사회는 이래야 하며 이렇게 될 것'이라고 쏟아내는 변론과 숱한 인문학자들이 난해한 어휘를 동원해서 펼치는 요설(妖說)도 예외가 아니다. 이런 고상한 논변들이 세상에 가득할 때 얼핏 그 사회는 정신자본이 풍부한 것처럼 보일지 모른다. 하지만 그들이 허황된 논의로 지면과 방송을 낭비하는 사이에 정작 조용히 세상을 바꾸어놓는 사람들은 언제나 묵묵히 자신의 생산적인 과업을 실천하는 경영자와 노동자들, 그리고 거기에 기여하는 실용 지식들이다.

"힘을 길러라!" 도산島山 안창호安昌浩, 1878~1938 선생은 조선시대 지식인들이 공리공담으로만 치닫고 나라의 힘을 기를 생각을 안 했기에 조선이 멸망했다고 보았다. 그런 의미에서 도산 안창호는 리스트와 생각이 같았다. 사회 구성원들이 물리적 힘뿐만 아니라 지식의 힘, 기술의 힘, 도덕의 힘으로 무장할 때에만 그 나라가 독립과 번영을 누릴 자격이 있다.

§ 참고문헌 §

- Douglas A. Irwin, 《Clashing over Commerce: A History of US Trade Policy》, University of Chicago Press, 2017.
- 대런 애쓰모글루, 제임스 A. 로빈슨, 최완규 옮김, 장경덕 감수, 《국가는 왜 실패하는가》, 시공사, 2012.
- 프리드리히 리스트, 이승무 옮김, 《정치경제학의 민족적 체계》, 지식을만드는지식, 2010.
- 송경모, "19세기 경제학자가 예견한 구글, MS의 성장비결", 〈테크엠〉, 2016년 10월.
- 이규하, 《역사이론과 그 대표적 사상가들: 위인들의 우주관·역사관·인간관과 함께》, 인간과문학사, 2020.

· CHAPTER 5 · 개척

신대륙 이주 사업가의 롤모델,
'코닐리어스 밴더빌트'
(미국)

* 출처 _ 위키피디아

◆ 미국 현상

지난 세기 아메리칸드림(American dream)은 전 세계인의 가슴을 뛰게 했었다. 미국으로, 오직 미국으로 떠나고 싶어 했던 현상은 당시 한국 같은 개발도상국에서만 일어난 일이 아니었다. 19세기 이래 유럽의 상류층과 지식인들조차 더 큰 기회의 땅 미국으로 이주 행렬을 멈추지 않았다. 20세기 미국에 터를 잡고 세계 지식 역사의 물줄기를 뒤바꾼 주요 인물 가운데 상당수는 원주민이 아니었다. 너무도 친숙한 이름들, 앨버트 아인슈타인^{Albert Einstein, 1879~1955, 독일}, 알프레드 화이트헤드^{Alfred Whitehead, 1861~1947, 영국}, 조지프 슘페터, 피터 드러커 등은 말할 것도 없고, 국적이 미국으로 바뀌었든 아니든 우리가 알고 있는 수많은 지식인과 문화예술인들의 상당수가 미국 본토인이 아니다. 아놀드 슈워제네거^{Arnold Schwarzenegger, 1947~}가 오스트리아에서만 운동을 했거나 나나 무스쿠리^{Nana Mouskouri, 1934~}가 그리스에서만 노래를 불렀다면, 그들은 한낱 변방의 운동선수 내지 가수 정도로만 지역민 사이에서 좀 알려지고 끝났을지 모른다. 어떤 분야에서 최고 전문가들의 인정을 받고 전 세계에 걸쳐 평판을 얻는 상당수의 인사들에게 미국이라는 기름진 토양은 정말이지 큰 몫을 해왔다.

21세기 실리콘밸리 IT 기업의 핵심 인재들과 경영진을 보라. 수많은 인도와 아시아계 이름이 보일 것이다. 그들은 이민 2세 혹은 3세일 수도 있다. 설령 그들이 이민 가문 출신이 아니라 당대에 유학했던 사람이라 해도, 모국으로 돌아가보았자 더 나은 기회를 보장받지 못한다는 것을 알기에 끝까지 거기 남아서 경쟁한다. 그리고 일부는 성공한다.

◆ 앙시앙 레짐의 해체는 바다 건너 신대륙에서 이루어졌다

아메리칸드림이 세계사 속에서 처음 모습을 보이기 시작한 지 어느덧 300년이 지났다. 그 시초는 북미 대륙이 영국과 프랑스의 식민지였던 시절이었겠지만, 본격을 갖춘 것은 미국 독립 이후 1780년대부터라고 보는 것이 맞겠다. 18세기 말부터 19세기에 두드러졌던 아메리칸드림은 어떤 모습이었을까? 유럽 사회에 굳건히 자리잡고 있던 구(舊)체제, 앙시앙 레짐(Ancien Régime)의 유산은 프랑스 혁명 한 번의 사건으로 없어질 리가 없는 것이었다. 구대륙에서 신분 상승의 기회를 찾기 어려웠던 사람들의 눈에 미국은 그야말로 기대의 땅이었다. 바다 건너 미국이라는 나라는 귀족이 없는 사회이자 누구나 열심히 일하면 부와 명예를 얻을 수 있는 자유와 평등의 땅이라는 소문이 유럽 전역에 미치지 않은 곳이 없었다.

프랑스 혁명 직후 태어난 알렉시 드 토크빌Alexis de Tocqueville, 1805~1859은 법관 생활을 하던 중, 당시 유럽과 전혀 다른 모습의 사회로 꿈틀대고 있었던 미국 사회를 시찰할 기회를 얻었다. 그 관찰과 사색을 집대성한 《미국의 민주주의(De la démocratie en Amérique)》(1835, 1840)야말로, 중세 이래 유럽의 귀족제 사회에서 찾기 어려웠던 새로운 희망의 실험장으로서 미국 사회의 가능성을 다각도로 분석한 걸작이었다. 말하자면 아메리칸드림의 사상적 기반을 제공했다고나 할까?

그의 기대는 틀리지 않았다. 미국은 그 역동성과 응집력에 기반을 두고 20세기에 양차 세계대전을 승전으로 이끌면서 세계 최강의 경제 대국이자 패권국가로 등장하는 데에 성공했다. 팍스 아메리카나(Pax Americana) 시대가 도래한 것이다. 그 사이 200년 가까이 미국 사회는 상당수 비(非)미국 지역인들에게 희망의 신천지였다.

최근에는, 자유와 평등의 땅으로 치부되었던 이곳이 1980년대 이후 신종 귀족 사회로 전락하고 있다는 우려도 있다. 마치 중세 봉건 시대처럼 부와 권력을 쥔 소수의 계층이 모든 것을 독식하는 사회로 퇴행하고 있다는 것이다.[101]

어쨌든 우리는 200여년 전 이 새로운 실험의 땅에서, 애덤 스미스가 말했던 개인의 자유와 능력을 바탕으로 기업가정신을 실천한 한 경영자의 이야기를 살펴보고자 한다.

◆ 도금시대 기업가의 롤모델

애덤 스미스가 세상을 떠나고 4년 뒤, 바다 건너 북미 대륙 뉴욕 허드슨 강 주변에서 '코닐리어스 밴더빌트$^{Cornelius\ Vanderbilt,\ 1794~1877}$'가 태어났다. 그는 19세기 역동적이었던 미국 기업가 사회의 첫 장을 연 대표적인 인물이다. 그는 19세기 아메리칸드림을 성취한 최고의 인물 중 한 사례였다. 네덜란드계 이민 가문에서 태어난 그의 성공은 고대 사회처럼 정복이나 약탈도 아니었고, 권력자의 하사를 통해서도 아니었으며, 유산 상속에 바탕을 둔 것도 아니었다. 그는 1차 산업혁명기의 신기술 등장과 주식회사라는 새로운 사회 제도에 바탕을 두고 오직 상인의 감각과 경영자의 수완만으로 밑바닥에서 출발해서 대제국을 일군, 진정한 의미에서 최초의 '타이쿤(Tycoon)'이었다. 중세 피렌체의 메디치(Medici)나 독일의 푸거(Fugger) 가문처럼 전통적인 상업 관행, 가족 기업, 그리고 권력 유착에 기반을 두고 성장했던 사례와는 전혀 다른 차원의 기업가였다.

밴더빌트가 전성기를 구가했던 1840년대로부터 1860년에 이르는 시기에, 우리가 잘 아는 석유왕 존 록펠러$^{John\ Davidson\ Rockfeller,\ 1839~1937}$나 철강왕 앤드루 카네기를 비롯한 인물들이 그의 전설적 사업 성공담을 들으며 청년 시절을 보냈다. 밴더빌트는 19세기 말 미국 도금시대(the Gilded Age) 기업가들의 롤모델이었다.

미국 도금시대는 돈과 부를 향한 욕망이 노골적으로 드러난 시대였다. 이를 위해서 불법과 악행을 저지르는 사업가가 만연했다. 밴더빌트가 종사했던 철도산업도 예외가 아니었다. 예를 들어, 이리철도회사(Eeerie Railroad Company)[102]의 제이 굴드[Jay Gould, 1836~1892], 제임스 피스크[James Fisk, 1834~1872], 대니얼 드루[Daniel Drew, 1797~1879] 같은 인물들은 주가조작, 회계부정, 횡령, 뇌물수수를 일삼았던 파렴치범들이었다. 이런 수많은 악덕 기업가들의 행태 사이에서 밴더빌트의 정도(正道) 경영은 더욱 빛이 난다.

◆ 미국 역사상 2위의 부호

1877년 〈뉴욕 타임스(The New York Times)〉의 밴더빌트 부고 기사 제목은 이랬다. "길고도 유익했던 삶을 마치다(A long and useful life ended)". 그가 운영했던 해운 및 철도회사의 이사진은 고인에 대해 이렇게 추모했다. "그는 사업 환경의 피조물이 아니라, 환경을 그의 목적에 맞게 만들어낸 창조주이다. 환경에 굴복해서 순응하는 사람이 아니라 자기가 성과를 만들어낼 수 있는 환경을 스스로 창조해낸 거인이었다."[103]

그가 죽었을 때 재산 규모가 그 당시 명목화폐 가치로 1억 달러였다. 당시 〈타임(Time)〉에는 '1억 달러를 둘러싼 유족들의 다툼'이라는 기사가 실렸다. 그 당시의 1억 달러는 지금 어느 정도일까? 1880년대의 100달러는 2021년의 2,569달러에 해당한다. 1억 달러는 한화로 약 3,000억 원 정도가 된다. 우리나라 과거 언론 보도를 살펴보면, 이건희 회장 상속재산은 19조 원 정도로 추정되고, 정주영 회장은 852억 원 정도로 추정된다. 이 수치를 단순 비교할 수는 없지만, 지금과 같은 글로벌 초국적 기업이 등장하기 전에 미국 내에서만 사업을 일구어 이룩한 부가 이 정도였다고 하는 것은 실로 놀라운 일이다.

2007년 〈뉴욕 타임스〉 기사에 따르면, 코닐리어스 밴더빌트는 미국의 전 역사를 통틀어 2위의 부자로 등급이 매겨졌다. 1위는 우리가 익히 알고 있는 석유재벌이자 밴더빌트의 1세대 후배 정도 되는 존 록펠러였다.

◆ 1인 카리스마 경영의 정점

밴더빌트가 미국 경영에서 차지하는 의미는 19세기의 영웅적 1인 카리스마형 리더의 시대를 연 장본인이자 그 정점을 장식했던 인물이라는 사실이다. 당시 지배적인 사업체 운영 형태였던 1인 카리스마 경영의 시대는 20세기 전반에 들어 서서히 막을 내리게 된다. 밴더빌트 본인을 포함하여 앤드루 카네기, 존 록펠러, 헨리 포드, 존 모건[John Pierpont Morgan, 1867~1943] 등은 전형적인 카리스마형 통치자였다. 당시의 경영자들 대부분이 그런 유형일 수밖에 없었던 이유는, 19세기 후반 서구 사회에서 나타난 경영 조직의 특성에서 찾을 수 있다. 19세기 후반은 유럽과 미국에서 유한책임 주식회사 형태의 조직이 급격히 확산되기 시작한 시기이기는 했지만, 여전히 대부분의 사업은 종래 그랬던 대로 가문의 사업(family business)이라는 인식이 지배적이었다. 사업은 기본적으로 가주(家主)가, 또는 형제들이 하는 것이었다. 지금까지 100년을 이어온 초거대 기업의 이름 상당수가 창업 가주의 이름을 딴 이유가 거기에 있다.

듀폰(DuPont), 골드만삭스, 지멘스(Siemens), JP모건, 존슨앤드존슨 등, 끝이 없다. 얼핏 일반명사처럼 보이는 GE도 찰스 코핀^{Charles Coffin, 1844~1926}에게 합병당하기 전 원래 이름은 에디슨 제너럴 일렉트릭(Edison General Electric)이었다.

이런 영웅적 1인 지배 기업가 시대는 포드의 창업가였던 헨리 포드 1세의 사망으로 사실상 끝이 난다. 대기업들의 주식 보유 구조가 다변화되면서 전문경영자가 등장하고, 분권화와 권한위임이 본격 등장하게 된다. 20세기 전반 제너럴모터스(GM) 같은 회사의 지배구조는 그런 변화의 선두에 있었고, 많은 회사들이 이를 모방하게 된다. 가주의 이름을 달고 처음 등장했던 회사에서 가문은 점점 뒷전으로 빠지기 시작했다. 주식 소유자들은 대중으로 분산되고, 전문경영자가 조직을 다스리기 시작했다. 우리나라도 일제와 한국전쟁을 겪으면서 그런 과정을 거쳤다. 삼성, 현대, 두산 등이 가문 사업으로 처음 등장했다. 이후 미국이 겪었던 그런 변화를 약 2~3세대 정도 늦게 받아들이게 되었다.

오늘날 우리는 고객 창조, 연구개발 투자, 혁신 같은 말을 귀에 못이 박히도록 듣는다. 이런 개념도 사실 미국의 사업 조직들이 영웅적 1인의 명령통제형 경영과 결별하고 전문경영자의 지배가 확산되면서 등장하기 시작했다.

밴더빌트를 지금은 잊혀진 구시대 경영의 전형이라고 치부할 수도 있겠지만, 그의 삶과 경영에는 이 시대에도 여전히 빛을 발하는 선진 경영 요소들이 스며 있었다. 20세기 미국 경제의 성장은 19세기의 대(大)기업가들이 다져놓은 토대가 없었다면 불가능했다.

◆ 뉴욕 천변의 네덜란드 이민자 마을

뉴욕에는 여러 명소가 있는데, 그 랜드 센트럴 터미널(Grand Central Terminal) 역도 그중 하나다. 이 역 앞에 바로 밴더빌트의 동상이 크게 세워져 있다. 독립국가 건설 후, 뉴욕은 미국 내에서 초기 교역의 중심지이자 성장의 거점으로서 역할을 했다. 미국인들은 뉴욕을 중심으로 활동했던 밴더빌트의 거대한 생애를 그 도시의 심장부에 상징물로 조형함으로써 지금까지 그를 기리고 있는 것이다.

뉴욕 그랜드 센트럴 터미널 역 앞에 세워진 밴더빌트 동상 (출처_위키피디아)

유럽인들이 신대륙 아메리카로 이주했을 때 배를 타고 대서양을 건너오면 가장 먼저 도착할 수 있는 지역 중 하나가 보스턴, 맨해튼 일대였다. 자연스럽게 그 지역에 이민자들의 정착촌이 생길 수밖에 없었다. 영국은 물론이고 프랑스, 독일, 스페인, 아일랜드로부터 이민자들이 속속 넘어왔다. 그 가운데 허드슨강을 끼고 있는 뉴욕만의 배후지에 특히 네덜란드 사람들이 많이 이주했다. 그들은 여기에 정착해서 농토를 일구고 살았다. 거기에서 나온 농작물을 가까운 나루터에서 배로 수송하거나 다양한 상품의 수상 수송업을 하면서 생계를 유지해나갔다. 네덜란드인이 주는 인상은, 오랜 세월 북해 지역을 중심으로 활동했던 상업 이력 내지 저지대 열악한 토지를 간척해서 생존해온 역사에서 알 수 있듯, 뭔가 냉정하고 강인하고 근면하다는 것이다. 또한 이 나라는 잘 알려져 있듯 더치페이(Dutch pay)라는 말의 근원지이기도 하다. 밴더빌트는 네덜란드인 특유의 근면성과 생존력을 당연히 물려받았을 것이다.

19세기 중반 즈음 뉴욕 허드슨강 일대는 범선과 증기선이 뒤섞인 풍경이었다. 낡은 것과 새로운 것이 이토록 바뀌고 있는 시기, 그는 이 새로운 기술 변화로부터 기회를 포착해서 증기선이 세상을 지배하도록 만드는 데에 일조하게 된다.

이런 현상은 세월이 아무리 바뀌어도 늘 일어나는 일이다. 예를 들어서 오늘날에도 현금을 쓰는 사람과 신용카드를 쓰는 사람, 그리고 스마트폰으로 결제하는 사람들이 섞여 있다. 낡은 것과 새로운 것들은 일정 기간 공존하지만, 어느 시점에 가서 대세는 바뀐다. 그리고 그 과정에 어떤 기업 내지 경영자의 핵심적인 역할, 그러니까 시장을 확산시키는 밴더빌트 같은 사람의 역할이 반드시 있다.

◆ **무학(無學)의 10대 사업가**

밴더빌트는 1794년 뉴욕 스테이튼 아일랜드(Staten Island)에서 태어났다. 어렸을 때 허드슨강 가에서 뱃일을 하던 아버지 일을 보조하면서 성장했다. 당시만 해도 대부분의 청소년들이 학교 교육이라는 것을 제대로 받기 어려운 시절이었다. 의무교육이라는 것이 미국에 도입된 것은, 1850년대 동부 매사추세츠주에서 시작된 이후 1920년대에 이르러서야 여러 주로 확대되었으니 말이다.

물론 그는 인근에 조그마한 학교를 다니기는 했는데, 잠깐 다니다가 아버지 일을 돕느라 그만두었다. 그렇게 뱃일을 하며 살다가 15세가 됐을 때다. 뉴욕에서 프랑스로 비단을 실어나르는 무역선에서 승무원을 구한다는 얘기를 들었다. 요즘이야 우리 나이로 15세면, 중2병에 시달리면서 학교와 학원을 왕복하느라 바쁜 어린 나이로 치부되겠지만, 당시에는 결코 그렇지 않았다. 사실 중세에도 그 정도 나이면 이미 집을 떠나 타지에서 도제 생활을 하는 독립 10대가 흔했었다. 어쨌든 그는 독립하겠다고 마음을 먹고서 부모님에게 프랑스로 가겠다는 결심을 밝혔다. 당연히 부모님은 만류했다. 그러나 그는 좀 더 큰 세계를 보고 싶다는 포부를 밝히고 이제 독립할 때가 된 것 같다면서 뜻을 굽히지 않았다.

아버지는 고민 끝에 선장을 찾아갔다. "제 아들이 여기 승무원으로 지원했다는데 제발 철회해주십시오." 그렇게 해서, 열다섯 살 나이에 뉴욕 나루터를 벗어나 넓은 세계로 나가려 했던 첫 번째 시도가 좌절됐다.

이후 전처럼 아버지 일을 계속 돕다가 밴더빌트는 16세가 되었다. 당시 일화가 있다. 뉴욕 서남부로 델라웨어강을 따라 내려가면 필라델피아 지역의 포트 리치몬드(Port Richmond)가 나온다. 어느 날 그는 그곳에 중고선 하나가 매물로 나왔다는 소식을 들었다. 가격은 100달러. 그는 100달러를 어떻게 구할까 고민하다가 어머니에게 빌리기로 했다. 아들의 요청을 들은 어머니는 집 뒤에 있는 넓은 황무지를 다 개간하면 빌려주겠다고 했다. 밴더빌트는 여러 날을 허리가 휘도록 일했고, 결국 어머니한테 돈을 빌려 그 배를 사는 데 성공했다. 이 이야기가 실화였는지 아닌지에 대해서는 설이 분분하다. 역사상 많은 위인의 소년기 일화는 언제나 조금씩 과장되거나 날조되어 유포되는 경향이 있으니 말이다.

어쨌든 이 일화에는 그 정도로 독립심이 강했던 소년 밴더빌트의 면모가 여실히 나타난다. 그는 이렇게 배를 사는 데에 성공한 다음 1인당 18센트씩 운임을 받고 스테이튼 아일랜드와 뉴욕 사이를 왕복하면서 여객과 물자를 수송하는 사업을 시작했다. 10대 중반에 개인 사업가로 첫발을 내디딘 것이다.

그가 18세가 됐을 때, 1812년 전쟁, 그러니까 미국과 영국 간 전쟁이 일어났다. 나폴레옹의 대륙봉쇄령에 대항하여 영국이 해상봉쇄령을 내리게 되면서 영국과 프랑스 사이에 분쟁이 일어났는데, 이때 미국이 프랑스 편을 들면서 일어나게 된 영미 간 싸움이었다. 소년 밴더빌트의 타고난 사업 감각과 의지가 드러나기 시작했다. 미국 군대의 물자를 수상으로 운송하는 사업에 자기도 좀 참여시켜 달라고 요청했다. 그래서 비록 큰 규모는 아니었지만 군수물자 수송업자로서의 경력까지 추가된다. 이 일을 하는 과정에서 업계에 청년 뱃사람 코닐리어스 밴더빌트라는 이름이 서서히 알려지기 시작했다. 그는 다음해에 사촌 존슨 소피아 Johnson Sophia 와 결혼했다.

◆ 인생 멘토를 만나다

토머스 기번스Thomas Gibbons, 1757~1856라는 증기선 운송 사업가가 있었다. 그는 조지아주의 사바나(Savannah)시 시장을 역임했던 당시 민주공화당 소속의 유력한 지역 정치인이기도 했다. 1817년에 기번스는 아론 오그덴Aaron Ogden, 1756~1839과 합작으로 증기선을 매입한 후 허드슨강 일대에서 증기선 수송 사업을 시작했다. 그러다가 1818년에 오그덴과 결별 후 함께 일할 사람을 찾다가 그 일대에서 청년 밴더빌트의 소문을 들었다. 아주 똑똑하고 일 잘하는 젊은이가 하나 있다고.

밴더빌트는 기번스로부터 자신이 보유한 증기선 가운데 하나인 벨로나(Bellona)호 선장으로 운영 총책임을 맡아 달라는 제안을 받게 된다. 24세에 대형 페리호의 선장이 된 그는, 이전 소규모 자영업자 수준의 시야를 비로소 벗어나게 된다. 기번스 문하에서 일을 배우면서 대규모 상선 사업과 시장의 기본 메커니즘을 학습했다. 기번스야말로 훗날 대사업가 밴더빌트의 진정한 인생 멘토였다.

기번스의 회사에서 일하게 된 그는 가족을 데리고 기번스 노선이 닿는, 뉴저지의 브런스위크로 이사했다. 거기에서 아내 소피아는 작은 호텔을 운영하면서 맞벌이를 했고 그 수입으로 자식들을 키웠다. 밴더빌트는 여전히 오너 사업가가 아니라 기번스로부터 급여를 받고 일하는 직원이었다. 그가 기번스 문하에서 획득한 것은 돈이 아니라 지식이었다.

◆ 증기선 사업 독점권 분쟁

미국의 엔지니어 로버트 풀턴^{Robert Fulton, 1765~1815}과 정치인이자 재력가였던 로버트 리빙스턴^{Robert R. Livingston, 1746~1813}은 상업용 증기선을 최초로 개발하고 운영한 인물이었다. 풀턴 사후 아론 오그덴은 그들이 보유한 특허와 뉴욕 독점 사업권을 매입했다. 그러다가 오그덴은 기번스와 합작으로 증기선 사업을 영위했다.

기번스가 오그덴과 결별한 뒤 독자적으로 뉴욕 일대에서 증기선 사업을 시작하자, 기존의 독점 사업권 보유자 오그덴이 소송을 걸었다. 둘 사이에 지리한 법정 투쟁이 시작되었는데, 이것이 그 유명한 '기번스 오그덴 재판(Gibbons v. Ogden case)'이었다.

밴더빌트는 기번스 진영의 수장으로서 이 싸움을 진두지휘했고, 결국 기번스의 승리를 이끌어냈다. 승리의 핵심은 뉴욕주가 인정한 독점권은 연방헌법에 위배된다는 다양한 증거와 논리를 제시한 데에 있었다. 승소 후 기번스와 밴더빌트는 뉴욕에서 합법적으로 사업을 영위하게 되었고, 계속해서 증기선을 매입하면서 사세를 확장해나갔다.

◆ 독립 해운사 창업

1826년, 밴더빌트가 32세 되던 해에 업무의 상사이자 정신적 스승이었던 기번스가 사망했다.

오너 사후, 밴더빌트는 자신이 청년기를 바쳐 일했던 그 회사를 인수하고 싶었다. 그동안 모은 돈으로 회사를 인수하려고 했는데, 기번스의 아들이 거절해서 인수에 실패하게 된다.

퇴사 후 뉴욕과 필라델피아를 운항하는 디스패치라인(Dispatch Line)이라는 회사를 창업해서 독립한다. 이때 경쟁 상선 대비 저가 운임 전략으로 시장을 제패하기에 이른다. 그렇게 해서 15년 정도 정신없이 일하면서 부자가 된다.

1840년이 되었을 때, 밴더빌트는 돈도 벌 만큼 벌었으니 좀 더 좋은 동네로 이사하려고 마음먹는다. 당시 뉴욕 맨해튼 남단에 그리니치빌리지(Greenwich Village)라는, 지금은 문화예술 중심지가 되었지만, 당시에는 부호들의 거주지였던 마을에 대저택을 짓고 입주했다. 그리니치빌리지의 주민들은 어느 날 갑자기 듣도 보도 못한 네덜란드계 뱃사람이 졸부가 되어 자기 동네에 왔다는 사실을 알고 텃세를 부리면서 알게 모르게 따돌림했다는 이야기가 전해온다. 상류층 사람들의 눈에 뱃사람 출신은 거칠고 무례한 하류층이라는 편견이 있었던 것 같다.

밴더빌트는 1851년에 액세서리트랜싯컴퍼니(Accessory Transit Company)를 설립해서 사업 영역을 크게 확장했다. 뉴욕 일대만이 아니라 바닷길로 북미 대륙을 동서로 연결하는, 뉴욕과 샌프란시스코를 왕복하는 해상 운송 사업을 시작한 것이다. 중미 지역을 가로지르는 니카라과(Nicaraguan) 운하를 경유함으로써 이 항일이 가능했다. 1848년에 캘리포니아에서 금이 발견됐다는 소문이 온 대륙에 퍼지면서 너도나도 캘리포니아를 향한 '골드러시(Gold Rush)' 대열에 동참하기 시작할 때였다. 절묘한 시장 타이밍이었다.

뉴욕-캘리포니아 운항으로 어마어마한 성공을 거둔 밴더빌트에게 또 다른 기회가 기다리고 있었다. 바로 '남북전쟁(American Civil War, 1861~1865)'의 발발이었다. 그는 자신의 배 밴더빌트호를 북군에 기증했다. 자신의 재력으로 북군을 전폭적으로 후원함과 동시에, 특히 캘리포니아에서 채굴된 금을 북군 사령부에다 지속적으로 수송해주는 역할까지 도맡았다. 남군은 밴더빌트의 해상 수송을 저지하기 위해서 온갖 공작을 펼쳤지만, 밴더빌트의 지략을 이기지 못했다. 결국 북군이 승리를 거머쥐는 데에, 사업가 밴더빌트는 큰 기여를 했다. 훗날 사람들이 코닐리어스를 부르는 애칭 가운데 대표적인 것은 바로 '코모도어(Commodore) 밴더빌트', 즉 '밴더빌트 제독'이었다.

◆ **철도 사업가 밴더빌트**

1864년, 어느덧 70세가 된 그는 해운 사업에서 은퇴하기로 마음먹었다. 나이도 들 만큼 들었고 돈도 벌 만큼 벌었으니 편안히 즐기면서 살고 싶은 마음이 없었겠냐마는, 타고난 사업가 기질은 그를 그냥 놓아두지 않았다. 1850년대부터 눈여겨보았던 철도 사업을 본격화하기로 마음먹었다. 당시에 매물로 나온 철도회사들을 면밀히 살펴보다가 몇 개 회사들을 인수하면서 계속 노선을 확장했다. 특히 뉴욕-시카고 노선을 확보하면서 당시 들쑥날쑥했던 철도회사 경영 관행을 정비하면서 업계의 스탠더드를 마련했다.

그가 철도 사업에 진출했을 때 이미 장남 윌리엄 밴더빌트^{William Henry Vanderbilt, 1821~1885}가 장성해 있었다. 그는 장남을 고용한 뒤 함께 철도회사 경영 시스템을 정비했다. 아들 밴더빌트는 아버지를 닮아서인지 타고난 M&A 감각을 발휘했다. 수많은 철도 노선을 인수하면서 아버지가 이룩한 철도 사업 규모를 몇 배로 성장시켰고 미국 전역 철도망을 장악했다. 오늘날 밴더빌트 가문의 기틀을 마련한 것도 2세 밴더빌트의 역할이 컸다.

코닐리어스는 원래 아들 윌리엄에게 그다지 자애로운 아버지는 아니었던 것 같다. 장남이 자신의 기대에 못 미치는 것 같아 어렸을 때부터 구박을 많이 했다고 알려져 있다. 아들은 아버지로부터 돌대가리(blockhead)라 불리는 게 일상이었다. 자신의 능력을 아버지에게 제대로 인정받고 싶었던 아들은 아버지 회사에서 온갖 수모를 겪으면서도 열심히 일했다. 1860년 온 가족이 자신의 배로 유럽 여행을 다녀오면서 부자 관계는 우호적으로 바뀌었고, 그때부터 아버지는 아들을 신뢰했다.

코닐리어스는 1871년에는 뉴욕 그랜드 센트럴 터미널 역에 그랜드 센트럴 디포(Grand Central Depot)라는 대규모 쇼핑몰을 지었는데, 그 건물은 뉴욕시의 대표적인 상징물로 자리잡았다. 기차역 주변에 대규모 상권이 형성되는 것은 어디서나 자연스러운 일이었다.

◆ 미국이 단일 경제권으로 통합된 것은 철도의 힘이었다

19세기 후반 밴더빌트를 중심으로 미국에서 일어났던 수많은 철도 사업의 의미는, 단순히 하나의 돈벌이 활동 이상의 것이었다. 마치 오늘날, 모바일폰 또는 소셜미디어 사업이 단순히 비즈니스라는 의미 이상으로 사회와 문화를 변혁시키는 역할을 하고 있는 것처럼 말이다. 철도는 미국 사회와 경제를 질적으로 탈바꿈시켰다. 철도 이후의 세상은 철도 이전의 세상과 완전히 달랐다.

미국이라는 광활한 대륙, 특히 동부와 서부 사이의 어마어마한 거리를 단축시키고 두 지역민이 교류하도록 만드는 데 있어, 밴더빌트가 참여한 해상 운송 노선 개척에 이어 대륙 간 철도 노선 건설이 획기적인 역할을 했다. 훗날 캘리포니아와 실리콘밸리의 발전(제10장, 제11장)도, 철도 노선이 있었기 때문에 훨씬 앞당겨지고 활발해질 수 있었다. 만약 대륙 횡단 철도가 없었다면 미국은 번성하는 동부 해안가에 비해 낙후한 서부 지역이 상당히 오랜 기간 방치되었을지도 모른다.

흔히 19세기 말부터 20세기 초에 이르는 기간에 미국에서 발명, 과학기술 개발, 그리고 거대 기업 조직의 등장이 집중되면서 미국 사회가 질적으로 변화하기 시작했다고 알고 있다. 그러나 그런 변화를 가능하게 했던 앞선 토대는 바로 철도였다. GE의 토머스 에디슨, 포드자동차의 헨리 포드, GM의 알프레드 슬론(Alfred P. Sloan, 1875~1966), IBM의 토머스 왓슨(Thomas Watson, 1874~1956), 시어스로벅(Sears, Roebuck and Company)의 로버트 우드(Robert Wood, 1879~1969) 등 거대 기업의 혁명적 경영자들이 등장하기에 앞서,

미국 사회 전반에 지식 확산과 교류를 촉진하고 공급망(supply chain)과 시장의 지리적 확대를 일순간에 가능하게 했던 철도 인프라의 구축이 있었다.

◆ 영혼 없는 악인

존 스타일스^{T. J. Stiles, 1964~}가 집필한 코닐리어스 밴더빌트의 전기 제목은 《최초의 타이쿤(The First Tycoon)》(2010)이다. 미국이 자유시장 경제로 가동된 이래 수많은 사업가들이 등장했지만, 우리가 '대군(大君)'[104]이라고 칭할 만한 인물은 밴더빌트가 처음이었다.

미국 사회 건국 이념은 자유와 평등이었다. 밴더빌트는 그 가치 아래 자신의 의지와 노력만으로 아메리칸드림을 구현한 수많은 인물 중에 가장 정점에 섰다. 그는 미국이라는 토양에서 기업가정신을 본격적으로 구현한 최초의 인물 가운데 하나였다.

반면에 그와 같은 대기업가들이 등장함과 동시에 미국 사회에는 한 가지 모순이 잉태되기 시작했다. 그것은 부의 양극화였다. 중세 신분 사회에서 고착되었던 부와 신분의 세습, 그리고 양극화가, 미국이라는 새로운 자유 사회에서 해체되는 듯했지만, 양극화는 과거와는 조금 다른 양상으로 재등장하기 시작한 것이다. '도금시대'라는 단어는, 소설가 마크 트웨인^{Mark Twain, 1835~1910}이 기업가들이 판치는 당시 금권 사회를 조롱하듯 그의 동명 소설(1873) 제목으로 사용한 이래 보편화됐다. 마크 트웨인은 그 전에도 1869년 밴더빌트에게 보낸 공개서한에서 그에게 이렇게 독설을 퍼부었다.

"가련한 코모도어 밴더빌트 씨. 선생은 당신의 저 막대한 재산을 경배할 뿐 아니라 당신의 사악하면서도 무가치한 행동까지 추앙하고, 심지어 당신의 그 많은 돈 덕분에 당신의 손짓이나 말 한마디가 무슨 대단한 것이나 되는 양 읊조리는 찌질한 영혼으로 가득한 벌레들의 헛된 우상(idol)에 불과하오."[105]

그는 이 공개서한을 당시 시대의 악과 싸울 목적으로 창간된 〈패커드 먼슬리(Packard Monthly)〉 잡지에 게재했다. 그랬다. 트웨인은 거인 밴더빌트를 사회악, 그러니까 탐욕의 화신이라고 보았다. 그러면서 이렇게까지 말했다.

"그토록 돈, 돈, 돈… 했던 당신, 돈 때문에 저 달콤한 휴식의 잠과 평화로운 마음까지 다 빼앗겼구려. (중략) 내가 당신의 영혼에 대해서는 아무런 언급도 하지 않고 있다는 것을 선생은 잘 알 것이오. 왜냐하면 당신은 영혼이라는 것 자체가 없다는 증거를 나는 분명히 확보하고 있으니까."[106]

정말로 트웨인은 밴더빌트를 영혼 없는 악인(evil)으로 보았던 것일까? 혹시 당시 대중들이, 저 고상한 듯해도 돈 없는 지식인과 문필가 대신에 돈 많은 사람을 찬양하기 시작하니 소심하게 질투한 것은 아니었을까? 아무도 모른다. 지금도 성공한 기업인들은 잠자는 시간까지 아끼면서 수많은 일정을 소화한다. 고담준론으로 한가로이 노닐 겨를이 없다. 그들이 남긴 통찰력 있는 언행은 수많은 직장인과 동료 경영자들이 귀감으로 삼는다. 21세기에도 항간에, 트웨인식 어법으로 '벌레 같은 인간들'은 여전히 성공한 기업가들을 우러러보고, 고상한 지식인들은 거대 기업가를 추악한 사회악으로 격하하는 경향이 있다.

모든 문필가가 다 그런 것은 아니지만 트웨인 같은 사람은 비록 독설과 풍자에 탁월했을지는 몰라도, 인간 본성과 사회의 작동 원리에 대한 이해는 부족했던 것 같다. 인도주의자이자 진보주의자였던 그는 부를 향해 움직이는 인간 심리와 그것이 사회의 번영과 인간의 의식 수준 향상에 기여하는 메커니즘은 외면하고, 오직 그 타락한 면모만을 들추어 비판했다. 게다가 밴더빌트는 당대에도 모자라서, 이 자유 평등 사회에서 막대한 부의 대물림을 자행함으로써 조금씩 사라져가는 듯했던 신분의 세습을 부활시켰으니 트웨인의 눈에 얼마나 고까웠겠는가!

◆ 냉혹강건, 무미건조했던 삶

여하튼 밴더빌트 본인은 자애심, 여유로움, 고상함 같은 단어와는 거리가 멀었다. 사람에게는 누구나 서로 다른 기질이 있다. 강인한 네덜란드인의 피를 물려받은 밴더빌트의 기질은 냉혹 혹은 강건이라고 요약할 수 있을 것 같다. 온화하거나 신사적이거나 가정적인 면모와는 거리가 멀었다. 그러나 정직과 명예를 존중하는 원칙주의라는 면에서 타의 추종을 불허했다.

바닷일과 철길 일을 평생 해오면서 수많은 밀수꾼, 싸움꾼, 한량들을 겪어온 동업자들은 밴더빌트처럼 악한 인물을 본 적이 없다고 고백하곤 했다. 이건 일종의 반어법이었다. 나쁜 사람이라는 뜻이 아니라 목표를 위해서 절대로 포기하지 않고 반드시 그 일을 달성해내는 지독한 놈이라는 뜻이었다. 그래서 동업자는 물론이고 그와 경쟁했던 사업가들도 겉으로는 혀를 내두르며 욕했지만 내심으로는 그를 진정 존경했다. 평생동안 일밖에 모르고 살았던 무미건조한 사람이었다. 유일한 취미가 경주마를 구입하는 것 정도였다. 부호로서 맘껏 누릴 수 있는 호사는 멀리했고, 정계 진출 같은 한눈도 팔지 않았다.

◆ **미국 사회는 '부자' 그리고 '오너(owner)' 밴더빌트를 극복했다**

다행스럽게도 미국 사회는 밴더빌트 같은 재력가로부터 싹텄던, 창업 가문의 세습 귀족화 가능성을 훗날 슬기롭게 극복했다. 제2차 세계대전 이후에는 특정 가문이 가업 승계 형태로 대기업을 물려받는다는 풍습은 서서히 사라졌다. 이는 20세기 전반 증권 공모 및 유통 시장이 급성장하면서 가능했다. 아돌프 벌리 Adolf Berle, 1895~1971 와 가디너 민스 Gardiner Means, 1896~1988 는 저 유명한 《현대 기업과 사유재산(The Modern Corporation and Private Property)》(1932)에서 바로 20세기 주식시장 발달과 지분율의 분산, 그리고 전문경영자의 등장을 통해 사유(private) 기업이 공적(public) 기업으로 전환되어가는, 드러커식 표현을 따르자면 '보이지 않는 혁명(The Unseen Revolution)'이 이루어지고 있었음을 발견했다. 이는 자본주의의 자정 기능 내지, 여전히 자본주의라는 이름을 달고 있기는 하지만 스스로 자본주의의 원형을 폐기하고 새로운 체제로 자신을 탈바꿈시키는 내적 역량이라고 볼 수 있다.

듀폰, 레비스트로스(Levi Strauss), JP모건처럼 19세기에 태동한 거대 기업도 시대의 관습 때문에 몇 대 세습을 거치기는 했다. 하지만 어느 날 가문은 사라지고 그들은 공적 기업이 되어버렸다. IBM, 월마트, 마이크로소프트, 애플의 창업가는 애초에 자식에게 회사를 물려주겠다는 생각 자체를 하지 않았다. 우리나라는 좀 늦었다. 예컨대 삼성은 삼성 가문, 현대는 현대 가문, LG는 LG 가문, 한진은 한진 가문의 회사 같은 느낌이 아직도 남아 있다. 하지만 우리 사회도 이제 네이버나 카카오처럼 창업자가 자식에게 회사를 물려주어야 한다는 생각 자체를 하지 않는 데에 많이 익숙해졌다.

◆ 경영의 목적

도금시대라고 하면 대개 탐욕스럽고 사악한 기업가들이 떠오른다. 실제로 그런 기업가들이 많이 있었다. 밴더빌트는 도덕군자형 경영자는 결코 아니었지만, 적어도 자신은 이익을 위해서 경영하는 것이 아니라

고객을 위해서, 그리고 사업 자체의 지속과 성장을 위해서 경영한다는 인식을 확실히 지니고 있었다.

> "나는 대중을 위해서 한껏 봉사해온 사람이다(I have always served the public to the best of my ability.) (중략) 왜 그런가? 사람들 대부분이 그렇겠지만, 그렇게 해야 하는 것, 즉 고객들이 최대한 불편함이 없도록 하는 것이 내 관심사(my interest)였기 때문이다."[107]

그는 이익을 얻기 위해서 온갖 불법 수단을 총동원하는 업계의 경쟁자들을 경멸했다. 자신은 절대로 불법적인 수단을 통해서 사업을 하지 않는다고 천명했으며 늘 합법적인 경영을 강조했다. 당시 철도업계에서 횡령했던 수많은 부당한 내부거래, 공급사에 대한 뇌물, 정치가들한테 뿌렸던 뇌물 성격의 무료 철도 승차권 같은 관행을 따르지 않았다. 업계의 경쟁자들에게는 밴더빌트의 이런 강직성이 비상식적으로 보였을지 모르지만, 이런 정도 경영 덕분에 당시 기라성 같은 철도 사업가들을 제치고 오늘날까지 미국 사회에서 존경을 받고 있는지도 모르겠다.

비단 밴더빌트만이 아니라 당시의 많은 철도 사업가가 그랬겠지만, 밴더빌트는 경제사에서 '규모의 경제(economics of scale)' 개념을 본격적으로 구현한 최초의 기업가 중 하나였다. 규모의 경제란, '더 낮은 가격으로 더 많은 고객을 확보해서 더 빈번하게 구매하도록 함으로써 고객 단위당 원가를 낮추는 원리'다. 규모의 경제는 기본적으로 고정 투자 비중이 높은 사업에서 통하는 원리다. 고정비 비중이 낮고 변동비 비중이 높은 사업에서는 기대하기 힘든 원리다. 철로와 열차라는 대규모의 시설 투자가 필수적인 철도 사업처럼 규모의 경제를 실현할 수 있는 사업 기회는 인류 역사상 흔치 않았다. 특히 밴더빌트는 대규모 고정 투자 사업에서는 일단 운임을 인하함으로써 경쟁 기업을 고사시키면서 되도록 많은 고객을 확보하는 전략의 위력을 잘 알고 있었다. 한 번 그렇게 해서 입지를 굳히면 후발 주자들은 초기 고정비 부담 때문에 웬만해서는 규모의 경제를 달성하기 힘들게 되어, 그들의 진입을 어렵게 만드는 요인이 된다.

규모의 경제 원리는, 궁극적으로 조업 단위당 비용 절감의 원리다. 그는 비용 절감의 중요성을 특히 강조했다. 사람들이, "어떻게 해서 당신은 그렇게 이익을 낼 수 있느냐?"고 물었을 때 그의 대답은 간단했다. "지출을 절약했다." 경쟁사업자보다 단위당 비용이 더 많이 든다면, 사업을 할 이유가 전혀 없다는 것이 그의 생각이었다. 물론 비용 절감 원리는 그 자체로는 생명력이 없으며, 반드시 고객 창출로 뒷받침될 때에만 의미가 있다는 사실도 잘 알고 있었다.

철도 사업에서 실현된 규모의 경제는, 이후 듀폰이나 포드 같은 대규모 화학, 기계 사업에서 연이어 실현되면서 19세기 말부터 20세기 초 경영 성과 창출의 중요한 원리가 됐다. 이런 현실을 반영하여 알프레드 마셜[Alfred Marshall, 1842~1924]의 경제학 교과서 《경제학 원리(Principle of Economics)》(초판 1890, 제8판 1920)에 규모의 경제 개념이 체계적으로 소개됐다. 이 개념은 애덤 스미스나 존 스튜어트 밀처럼 주식회사형 대기업 조직들이 성장하기 이전 시대의 사상가에게는 별로 주목받지 못했던 것이다. 마설이 이를 체계화한 이후, 규모의 경제는 20세기 대량생산 패러다임 하에서 줄곧 중요한 경제이론, 내지 경영 원리로 작동했다. 적어도 훗날 범위의 경제(economies of scope), 다품종 소량 생산, 맞춤형 생산, 고객 디스럽션(customer disruption) 내지 디커플링(decoupling)[108] 같은 원리들이 규모의 경제가 누렸던 아성을 서서히 허물기 전까지는 말이다.

재무 관점에서 밴더빌트는 특이하게도 저(低)레버리지 경영을 추구했다. 그는 당시 주변 사업가들과 달리 은행 대출을 일으키는 것을 대단히 싫어했다. 그의 사업 확장은 대부분 지분 모집을 통해서 이루어졌다. 그는 부채 압박이야말로 파산에 이르는 지름길이라는 인식을 확고히 지니고 있었다. 또한 자신이 대주주로 있는 철도회사와 해운회사에 참여하는 수많은 소액주주들도 지분율이 적다는 이유로 무시하지 않고 언제나 동등한 입장에서 대우했다. 또한 소유경영자로서 자신의 노동에 대한 대가는 지분에 대한 배당금으로만 취했으며, 별도의 급여를 받아가지 않았다.

◆ 밴더빌트대학 설립

1868년, 평생의 반려자였던 아내 소피아가 세상을 떠났다. 이때 이미 74세의 나이였음에도, 몇 년 뒤인 1871년, 사회사업가 프랭크 암스트롱 크로포드Frank Armstrong Crawford와 재혼했다.

밴더빌트는 아내를 통해서 홀랜드 니몬스 맥티어Holland Nimmons McTyeire라고 하는 감리교파 목사를 소개받았다. 이 목사는 크로포드의 사촌의 남편이었다. 그는 밴더빌트에게 남부 테네시주에 감리교 대학을 설립할 자금을 후원해 달라고 부탁했다. 노년의 밴더빌트는 사후 100만 달러를 이 대학 설립을 위해 기증하겠다고 약속했다. 밴더빌트는 사실 예전에 자신의 고향 뉴욕에 어머니 피비 핸드$^{Phebe\ Hand}$를 기리는 대학교를 설립할 계획을 갖고 있었다. 그런데 어째서 뉴욕이 아닌 남부 지역에 대학을 설립하는 것으로 마음을 돌렸을까? 목사는 밴더빌트를 이렇게 설득했다고 한다. "선생의 업적은 뉴욕에 한정된 것이 아니며, 미국 전역에 선생의 뜻이 퍼져야 한다". 이렇게 해서 설립된 대학이 오늘날 미국 남부의 명문, 밴더빌트대학(Vanderbilt University)이다. 처음에는 자기 이름을 대학교 어디에도 넣지 말라 당부했는데, 그의 사후 사람들이 그를 기리기 위해 밴더빌트라는 이름을 넣었다.

그가 일군 사업은 장남 윌리엄, 그리고 윌리엄의 아들 손자 코닐리어스 2세까지였다. 이후 사실상 사업 가문으로서의 명맥은 끊겼고 재산과 영예만이 세습됐다. 지금 미국 CNN의 앵커로 활동하는 앤더슨 쿠퍼$^{Anderson\ Cooper,\ 1967~}$가 코닐리어스 외가 쪽으로 6대손이다. 엔더슨 쿠퍼의 어머니이자 저명한 작가, 디자이너였던 글로리아 밴더빌트$^{Gloria\ Vanderbilt,\ 1924~2019}$가 코닐리어스의 5대 손녀였다. 코닐리어스가 일구어낸 가문은 어느 날 조용히 사라졌지만, 그가 남긴 철도 사업의 유산은 19세기 후반 이후 미국 사회, 아니 온 세상을 서서히 바꾸어놓았다.

◆ 밴더빌트와 철도 이후의 사회

코닐리어스 밴더빌트의 삶을 마무리하면서, 철도 사업이 세계사에 몰고 온 거대한 변화의 면모를 한번쯤 정리해야 할 것 같다. 18세기 1차 산업혁명기에 방적기나 탄광용 증기기관 발명이 가져왔던 변화도 물론 거대했지만, 현대 사회의 질적 변화를 야기한 충격이라는 면에서 철도 사업이 가져온 그것에는 미치지 못했다. 19세기 말 화력발전 시스템, 내연기관, 컴퓨터, 모바일 시스템의 등장이 가져온 거대한 변화에 앞서 철도 사업은 이 모든 변화가 자리잡을 지형을 조성했다.

첫째, 주식이 대중의 유력한 '재산' 후보로 추가됐다. 19세기 후반 유럽과 미국 일대에서 급격히 확대된 유한책임 주식회사 제도는 그 최대 성과를 철도 경영을 통해서 달성했다. 유럽과 북미 대륙에서 수많은 주식회사 형태의 철도회사들이 우후죽순처럼 설립되면서 수많은 사람이 주식에 투자했다. 이제 주식회사는 단순히 재력가들의 파트너십 차원을 떠나 대중들이 자유롭게 투자할 수 있는 대상이 됐다. 그러면서 재산으로서 주식의 가치에 대중들이 눈뜨기 시작했다. 그전에는 재산이라 하면 주로 부동산이나 귀금속이었다. 물론 철도 사업만이 아니라 20세기 전반에 이르기까지 전기, 화학, 자동차, 라디오 등 수많은 혁신 기술 사업들이 큰 역할을 했지만, 철도 사업이 주식시장 성장에 있어 초기 기폭제가 된 것은 사실이다.

둘째, 거대 조직과 현대적 의미의 관리 경영이 등장했다. 복잡해진 노선과 대량의 승객과 화물 관리를 위해 체계적인 관리기법이 등장했다. 규칙적인 열차 운행 시간표가 정립되면서 이용객들의 시간 개념도 정밀해지기 시작했다. 과거 마차 시대에 느슨했던 시간 개념은 열차 시대를 맞아 한층 빈틈없는 구조로 바뀌었다. 현대적 중앙집중 명령통제형 관리 조직은 바로 철도 사업 조직의 대형화에서 유래했다고 보아도 과언이 아니다. 19세기 철도 사업의 운영 방식은 20세기 모든 대기업의 모델이 됐다.

셋째, 소유 개념이 희박했던 대륙의 토지제도를 정비하는 계기가 되었다. 미국 정부는 역 주변의 방대한 국유지를 민간에 불하(拂下)함으로써 재정을 확충할 수 있었다. 사유재산으로 전환된 이 토지에서 상업시설과 주거시설 개발이 활발하게 이루어져, 미 대륙 전역에서 도시화와 역세권 부동산 개발이 촉발됐다. 철로가 다니는 지역을 중심으로 대규모 유통센터가 건설되면서 현대 쇼핑센터 문화의 기반이 형성됐다. 시어스 백화점 같은 곳도 초기 철도역 주변에서 사업을 시작하면서 성장했다.

넷째, 대규모의 철로 건설과 열차 제작 수요는 철강 산업을 획기적으로 발전시켰고, 이는 20세기의 건축, 자동차, 조선, 기계, 그리고 무기 산업이 획기적으로 성장할 수 있는 토대가 됐다. 철강 제련 기술은 철기시대부터 존재해왔지만, 독일의 크루프(Krupp) 사가 1869년에 현대적인 베세머 제련법(Bessemer process)과 평로법(open-hearth process)을 개발하게 된 것은 급성장하는 철도 산업 수요에 부응해서였다. 미국의 앤드루 카네기는 젊은 시절 철도회사에 근무하면서 철강 시장의 잠재력을 눈치챘다. 몇몇 철강회사에 지분투자를 하다가, 시장 수요에 부합하는 보다 고품질의 철을 생산하기 위해 1873년 제철소를 직접 설립했다. M&A를 통해 거대 철강 트러스트를 형성했다. 그의 제철소에서 일관작업 공정과 첨단 관리기법을 도입하여 제철 공정을 현대화했고, 전 세계 철강 사업의 전범을 마련했다.

다섯째, 투자금융 사업이 한 단계 진화했다. 철도 사업이 대규모 시설 투자를 필요로 했던 만큼 대규모 자본이 소요됐다. 1850년대만 해도 미국에서 자본금 51만 달러 이상의 공장은 수십여 개에 불과했다. 1860년에 등장한 뉴욕센트럴 철도회사의 자본금은 무려 3,000만 달러였다. 대형화된 철도회사 설립을 위해 JP모건 등 투자금융회사의 지분 투자 모집 업무가 크게 성장했고, 이로부터 향후 공모시장 중심으로 미국 투자은행 사업이 성장하는 기반이 마련됐다. 20세기 초에는 무디스(Moody's)처럼 철도에 대한 투자 리스크를 분석해서 출판하는 사업이 등장했는데, 이는 훗날 신용평가회사의 모체가 되었다.

다섯째, 전통적인 상인의 회계가 장기 투자 사업에 적합한 회계로 변모했다. 상인의 사업은 기본적으로 단기에 재고 매입 시 발생하는 비용과 출고 시 발생하는 수익을 기록하는 과정이었다. 그런데 철도 사업에서 초기 대규모 시설을 매입할 때 그 금액이 지출된 시점의 비용으로 일시에 처리하게 되면, 초기 손실이 과대하게 표시되는 문제점이 있었기 때문에 사업가나 투자자 모두 혼란을 겪을 수밖에 없었다. 이런 이유로 투자지출액을 그 투자가 효력을 유지할 것으로 예상되는 미래 기간에 걸쳐 이연(移延, defer)시켜 비용화하는 '감가상각(depreciation) 회계'의 개념이 등장했다. 시설 투자에 적용되기 시작한 감가상각 개념은 훗날 연구개발 투자 또는 다양한 무형자산 투자에도 적용되기 시작하여 현대 재무회계 시스템의 근간을 이루게 된다.

19세기 미국에서 코닐리어스 밴더빌트를 비롯한 당대의 수많은 철도 사업가들이 활약한 데 이어, 무형의 지식 정보를 다루는 또 다른 사업에서 중요한 혁신이 일어났다. 이어지는 장은 바로 미국 신문 사업 혁신의 아이콘, 조지프 퓰리처의 이야기다.

§ 참고문헌 §

- 이재규, 《역사에서 경영을 만나다》, 사과나무, 2008.
- T. J. Stiles, 《The First Tycoon : The Epic Life of Cornelius Vanderbilt》, Knopf, 2009.

· CHAPTER 6 · 정보

신문 콘텐츠의 혁신가 '조지프 퓰리처'
(미국)

* 출처 _ 위키피디아

◆ **소프트 콘텐츠의 등장**

19세기 후반, 하늘 높이 올라가서 미국 땅을 바라보면 철도라는 거대 중후한 사업이 지형을 서서히 바꾸어가는 모습이 곳곳에서 보였을 것이다. 한편, 렌즈 배율을 시가지 세세한 모습까지 보이도록 확대하면, 말끔한 차림의 신사들이 길거리 벤치에서, 카페에서, 가는 곳마다 오밀조밀 신문을 펴들고 있는 모습이 보였을 것이다.

서구의 400년 종이 신문 역사상, 그 발행량이 임계치를 넘어 폭발적 성장을 하게 된 것은 19세기, 특히 1850년대 이후의 일이었다. 비로소 대중들이 온갖 최신 정보를 신문을 통해서 편리하게 습득하는 세상이 왔다. 물론 1920년대 상업 라디오 방송과, 1950년대 컬러TV 사업이 대두하고, 1990년대 월드와이드웹(WWW)과 2010년대 스마트폰 콘텐츠 사업이 성장하면서 신문의 위세는 상대적으로 위축됐다. 하지만 신문과 잡지의 콘텐츠라는 원재료가 없었다면 그 많은 웹사이트와 스마트폰 기사들이 도대체 가능하기나 했을까? 세상 모든 중요한 정보 콘텐츠의 원류는 신문이었고, 지금도 그렇고 앞으로도 그럴 것이다. 물리적 매체 기술은 조금씩 바뀌겠지만 말이다.

19세기 후반 미국의 신문왕 '조지프 퓰리처$^{\text{Joseph Pulitzer, 1847~1911}}$'의 삶을 살펴보기 전에, 그보다 훨씬 앞선 시대에 예비됐던 길, 즉 신문이라는 매체의 장구했던 역사를 먼저 돌아보도록 하자.[109] 거기에 얼마나 오랜 혁신과 개선과 축적의 역사가 있었던가!

◆ 편지로부터 인쇄물로 바뀌기까지

'뉴스레터(newsletter)'라는 단어가 있다. 16세기에 이르기까지 지역 또는 해외에서 일어난 사건 소식은 대개 편지의 형태로 전달됐다. 그 이송 수단으로는 기껏 도보, 마차, 비둘기, 선박 등이 활용됐을 뿐이다. 기술적으로는 필사(筆寫)에 의존했을 뿐 아니라, 작성 시기도 필요에 따라 부정기(不定期)와 정기(定期)가 혼합되어 있었다.

요하네스 구텐베르크가 마인츠에서 서구 최초의 금속활판 인쇄기를 선보인 것은 1440년경이었다. 콘텐츠 차원에서 구텐베르크 본인은 《성경(Bible)》을 인쇄했지만, 이후 이 신기술을 이용한 혁신적 콘텐츠를 출판하는 사업가들이 유럽 전역에서 속속 등장하기 시작했다. 이탈리아의 알두스 마누티우스$^{\text{Aldus Manutius, 1449~1515}}$ 같은 단행본 출판 사업가가 대표

세계 최초의 신문 〈렐라치온〉
(출처 _ 위키피디아)

적인 인물이었다.

정기적으로 인쇄되는 소식지는 한 세기가 지나서야 등장하기 시작했다. 1605년에 신성 로마제국 스트라스부르크(Strasbourg) 지역에서 출판업자인 카롤로스Johann Carolous, 1575~1634가 주간지 〈렐라치온(Relation aller Fürnemmen und gedenckwürdigen Historien)〉을 발행했다. 이 인쇄된 소식지가 역사상 최초의 신문으로 알려져 있다. 말이 신문이지 요즘 기준으로 보면 A4 용지만도 못한 크기의 팸플릿에 불과했다.

이 신문은 많은 사람들에게 호응을 얻었고 17세기 내내 네덜란드, 프랑스, 스페인, 스웨덴, 영국 지역에서 이를 모방한 신문들이 속속 등장했다.

17세기 미국 이주민들은 신대륙의 거친 환경에서 당장 생존의 문제를 해결하는 데에 급급했기에, 미국에서 신문은 다소 늦게 등장했다. 영국에서 친 휘그당 성향의 신문을 발간했던 벤저민 해리스Benjamin Harris, 1673~1716는 인권과 프로테스탄트 종교 보호에 대한 과격한 논설이 문제가 되어 폭동 교사죄로 투옥됐다. 그는 석방된 뒤 1666년에 미국으로 도주했다. 보스턴에서 출판사를 설립해서 책을 내다가, 1690년에 4면짜리 작은 월간 신문 〈퍼블릭 어커런시즈(Public Occurences)〉를 발행했다. 그런데 매사추세츠주 당국은 이 신문이 당국의 허가도 받지 않았을 뿐만 아니라 그 내용도 식민지 본국인 영국 정부에 비판적이라는 몇 가지 이유를 들어 발행 중지를 명령했다. 그래서 이 미국 최초의 신문은 불행하게도 창간호가 종간호가 되고 말았다.

당시 스코틀랜드 출신의 보스턴 우편국장 존 캠블John Campbell, 1653~1718은 보스턴 항을 드나드는 선장과 우편배달부들로부터 뉴스를 수집하여 필사본 레터를 만들어 사회 유력 인사들에게 유료로 배포하는 일을 하고 있었다. 배포부수가 점점 늘어나면서 1704년에 필사 방식을 버리고 인쇄본으로 전환했다. 이것이 주간 〈보스턴 뉴스레터(The Boston Newsletter)〉였다. 이는 미국에서 최초로 연속 간행이 이루어진 신문으로 알려져 있다.

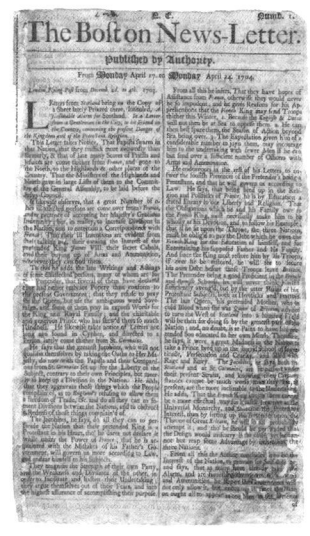

미국 최초의 연속 발행 신문 〈보스턴 뉴스레터〉 (출처 _ 위키피디아)

그러나 당시만 해도 신문은 아직 대중적이지 않았다. 상류층들이 구독하는 사치재였다. 대중의 독해력과 경제력은 아직 신문을 볼 수준이 아니었다. 1부당 2펜스, 1년간 정기구독료 12실링이라는 〈보스턴 뉴스레터〉의 가격도 평민 노동자 입장에서는 선뜻 지불하기 힘든 금액이었다.

그럼에도 이후 보스턴에서는 유사한 성격의 신문이 속속 등장했으며, 보스턴은 미국 신문의 발상지가 됐다. 이어서 1719년 펜실베이니아주 필라델피아에서 〈아메리칸 위클리 머큐리(American Weekly Mercury)〉가, 1725년 뉴욕에서 〈뉴욕 가제트(New York Gazette)〉가 창간됐다.

유럽에서는 17세기 내내 모든 신문이 주간으로 발행됐다. 1702년에 영국 런던에서 처음으로 1면짜리 일간 신문 〈데일리 쿠란트(The Daily

Courant)〉가 등장했다. 미국 최초의 일간지는 그보다 늦은 1783년에 발간된 〈펜실베이니아 이브닝 포스트(Pennsylvania Evening Post)〉였다. 서구 역사에서 주간지가 처음 등장한 이래 일간지라는 단순한 개선 상품 하나가 출현하는 데에 무려 100년이 걸린 것이다.

◆ **신문의 급성장을 가능하게 했던 기술 혁신들**

신문 산업이 콘텐츠만으로 성장할 수 있었던 것은 아니었다. 다방면의 기술 발전이 뒷받침되었기 때문에 가능했다.

기술 측면에서 가장 큰 공신은 인쇄 기술이었다. 신문 자체가 종래의 필사를 인쇄로 대체한 것이었다. 초창기 신문 발행인은 대부분 단행본 출판 사업자였다. 당시에는 인쇄 사업자와 출판 사업자가 특별히 구분되지 않았다. 그러므로 인쇄 사업자가 신문을 발행했다고 해도 크게 틀리지 않을 것이다. 미국 건국의 아버지 벤저민 프랭클린도 유년기에 인쇄공으로 자신의 경력을 시작했고, 필라델피아에서 신문 발행인으로 활동하기도 했다.

17~18세기 신문 인쇄 기술은 15세기에 개발된 구텐베르크 방식에서 크게 벗어나지 못했다. 대부분 수동식 목재 기계였고 고장이 잦았다. 활판에 잉크를 바른 뒤 솔로 두드려서 인쇄를 하는 방식이었는데, 숙련된 인쇄공이라 해도 한 시간에 200면가량을 인쇄할 수 있었다.

1811년에 독일의 프리드리히 쾨니히 Friedrich G. Koenig, 1774~1883는 증기로 가

리처드 호가 개발한 1864년 6실린더 윤전기 (출처 _ 위키피디아)

동되는 고속 실린더 인쇄기를 발명했다. 이 기계는 한 시간에 무려 1,100페이지를 인쇄할 수 있었다. 1830년에 스코틀랜드의 데이비드 네이피어 David Napier, 1785~1873는 이를 더욱 개량했고, 1843년에 리처드 호 Richard M. Hoe, 1812~1886는 이를 더욱 개량한 윤전기(rotary press)를 발명했다. 이전처럼 평판으로 눌러서 찍는 것이 아니라 롤러(Roller)를 돌려서 찍는 방식은, 차원이 전혀 다른 급진적 혁신(radical innovation)이라고 할 만했다. 윤전기는 이후 개량을 거듭하여 1870년경에는 시간당 18,000부 이상의 신문을 찍어낼 수 있게 됐다. 동시에 다양한 보완 기술 혁신이 연이어 이루어졌다. 1886년에 독일인 오트마르 메르겐탈러 Ottmar Mergenthaler, 1854~1899는 자동주조 식자기(linotype)를 개발했고, 그 결과 1분에 다섯 식자판을 만들 수 있게 됐다.

 윤전기 덕분에 인쇄 속도가 전례 없는 초고속 수준에 도달하자 신문 발행인들은 대량 인쇄를 통해 신문 가격을 낮출 수 있었다. 대량생산 시스템은 제조업에서만 일어난 일이 아니었다. 이때부터 오늘날과 같은 신문 산업, 그리고 그 형제 격인 잡지 산업의 골격이 갖추어지기 시작했다.

또한 18세기 말부터 장망식(Fourdrinier) 제지 기술이 발달했고, 1830년에 종이 생산비용을 획기적으로 절감시킬 수 있는 기계가 개발됐다. 또한 염소가 표백제로 개발되면서 건초나 밀짚, 못 쓰는 천 조각도 신문 용지로 탈바꿈시킬 수 있게 됐다.

고객 확대 차원에서는 수송 기술 발달이 큰 역할을 했다.[110] 19세기에는 철도가, 20세기 초반에는 자동차가 마차를 대체하면서 수송 용량과 속도가 획기적으로 향상됐다. 접근 가능한 독자의 범위도 따라 늘었다. 특히 1차대전 종전 후에는 항공기가 우편물 수송 수단으로 대거 활용되면서 그 전달 범위와 속도가 한 차원 향상됐다.

이처럼 기술 인프라가 충분히 갖추어지기 전, 신문의 발행부수는 생산 능력 측면에서나 시장 규모 측면에서나 미미할 수밖에 없었다. 18세기 중반 미국 보스턴에서 발행된 4대 주요 신문의 평균 발행부수는 600여 부 정도에 불과했다. 그리고 미국에 거주하는 백인 가구 중에서 단지 5퍼센트 정도만이 신문을 구독했을 것으로 추정된다.[111]

기술 발전을 통한 생산비 절감으로 1833년에 발행된 〈뉴욕 선(The New York Sun)〉은 기존 신문값의 6분의 1에 불과한 1센트로 신문을 판매할 수 있게 됐다. 1835년에 창간된 〈뉴욕 헤럴드(The New York Herald)〉도 마찬가지였다. 이들은 기껏 매일 4,000부 정도를 판매할 수 있었던 여타 신문사를 제치고, 일일 3~4만 부의 판매고를 기록할 수 있었다.

이후 신문은 유럽과 미국 전역에 걸쳐 거대 산업으로 성장하기 시작했다. 1866년에 프랑스의 일간 신문 〈르 쁘띠 주르날(Le Petit Journal)〉은 역사상 최초로 1회 발행부수가 100만 부를 돌파하기에 이르렀다.

◆ **신문의 제1면은 왜 정치면일까?**

오늘날까지도 신문 제1면이 주로 정치면인 이유는, 17세기 태동기 이래 유럽과 미국의 신문이 정치 뉴스를 알리는 데에 주력했던 전통에 기인한다. 신문은 태생부터 정치적이었다. 단지 사실만을 전달하고 일체의 정파적 의견을 배제하는 소수의 신문도 있었지만, 대부분은 표방하는 정치 노선과 지지하는 정당에 따라 색채가 갈렸다. 예를 들어서, 1760년대 이후 미국 독립투쟁 기간 중 필라델피아 지역 신문들은 독립당파[112]와 친영(pro-England) 왕당파[113]로 양분됐다. 그들의 관심은 공정 보도가 아니었다. 오직 대중 선전을 신문 발행의 목적으로 삼았다. 이런 경향은 모든 신문이 늘 빠지기 쉬운 함정이다. 오늘날까지도 전 세계에서 이런 일이 반복되고 있다.

19세기 후반 미국의 모든 신문사들이 이런 분위기로 경영되고 있었을 때, 신문 콘텐츠의 정치 지향성에 의문을 품고 일대 혁신을 일으킨 인물이 바로 조지프 퓰리처였다.[114]

◆ 헝가리의 가출 소년

그는 1847년에 헝가리 동남부 지역 마코(Makó)에서, 유대계 상인이었던 필립 폴리처^{Fülöp Politzer}와 독일인 어머니 엘리제 베르거^{Elize Berger} 사이에서 태어났다. 원래는 헝가리식 이름 조제프 폴리처^{József Politzer}였다. 부유했던 가정에서 어린 시절을 보냈으나, 그가 11세 되던 해에 친아버지가 사망하고 집안이 기울었다. 이후 계부가 들어오면서 불행이 시작됐다. 계부는 성격이 난폭해서 늘 가정불화를 일으켰다. 그는 이를 견디다 못해 17세에 가출했다.

정처 없이 걷다가 오스트리아 비엔나에 가서 군인이 되려고 했다. 일단 군대에 가면 굶어 죽을 일은 없으니까. 그런데 신체검사에서 떨어졌다. 다시 군인이 되기 위해 프랑스, 영국 등지로 갔지만 역시 실패했다. 낙담하고서 헝가리로 다시 돌아가는 길에 독일 함부르크에 들렀다. 그때 남북전쟁 중이던 미국의 북군이 유럽의 청년들을 모병한다는 소문을 들었다. 그래서 미국으로 가기로 마음먹었다.

우연히 한 독일인의 소개로 미국행 배를 타게 됐다. 그 배가 미국 남북전쟁에 참전할 군인을 모집하는 배인 줄 알았는데, 밤중에 우연히 선장이 나누는 이야기를 엿듣던 중, 1인당 500달러로 미국에 청년들을 팔아넘기는 인신매매선(船)이라는 사실을 알게 됐다. 깜짝 놀랐지만 조용히 배가 육지에 도달하기를 기다렸다가, 배가 보스턴에 도착하자마자 밤중에 몰래 선박을 빠져나와 헤엄쳐 육지로 도망쳤다.

정처 없이 걷고 또 마차를 얻어 타고 하면서 뉴욕에 도착했다. 북군

사령부를 찾아가 링컨 기마대에 입대하게 됐다. 그때 접수계가 이름을 조셉 폴체스(Joseph Poltzes)라고 잘못 기록하는 바람에 군 생활 내내 폴체스라고 불렸다. 그때만 해도 영어를 거의 못했던 폴체스 병사는 군 생활에 많은 어려움을 겪었다. 불의를 참지 못하는 성격으로 상사와 갈등이 많았고, 끊임없는 지식욕 때문에 동료들로부터도 질시를 받았다.

전쟁이 끝난 다음, 그는 어린 시절의 아픈 추억만 남아 있는, 낙후한 고향 헝가리로 돌아갈 생각이 없었다. 자유와 평등의 땅 미국의 매력을 이미 알게 된 터였다. 미국에 남아 있기로 마음을 먹었다. 이름도 영국식 느낌이 나도록 퓰리처(Pulitzer)로 바꾸었다.

◆ 우연한 기회, 신문기자가 되다

퓰리처는 뉴욕에 아무런 연고가 없었기에 갈 데가 없었다. 그래서 무작정 걷고 또 마차도 얻어 타고 하면서 몇 달 만에 미시시피에 도착했다. 뉴욕에서 미시시피까지는 약 1,300킬로미터로, 서울에서 부산까지 거리의 3~4배 정도다.

미시시피에 갔더니 마침 세인트루이스 왕복선의 선원을 모집한다는 이야기를 들었다. 그래서 선원이 됐다. 그 배에 근무하면서 영어를 제대로 익힐 기회를 얻었다.

1866년 여름, 퓰리처는 가입비 2달러와 연회비 3달러를 내고 세인트루이스의 한 상업 도서관에 등록했다. 그 도서관은, 이후 그의 인생 항로를 바꾸는 결정적 공간이 됐다.

그는 시간이 날 때마다 도서관에 들러 책을 읽었다. 책에 나오는 영어 단어들을 암기하기 위해 부단히 노력했다. 세상 다방면의 지식을 쌓음과 동시에 영어 글쓰기 훈련에도 힘썼다. 그전까지 어린아이 정도 수준에 불과했던 그의 영어 실력은 일취월장했다.

단지 영어 실력만 는 것이 아니었다. 도서관에서 살다시피 했던 그는, 그 도서관을 드나들던 변호사, 기자, 정치인들과 서서히 안면을 트게 됐다. 이를 계기로 세인트루이스 철학학회(St. Louis Philosophical Society)에도 참석하면서 교류의 폭을 넓혔다. 특별히 명민하고 근면했던 이 헝가리 출신의 청년은 지역 인사들에게 자신의 존재감을 깊이 각인시켰다.

도서관에는 체스실이 있었다. 퓰리처를 포함해서 많은 도서관 이용자들이 책을 읽지 않는 시간에는 그곳에서 체스를 두며 시간을 보냈다. 어린 시절부터 체스를 좋아했던 퓰리처의 체스 실력은 당장 그곳에서 두각을 나타냈다. 그때 체스실에 드나들면서 그를 눈여겨보았던 인물이 바로 지역 독일어 신문 〈베스틀리헤 포스트(Westliche Post)〉의 소유주 가운데 한 명이었던 에밀 프레토리우스[Emil Preetorius, 1827~1905]와 지역 변호사 윌리엄 패트릭[William Patrick]이었다. 그들은 가끔씩 퓰리처에게 법률 문서 작성이나 잡무를 맡기기 시작했는데, 이때 그는 능력을 인정받아 프레토리우스가 회장을 맡고 있던 독일이민자협회에서 1867년에 일자리를 얻게 됐다.

이민자협회에서 일하게 된 몇 달 뒤, 〈베스틀리헤 포스트〉에서 기자를 채용한다는 공고가 났다. 마침 체스실에서 알게 된 에밀 프레토리우스는 물론이고, 전쟁 당시 근무했던 기병대 대장이었던 카를 슈르츠$^{Karl\ Shurtz,\ 1829~1906}$는 그 신문의 공동 창업자였다. 또한 그는 세인트루이스에서 취업 사기를 당해서 고생했던 이야기를 이미 〈베스틀리헤 포스트〉에 게재했던 적이 있었던 만큼, 그 신문사와 여러모로 인연이 있었다.

사실 기자 모집 공고를 보고 여러 실력 있는 사람들이 지원했으나, 신문사에서 결국 퓰리처를 채용한 것은 단지 그런 인연 때문만은 아니었다. 이미 재직 중이었던 루이스 빌리히$^{Louis\ Willich}$는, 배경도 없고 경력도 없는 이 청년이 말 잘 듣고 다루기 쉬울 것이라고 생각해, 다른 유력한 후보자였던 베테랑 기자를 제치고 그를 선택한 것이었다.

하지만 그것은 오산이었다. 취재와 글쓰기라는 기자의 기본 업무에서 그는 신출내기라고는 믿을 수 없을 정도로 타고난 능력을 발휘하기 시작했다. 더구나 목표를 위해서는 물불을 안 가리고 밤낮없이 일하는 끈기 앞에서 아무도 그를 필적할 수 없었다.

나중에 〈베스틀리헤 포스트〉지의 발행인까지 승진한 그는 평소 소신대로 지면을 쇄신했다. 제1면을 정치 기사 외에 미담 기사, 그러니까 사람 사는 이야기를 담는, 당시로서는 매우 파격적인 혁신을 단행했다. 이때 그의 나이 불과 25세였다.

과로로 건강이 나빠진 퓰리처는 신문사를 그만둔 뒤 고향 헝가리와 유럽으로 휴양을 떠났다. 세인트루이스로 돌아온 뒤에는 경영난에 빠진 〈세인트루이스 슈타츠-차이퉁(St. Louis Staats-Zeitung)〉을 인수했다. 그리고 이 신문사가 갖고 있던 AP통신사와의 뉴스 계약권을 2만 달러에 매각하는 데 성공했다. 거금을 손에 쥔 그는 워싱턴으로 가서 연인 케이트 데이비스$^{Kate Davis}$와 결혼식을 올리고 여유로운 신혼 생활을 보냈다.

◆ 정당이 아니라 시민을 위해 봉사하는 신문

1878년 세인트루이스로 돌아온 그는, 〈세인트루이스 디스패치(St. Louis Dispatch)〉를 2,500달러에 인수했다. 그리고 그 신문사를 전에 일했던 〈베스틀리헤 포스트〉와 합병하면서 제호를 〈세인트루이스 포스트-디스패치(St. Louis Post-Dispatch)〉로 변경했다.

새로 탄생한 합병 신문의 발행인 겸 편집인으로 취임한 그는 또 혁신을 단행했다. 지금부터 이 신문은 '정당이 아니라 시민을 위해 봉사하는 신문'이 되어야 한다고 선언했다. 신문은, 공화당이든 민주당이든 특정 정당의 대변인이 되어서는 절대 안 된다는 평소의 소신을 실천에 옮겼다. 신문의 태생 자체가 정치성을 지니고 있었음은 이미 말했는데, 퓰리처가 이 공식을 부정하고 나선 것이었다. "어떤 정당의 이해관계도 기대하지 말고 오직 올바른 것만을 얘기하라. 부정과 불의에 타협하지 마라. 시민을 위해서 봉사하라." 지금 보면 지극히 당연한 주장이지만 당시로서는 파격적이었다.

그리고 그는 또 하나를 덧붙였다. "독자들은 정치 기사만을 원하는 것이 아니다." 그래서 사람들이 흥미를 느낄 수 있는 일상생활 속 소소한 이야기들을 발굴해서 게재하라고 기자들에게 주문했다. 예를 들어 어젯밤 도깨비를 만났다는 한 소녀의 이야기가 있는데 그걸 취재해 오라고. 그러자 기자들이 들고일어났다. "도대체 신문이 그따위 이야기나 쓰라고 있는 것이 아니지 않습니까?"

이에 대한 퓰리처의 반응은 단호했다. "그래? 그런 기사 쓰기 싫으면 나가세요." 다른 데 가서 쓰고 싶은 기사 실컷 쓰라 하고, 우리 신문사에서 일하려면 사람들이 흥미를 느낄 만한 기사를 써야 함을 강조했다. 우리 신문은 정보뿐만 아니라 독자들에게 즐거움도 줘야 하는 사명이 있다는 것이었다.

어쨌든 당시 기자들이 저속하고 선정적이라고 폄훼했던 내용들을 담고 새로이 등장한 〈세인트루이스 포스트-디스패치〉는 날개 돋힌 듯이 팔리기 시작했다. 사세는 쑥쑥 컸고 발행인 퓰리처의 명성도 높아져만 갔다. 퓰리처는 신문사의 다른 주주 주식을 모두 매입해서 독자적인 사주 겸 발행인이 되었다.

◆ 뉴욕 신문 사업에 진출

그렇게 잘 성장하던 〈세인트루이스 포스트-디스패치〉에 1882년 10월 5일, 비극이 발생했다. 신문사에서 총격 사망 사건이 일어난 것이다. 신문이 어떤 변호사에 대해서 부정적인 논조의 기사를 내보냈었는데, 이 변호사가 앙심을 품고 총을 들고 찾아와서 존 카커릴[John Cockerill] 편집국장을 협박했다. 생명의 위협을 느낀 편집국장은 변호사를 향해 정당방위로 총을 쐈다.

평소 이 신문사로부터 부정과 비리를 폭로당했던 지역 인사들이 이 사건을 빌미로 사람들을 몰고 와서 신문사 유리창을 깨고 불을 붙이는 소동을 일으켰다. 퓰리처는 이 사건 이후로 심한 정신적 충격을 받았다. 그는 신문사 경영을 다른 사람에게 맡기고 뉴욕으로 떠났다.

퓰리처의 아내는 그에게 모든 것을 내려놓고 휴식할 것을 권했지만, 타고난 일벌레였던 그는 쉴 리가 없었다. 그는 1883년 5월 10일, 뉴욕에 매물로 나와 있던 〈뉴욕 월드(New York World)〉라는 작은 신문사를 인수했다. 뉴욕 최대 신문이었던 〈뉴욕 타임스〉를 꺾겠다는 목표를 세웠다. 그리고 앞선 총격 사건의 당사자였던 편집국장을 뉴욕으로 다시 불러들였다.

이번의 혁신 전략은 사회 지배층이 아닌 서민의 심리를 공략하는 방향으로 바뀌었다. 그는 사설을 직접 쓰곤 했는데, 여기에서 호화 생활을 하는 부유층들이 미국의 주인인 것처럼 행세하는 현실을 비판하면서, 미국을 건설한 노동자들이야말로 나라의 진정한 주인이라는 논조를 계속 드러냈다.

그는 〈뉴욕 월드〉가 미국 사회의 미래를 위해 추진하고자 하는 10대 과제를 다음과 같이 제시했다.

1. 부유층만이 살 수 있는 값비싼 상품에는 높은 세금을 부과하게 만든다.
2. 자손에게 유산으로 물려주는 부동산과 동산에도 과세하게 만든다.

3. 값비싼 수입품에는 세금을 많이 부과하게 만든다.

4. 특전이나 특혜를 누리고 있는 기업에도 세금을 많이 부과하게 만든다.

5. 외국에서 들여오는 모든 상품에 세금을 부과하게 만든다.

6. 대기업에도 높은 세금을 부과하게 만든다.

7. 정부와 그 산하 기관들의 서비스를 개선하게 만든다.

8. 부정하고 부패한 공무원들에게는 무거운 징계를 내리게 만든다.

9. 각종 선거 때 표를 매수하는 자는 고하를 막론하고 엄벌에 처하게 만든다.

10. 자신의 고용자들에게 특정 후보에 투표하도록 강요하는 고용주도 엄벌에 처하도록 만든다.[115]

서민들은 환호했고 판매부수는 급성장했다. 신문용지 공급사들이 용지 부족에 시달릴 정도였다. 퓰리처가 처음 〈뉴욕 월드〉를 인수했을 때 발행부수가 23,761부였는데, 3개월 뒤에는 39,000부로 늘어났고, 4개월 뒤에는 〈뉴욕 타임스〉에 거의 버금가는 수준이 됐다. 다음해 1884년에는 〈뉴욕 타임스〉를 추월했다. 급신장한 〈뉴욕 월드〉는 3개의 판, 조간판 〈모닝 월드(Morning World)〉, 석간판 〈이브닝 월드(Evening World)〉, 그리고 일요판 〈선데이 월드(Sunday World)〉로 나누어 발행하기에 이르렀다.

◆ **자유의 여신상 건립 모금 운동**

뉴욕 1위 신문사 발행인으로 등극한 퓰리처는 뉴욕주 하원의원에 출마해서 당선됐다. 이때 이룩한 대표적인 업적이 자유의 여신상 건립을 위한 모금 운동이었다.

미국 독립 100주년(1886년)을 기념하기 위해 1884년에 프랑스에서 이 여신상을 기증할 때, 자기들은 여신상만 만들 테니 받침대는 미국이 만들고 운반도 미국이 맡아 달라고 요청했다. 그런데 받침대 제작과 운반 예산안이 연방 의회에서 부결됐다. 미국 정부는 부족한 경비를 국민 모금을 통해 조달하기로 했으나 성과가 그리 크지 않았다.

퓰리처는 자신이 운영하는 〈뉴욕 월드〉를 통해 대대적인 모금 운동

1886년 10월 28일, 자유의 여신상 제막식 (출처_istock.com)

에 나섰다. 1인당 5센트 내지 10센트를 받으면서 10만 달러를 모금하는 데에 성공했고, 1886년 10월 28일 역사적인 제막식이 거행될 수 있었다. 말 그대로 그는 뉴욕의 기념비적 상징물에 초석(礎石)을 놓았다. 어린 시절 퓰리처가 그랬던 것처럼 자유를 찾아 미국으로 건너오는 수많은 이민자들에게 이 여신상은 꿈과 희망의 아이콘 역할을 해왔다.

◆ 황색 신문의 원조

오늘날 황색 신문이라는 단어는 대개 나쁜 의미로 통한다. 선정적이고 자극적인 소재를 다루는 저급 신문이라는 뜻이다. 퓰리처는 본의 아니게, 경쟁 사업자와 더불어 황색 신문의 원조가 됐다.

〈뉴욕 월드〉에 어느 날 윌리엄 랜돌프 허스트[William Randolph Hearst, 1863~1951]라고 하는 직원이 입사했다. 그는 신문 사업 초보가 아니었다. 이미 다른 신문사에서 업무를 학습한 뒤 퓰리처가 일하는 방식을 탐색하러 온 것이었다. 퓰리처 못지않은 야심가였을 뿐만 아니라 훗날 퓰리처에 버금가는 미디어 재벌로 성장하게 되는 그는, 〈뉴욕 월드〉에서 퓰리처의 경영과 편집 스타일을 모조리 학습했다. 그는 〈뉴욕 모닝 저널(New York Morning Journal)〉이라는 작은 신문을 인수해서 제호를 〈뉴욕 저널(New York Journal)〉로 바꾼 뒤, 높은 급여를 미끼로 〈뉴욕 월드〉의 핵심 인력들을 빼갔다.

허스트의 〈뉴욕 저널〉은 퓰리처보다도 한층 자극의 강도가 높은 소재들을 다루면서 판매부수를 올리기 시작했다. 유명인의 추문, 범죄 사건, 성(性)과 불륜 같은 소재가 끊임없이 등장했다. 〈뉴욕 저널〉이 〈뉴욕 월드〉의 아성을 위협해오자, 퓰리처는 어쩔 수 없이 더욱 자극적인 기사로 허스트에 대응했다. 그러면서 이 두 매체 사이에 선정주의 경쟁이 점점 격화되기 시작했다. 특히 일요판인 〈선데이 월드〉와 〈선데이 저널〉의 경쟁이 두드러졌다.

당시 이 두 신문에 연재됐던 만화의 꼬마 주인공이 노란색(yellow kid)이었다. 〈뉴욕 프레스(New York Press)〉의 편집인 어빈 워드먼^{Ervin Wardman}이 이 만화의 색에 빗대어 두 신문 사이의 전쟁을 '황색 저널리즘(yellow journalism)'이라고 비꼬았다. 그로부터 '황색 신문'이라는 말이 탄생했다.

퓰리처의 경쟁 신문 〈뉴욕 저널〉의 옐로 키드 만화 주인공
(출처_위키피디아)

◆ **기부와 퓰리처상 제정**

어느덧 노쇠한 퓰리처는 평생 신문 사업을 통해서 번 돈을 사회에 기부하기로 결심했다. 1910년, 63세가 된 퓰리처는 유언장을 남겼다.

100만 달러는 뉴욕필하모니 음악 협회에, 또 다른 100만 달러는 뉴욕 메트로폴리탄박물관에, 그리고 25,000달러는 미국 건국의 아버지 토머스 제퍼슨 동상을 건립하는 데 기부하겠다는 뜻을 밝혔다. 이렇게 해서 컬럼비아대학에 퓰리처홀이라는 건물과 그 앞에 토머스 제퍼슨의 동상이 세워지게 됐다.

　어린 시절 헝가리에서 미국으로 건너온 퓰리처는, 자신이 미국이라고 하는 자유민주주의 사회 덕분에 성공할 수 있었고, 이런 미국의 가치는 영원히 지속되어야 한다고 늘 믿고 있었다. 미국 정신의 원조 격인 토머스 제퍼슨은 퓰리처의 정신적 스승으로 평생토록 그 마음속에 남아 있었다.

　그리고 200만 달러를 컬럼비아대학에 언론전문대학(School of Journalism)을 설립하는 데에 써 달라고 당부했다. 그는 언론인은 태어나는 것이 아니라 배움을 통해 만들어지는 것이라고 믿었다. 역사, 문화, 과학, 예술을 모르고서는 제대로 된 논설을 쓸 수 없으며, 정확하고 공정하고 객관적인 기사는 오직 훈련을 통해서만 작성할 수 있다고 생각했다.

　그런데 미국 대학에서 신문학과, 즉 저널리즘을 전문으로 하는 학과가 최초로 생긴 곳은 컬럼비아대학이 아니라 미주리대학이었다. 그는 이미 여러 대학에 저널리즘 전공학과를 만들라고 권유했었다. 1904년 일리노이대학에서 저널리즘 커리큘럼이 처음 도입되었고, 1908년 미주리대학에서 단과대학이 가장 먼저 창설됐다. 컬럼비아대학의 단과대학은 그가 죽은 다음에 만들어져서, 아쉽게도 제1호 저널리즘학과의 명예를 미주리대학에 빼앗겼다. 어쨌든 퓰리처가 생전에 열렬히 주도한 덕분에 저널리즘, 즉 언론학이 대학 시스템 안에 비로소 자리잡을 수 있었다.

마지막으로, 탁월한 작품을 남긴 미국의 작가나 기자들을 위해서 50만 달러의 기금으로 상을 수여할 것을 당부했다. 이렇게 해서 1917년에 퓰리처상이 제정됐다. 퓰리처라는 인물의 삶은 잘 몰라도, 퓰리처상이라는 이름을 못 들어본 사람은 거의 없을 것이다. 이 상은 흔히 '기자들의 노벨상'이라고도 불린다. 오늘날 소위 콘텐츠 세계에서는 소설 같은 문학 쪽을 제외하고, 논픽션, 기사, 보도사진, 음악 등 다양한 분야에서 탁월성이 인정되는 기자, 작가 및 작품에 수여한다.

◆ **신문 사업이 열어놓은 광고 수익모델**

퓰리처가 강조했던 언론인의 본분, 즉 어떤 정파의 이해관계에도 얽히지 않고 오직 진실만을 보도해야 한다는 사명은 말처럼 그렇게 쉽게 정착되지 못했다. 동서고금을 막론하고 대중은 물론이고 언론인조차 정파를 초월한 식견과 자세를 지닐 수 있는 사람은 극히 드물었다. 우리나라는 물론이고 서구 선진국에서조차도 온갖 왜곡·편파 보도와 가짜 뉴스는 지금도 사라지지 않고 있다. 이런 현상은 어쩌면 인간 본성상 영원히 사라지지 않을지도 모른다.

특히, 국가는 전시든 평시든 언론을 이용해서 자신의 생존을 도모하고 통치력을 강화해야 할 숙명에서 절대 벗어나지 못한다. 미국, 영국, 독일, 일본, 소련 등은 세계대전 참전 당시는 물론이고 평시에도 국·공영 언론 및 방송 매체를 통해 선전했고, 민간 매체를 상대로 숱한 검열을 자행해야만 했다. 정치 권력의 반대편에서 시민이라는 이름을 달고 나오는 숱한 매체들 역시 권력에 대항하는 또 다른 권력을 꿈꾸는 한, 이 자기 굴레를 피할 길이 없었다. 정치 노선을 벗어난 의(義)로움을 추구했던 퓰리처의 이상은 어디서나 요원하기만 했다.

이런 모든 제약에도 불구하고, 19세기 말 퓰리처 및 그와 경쟁했던 동시대의 수많은 신문 기업가들의 활동을 통해 훗날 도래할 미디어 사업의 원형이 만들어졌다. 지면상으로는 신문 카툰, 연재소설, 구인구직 광고, 주식 정보 등 지금까지도 모두에게 친숙한 콘텐츠들이 있겠지만, 가장 중요한 것은 전통적인 제조업과 유통업에서 전례가 없었던 수익모델(revenue model), 즉 제공하는 콘텐츠를 소비하는 사람이 지불하는 대가보다는 제3자로부터 받는 광고 수입에 주로 의존하는 매출 구조가 정착한 것이다. 역사상 처음으로 지불고객(paying customers)과 사용자(users)·소비자(consumers)가 분리되는 현상이 일어났다. 돈을 내는 주체와 효용을 누리는 주체가 달라지기 시작한 것이다.

이 모델은, 훗날 종이를 벗어나 라디오, TV, 포털사이트, 그리고 소셜미디어 같은 전기·전자 기반의 매체가 등장한 뒤에도 한결같이 적용됐다. 오늘날 라디오나 TV를 시청하거나 유튜브 동영상 또는 다양한 인터넷 콘텐츠를 사실상 무료에 가깝게, 거의 무제한으로 이용할 수 있게 된 것도, 대부분 19세기 후반 신문 사업에서 정착된 광고형 수익모델 덕분이다. 사용자는 무료라고 느끼겠지만, 사실은 그들이 수많은 제조와 유통, 서비스 기업들에 소비한 돈들이 기업 광고비라는 형태로 미디어 사업가들에게 흘러들어갔을 뿐이다.

◆ **독자인가, 고객인가?**

사업 경영에서 고객이라는 말처럼 모호하면서도 난해한 단어가 없을 것이다. 모든 기업가들이 항상 말로는 고객을 외치지만 정작 고객을 알고 고객을 창조한다는 것은 생각처럼 쉽지 않다.

아마존 창업자 제프 베이조스Jeff Bezos, 1964~는 2013년에 유서 깊은 〈워싱턴 포스트(The Washington Post)〉를 인수했다. 그때 편집국을 상대로 가장 먼저 요청한 것은 오랜 세월 익숙해 있는 독자(reader)라는 단어 대신에 고객(customer)이라는 개념으로 사고하라는 것이었다. 19세기에 퓰리처가 "독자는 즐거움을 원한다."고 처음 통찰했을 때 이미 그의 머릿속에는 훗날 21세기 경영자들이 고객이라고 말하는 개념이 태동했던 것 같다. 그럼에도 불구하고 언론인들은 오랜 세월 '독자' 개념을 버리기 힘들었다. 텍스트 독해뿐만 아니라 오감의 체험을 자극하는 인터넷과 SNS 시대에 종이 신문의 쇄락은, 어쩌면 500년 '독자' 프레임의 종말을 의미하는 것일지 모른다. 하지만 수백 년에 걸쳐 종이 신문이 개척했던 이 길이 있었기에 오늘날 4차 산업혁명 시대의 뉴미디어 경영이 등장할 길이 예비되었다는 사실만큼은 분명하다.

◆ 스타벅스에는 신문이 없다

17세기 이래 유럽에서 사람들은 커피 하우스(coffee house)에 모여 신문을 읽으며 시사를 토론하고 주식 정보를 교환했다. 그사이 신문의 판형, 지면 구성, 콘텐츠의 영역은 점진적으로 진화해왔다. 이와 동시에 신문이 누렸던 원초적 지위는 20세기 들어 라디오, TV, 컴퓨터 같은 전송 수단으로 하나씩 대체됐다. 결국 21세기인들은 커피 전문점(coffee shop)에서 신문, 라디오, TV 대신에 스마트폰이나 태블릿으로 뉴스와 정보를 검색하며 의견을 교환하기에 이르렀다.

이런 변화 속에서 신문이 사라질지도 모른다는 우려가 있다. 하지만 키보드가 등장했다고 해서 연필이 사라지지 않는 것처럼, 신문이 멸종될 일은 없다. 정보에 대한 인간 욕구가 결코 사라지지 않고 복잡다단해질 것이라는 점에 비추어 보면, 지금과 같은 형태의 신문은 고객의 정보 욕구를 채우는 수많은 매개체 중 하나로 남을 것이다. 신문은 사라지는 것이 아니라 변신할 뿐이다. 지금까지 신문의 대체재로 알려진 모든 것들도 사실은 신문이 몸을 약간 바꾼 것에 불과하다. 처음 신문이 등장했을 때에도 편지가 변신한 것에 불과했던 것처럼 말이다.

§ 참고문헌 §

- 엘리엇 킹 지음, 김대경 옮김, 《무료신문: 인터넷은 저널리즘을 어떻게 바꾸었나》, 커뮤니케이션북스, 2012.
- 차배근, 《미국 신문 발달사: 1690~1960》, 서울대학교출판문화원, 2014.
- 송경모, "정보 욕구와 기술 혁신의 척도, 신문의 미래", 〈테크엠〉, 2017년 7월호, Vol.51, pp.116~119.
- James McGrath Morris, 《Pulitzer: A Life i Politics, Print, and Power》, HarperCollins, 2010(추선영 옮김, 《퓰리처 : 권력의 감시자는 왜 눈먼 왕이 되었는가》, 시공사, 2016)
- Denis Brian, 《Pulitzer : A Life》, John Wiley & Sons, Inc., 2001(김승욱 옮김, 《퓰리처 : 현대 저널리즘의 창시자 혹은 신문왕》, 작가정신, 2022)

• CHAPTER 7 • 사회

도덕과 이성의 세계를 돌아
현실로 돌아온 '빌프레도 파레토'
(이탈리아)

*출처 _ 위키피디아

이탈리아가 세계사에서 차지하는 지위는 실로 독보적이다. 특히 고대 로마제국의 발상지로서, 근대 문예부흥의 중심지로서 그렇다. 오페라와 음악의 나라, 패션의 나라, 교황청과 바티칸시국을 품고 있는 나라로서 그들이 이룩한 두터운 기독교 전통과 찬란한 문화예술상 업적에 대해서만 이야기를 풀어나가도 끝이 없을 것 같다. 그러나 문예부흥까지였다.

산업혁명과 종교 개혁으로 영국과 프랑스와 독일이 근대 산업 국가로 도약하던 와중에도, 이탈리아 지역은 해양 패권도 확보하지 못했고, 중세 구교의 전통에서 크게 벗어나지 못했으며, 무엇보다 통일국가를 이루지 못했다. 그럼에도 불구하고 이탈리아에 축적된 오랜 지식과 문화의 전통은 근대에 부상한 영국, 미국, 프랑스, 독일 그 어떤 나라에도 결코 뒤지지 않았다.

지금부터 소개할 인물은 '빌프레도 파레토Vilfredo Pareto, 1848~1923'이다. 이 이탈리아반도에 축적된 모든 문화유산이 그랬던 것처럼, 그리고 그 땅의 레오나르도 다 빈치Leonardo da Vinci, 1452~1519가 예술과 과학에 걸쳐 그랬던 것처럼, 그는 사회사상 분야에서 학문의 경계를 넘나드는 융합(convergence)형 지식인의 전형을 이루었다.

◆ 이탈리아 격변기의 자유주의자

빌프레도 파레토는 이탈리아계 아버지와 프랑스인 어머니를 두고 프랑스 파리에서 태어났다. 아버지 마르키 라파엘 파레토Marquis Rafael Pareto는 토목공학자로서 이탈리아 제노아(Genoa)의 귀족 가문 출신이었고, 어머니 마리 메테니어Marie Metenier는 프랑스의 중류 계급 출신이었다. 아버지의 조상은 전쟁을 피해서 프랑스로 이주해서 살아왔다. 파레토 가족은 1852년에 이탈리아로 귀국했다.

1862년에 그의 아버지가 당시 이탈리아의 수도였던 피렌체에서 상하수도 시설관리직을 맡게 되면서 가족이 이주했다. 아들 파레토는 1864년, 16세의 나이에 고등학교를 우등으로 졸업하고, 12월에 토리노대학에 수학 전공으로 입학했다. 1867년 9월에 수학 및 물리학 전공으로 학사학위를 취득했다. 같은 해 11월에 같은 학교 엔지니어링대학원에 입학해서 1870년에 졸업했다.

그 시절 이탈리아 사회는 격변기에 있었다. 1870년 7월 프로이센-프랑스 전쟁이 발발하면서 나폴레옹 3세가 로마에 주둔하던 프랑스 병력을 철수시키자, 이탈리아군은 로마를 탈환하고 교황청을 굴복시켰다. 이런 정치적 격변 후, 새로 건립된 이탈리아왕국은 주요 사업체의 국영화를 추진했다. 파레토가 졸업 후 이탈리아 로마에 소재한 국영 철도회사 피렌체합작철도회사(Joint Stock Railway Company of Florence)에 토목 엔지니어로 입사하게 된 것도 그런 배경이 있었다.

1872년 그는 피렌체 시장 우발디노 페루치Ubaldino Peruzzi, 1822~1891를 만났는데, 이를 계기로 당시 시장 부인이 주관하던 피렌체의 정치인, 지식인, 예술가들의 모임에 드나들기 시작했다. 이때부터 그는 이탈리아의 사회, 경제, 정치, 특히 철도 제도에 대한 다양한 글들을 발표하기 시작했다. 1873년에는 오스트리아와 독일을 여행하면서 기관차 운영 실태를 견학하며 견문을 넓혔다. 그러던 어느 날 그는 철도 업무에 별 전망이 없다고 판단하고 퇴사했다. 이후 전임 페루치 시장이 사장으로 가 있던, 발다르노(Valdarno) 지역 산 조반니(San Giovanni)에 소재한 철강회사로 이직했다. 그러나 당시 그 회사는 노후한 시설과 부족한 자금으로 운영난을 겪고 있었다. 이후 파레토가 자본금을 확충하고 대표이사로 취임했지만, 그다지 뚜렷한 성과를 내지는 못했다.

1874년에는 애덤 스미스의 자유주의 사상에 심취하여, 피렌체에서 여러 동료들과 '애덤스미스소사이어티'를 결성해서 활동했다. 자유무역과 생산 증대를 옹호하고 보호주의와 정부 개입을 반대하는 논조의 글을 집중적으로 발표했다. 당시 그의 사상에 영향을 크게 미쳤던 인물은 벨기에 출신의 프랑스 경제학자 구스타브 드 몰리나리[Gustve de Moliari, 1812~1912]였다. 몰리나리는 무정부주의에 가까운 극단적인 자유주의를 설파했던 인물이다.

철강회사 근무 이후, 1880년에는 몬테바르치(Monervarchi)에서, 1882년에는 피스토이아-프라토(Pistoia-Prato)에서 지방의원 후보로 출마하는 등 정치 활동을 시도했으나 실패했다. 1883년에는 이탈리아의 농림산업통상부 장관 제안을 받아 수락했다.

그는 이탈리아가 1880년 이후 해외에서 전개한 식민 침탈 정책을 목도하면서, 경제 성장, 보호주의, 전쟁과 정복 등 여러 현실 문제에 대해 실로 많은 생각을 했다. 특히 당시 이탈리아 통일주의자(Risorgimento) 대부분이 그랬듯, 만연한 정부 부패와 정실주의(情實主義)를 혐오했다. 그가 목격했던 1898년 밀라노의 반정부 폭동과 그에 대한 과격 진압을 포함한 이탈리아의 온갖 정치 격변과 혼란상, 그리고 자신이 몸소 참여하면서 겪었던 정치인과 행정가들의 모습은, 훗날 그의 사회사상을 정립하는 데 큰 자양분이 됐다.

그는 청년 시절 토목 엔지니어로서 경력을 시작했지만, 애덤 스미스를 알게 된 후 비로소 경제학에 관심을 갖고 연구하기 시작했다. 경제학에 관한 여러 글을 발표하면서 명성을 얻었고, 1886년에 플로렌스대학에서 경제학 강의를 시작했다.

1890년에는 철강회사의 경영이 날로 악화된 데 책임을 지고, 이사회에서 해임됐다. 동시에 수리경제학자 마페오 판탈레오니[Maffeo Pantaleoni, 1857~1924]를 알게 되었고, 그를 통해서 같은 해 9월 프랑스의 유명한 수리

경제학자 레옹 발라와 인사를 나누게 되었다. 1891년 발표한, 이탈리아 정부의 반자유주의적인 경제 정책을 신랄하게 비판한 글 《경제 이탈리아(L'italie economique)》가 국내외에서 찬반 논란을 일으키면서 유명세를 탔다. 동시에 경제학술지에 수학으로 치장한 경제이론 논문들을 연이어 게재하면서 이탈리아의 대표적인 수리경제학자로서 명성을 획득했다. 1891년에는 발라가 건강이 악화되어 교수직을 그만두려 했는데, 판탈레오니의 추천을 받아 1892년 4월 15일, 발라의 후임으로 스위스의 로잔(Lausanne)대학 경제학 교수로 부임했다. 1896년에는 그간에 그가 몰두해온 경제학 연구를 집약한 《정치경제학 강의(Cours d'economie politique)》 제1권을, 다음해에는 제2권을 출간했다.

1898년, 50세의 파레토는 당시 200만 리라에 달했던 숙부의 유산을 상속받았다. 이후 그는 경제적 문제에서 벗어나 대학 강의를 포함한 모든 공적인 업무를 줄이고 연구에만 전념하는 생활을 했다.

그러던 와중에 파레토에게 불행이 닥치기도 했다. 그는 서른 살 즈음이었던 1889년에 러시아계 이탈리아 귀족 가문 출신의 알레산드리아 바쿠닌Countess Alessandria Bakounine과 결혼했었다. 결혼 11년 차였던 1900년에 아내는 하인과 눈이 맞아 파레토 곁을 떠났다. 그는 이 충격을 잊기 위해 제네바 셀리니(Celigny)시로 떠났다. 1902년 제네바에서 22세의 프랑스 여인 잔 레지Jeanne Regis를 만났고 이후 평생을 함께 살았다.

◆ 인간의 비논리적 행동에 대한 탐구를 시작하다

50대 이후 파레토의 연구는 수학을 이용한 효용 극대화 경제학의 세계관을 벗어나, 사회학과 정치철학의 영역으로 확장됐다. 1905년 자유주의에 기반을 둔 논리적 경제이론을 집대성한 《정치경제학 매뉴얼(Manuale di economia politica con una introduzione alla scienza sociale)》을 출간한 바 있지만, 이 책에서 그는 자신의 사고가 다른 세계로 이행하고 있음을 이미 암시했다. 특히 그 책의 제2장 '사회과학에 대한 소개(Introduction to Social Science)'에서는 사회가 비논리적 요소, 예컨대 종교나 도덕규범, 정서, 믿음에 지배되는 현상을 유럽 각국의 다양한 사례를 통해 이미 상세히 설명하고 있다.

가장 진보된 민주주의를 내세우는 미국이라는 나라가 정작 특정 인종이나 출신 국가에 대해 폭력과 차별을 일삼고 있거나, 약자와 가난한 자를 보호한다는 교리를 늘 외우고 다니던 유럽의 기독교인들이 식민지의 힘없는 원주민들에게 행한 저 가혹한 학살 행위 같은 것들은 도저히 논리적으로 설명이 될 수 없는 부분이다. 왜 이 세상 어디에서나 어느 역사에서나, 항상 자유, 평등, 박애, 공정, 신뢰, 협조, 진보 같은 이상을 내세웠던 모든 지배층 인사들은, 정작 자신들이 주창하는 언어와 달리 도처에서 구속, 차별, 증오, 배신, 유린(蹂躪), 모리(謀利)를 뻔뻔하게 일삼고 다니는가?[116]

파레토는 《정치경제학 매뉴얼》에서 사회 현상의 이런 비이성적, 비논리적 본질을 먼저 분명히 제시한 다음, 제3장 '경제 균형의 일반개념

(general concepts of economic equilibrium)' 이후부터는, 시야를 다시 좁혀서 논리적인 경제 행동만으로 이루어지는 세상을 분석했다. 이 축소된 세계가 바로 오늘날 경제학자들이 소싯적부터 배우는, 개인의 효용을 최대화하는 바로 그런 세계다.

훗날 그는 불후의 대작 《일반사회학 논고(Trattato di sociologia generale)》(1916)(영문판 《Mind and Society: A Treatise on General Sociology》, 1935)에서 이성 이외의 정신 요소들, 예컨대 정서와 믿음을 포함한 여러 요소들이 상호작용하는 사회의 메커니즘을 체계화하기에 이르렀다.

특히 그가 초기에 추종했던, 전통 자유주의가 내세웠던 인간 본성과 사회 진보에 대한 낙관론을 후기에 철저히 부정하기에 이르렀다는 것은 여러모로 의미심장하다. 그는 이 세상 모든 정치인, 논평가, 지식인들이 합세해서 떠들어온, 국민이 잘 사는 사회를 만들겠다거나 또는 만들어야 한다거나 하는 따위의 희망과 아이디얼리즘(idealism)의 언어들을 한갓 위선으로 간주하고 격파해버렸다. 동시에 그가 엘리트라고 지칭했던, 이른바 좌·우·보수·진보 여하를 막론하고 지배계층들이 구사하는 온갖 언어에 결코 속지 말아야 한다는 각성에 이른다.

그럼에도 요즘 흔한 경제학 교과서에는 그의 이런 리얼리즘(realism) 사회관은 전혀 소개되지 않는다. 오직 수학적 이성에 기반을 둔, 뒤에 설명할 '파레토 최적(Pareto optimality)'이라는 개념 하나로 그의 이름이 거론되고 있을 뿐이다. 사회학 전공자들에게조차 그의 사상은, 마치 애덤 스미스가 경제학자들에게 그렇듯, 아무도 읽지 않는 먼지 덮인 고전이 다 그렇듯, 낡은 시대의 빛바랜 통찰이 되어버렸다.

◆ **도덕과 이성만으로는 세상이 설명되지 않는다**

고양된 도덕과 타락한 이기심, 이 둘 가운데 인간 본성에서 어느 쪽이 더 힘있게 작용할까?

사실 역사 속 수많은 사회사상가들을 이토록 괴롭힌 주제도 드물 것이다. 고양될 가능성 쪽에 무게를 두었던 도덕철학자는 플라톤으로부터 시작해서 임마누엘 칸트, 애덤 스미스, 헤겔, 루소, 존 롤스(John Rawls, 1921~2002), 드워킨(Ronald M. Dworkin, 1931~2013), 조지프 라즈(Joseph Raz, 1939~) 등에 이른다. 동아시아에서는 춘추전국시대 공자(孔子), 맹자(孟子), 관중(管仲), 그리고 남송(南宋)의 주희(朱熹, 1130~1200)[117]의 생각이 이 계열에 속한다. 이들은 인간의 선한 본성을 믿었다. 도덕의 원리로 인간을 고양시키고 세상을 평안하게 만들 수 있다고 생각했다.

반면에 타락할 가능성 쪽을 높게 보았던 사상가는 니콜로 마키아벨리로부터 시작해서 빌프레도 파레토에 이른다. 동아시아에서는 춘추전국시대 순자(荀子)의 사상이 여기에 속한다. 이들은 탐욕에 지배당하는 것이 인간의 본성임을 인정하고, 이를 어떻게 다스려야 할 것인가에 관심을 두었다. 이런 사회에서는 선과 도덕을 아무리 외쳐도 통하지 않는다.

마찬가지로 이런 질문도 던져볼 수 있다. 이성과 이성 외의 정신 작용, 어느 것이 더 강할까?

전통 경제학은 인간을 경제인(homo economicus), 즉 효용(보상)과 비용을 합리적으로 계산하는 기계처럼 보았다. 합리적 경제인은 그 순효용(보상)의 기댓값을 가장 크게 만들어주는 방향으로 행동한다. 그 사람은 쇼핑몰에서 물건을 고를 때, 주식을 살 때, 친구를 만날 때, 심지어 결혼 상대를 고를 때조차 계산된 순효용에 입각해서 가장 높은 보상을 주는 행동을 택한다. 이는 근대 수학이나 물리학에서 사물의 인과와 운동을 분석했던 방식을 그대로 인간에 적용한 것이다. 이런 사고를 '이성에 기반을 둔 사고'라고 분류할 수 있다.

반면에 지그문트 프로이트 Sigmund Freud, 1856~1939 의 무의식이나 행동경제학에서 말하는 비합리성은 이성 이외의 정신 작용이 인간의 행동을 낳을 수 있다고 말한다. 굳이 손해를 보는 행동임을 알면서도 감수할 때, 뭔가 바람직한 것을 이루려고 적극 노력하기보다는 마냥 회피하고 안정된 상태만을 추구할 때, 사태를 냉정하게 보지 못하고 자기한테 유리한 방향으로만 해석하려 들 때, 아무 합리적 근거가 없는 미신을 신봉하고 행동할 때, 유능한 사람보다 친한 사람에게 일을 맡기고 싶어 할 때, 아름다운 말로 포장된 허황된 사상이나 종교에 광신으로 치달을 때 등등, 세상에는 이성으로 설명할 수 없는 수많은 심리 동기가 가득하다.

더구나 이 모든 일들이, 나 자신을 포함하여 내 이웃 사이에서, 너무도 태연하고 자연스럽게, 매일 같이 벌어진다는 사실에 우리는 놀라지 않을 수 없다. 더 나아가 학문의 전당에서 수십 년간 합리적 이성의 세례를 받았다고 자타가 공인하는 과학자와 문필가들조차, 실험실에서 데이터를 분석할 때나 모니터 앞에서 논리적인 문서를 작성하는 잠깐의 시간만큼은 합리적일지 몰라도, 정작 정글 같은 사회로 돌아오면 과거 신관(神官)이나 점술가에게 의존하고 살았던 원시인들이나 구획 싸움과 먹이 확보에 목숨을 거는 동물의 세계와 별반 다를 바 없는 삶을 살기도 한다.

파레토는 젊었을 때, 인간의 함양된 도덕과 합리적 이성의 힘을 믿었다. 그러나 후기에는 상상 속에서나 존재하는 도덕적 이상보다는, 마키아벨리의 관점에서 현실을 지배하는 인간 본성을 바로 보자는 사상으로 기울었다. 경제 현상 역시 합리적 이성이 주역이 된 추상화된 메커니즘 속에서 굴러가지 않는다는 사실을 깨달았다. 사회 안에서 이성과 논리적 행동의 지위는 극히 일부분에 불과했다.

파레토는 철도회사 엔지니어로서 공학과 수학에 기반을 둔 사고력, 애덤 스미스식 자유와 개인을 중시하는 세계관, 그리고 가격과 자유시장을 중시하는 한계효용 학파의 경제이론에 기반을 두고 그의 학문 여정을 시작했다. 그 결과 자유시장 경제의 원리를 수학 논리로 체계화하는 지식의 계보에서 큰 이정표를 찍었다. 하지만 그는 자신이 젊은 날 침잠했던 도덕이나 계산 이성의 관점만 가지고서는 절대로 사회를 이해할 수 없다는 사실을 깨달았다. 결국 도덕과 합리 이외의 메커니즘으로 작동하는 사회의 전체 시스템을 보는 데까지 그의 시야를 넓혔다. 이 업적으로 그는 단순히 근대 자유시장 경제이론가의 지위를 넘어 현대 사회학의 태두(泰斗) 가운데 한 명으로 이름을 남길 수 있었다.

◆ 80 대 20의 법칙

오늘날 파레토라는 이름이, 적어도 경제학이나 사회학 전공자를 제외하고 일반인에게 알려지게 된 계기는 '80 대 20의 법칙' 때문이 아닐까 한다. 이는 파레토가 소득 통계를 분석한 결과 상위 소수의 인구가 소득의 대부분을 차지하는 현상을 발견하고 이를 분석한 데에서 연유한다. 이 문제에 대한 파레토의 분석은, 1895년 학술지 〈지오날레 델리 에코노미스티(Gioranle degli Economisti)〉에 처음 등장한 이래 여러 글에서 등장했고, 자신의 강의 노트를 출판한《정치경제학 강의》와《정치경제학 매뉴얼》에서도 이 문제를 다시 상세히 거론했다.

파레토는 이 문제를 여러 글에서 다루었는데, 필자는 그가 소득의 80퍼센트라거나 인구의 20퍼센트라거나 하는 식으로, 어느 글에서든 그 숫자를 명시했는지는 확인하지 못했다. 필자가 확인한 바, 적어도《정치경제학 매뉴얼》에서는 그런 숫자를 적시한 부분은 발견할 수 없었다. '80 대 20의 법칙'이라는 말도 당연히 파레토 자신은 사용한 적이 없었다. 이 말은 루마니아 태생의 미국 경영 컨설턴트인 조지프 주란[Joseph Moses Juran, 1904~2008]이 만들었다. 80 대 20의 법칙을 가리켜 후대인들은 '파레토의 법칙'이라고 부르기도 했다.

19세기 말 유럽의 여러 나라들은 근대 국민국가의 재정 기반을 마련하기 위해 조세 제도를 정비하기 시작했다. 이와 동시에 납세자들의 소득분포 통계를 작성해서 공표하기 시작했다. 1888년 폴 르로이 볼리외[Paul Leroy Beaulieu, 1843~1916]는 관련 통계를 수집·분석한 대표적인 인물 가운데 하나였다. 그로부터 영향을 받은 파레토는 볼리외의 자료 조사에 덧붙여 별로도 통계를 수집했다.

파레토는 1454년 이후, 스위스 바젤, 독일 아우구스부르크의 조세 통계, 파리의 임대료 통계, 영국, 프로이센, 작센, 아일랜드, 이탈리아, 페루의 개인 소득 통계를 두루 수집해서 분석했다. 모눈종이의 한 축에 소득액을, 다른 한 축에 그 소득 수준에 해당하는 사람들의 숫자를 적었다. 그 결과 놀라운 사실을 발견했다. 소득이 여러 사람들 사이에 골고루 분포되어 있으리라는 예상과 달리, 전체 소득의 상당 부분이 소수의 고소득자에게 몰려 있었다. 하위소득부터 상위소득에 이르기까지 아래부터 위로 올라가면서 해당 인구수를 찍어보면, 피라미드처럼 가운데가 불룩하고 양 끝이 쑥 들어간 모양[아래 그림 가)]이 아니라, 아래에 사람들이 잔뜩 많이 몰려 있고 위에는 소수의 사람들만이 분포하는 화살촉 같은 형상[아래 그림 나)]이었다.[118]

파레토는 자신의 예상과 너무도 다른 이 분포를 보고서, 그 원인이 어디에 있을까 생각했다. 그는 사회 구성원 간 이질성(heterogeneity)에 착안했다. 개인들은 결코 동질적(homogeneous)이지 않다.[119] 개인 간 물

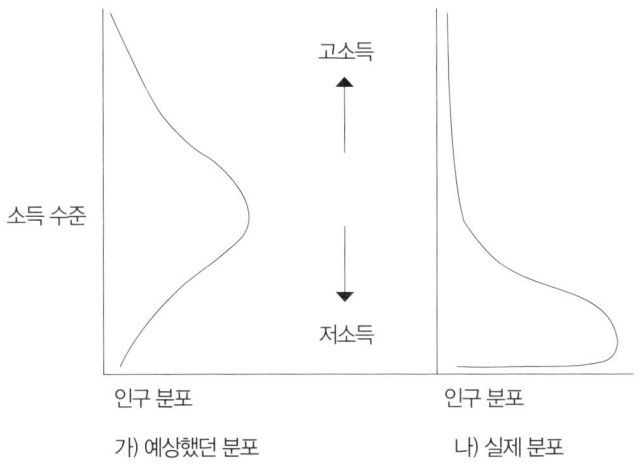

가) 예상했던 분포   나) 실제 분포

리력, 도덕력, 지력의 차이가 이런 불균등한 분포의 원인이라고 보았다. 평등론자나 사회주의자들이 생각하는 것처럼 사회 제도의 구조적 모순 때문에 소득 불균등이 생긴다고 보지는 않았다.

> "이런 소득분포의 불균등은, 사회의 경제적 조직 구조보다는 인간의 본성에 더욱 기인한다고 보인다. 사회 조직을 밑동부터 바꾼다고 해서 이런 소득분포를 지배하는 법칙에 미치는 영향은 별로 없을 것으로 생각한다."[120]

우수한 개인이 부를 누린다고 했을 때, 그 우수함에는 본인이 보유한 두뇌의 능력, 물리적 자본, 의지나 도덕의 힘이 포함되는데, 이 점에 관한 한 개인 간 차이는 피할 수가 없다고 보았다.

그러나 파레토는 이런 구조가 불변으로 고착되어 있는 것이 아니라 개선될 수 있다고 보았다. 그는 이 현상을 편의상 수학식으로 표현하기도 했지만, 결코 불변의 자연법칙이라고는 보지 않았다. 이 통계로 확인되는 불균등의 정도는 사회마다 얼마든지 달라질 수 있다고 보았다.[121]

첫째, 사회 전체의 평균 소득 수준을 향상시킴으로써 이 불평등도는 완화시킬 수가 있다. 즉, 앞의 그림에서 분포 곡선 자체가 위로 이동하는 것이다. 원시 고대 사회가 산업 사회로 이동하면서 일어난 현상이 바로 이것이었다.

둘째, 사회 이동성(social mobility)을 통해 개선할 수 있다. 저소득 계층과 고소득 계층에 속한 개인이 항상 고착되어 있는 것이 아니라, 가난한 사람이 어느 날 부자가 되고 부자 역시 어느 날 가난한 사람이 된다. 사회에는 이동성 메커니즘이 작동하면서 불평등은 항상 개선된다. 그러나 그 안의 사람들은 지위가 계속 교체되지만, 이런 치우침 현상 자체는 어느 사회를 막론하고 예외가 없다고 보았다.

다음으로 파레토는 개인의 능력이 과연 본인이 획득한 것이냐, 부모로부터 물려받은 것이냐 하는 문제를 검토했다. 개인이 부모로부터 물려받은 타고난 능력과, 태어난 이후에 본인이 처한 환경 안에서 획득하는 자원이 둘 다 역할을 한다. 다만 그중에서도 환경 자원들이 아주 우수한 사람과 아주 불리한 사람이 소득분포의 양 끝에 있고, 유전 요인이 큰 사람이 소득분포의 중간 정도에 위치한다고 보았다. 하지만 이것은 파레토의 가설이었을 뿐 스스로 이를 입증하지는 못했다.

이동성에 대해서도 그는 다음과 같이 가설을 세웠다. 소득 계층의 중간에 위치한 사람들이 계층 간 이동성이 가장 높고, 소득 계층의 극단에 위치한 사람, 즉 부자나 가난한 사람들은 계층 간 이동성이 상대적으로 낮다고 보았다. 말하자면, 중간소득 계층에 있는 사람은 부자로 상승하거나 빈자로 추락할 가능성이 크고, 부자는 부자로 남아 있고 빈자는 빈자로 남아 있을 가능성이 더욱 크다고 본 것이다.

파레토의 이런 가설이 과연 타당한지에 대해 후대에 수많은 경제학자와 사회학자들이 실증 작업을 시도했다. 하지만 그 어떤 한 가지 방향의 결론도 도출하기 어려운 상황으로 보인다. 연구자마다 어떤 실험 대상으로 어떻게 실험을 설계하느냐에 따라 결론은 달라졌다.

그럼에도 불구하고, 우리는 현대 사회에서 개연성이 그나마 높은 현상을 추측할 수는 있다. 먼저 저소득층이 저소득층으로 남아 있을 가능성은 고소득층이 고소득층으로 남아 있을 가능성보다 훨씬 높다. 부유한 집안이 가산을 탕진하면서 가난해질 수 있는 가능성은 꽤 있지만, 한번 빈곤의 덫에 걸리면 다시 부를 축적해서 가난을 벗어나기는 여간 어려운 일이 아니다. 내려가기는 쉬워도 올라가기는 정말 어렵다.

다음으로, 부모가 똑똑하면 자식도 똑똑하고, 부모가 성공했으면 자식도 성공하는가? 아무리 통계 기법을 동원해서 실험하고 분석을 해도 뚜렷한 결론을 내리기는 어렵다. 굳이 실증 논문을 찾아다니지 않더라도, 우리는 상식적으로 이렇게 생각해볼 수 있다. 사람의 성과는 개인의 능력만으로 이루어지는 것이 아니라, 그와 연결된 사람들이 어떤 역할을 해주느냐에 더 크게 의존한다. 내가 태어난 가문, 내가 다닌 학교, 내가 만나는 사람들에 따라 내가 이룩할 수 있는 성과가 영향을 받는다. 이것이 바로 사회 네트워크(social network) 효과다. 부모의 재력 역시 그런 면에서 사회 네트워크의 한 요소가 된다.

서울의 부촌에서 태어나 성장한 청소년은 그만큼 양질의 교육을 받을 수 있고, 그 결과 명문대학에 진학할 확률이 다른 지역 청소년보다 높다. 그는 그렇게 들어간 대학 안에서 서로 비슷한 환경에서 자란 친구들을 만나게 되고, 사회에 나가서도 서로 도우면서 시스템은 '양의 피드백(positive feedback)' 효과를 낸다. 그 결과 그 시스템에 속한 사람들의 삶에서 성공률도 그만큼 높아질 것이다. 반대로 미국의 흑인 빈민가에서 태어난 흑인 소년은 학교를 제대로 다닌다는 것조차 기대하기가 힘들다. 그들의 부모 역시 그럴듯한 직업을 갖고 있을 가능성이 적다. 이들은 아무리 뛰어난 재능을 지니고 있다 해도, 제대로 된 교육 기회에 노출되기가 어렵다. 마이크 타이슨(Mike Tyson)처럼 천부적인 권투 능력이 발견되어 성공하는 사례는 지극히 예외적이다. 결국 그들은 태어날 때부터 부유했던 사람들이 속한 네트워크에 진입할 가능성이 희박하다. 그 시스템에서는 '음의 피드백(negative feedback)', 즉 일종의 악순환 고리가 작동하면서 구성원의 성공 가능성은 점점 낮아진다.

지금도 실증 연구는 끝없이 이루어지고 있다. 한 예만 들자면, 서울대학교 입학생들의 학생부 데이터에 의거해서 부모의 직업, 학력 등 여러 가지 변수들을 분석한 결과, 그런 사회 네트워크의 시스템 강화 현상을 부정하기 어려웠다. 또한 지난 30년에 걸쳐 부모의 배경이 뒷받침되지 않는 집안 출신의 청소년들이 서울대학교에 입학하는 비중이 점점 줄어들고 있음이 확인됐다.[122]

능력제(meritocracy)[123]가 공정한 사회 건설을 위해 보편적으로 수용될 만한 대원칙임은 부정할 수가 없다. 사실 18세기 후반 영국 공직 사회에서 능력제를 도입한 것이 서구 사회 전반에 확산되면서 근대 민주주의와 자본주의가 폭발적으로 성장할 수 있는 계기가 마련됐다.[124] 공직자를 특권층이 아니라 일반인을 대상으로 시험을 치러 뽑기 시작한 것이다. 능력제야말로 평등 사회를 향한 발판이었다. 이와 더불어 인간의 잠재해 있던 온갖 능력들이 발화하기 시작했다. 만약 사회 안에서 유력한 지위를 획득하는 과정, 예컨대 명문학교 입학, 기업 입사, 공직 취업 등이 능력제를 따르지 않고 가문의 배경, 연고제, 추천제 등에만 의존한다면, 오직 기존의 재력가와 특권층의 가족, 친지, 기타 절친한 관계에 있는 사람들만이 그런 기회를 잡게 될 것이다. 실력이 아니라 출신 배경과 인맥이 지배하는 사회라면 공정과는 거리가 멀 수밖에 없다.

능력제는 당연히 수용되어야 할 원리임에도 불구하고, 우리나라를 비롯해 많은 나라에서 그에 대한 반감이 그토록 심한 이유는 무엇일까? 마이클 샌델(Michael Sandel, 1953~) 하버드대 교수처럼 능력제를 비판하는 사람이 내세우는 이유는, 능력제에서 주장하는 개인의 능력이 과연 그 스스로의 힘으로만 획득한 능력이 맞느냐부터가 의심스럽다는 데에서 출발한다. 능력제에서 개인의 능력이라고 말하는 것들이 사실은 부모의 능력이나 가문의 능력이 아니냐는 것이다. 이 비판자들의 논리에 따르면 개인의 성공 역시 개인의 능력이 아니라, 어쩌다 좋은 배경을 가지고 태어나거나 살면서 귀인을 만나는 행운에 기인한 것에 불과하게 된다. 그렇다면 개인의 능력에 따라 보다 많은 보상을 받아야만 한다는 것은, 공정하다는 착각을 낳을 뿐 결코 공정하지 않다는 결론이 나오게 된다.

사실 소득 불균등 분포와 능력제에 대한 모든 비판들, 그리고 그에 대한 모든 반(反)비판은 적어도 과학을 표방하는 일체의 지식 영역에서는 절대로 사라질 수가 없다. 철학을 한다는 사람이거나 사회과학을 한다는 사람이거나를 막론하고 말이다. 특히 칼 포퍼(Karl Popper, 1902~1994) 식으로 반증 가능성(falsifiability) 여지를 남겨두면, 어떤 측의 주장이든 그 반대 증거로 끊임없이 부정당할 숙명을 피할 길이 없다. 개인마다 전혀 다른 고유한 서사(敍事)는 이 모든 일반화된 비판들을 언제나 반증할 수 있기 때문이다. 빈민가 출신이든 부유층 출신이든, 고소득 전문직이나 CEO, 스포츠 또는 연예계 스타 각 개인의 모든 삶을 추적하다 보면, 외부로부터 다가온 행운의 기회와 개인에 내재한 능력이 각자 전혀 다른 방식으로 섞여 있었음을 알게 된다. 그의 소득 중 어느 정도가 외부의 행운에서 기인했고 어느 정도가 자신의 능력으로부터 나온 것인지, 숫자로 측정한다는 것은 도대체 불가능하다. 더구나 이런 측정을 사회 전체에 적용한다는 것은 더욱 불가능하다.

수많은 행운 가운데에서도 부모를 잘 만난 행운을 억지로 제거하려는 시도 역시, 대중의 시기심과 증오심이라는 급체증을 잠시 해소시킨다는 표면상의 효과는 있을지 몰라도, 자본주의 과정의 원래 작동 구조에 비추어 보면 별 의미가 없다. 슘페터(제9장)가 말했던 창조적 파괴의 메커니즘은 그 어떤 행운의 과실도 존속되지 못하도록 하는 자동 장치이기 때문이다. 모든 부는 무능한 후손에게 이전되는 순간, 창조적 파괴의 강풍 앞에서 하나씩 날아가게 되어 있다. 그렇게 날린 부는 도처에 다른 혁신가들의 수중으로 들어간다. 이름 없이 지내던 기업가의 갑작스러운 성공은, 외부에서 다가온 우연한 기회나 예상치 못했던 고객의 등장에 자신의 능력을 결합시킴으로써 비로소 가능해진다. 즉, 혁신가 역시 자신의 능력뿐만 아니라 운에 의해 부를 얻게 된다. 그리고 그들의 후손에게도 똑같은 일이 반복해서 일어난다.

전혀 기업가처럼 살지 않는 유한계층이 상속재산이나 자본 이득으로 누리는 지대와 불로소득이 있다 하자. 이것들을 사회가 모조리 말살하려 들면 과연 어떤 일이 벌어질까? 애초에 박멸 대상에 들지도 않았던 기업가들의 씨가 오히려 말라버릴 것이다. 스톡옵션 행사나 M&A 지분 매각으로 거부(巨富)가 되거나, 가족과 후손에게 넉넉한 부를 물려주고 싶다거나, 더 나아가 유한계급이 되어 안락한 생활을 누리겠다는 욕망 자체가 원천 차단된다면, 그 어떤 과학자, 상인, 지식인에게서도 부를 일구겠다는 동기 자체가 사라질 것이다. 오직 발명가 에디슨만이 있기를 바라면서, 재벌이 되고 싶어 했던 에디슨을 부정한다면 모순이다.

만약 온 세상의 보상 체계가 행운으로부터 생기는 소득을 일체 인정하지 않는 구조라면 어떤 일이 발생할까? 그곳에서는 몽상가도 모험가도 다 사라질 것이다. 모든 사람이 그저 결과가 빤히 보이는 주어진 일만 하고, 그 보상만 받으면 될 것이기 때문이다. 누구든 성과가 불확실해 보이고 위험하기 그지없는 혁신 과업을 추진하려고 발버둥 칠 필요가 없다. 불쑥불쑥 튀어나오는 기업가는 사라질 것이고, 사회는 사막처럼 적막해질 것이다. 그쯤 되면 잡지 〈포천(Fortune)〉도 제호를 〈루틴(Routine)〉으로 바꾸어야 할지 모른다.

반대로 행운이든 능력이든 개인이 알아서 자신의 욕망이 이끄는 대로만 행동하도록 방임하는 것은 바람직할까? 애덤 스미스나 케인스나 슘페터처럼 서로 다른 사상의 세계에서 살았던 인물들조차 이 문제에 대해서는 일관된 공유 지점이 있었다. 그들 사이에는 내면의 도덕감정에 의해서든 외부의 법률 규제를 통해서든, 우월한 능력으로 타인의 몫까지 독식하는 개인이나 과도한 지대와 불로소득은 그 수위를 조절하면서 범람을 막아야 한다는 공감이 있었다.

◆ 조직과 사회 일반에서 나타나는 불균등 분포

파레토가 발견한 비대칭 분포는 단지 소득 분배에만 그치지 않는다는 사실이 속속 발견됐다. 특히 사람들은 사회 현상에서 아름다운 대칭 분포가 아니라 한쪽으로 치우친 분포가 상당히 많다는 사실을 알게 되었다.

18세기 프랑스의 수학자들[125]이 처음 발견한 이래, 모든 확률분포의 전형처럼 취급되어 온 정규분포(Normal distribution)가, 사회 현상으로 들어오면 오히려 비정규(abnormal)라는 사실이 확인되기 시작했다. 심지어 자연현상에서도 비대칭 분포가 심심찮게 발견됐다. 사람의 키나 몸무게는 정규분포에 가까울지 모르지만, 바닷가 모래 입자의 크기 분포는 극단적으로 한쪽으로 치우친 분포를 보였다.

사회 현상으로 들어오면 비대칭 분포는 더 자주 나타난다. 80 대 20이라고 숫자를 일반화할 수는 없지만, 어떤 조직 내 직원들의 역량도 그런 방향으로 분포를 이룬다. 성과의 대부분이 상위 소수 인력들의 탁월한 역량에 기인하는 경향이 있다. 회사의 성과에 모든 직원들이 골고루 기여하는 것이 아니다.

한 회사가 취급하는 상품군 안에서도 이른바 효자상품은 대개 상위 소수의 몇 종류에 치우쳐져 있다. 모든 상품들이 회사의 이익 실현에 골고루 기여하는 것이 아니다. 이런 현상을 관리회계(management accounting)에서는 '고래 곡선(Whale Curve)'이라는 개념으로 표현한다. 회사에 n종의 제품과 각각의 이익률이 있을 때, 가장 높은 이익률부터 시작해서 순차적으로 다음 순위의 이익률을 누적해서 높이를 표시해보자. 상위 몇 개 제품까지는 계속 높아지다가 다음부터는 평평한 수준을 유지하다가 맨 뒤에는 낮아지는 현상이 발생하는 경향이 있다. 이 모양이 마치 고래 등을 닮아서 고래 곡선이라고 부른다. 앞에 높아지는 부분은 이익률이 높은 상품들이고, 중간에 평평한 부분은 이익률이 거의 0에 가까운 것들이고, 뒤에 낮아지는 부분은 이익률이 마이너스인 제품들일 것이다. 회사의 이익 대부분에 기여하는 제품들은 상위 소수 몇 종에 불과하다.

사람의 일에서 투입하는 노력도 파레토 법칙을 따르는 경향이 있다. 소프트웨어 코드의 80퍼센트는 전체 작업 시간의 20퍼센트에서 작성된다. 보고된 버그 가운데 가장 치명적인 20퍼센트만 해결해도, 전체 소프트웨어 작동 오류의 80퍼센트를 해결할 수 있다. 농구나 축구 등 스포츠 팀이 차지하는 전체 승리 가운데 상당수는 상위 소수 팀원의 기여에 의한 것이고, 일부 소수의 승리는 그들 이외의 다수 팀원들에 기인하는 경향이 있다.[126]

피터 드러커는 《창조하는 경영자(Managing For Results)》(1964)에서 대부분 사업 결과의 90퍼센트는 투입하는 전체 노력의 첫 10퍼센트에서 발생하고, 비용의 90퍼센트는 나머지 쓸데없는 90퍼센트의 노력에서 발생한다고 했다. 수많은 회사에서 성과 창출에 기여하지 않고 불필요하게 낭비되는 비용이 의외로 상당 부분을 차지한다는 것이다. 그래서 이런 무성과 비용을 탐지하여 제거하는 것이야말로 진정한 의미의 비용 절감 활동이라고 말한 적이 있다. 전사 모든 부문에 걸쳐 비용을 일률적으로 5퍼센트씩 절감하라는 식의 연례 캠페인을 아무리 벌여봤자 결코 효과적인 비용 절감을 달성할 수 없다는 것이었다. 드러커의 이런 사고 역시 파레토의 법칙을 조직 경영에 적용한 것이다.[127]

돌이켜보면 파레토의 분포는 적어도 표면상으로는 불쾌한 진실처럼 보인다. 사회든 조직이든 요즘 시쳇말로 '잉여' 인간이나 '잉여' 노력의 존재는 불가피하다고 말하기 때문이다. 우리는 모두 사회나 조직 곳곳에서 쓸모 있고 기여하는 인간이고 싶다. 그런데 여기 이토록 찬물을 끼얹다니!

잉여는 정말 쓸모없는 존재이기만 할까? 더 거슬러 올라가서, 사회에 저소득층이 있다는 사실 자체가 과연 부정해야 할 악(惡)이기만 할까? 분명 수긍할 면도 있지만, 결코 단정해서는 안 된다. 자칫 잘못 받아들이면 파레토의 법칙 역시 일반화의 오류에 빠지기 쉬운 지식의 하나로 전락할 수 있다. 파레토의 법칙을 결코 일반화해서 선과 악의 가치 판단을 할 수 없는 근거는 두 가지 관점에서 찾을 수 있다.

첫째, 전체와 부분의 관계라는 관점이다. 축구팀의 승리를 선수 11명 가운데 단지 골을 넣은 주전 공격수나 결정적인 어시스트를 한 선수에게만 돌린다는 것이 얼마나 어리석은 일일까? 다른 포지션을 맡은 선수뿐만 아니라 감독과 코치와 구단의 역할은? 그 어떤 것도 수치로 정확히 계측할 수는 없다. 물론 중요도의 차이는 있겠지만, 수많은 사람들이 그물망처럼 엮인 채 직접 또는 간접으로 기여했었기에 비로소 그 팀이 승리할 수 있었다. 전시장에 설치된 명작이나 음악당에 울려 퍼지는 감동적인 연주가 자리잡기까지 이를 보조하는 시설과 장비와 받침대와 배경과 반주자들과 운영자들과 수많은 보조원들, 그리고 그를 발굴해서 그 자리에 있게 한 역사 속 수많은 인물들의 기여 역시 그렇다.

직장 한 부서의 인력들 가운데에도 상대적으로 미미해 보이는 일만을 맡아서 하는 사람들은 어떨까? 일의 복잡한 구조상 모든 이들이 다 주역이 되어 사공으로 나설 수는 없다. 영화에서도 모든 배우들이 다 주연이 될 수는 없지 않은가! 이들의 기여를 모두 수치로 측정해서 80 대 20 같은 식으로 구분하는 것은 큰 의미가 없다. 그 모든 이들이 결코 균등하게 기여할 수는 없다. 다만 평등하게 기여하는 것만이 가능하다.

둘째, 강점의 발견과 배치 메커니즘이라는 관점이다. 이 메커니즘은 생각보다 결함이 많다. 어디서나 삐걱거리기 일쑤다. 누구나 삶에서, 조직에서, 사회에서, 자신이 가장 잘할 수 있는 일을 찾아서 몰입할 기회를 만나기는 어렵다. 《보봐르 부인(Madame Bovary)》의 작가 구스타브 플로베르 Gustave Flaubert, 1821~1880 는 법관이 되라는 아버지의 강압에 시달렸다. 사법시험에 번번이 떨어진 그는 가문에서 못난 아들, 잉여 인간으로 취급당했다. 그 스트레스로 간질병까지 얻었다. 하지만 아버지가 사망한 후 씻은 듯 병이 낫고, 문학가로서 자질을 맘껏 발휘하기 시작했다.[128]

또한, 치열한 경쟁을 뚫고 어떤 회사에 입사한 직원들조차, 자신이 가장 잘할 수 있는 일에 배치받는 기회를 얻기는 쉽지 않다. 심지어 자신이 가장 잘할 수 있는 일이라고 평소에 믿었던 일과 실제로 잘하는 일이 다를 수도 있다. 이력상 미루어 짐작할 수 있는 능력과 막상 일을 했을 때 발휘되는 실제 능력은 전혀 다를 수도 있다. 신입사원 선발 단계부터, 또는 경력직을 스카우트하는 단계서부터 잘못 뽑는 일이 비일비재하며, 설령 잘 뽑았다 해도 부서 배치 후 각 부서의 상황도 별반 다르지 않다. 영업에 탁월한 잠재력을 보유하고 있지만 날카로운 분석력이나 문서 작성 능력이 부족한 직원을 기획 부서에 근무시킨다면 아무래도 그는 무능한 직원으로 낙인찍힐 것이다. 경영자는 올바른 인사 배치에 자주 실패한다. 잘못 배치받은 그들은 당분간 저성과자로 전전하면서, 다음 기회를 만날 때까지 한참을 기다려야 할 것이다.

모든 삶에서 고성과자는 언제나 이 희소한 기회의 영역에 발을 잘 담근 사람들일 가능성이 크다. 남북전쟁 당시 북군 사령관 그랜트^{Ulysses Simpson Grant, 1822~1885} 장군은 술주정뱅이에다 괴팍한 성격 탓에 링컨^{Abraham Lincoln, 1809~1865}의 참모들로부터 한없이 배척당했다. 하지만 그의 탁월한 전투 수행 능력을 알아보았던 링컨 대통령의 굳건한 신임 아래, 그랜트는 자신의 능력을 발휘하고 성공할 수 있었다.

역사 속 복잡다단한 기회의 쳇바퀴가 어찌 돌아갈지 아무도 모르는 한, 파레토식 불균등 분포는 피할 수 없어 보인다. 피할 수 없다면 즐기라는 경구는 바로 이를 두고 한 말일까?

◆ **파레토 최적: 한 사회가 가장 잘 사는 상태란 어떤 상태인가?**

적어도 경제적인 관점에서만 보았을 때, 잘 사는 사회란 어떤 상태를 말하는 것일까? 제러미 벤담 같은 사상가는 사회 구성원들이 느끼는 행복감의 총합이 가장 클 때가 잘 사는 상태라고 말했다. 소비자는 소비하는 제반 물품과 서비스로부터 느끼는 즐거움을, 생산자는 생산에서 오는 이익의 크기가 효용의 크기가 된다. 이 사상은 그 행복감을 효용(utility)이라는 개념으로 표현했는데, 이들의 이런 생각은 흔히 '효용주의 또는 공리주의(功利主義, utilitarianism)'라고 부른다.

파레토는 공리주의자들의 이런 생각에 반론을 폈다. 우선 효용을 합산하려면 개인의 효용을 절대수치로 측정해야 하는데, 도대체 그게 가능하지 않다고 생각했다. 홍길동의 효용이 100, 임꺽정의 효용이 130이라는 식으로 절대수치로 측정되어야 하는데, 말도 안 되는 소리라고 생각했다. 그냥 누가 더 낫다 또는 못하다고 상대적으로 비교할 수는 있어도, 그 크기를 절대수치로 측정하는 것은 도대체 불가능하다고 보았다.[129] 효용의 수준은 물리 현상이 아니라 심리 현상이기 때문이다.

또한 효용의 합산만으로 한 사회의 행복감을 표현하면, 소수의 부자가 느끼는 거대한 효용이 수많은 가난한 사람의 빈약한 효용들과 합산되어 사회 전체의 효용이 매우 커짐으로써 그 사회는 마치 잘 사는 사회인 것처럼 오인될 수 있다. 공리주의는 한 사회의 행복감을 고려할 때 구성원 간 효용의 분배 상태를 표현하지 못한다는 치명적인 단점을 지니게 된다. 구성원이 3명인 사회를 가정했을 때, 공리주의에 따르면 3명의 효용이 100, 10, 10인 상태(합계 120)가, 30, 30, 30인 상태(합계 90)보다 더 낫다.

공리주의의 반대편에 평등주의(egalitarianism)가 있다. 이는 사회 구성원 사이에 효용이 평등하게 배분되어 있을 때가 가장 행복하다고 본다. 평등주의에 따르면, 앞의 예에서 30, 30, 30인 상태가, 100, 10, 10인 상태보다 더 낫다. 물론 모든 구성원들이 평등한 수준으로 다 잘 산다면, 예컨대 100, 100, 100 같은 상태라면 더할 나위 없이 좋을 것이다. 그러나 그런 상태가 현실에서 달성되기를 기대하기란 어렵다. 소득분포의 불균등은 불가피다. 평등주의를 맹신하다 보면, 최악의 경우 사회 안에서 부자들을 다 없애면 행복한 사회에 도달할 수 있다는 결론까지 도출할 수 있다.

훗날 존 롤스 같은 사람은 최약자(the most disadvantged)의 효용이 더 높은 사회가 더 낫다는 기준을 제시함으로써, 이 해묵은 문제를 해결하려 시도했다. 그 견해에 따르면 100, 20, 10 상태보다 80, 30, 20 상태가 더 낫다. 롤스의 견해도 여러 문제점을 지적할 수 있지만, 어쨌든 사회 구성원 사이에 행복감이 어떻게 배분되는 것이 가장 바람직한가에 대해서 많은 사회사상가들은 고민했다.

파레토는 자신만의 독특한 논리로 경제가 최대 행복감(maximum ophelimity)에 도달한 상태를 묘사했다. 그의 이런 생각은 1894년경 처음 형성됐다. 이는 종전의 공리주의와도 평등주의와도 전혀 다른 접근이었다. 그는 특히 공리주의자들이 사용했던 'utility' 대신, 만족감 또는 행복감을 뜻하는 또 다른 단어 'ophelimity'를 사용했다. 물론 여기서 최대란 절대수치로 측정해서 가장 큰 상태가 아니다. 즉 GDP 금액이 가장 큰 상태라든가 하는 말이 아니다. 다만 논리상 더 이상 좋아질 수 없는 상태를 상징하는 것이다. 이는 경제 전체가 도달한 일종의 균형(equilibrium) 상태다.

파레토가 말했던 최대 행복감이 달성된 상태, 즉 경제의 균형이란 어떤 상태를 말하는가? 그에 따르면, '여기'(즉, 최대 행복감의 상태)에서 조금이라도 벗어나면 사회의 누군가는 더 행복감이 증가하지만, 또 다른 누군가는 행복감이 감소하고야 마는 그런 상태, 즉 여기에서 이탈하면 누군가는 좋아하겠지만 누군가는 싫어할 수밖에 없는 그런 상태라고 표현했다.[130] 이를 달리 표현하자면, 여기에서 이탈함으로써 사회의 모든 구성원들의 행복감을 증가시키는 것이 불가능한, 그런 상태라고 말할 수 있다.[131] 이 개념은 후대의 경제학자들이 '파레토 효율성(Pareto efficiency)'이라는 개념으로 보다 정교화했지만, 여기서는 그냥 파레토의 최초 생각에 충실하자.

누구든 파레토의 이런 설명을 처음 들으면 이해하기 어려울 수 있다. 공리주의나 평등주의의 원리처럼 확 와닿지 않는다. 그래서 이해를 돕기 위해, 반대로 최대 행복감에 도달하지 못한 상태가 무엇인지 표현해 보자. 지금 상태에 변화를 가해서 구성원 가운데 최소한 일부라도 지금보다 더 행복감이 증가할 수 있다면, 지금 상태는 사회가 최대 행복감에 도달한 상태가 아니다. 아직 더 개선의 여지가 있다는 것이다. 이때 사회의 모든 자원은 아직 충분한 수준으로 사회의 모든 구성원들에게 귀속·활용되지 못하고 있는 상태라고 말할 수 있다.

이를 달리 말하면, 사회가 최대 행복감에 도달한 상태는 더 이상 개선의 여지가 없는 상태, 또는 각 개인은 타인의 행복 수준이 주어졌을 때 자신이 가장 행복해질 수 있도록 모든 자원들(소비하는 물건들과 생산수단들)이 모든 구성원들 사이에 귀속·활용되고 있는 상태다. 이 상태에서는, 누군가에게 더 많은 행복감을 안겨 주기 위해 다른 사람에게서 자원을 이동시키면, 필연적으로 그 다른 사람은 행복감을 빼앗기게 될 수밖에 없다.

파레토는 자유경쟁 시장에서 각 구성원이 자신의 행복감을 가장 크게 만들려는 목적으로 물건을 사고팔고 소득을 벌고 그 안에서 소비하게 되면, 사회가 이 최대 행복감의 상태에 도달할 수 있다는 것을 수학으로 증명했다.[132] 종전의 공리주의나 평등주의 어디에서도 채택하지 않았던 새로운 사고였다. 어떤 관점에서 보면 애덤 스미스의 '보이지 않는 손'을 새로운 수학의 언어로 체계화하는 데에 성공했다고 말할 수 있다.

사실 파레토가 말한 최대 행복감의 상태란 경제 현실을 반영해서 나온 사상이라기보다, 지극히 추상화된 수학적 논리에서 도출한 개념이다. 특히 모든 개인의 행복감은 타인의 행복감에 영향을 주거나 그로부터 영향을 받지 않고, 오직 자신의 소비량에 의해서만 결정된다는 가정하에 도출한 것이다. 훗날 많은 연구자들은, 이웃집의 시끄러운 파티가 조용히 음악을 감상하는 내 행복감을 파괴하거나 화학 공장의 오염물질이 강물에 흘러들어가 인근 어부들의 고기잡이를 망치는 식으로 개별 구성원의 행복감이 타인의 생산이나 소비로부터 독립되어 있지 않고 영향을 받는, 이른바 '외부효과(externality effect)'가 있거나 의사결정을 위해 확보한 정보에 불확실성이 있을 때, 이 최적 상태는 달성되기 어렵다는 사실을 보였다.

어쨌든 파레토의 생각은 매우 그럴듯했지만 몇 가지 결함이 있었다.

가장 큰 취약점은 과연 그런 상태가 이론적으로는 도달 가능하다고 해도, 지금 현실이 과연 그런 상태인지 아닌지를 판단할 방법이 없다는 사실이다. 파레토가 이 분석을 행한 대전제는, 사람들이 예산 범위 내에서 자유롭고 공정하게, 그리고 합리적으로 교환 거래를 행한다는 것이었다. 하지만 현실은 그렇지 않은 경우가 많다. 거래 당사자 사이에 강압, 속임수, 오판은 언제든지 개입될 수 있다. 대기업은 하청기업에 갑질을 행할 수 있고, 공급자는 수요자를 상대로 품질을 속이거나 폭리를 취할 수 있다. 이상적으로는 자유경쟁 메커니즘이 이 모든 불공정을 시정해야 옳다. 하지만 불행하게도 현실은 자유롭고 공정한 거래를 훼방하는 온갖 마찰과 제약으로 가득하다. 파레토는 이 모든 현실 속 복잡한 요소들을 배제한 채, 자유경쟁하에서 논리적으로 움직이는 소비자와 기업가들을 가정한 채, 최대 행복감을 주는 균형 상태가 존재한다고 말했던 것뿐이다.

더 나아가 이론상 파레토 최적으로 분류될 수 있는 배분 상태는 딱 하나만 있는 것이 아니라 여러 상태들이 다 가능할 수도 있게 된다. 다시 말해서 이것도 저것도 다 받아들일 수 있는, 좋은 게 좋은 것이라는 이야기가 된다.

특히 파레토 최적 개념은 반(反)시장주의자들로부터 많은 공격을 받았다. 비판자들의 눈에 파레토 최적은, 자유시장에서 경쟁을 통해 각자에게 몫이 배분된 상태야말로 가장 바람직하므로 이를 정부의 강제 조세 징수 같은 수단으로 건드리지 말고 그냥 놓아두라는, 일종의 이념 옹호 수단으로 비쳤다.

◆ 파레토식 바람직한 경제, 꿈은 가져야겠지만 꿈에서는 깨어나라

이런 여러 취약점이 있음에도 불구하고, 파레토가 말했던 최대 행복 상태의 의미를 곱씹다 보면, 우리는 두 가지 시사점을 얻을 수 있다.

첫째, 설령 지금 현실이 파레토 최적 상태라 해도, 우리는 혁신을 통해 모든 사람이 더 나아질 수 있는 상태로 이행할 수 있다. 즉 파레토 최적 상태는 혁신이 개입하는 순간 이미 파레토 최적이 아니게 된다. 파레토의 최대 행복 상태는 한 사회 내 생산기술[133]과 사람들의 선호 구조가 고정되어 있다는 가정하에서 도출된 것이었다. 이때 파레토 최적의 사고에 따르자면 그 누구의 행복감도 감소시키지 않으면서 자원을 이동시킬 방법이 없다. 하지만 사회 어디에선가 생산 방식 자체를 변화시키고 신제품을 도입하는 일이 일어나면, 자원을 새롭게 이동시켜서 모든 사람이 전보다 더 나아질 수 있는 상태로 이행하는 것이 얼마든지 가능하다. 일자리가 사라지는 줄 알았던 노동자들은 더 나은 새로운 일자리를 얻고, 사람들은 지금까지 쓰던 물건과 서비스 대신에 전혀 새로운 것들을 보다 풍부하게 향유하면서 살 수 있게 된다. 촛불이나 가스등만 야간 조명 수단이었던 사회가 어느 날부터 전구, 형광등, LED등 아래에서 생활하게 되고, 대대손손 농부나 어부의 업을 이어오던 가문의 자손이 가업을 버린 채 회계사, 기술자, 경영자로 일하면서 고소득을 올리게 된다.

반대로 지금 상태가 설령 파레토 최적 상태가 아니라 해도, 즉 사회 전체에서 자원 배분이 비효율적으로 이루어지고 있는 상태라 해도, 혁신은 이 모든 비효율적인 배분 상태를 재배치하는 활로를 연다. 혁신가들이 있기에, 논문에 사장되어 있던 지식이 현장에서 사업화되고, 소외된 지역에서 일거리 없이 지내던 사람들이 새로운 일을 맡게 되고, 깊은 산이나 바닷속 광물 성분은 신소재로 탈바꿈하고, 산이나 들에 아무 쓸모없이 피어 있던 초목은 첨단 의약 소재의 원천으로 바뀐다.

물론 혁신은 창조적 파괴의 메커니즘을 통해 누군가를 파괴하면서 그들의 행복감을 앗아갈 수는 있다. 하지만 시간은 이렇게 앗아간 행복감을 다시 다른 형태로 사회에 되돌려준다. 혁신하는 기업가들은 언제나 세상을 파레토 최적의 세계로부터 구출한다.

둘째, 파레토 최적은 우리로 하여금 유토피아에 대한 환상을 버리게 한다. 이 개념은 비록 최적이라는 단어를 사용하고 있지만, 실제로는 이상주의가 지닌 허구성을 깊이 암시한다. 모든 사람을 다 행복감이 넘치도록 만들어줄 방법은 없다. 각자 자기 몫과 분수 안에서 받을 만큼을 받으며 사회가 굴러가는 것이 오히려 최적이다. 누군가 더 행복해지는 순간 다른 누군가는 더 불행해지는 상황은 피할 길이 없다.

사람들은 최선의 상태를 동경한다. 우리는 가장 행복해야 하고, 가장 평화로와야 하고, 가장 아름다워야 하고, 가장 도덕적이어야 한다. 약간의 고통, 약간의 불행, 약간의 추함 앞에서도 우리는 벌벌 떨거나 분개한다. 가족, 친구, 직장 동료를 포함한 가까운 이웃이나 사회를 이끄는 지도자를 막론하고 그 어떤 불결함도 용납할 수 없다. 우리 곁에 오직 고결한 성자와 여신급 미인만이 있기를 요구한다. 그런데 이런 욕구는 얼핏 신성하게 보일지 모르지만, 현실의 삶을 이끄는 동기로서는 별

효과가 없다. 가끔 몽상을 할 수는 있겠다. 또 그런 일이 찰나에 언뜻 나타났다 사라지는 경우도 어쩌다 있기는 하다. 하지만 결국 대부분의 사람들은 이 진흙탕 같은 세상을 겪다 보면, 어느 날 최선 내지 차선(the second best)의 상태는 고사하고 최악이라도 막아냈다면 매우 성공한 삶이었다고 위안을 삼게 되는 것이다. 직장 상사든, 부하든, 배우자든, 사회의 지도자든, 국내 경제든, 국제정치 관계든, 우리는 늘 꿈을 꾸지만, 그 꿈이 곧 깨지는 이 상황은 언제나 되풀이된다.

철학자 볼테르Francois-Marie Arouet Voltaire, 1694~1778는, "가장 좋은 상태는 그냥 좋은 상태의 적(The best is the enemy of the good.)"이라는 경구를 남겼다.[134] 우리가 가장 좋은 상태를 추구하는 이 심성이 오히려 악(惡)일지 모른다. 대중이나 지도자를 막론하고 이상주의와 도덕주의에 세뇌된 자들은 항상 가장 좋은 상태를 외친다. "세상이 이래서야 쓰겠나? 다 바꿔야 한다." 하지만 외치는 것뿐이다. 그런데 정작 그들이 실제로 영위하는 삶의 많은 부분이 그들의 외침과는 전혀 다른, 속세적이고 탐욕스럽고 교양 없는 경우가 더 많다. 더 나아가 이런 이들이, 세상을 이상적이고 도덕적인 상태로 바꾸겠다고 덤벼드는 순간, 가장 비도덕적이고 사악한 수단을 동원하게 되는 사태는 흔히 볼 수 있는 일이다.

그래서 피터 드러커는 지식노동자들이 유토피아를 추구하지 말고, 받아들일 만한 사회, 또는 관용하는 사회라는 이중의 의미를 지닌 '톨러러블 소사이어티(tolerable society)'를 추구해야 한다고 말했을지 모른다. 젊은 날 도덕과 이성을 찾던 파레토도 중년을 지난 어느 날부터인가 그렇게 서서히 바뀐 것이 아니었을까 추측해본다.

◆ 애덤 스미스를 벗어나 마키아벨리로

파레토는 같은 이탈리아 출신으로서 15~16세기경 활동했던 피렌체의 정치사상가 마키아벨리로부터 많은 영향을 받았다. 사실 마키아벨리즘에 대해서는 세간에 많은 오해가 있다. 《군주론(Il principe)》에서 구사한 언어를 보고, 그가 정치인의 권력욕을 정당화하고 권모술수를 예찬하고 사악한 리더의 행동을 옹호한 인물이라고 보는 견해가 대표적이다. 하지만 그의 《군주론》에 드러난 표면상 화법 이면에 감추어진 의도와 《로마사 논고(Discorsi sopra la prima dea di Tito Livio)》를 포함하여 그의 다양한 글들을 분석해보면, 정치철학자로서 마키아벨리가 옹호한 것처럼 보였던 권력욕과 권모술수 예찬은 그의 뜻과는 거리가 멀다.[135]

정치사상의 조류는 두 가지의 전통으로 나뉜다. 하나는 아이디얼리즘이고, 다른 하나는 리얼리즘이다. 마키아벨리는 바로 리얼리즘 정치사상의 중흥조였다.[136] 아이디얼리즘은 도덕과 당위(should)의 세계를 본 반면, 리얼리즘은 인간의 욕망과 존재(be), 그리고 그로부터 세계의 모습을 있는 그대로 인정하고 분석한다. 파레토는, 애덤 스미스를 추종했을 때는 아이디얼리즘이 말하는 조화, 이성, 진보의 세계를 받아들였다. 하지만 그는 날이 갈수록 마키아벨리의 세계관으로 기울어졌다. 그 결과 실제 세계에서 이성은 반사회적 인간 본성을 극복할 만한 충분한 능력을 갖추고 있지 못하다는 생각을 하게 됐다.

파레토의 마키아벨리즘 수용과 관련해서, 한때 그가 베니토 무솔리니Benito Mussolini, 1883~1945의 파시즘(fascism)을 옹호했다는 소문이 돌기도 했다. 하지만 파레토가 파시즘을 옹호했다는 근거는 없다. 오히려 파레토를 연구한 학자들은 파레토가 파시스트 정책에 비판적이었다는 사실을 밝혀냈다.[137] 무솔리니는 1919년 파시스트당을 만들고 1922년 이후 이탈리아 총리를 지냈는데, 파레토가《일반사회학 논고》이탈리아어판을 출판한 해가 1916년이었다. 무솔리니는 정치인이 되기 전에 사회주의 성향의 잡지 편집장을 지냈고, 풍부한 독서에 바탕을 둔 수려한 문장력과 세련된 웅변술로 유명했다. 그는 고대 플라톤의 철인(哲人) 통치 사상 등, 고래(古來)의 여러 학설로부터 자신의 이념을 뒷받침할 소재들을 찾아내는 데에 열을 올렸다. 무솔리니 본인이 마키아벨리의 애독자였을뿐만 아니라, 마키아벨리형 지도자 개념을 도입한 파레토의 책에서도 파시즘을 뒷받침할 논변들을 끌어다 썼다. 이런 사실 때문에 파레토는 본의 아니게 오랜 세월 파시스트 사상의 기반을 닦은 사상가라는 누명을 뒤집어쓰게 됐다.

파레토는 1923년에 죽었다. 그는 무솔리니가 정계에 막 등장했던 초기 3년 남짓한 기간만을 경험했을 뿐이다. 무솔리니가 이탈리아의 대중들 사이에 영웅적이면서도 지적인 지도자로 첫 모습을 드러냈던 잠깐 동안이었다. 파레토는 그의 인성에 대해서 반신반의했다. 저 명철했던 파레토라 하더라도 그 첫인상만을 보고서 어떻게 훗날 벌어질 파시즘의 광기를 예측할 수 있었겠는가?

◆ 사회를 구성하는 논리적 행동과 비논리적 행동

사회는 어떤 독자적인 실체로 만질 수 있거나 보이는 대상이 아니다. "사회!" 하고 이름을 불렀을 때 "저요!" 하면서 답할 수 있는 실체는 없다. 대답 없이 멀뚱히 서 있는 것은 개인들일 뿐이다. 그렇다고 해서 사회를 단순히 개인 간의 관계에 불과하다고 치부할 수는 없다. 그 기본 단위도 개인으로 환원해서 처리하는 것만으로는 부족하다. 사회는 개인 간 관계 이상의 그 무엇이다. 그럼 사회, 도대체 정체가 무엇일까?

영어로 '마음과 사회(The Mind and Society)'라는 제목으로 번역된 대저 《일반사회학 논고》에서, 파레토는 사회를 4가지 요소들이 상호작용하는 하나의 전체라고 규정했다. 첫째, 잔기(영어 residue, 이탈리아어 residui), 둘째 파생체(derivation, derivazioni), 셋째 이익(interest, interesse), 넷째 행동(action, azione)이다.[138] 파레토는 이 단어들이 일상용어로서 지니는 뜻에 큰 의미를 부여하지 않고, 그저 자신의 사상을 전체 맥락 속에서 개념화하는 일종의 기호 정도로 사용했다. 'residue'를 굳이 잔여 의식, 기저 의식 같은 식으로, 또는 'derivation'을 파생 규범, 파생 사상 같은 식으로 의미를 부여해서 사용하거나 하지 않거나 큰 차이는 없다. 그냥 파레토가 자신의 의도대로 사용한 표현이라고 보면 된다.

'잔기'는 개인의 마음 깊은 곳에서 작동하는 정서(sentiment)다. 사람들의 마음속에 내재하는 이 정서는 온갖 비논리적 행동을 일으키는 근본 원인이 된다. 서로 구분된 대상들을 통합시키고 싶어 하거나, 안정적인 상태를 추구하거나, 자신을 바깥으로 표현하고 싶어 하거나, 타인과 관계를 맺고 싶어 하거나, 자아 또는 개체의식을 유지하고 싶어 하거나, 성(性) 욕구를 충족하고 싶어 하는 정서가 다 잔기에 해당한다.

'파생체'는 잔기가 표면으로 드러나서 형상을 갖춘 것이다. 각종 이념, 신화, 문화구조, 가치체계, 그리고 그 사회 구성원들이 지켜야 할 규범(유교 규범, 기독교 윤리 등)이 다 여기에 해당한다. 지금은 초라하지만 한때 대륙을 지배했던 민족의 기상이라거나, 민족중흥의 역사적 사명이라거나, 부부유별(夫婦有別)과 장유유서(長幼有序) 같은 삼강오륜(三綱五倫)의 규범이나, 개인 브랜드 홍보의 시대라거나, ESG 규범을 준수하는 착한 기업의 의무라거나 하는 등등이다.

'이익'은 개인과 공동체가 삶에 유용한 모종의 물건이나 효용을 획득하고자 하는 충동을 말한다. 이런 획득은 단순히 물리적 쾌락뿐만 아니라 정신적 만족을 목적으로 해서도 이루어지게 된다. 멋진 의상과 맛있는 식사, 세련된 승용차, 조망이 좋은 고급 주택, VIP 프리미엄 클럽 회원권, 고액의 기업 주식 지분, 권위 있는 자격증이나 학위 취득 등등, 이른바 모든 경제 행동의 동기가 바로 여기에 있다.

사람들은 이 잔기, 파생체, 그리고 이익에 의거해서 비로소 행동을 일으킨다. 이렇게 일어난 행동에는 두 가지가 있다. 하나는 논리적 행동이고, 다른 하나는 비논리적 행동이다. 이성이라고 하는 정신 작용은 이 중에서 논리적 행동을 일으키는 데에 국한한다. 반면에 사회 안에서 개인 행동의 상당 부분은 비논리적 행동으로 이루어진다.

논리적 행동이라는 것은 목적과 수단 사이의 관계, 또는 원인으로부터 결과에 이르는 인과관계를 인지한 상태에서 이루어지는 행동이다.

비논리적 행동은 수단과 목적 사이의 관계, 또는 원인으로부터 결과에 이르는 인과관계가 합리적으로 인지된 것이 아니라 정서, 감성, 가치관에 의거해서 하는 행동이다.

일반적으로 경제, 군사, 법률 분야의 공식적 의사결정에서는 논리적 행동이 필요하다. 정치에서도 원칙대로 하자면 논리적 행동이 이루어져야 한다. 하지만 현실에서는 이런 여러 분야에서도 비논리적 행동이 자주 개입한다. 경영자가 점쟁이에게 신사업이 성공할 것인지 물어보고 추진 여부를 판단하거나, 판사가 자신의 사적인 이해관계나 정치 권력의 압력에 떠밀려 피고인에 대해 편파적인 판결을 내리기도 한다. 또한 정치에서는 가끔 논리적 행동이 나오기는 하지만 대다수가 비논리적 행동이다. 고토(古土) 회복이라거나 제국의 영광이라거나 신의 왕국 건설 따위의 파생체를 들먹이며 전쟁을 일으키고 국민을 동원한다.

비논리적 행동은 항상 어떤 이론이나 학설로 합리화된다. 수단과 목적 사이 또는 현상의 인과관계가 분명치 않은데도 이러저러한 학설, 이념, 교리를 덧붙여서 자신의 행동이 옳다는 것을 입증한다. 문민정부든 무력정권이든 독재정권이든 민주정부든, 그들의 모든 정책들은 모두 나름대로 명분이 다 있다. 민생 회복, 적폐 청산, 정의 구현, 안보 강화, 혁신 추구…. 그들의 입만으로 부족하면 권위 있는 지식인들의 입과 펜을 항상 빌린다. 온갖 파생체들이 다 동원되고, 거기에 참여한 모든 이들의 복잡다단한 이익 추구 충동이 결합해서 비논리적 행동이 일어난다.

논리적 지식의 대명사인 순수 경제학, 자연과학, 또는 공학 연구자들이 논리적인 사고와 행동을 하는 경우는, 그들이 논문이나 저서를 집필하는 그 순간일 것이다. 그곳을 벗어나서 국회의원 출마라도 하거나 하다 못해 학회장 선거전이라도 뛰어드는 순간, 그들의 말과 행동은 비논리적 행동이 지배할 가능성이 커지기 시작한다. 유사 이래 과학자들조차 자신이 숭앙(崇仰)하는 종교나 정치 이념의 파생체를 옹호하기 위해 논문을 써댄 사례는 또 얼마나 많은가? 사회 속 과학자는 더 이상 논리적 '과학자'가 아닐 가능성이 있다.

◆ **역사는 엘리트가 교체, 순환하는 과정이다**

사회 구성원들의 삶에 가장 큰 영향을 미치는 것은 엘리트(elite)의 행동이다. '엘리트'란 사회 지도층 인사 또는 지배계급을 표현하기 위해 파레토가 사용한 표현이다. 상류층이라 해도 좋고 리더 계층이라 해도 좋다.

 파레토의 엘리트 순환사관의 관점에서 보면, 역사상 모든 사회는 힘 있는 상층 엘리트와 힘없는 하층 대중 사이의 역학 관계다. 엘리트는 통치하는(governing) 엘리트와 통치하지 않는(non-governing) 엘리트로 나뉜다.[139] 통치하는 엘리트는 군주나 수상을 위시하여 행정, 입법, 사법 기구와 같은 권력 기구의 주요 직위를 차지한 사람들이다. 통치하지 않는 엘리트는 권력의 산하 보조기구들인 각종 관변 단체, 국영 기업, 기타 사실상 권력의 통제하에 있는 민간 조직의 경영자들, 사회 각 분야의 오피니언을 이끄는 전문가와 지식인들이다. 이른바 각계에서 셀럽으로 분류되는 사람들, 예컨대 스포츠 스타나 저명 연예인들도 비록 통치하는 계층은 아니지만 엘리트 계층에 속한다.

어느 사회에서나 시간이 흐르면서 엘리트는 계속 교체된다. 과거에는 엘리트에 속해 있지 않은 사람들이 어느 날 새로운 엘리트 집단에 유입되고, 기존 엘리트는 퇴출되는 과정이 반복된다.

파레토는 엘리트를 유형I(Class I)과 유형II(Class II)로 나누었다. 파레토는 마키아벨리가 지도자의 유형을 표현했던 방식을 따라 이 둘을 각각 여우(Fox)형과 사자(Lion)형으로 묘사했다. 마키아벨리는 《군주론》 제18장에서 늑대와 여우의 비유를 들었다. 그에 따르면, 여우는 적이 놓은 함정을 잘 냄새맡고 그 함정에 빠지지 않는 인지수단을 가지고 있고, 교활하다. 그리고 여우형 인간 자신은 남에게 잘 속지 않지만, 자신이 남을 잘 속인다. 한편, 사자는 힘센 동물이어서, '늑대'처럼 약한 자들을 괴롭히는 불량배들을 엄청난 힘과 큰 소리로 공포스럽게 만들 능력을 가지고 있다. 파레토는 여기서 한걸음 더 나아가 여우는 유연함, 자유로움, 활발함 같은 특성을, 사자는 의연함, 경직됨, 저돌성 같은 속성을 상징하는 비유로 들었다.

유형I 엘리트는 '모색자(speculator)'다. speculator는 뭔가를 계속 찾아다니는 사람으로서 투기자, 사색가라는 여러 뜻으로도 쓰인다. 이 단어는 앞에서 잔기나 파생체라는 용어가 그랬던 것처럼 일상에서 받는 어감과는 큰 관련이 없다. 여기서는 중립적인 어감을 살리기 위해 모색자라고 불렀다. 기본적으로 자유를 추구하고 리스크를 감수하고 혁신을 추구하는 사람들이다. 이들 사이에서 능력이 있는 자는 그 능력에 따라 보상을 받는다.

유형II 엘리트는 '지대추구자(rentier)'다. 이들은 변화를 싫어한다. 보수적이며, 지금 체제를 유지하고 싶어 한다. 리스크는 어떻게든 회피하고 싶어 한다.

파레토는, 역사란 비록 문물의 발전은 있겠지만, 사회 전체의 모습은 이 두 유형의 엘리트가 시대별로 계속 교체, 순환되는 과정에 불과할 뿐이라고 보았다. 파레토는 역사를 진보하는 과정으로 보지 않았다. 이는 모든 사회는 시대를 거치면서 점점 더 나은 상태가 된다는, 애덤 스미스 이래 계몽주의 역사관을 부정하는 것이었다.

여우형 엘리트가 대세가 된 시대는 소위 번영의 시대라고 부른다. 모든 개인들이 활발하게 활동하고 개인의 능력이 극대화되면서 경제와 문화가 꽃피게 된다. 그러는 와중에 사자형 엘리트가 사회 안에 조금씩 자리를 잡아가다가 그들이 대세가 되면서 경직된 사회의 시대가 도래한다. 이는 유동성이 사라진, 결정화(crystallized)된 사회다. 역사는, 이런 두 가지 상태가 비록 그 주기가 짧을 수도 있고 길 수도 있지만, 계속 양쪽을 왔다 갔다 하는 과정이다.

유형I 엘리트가 지배하는 번영의 시대라고 하면 대개 긍정적인 의미로 받아들일 것이다. 하지만 거기에는 대가가 따른다. 자유와 창의가 넘치다 못해 극단적으로 융성하게 되면, 그 사회는 철저한 개인화와 무질서가 지배하는 상태로 점점 치닫게 된다. 이런 혼란스러운 사회에 불만을 갖는 사람들이 날로 늘어난다. 그 반작용으로 질서와 안정을 강조하는 유형II 엘리트들의 주장이 조금씩 호응을 얻게 된다. 이 유형의 엘리트가 점점 목소리를 키우다가 이들이 완전히 지배하게 되면, 그 사회는 홉스식 통제 국가, 폭력 국가가 된다. 자유와 유연성은 사라지고 사회는 경직된다.

고대 그리스-로마 이후 서구 역사를 살펴보면, 이런 교체가 때로는 서서히 흐르는 강물처럼, 때로는 급격히 넘쳐나는 홍수처럼 일어났었다. 로마제국 엘리트가 쇠퇴하고 중세 기독교 엘리트층이 득세하는 과정이나, 다시 중세 기독교 엘리트가 힘을 잃고 근대 인문주의 엘리트가 융성하는 과정은 강물처럼 서서히 진행됐지만, 프랑스 혁명기를 중심으로 구체제 엘리트가 부르주아 엘리트로 교체된 사태는 홍수처럼 일어났다. 그때마다 모든 엘리트는 항상 자기들은 국민의 뜻을 따른다고 말했다. 이 지점에서 파레토가 지적한 사실은, 그들이 말로는 국민의 뜻을 내세웠지만 사실은 자신의 파생체와 이익을 관철하려는 의도에 불과했다는 것이다. 그들이 대변하는 것은 국민의 뜻이 아니라 언제나 바로 자신들의 파생체와 이익이었다.

역사상 어떤 한 유형의 엘리트가 득세를 하고 있다가도 그게 극단적인 상황이 되면, 반드시 반대 유형의 엘리트가 나와서 개혁을 시도하게 되어 있다. 이때 두 가지 시나리오가 가능하다.

한 시나리오는 신흥 엘리트가 기존 엘리트의 파생체를 전복시키려고 저항하는 과정에서 충돌이 일어나고, 신흥 엘리트는 탄압을 받으면서 좌절하게 되는 상황이다. 조선 후기 세도 정치와 수탈 귀족 엘리트가 형성한 파생체 이념이 사회를 붕괴 직전까지 몰고 갔을 때, 신흥 개화파 엘리트들이 나타나서 이를 파괴하려 시도했다. 하지만 그들의 시도는 실패로 끝났다. 또한, 아랍의 경직된 유형II 엘리트 지배에 대한 저항,

튀니지에서 촉발된 민주화 운동도 이런 식으로 실패로 끝났다. 아프가니스탄에서 서구식 신흥 엘리트 체제를 도입하려 했던 모든 시도 역시, 기존 이슬람 엘리트의 굳건한 파생체 앞에서 실패했다.

두 번째 시나리오는 신흥 엘리트의 세력이 기존 엘리트의 그것을 압도하고 승리하는 것이다. 엘리트 체제의 중심이 전 시대와 완전히 달라진다. 예를 들어 프랑스 혁명을 통해 구체제 귀족 엘리트가 몰락하고 신흥 상공업 엘리트가 등극한 것이나, 한국전쟁 이후 한국 사회는 혼란으로 점철되어 있었지만, 군사혁명을 거쳐 군인 엘리트가 사회의 중심으로 자리잡게 된 것이 바로 이런 시나리오를 거친 것이다.

파레토에 따르면, 역사는 아무리 화려한 수식어로 치장하더라도 결국, 때로는 느리게, 때로는 빠르게 시계추처럼 엘리트 유형이 교체되는 것에 불과했다.

◆ **엘리트의 비논리적 행동들**

그러나 새로운 엘리트는 결코 논리적인 행동을 통해 등장하지 않는다. 통치하는 엘리트이거나 통치하지 않는 엘리트이거나 언제나 비논리적 행동을 통해 등장한다. 그 방식이 대중 선동이든 무력 강압이든 기만이든 기회주의 행동이든 말이다. 그들은 등극 이후에도 비논리적 행동을 지속한다. 훗날 이들을 대체할 새로운 엘리트 계층이 등장하게 되더라도 이 과정은 다시 반복된다.

한 사회가 위기에 처해 있을수록, 즉 새로운 엘리트가 등장해서 변화를 이끌어야 할 시점이 임박했을수록, 신비주의, 상징주의, 미신, 신흥 종교가 유독 횡행한다. 위기가 아닐 때에는 그런 공상가들의 주장은 잘 먹히지도 않고 그 영향은 미미하기 그지없다.**140** 고려말 괴승 신돈辛旽, 1322~1371이나 제정 러시아 말기 라스푸틴Rasputin, 1814~1864의 전횡이나, 청나라 말기 홍수전洪秀全, 1814~1864의 태평천국 난이거나, 구한말 동학사상과 증산교의 열풍이거나 항상 그랬다. 이런 파생체들은 언제나 대중의 이성 대신에 감성을 쥐고 흔든다. 가끔은 거기에 과학이나 합리라는 이름까지 달면서 말이다.

세상이 흉흉할 때마다 늘 등장하는 음모론은 이런 미신의 또 다른 형태다. 힘없는 대중이 도저히 논리적으로 납득할 수 없는 엘리트의 행동들을, 어떻게든 논리를 동원하여 설명하려고 한 결과가 음모론으로 나타난다. 사람들이 무지의 제약으로 도저히 진실을 알 수 없을 때, 결국 찾게 되는 것은 악령, 초월의 힘, 또는 배후의 절대자다.**141** 소수의 당사자 외에는 누구도 그 진실을 알 수 없는 유대인 세계지배 음모론이나 2008년 글로벌 금융위기에 대한 쑹훙빙宋鴻兵, 1968~의 《화폐전쟁》류 음모론이 다 그렇게 등장했다.

파레토가 언급한 엘리트의 비논리적 행동들은 헤아릴 수 없이 많다. 실증과학을 연구하는 전문가조차도 종교 정서에 따라 결론을 미리 정해 놓고 논설을 전개하는 경우가 많다. 행성의 원리를 연구하는 사람이나, 채식주의의 우월성을 주장하는 사람이나, 금주의 타당성을 입증하려는 사람이나, 그들이 아무리 과학의 언어를 사용하고 있다 해도 내면의 종교적 동기가 그들의 증거 채택과 논리 전개의 방향에 영향을 미친다. 사실 천동설은 실증 데이터로 설명하기에 아무런 오류가 없다. 한번 보라. 지구는 가만히 있고 태양이 돌지 않는가? 천동설이 옳다고 믿는 사람들에게 천동설은 옳은 것이 아니라 그저 옳아야 하는 것이다. 사회주의가 옳다고 온갖 이론과 실증 데이터를 들면서 주장하는 사람에게도, 사회주의는 옳은 것이 아니라 무조건 옳아야 하는 것이다.[142]

사법부의 재판관들이 합리와 정의의 원칙에 입각해서 항상 공정한 판결을 내린다고 믿기도 어렵다. 파레토에 따르면 프랑스의 한 유명한 재판관은 법의 원칙 대신에 군중의 무분별한 열정에 따라 판결을 내렸다. 이들을 뒷받침하는 엘리트의 파생체는 법관들에게 그런 판결을 유도하고, 법관은 자신을 선출해준 권력의 심기를 불쾌하게 만들지 않기 위해 눈치를 볼 가능성이 있다.[143]

◆ 사회 변화는 잔기, 파생체, 이익이 총체로 맞아떨어져야만 이루어진다

파레토식 역사관이 주는 한 가지 교훈은, 모든 개혁, 즉 엘리트 무게 중심의 이동은 단지 개혁이라는 구실로만은 절대 이루어질 수 없다는 사실이다. 이 모든 충돌이 단지 소수 엘리트 집단 사이의 대결이 아니라, 온갖 잔기와 파생체, 그리고 이익의 거대한 구성체 사이의 대결이라는 것이 핵심이다. 기존 엘리트들이 오랜 세월에 걸쳐 쌓은 이 구조는 실로 견고해서 아무리 몇몇 탁월한 사람들이 이를 부수려 해도 대개는 난공

불락이다. 조광조$^{趙光祖, 1482~1520}$든 김옥균$^{金玉均, 1851~1894}$이든 섣불리 덤비는 순간 되맞으며 부서졌다.

반면에 이성계$^{李成桂, 1335~1408}$나 왕건$^{王建, 877~943}$은 어떻게 해서 고려 말이나 후삼국 시기의 공고한 기존 엘리트 구성체를 파괴할 수 있었을까? 무력만으로 된 것은 절대 아니다. 새로운 파생체를 구성하는 기반 지식, 가치관, 도덕체계가 먼저 사람들 사이에 충분히 확산되는 단계가 병행되었기 때문이다. 즉 새로운 파생체가 사회에 수용 가능하도록 사전 작업이 충분히 이루어지지 않으면, 신흥 지배층은 그 의욕만 가지고는 절대 득세할 수 없다.

모든 신흥 지배층은 그래서 새롭게 필요한 이런 파생체를 뒷받침하기 위해, 모든 그럴듯한 철학, 고대 신화, 영웅담, 역사 속 교훈들을 총동원해서 통치 이념을 정립하고 대중에 선전하는 일에 주력할 수밖에 없다. 이때 수많은 지식인과 종교인들이 동원되고는 했다. 심지어 그 파생체를 만드는 데에는 음악가, 미술가, 스포츠 스타, 연예인까지 동원되기도 했고, 그들은 자신도 모르는 사이에 이용당했다. 대중의 잔기는 이들이 만들어놓은 심상(心象)과 가치관에 언제나 매혹당하게 되어 있으니까. 더구나 엘리트들은 국민을 위해서 일하는 사람들이라고 이미 대중에게 믿음을 주었으니까.

파레토는 17세기 네덜란드의 종교 개혁가 코르넬리우스 얀센$^{Jansen, 1585~1638}$이 활동했던 당시에 유행한 민요 가사 하나를 다음과 같이 인용했다.

그들은 우리에게 말했어.

너는 부자가 될 거야.

너는 행복하고 존경받을 거야.

그들은 온갖 종류의 것들을 주기로 약속했어.

이렇게 그들은 우리를 속였다네.

우리가 부자가 되었나?

신이시여, 우리를 가여이 여기소서.

우리는 얼마 안 되는 이것마저도 빼앗겼네.

이제 우리에게 남은 건 가난뿐이라네.[144]

사회주의 엘리트도 이렇게 속이고 자본주의 엘리트도 이렇게 속인다. 종교인도 이렇게 속이고 지식인도 이렇게 속인다. 대중이 얼마나 이들 파생체에 잘 속아 넘어가는지 살펴보자.

파레토는 19세기 말 유럽 사회가 이미 자유경쟁에 의거한 자본주의가 아닌 상태라고 보았다. 서구는 이미 부르주아 엘리트가 추진하는 사회주의로 변모한 지 오래였다. 그럼에도 불구하고 그들은 이 세상이 자본주의라고 늘 선전한다. 엘리트는 대중 사이에 통하는 신화를 하나쯤은 만들어놓고 자기들 집단의 이익을 짜낸다. 학자나 대중 모두 이런 신화에 미신적으로 반응하기 일쑤다. 엘리트들은 어느 날 갑자기 자유에 대해서도 지고무상(至高無上)한 왕관을 씌워놓았다. 한때 열렬한 자유주의자였던 파레토조차도 자유는 최선(the best)의 가치가 아니라 그나마 덜 나쁜 악(a lesser evil) 정도로 받아들여야 한다고 생각했다.

플라톤, 아리스토텔레스, 공자, 맹자, 주자, 토마스 아퀴나스$^{\text{Thomas Aquinas, 1224~1274}}$, 애덤 스미스, 루소, 칸트, 헤겔, 프리드리히 리스트, 마르크스, 엥겔스, 찰스 다윈$^{\text{Charles Darwin, 1809~1882}}$, 케인스, 슘페터 …. 그들은 한결같이 사람이 사람답게 사는 세상은 어떤 모습이어야 하는가를 외쳤다. 동시에 그들의 외침은, 그들의 본의였든 아니었든 간에 'OO주의', 'OO사상'이라는 이름을 달고 한 시대 엘리트가 원했던 파생체를 만드는 데 기여했다. "마르크스가 쓴 책이 사회주의자들을 만들어낸 것이 아니라, 마르크스의 책을 유명하게 만든 것이 사회주의자들이다."[145] 규제를 통해 권력으로부터 보호막을 제공받으며 돈을 벌기 원했던 사업가들은 줄곧 프리드리히 리스트를 소환했다. 마르크스나 리스트처럼 엘리트들의 좋은 먹잇감이 된 사례도 많았지만, 반대로 엘리트에게 철저히 배척당하거나 외면된 사상 역시 많았음은 두말할 것이 없다.

이 책에서 다룬 모든 사상가들의 말과 글은 어떤 형태로든 한 시대 엘리트의 파생체를 만드는 재료가 됐다. 파레토 자신과 마키아벨리도 예외가 아니어서, 파시스트들에게 이용당했다. 찰스 다윈도 우생학 인종주의자들의 좋은 구실이 됐다.

통치하지 않는 엘리트 계층 지식인 가운데 어떤 사람들은 통치하는 엘리트가 자신을 써줄 기회를 얻기 위해 백방으로 찾아다니곤 했다. 예컨대 공자가 천하를 주유한 것은 자신의 이상을 받아들여 줄 군주를 만나기 위해서였다. 그를 계승한 맹자도 그랬다. 하지만 공자와 맹자는 당대에는 실패했다. 그들은 전한(前漢) 왕조에 이르러 동중서$^{\text{董仲舒, BC176~BC104}}$에 의해 신격화된 채 되살아나, 20세기에 마오쩌둥주의라는 파생체가

들어서기까지 근 2,000여 년간 중국 대륙에서 굳건한 파생체로서 중심 지위를 유지했다. 지금도 많은 지식인들은 언제나 정치인 곁을 기웃거린다. 자신의 생각이 세상을 더 낫게 만들 수 있다는 자신감 때문이다.

◆ 비논리적 행동이 지배하는 사회적 균형은 대개 고장 난 상태다

파레토의 엘리트 교체와 순환의 역사 도식을 결코 일반화하기는 어렵다. 이 두 유형의 리더십은 정도의 차이는 있지만, 어느 시대에나 어느 정도 혼재해 있다. 그리고 그러한 교체도 그것이 과연 교체인지 아니면 계승인지조차도 불분명한 경우가 허다하다. 하지만 파레토의 이런 관점으로부터 우리는 균형 잡힌 사회는 어떤 모습이어야 하는가에 대한 나름의 교훈을 얻을 수 있다.

먼저 우리는 파레토가 논리적 행동에 의해 도출된 경제적 균형은 최대 행복감을 달성할 수 있다고 말했다는 사실을 상기하자. 그런데 불행하게도, 비논리적 행동이 가세해서 이룩된 사회적 균형은 그렇지 않은 경우가 대다수라고 생각했다. 유형I과 유형II 엘리트의 충돌과 교체로 결정되는 이 균형 과정의 불가피한 숙명이다.

유형I이든 유형II든 다 장단점이 있고, 적절히 균형을 이루는 상태가 필요하다. 개인의 자유 보장, 능력과 창의 발현, 다 좋다. 하지만 이를 적절히 결속 또는 통제할 수 있는 시스템이 없으면, 그 자유는 방종이 되고 능력과 창의는 다양성이라는 명분 아래 인간 본성의 파괴적인 속성만을 드러낼 가능성이 커진다. 반면에 사회의 단결, 일사불란함, 질서, 다 좋다. 하지만 이것들이 지나치면 자유롭고 존중받는 개인이 설 자리가 사라지고 숨막히는 감옥 사회가 될 것이다.

일부 연구자들은 제2차 세계대전 이후 약 20년 동안 미국은, 바로 이 유형I과 유형II의 리더십이 적절히 균형을 이루었던 시기라고 평가했다.[146] 이 시기는 미국 역사상 전례 없는 번영을 이루었던 시기다. 자유로운 기업 활동과 연구 교육 활동이 한 편에서 유형I의 모습을 보이며 번영을 이끌었지만, 다른 한 편에서는 전체주의를 굴복시킨 자유주의 미국 권력의 자신감과 전후 거대정부의 힘, 그리고 공산주의에 대한 대결 구도 속에서 미국 사회는 유형II의 단합된 모습을 잃지 않았다. 이랬던 미국이 1970년대를 거친 뒤에는 균형추가 유형I로 서서히 기울기 시작했다. 개인주의가 만연하고, 이익집단의 목소리가 날로 커지기 시작했다. 거대정부의 비효율이 표면화되고 양극화는 심화되며 새로운 지대추구 계층들이 득세하고 사회 불안이 가중되기 시작했다.

물론 이 모든 변화를 일으킨 요인들을 반드시 파레토식 관점으로만 국한해서 설명하는 데에는 무리가 있을 것이다. 하지만 역사의 출렁임을 이 두 가지 힘 사이의 상호작용으로 보는 관점에는 분명히 일리가 있다. 다만 파레토는 이 두 힘 사이의 균형이 제대로 유지되는 시기는 드물고, 어느 한 힘이 들쑥날쑥 과도해지면서 오작동 내지 기능장애(dysfunction)에 빠진 시기가 대부분이었다고 본다. 쉽게 말하자면 세상이 제대로 돌아가는 경우는 아주 가끔, 어쩌다 잠시 있었던 일뿐이라는 것이다.

대단히 비관적인 생각이었다. 어느 시대든 지도자들은 우리가 기대하는 것처럼 뭔가 합리적이고 현명하게 국사를 처리하고 세상을 제대로 다스렸다기보다는, 대부분의 경우 무능하고 오판하는 것이 일반적인 현상이었다는 말이다. 파레토에 따르면, 그런 오판과 무능은 유형I이든 유형II 엘리트든 상관없이 항상 나타났다.

오작동의 전형적인 증상은 이렇다.

첫째, 엘리트 집단을 구성하는 사람들의 교체 속도가 점점 느려진다. 지배계층은 새로운 계층의 인물을 채용하기보다는 자신의 네트워크 안에서만 사람을 쓰면서 점점 폐쇄와 고착의 정도가 심해진다.

둘째, 리더를 향한 외부의 피드백 채널이 특정 이해관계를 대변하는 목소리로만 편중된다. 리더 주위를 둘러싼 사람들이 리더에게 전하는 메시지는 현실과 달리 왜곡되기 시작한다. 리더를 향한 다양한 피드백 채널은 사라진다. 사회가 어떤 곤란한 해결 과제에 직면했을 때, 올바른 지식을 지닌 전문가의 통찰력 있는 목소리는 차단된다. 이와 동시에 리더의 정치력과 지력 자체가 퇴화한다.

셋째, 사회의 핵심 요직이 무능한 인사들로 채워지기 시작한다. 그 직을 수행할 충분한 능력과 지식을 갖춘 인물 대신에, 리더와 그를 둘러싼 인사들의 구미에 맞는 인물들이 온갖 지위를 차지한다.

넷째, 리더는 스스로 특정 이념에 함몰되어 근시안적인 결정을 내리는 데 급급해진다. 변화를 회피하고 나중에 비난받을 일이 두려워서 제대로 된 결정을 못 내린다.

그리스-로마 이후 장구한 역사를 관찰해보았을 때, 이런 오작동 상태에서 벗어난 소수의 리더가 가끔 등장하기는 했지만, 지극히 예외적인 상황이었다. 정치인들에 대한 대중의 기대는, 역사 속 어쩌다 운 좋게 등장했던 성군이나 탁월한 리더의 이미지와 전혀 다른 현실 정치인들의 모습 앞에서 환멸을 느낀다. 왜 항상 타협하지 못하고 싸우면서 국익을 해치는가? 왜 저리도 졸속으로 정책을 만들어 세상을 더 꼬이게 만드는가? 아무리 혀를 차도 그런 정치인들의 모습은 바뀌지 않는다.

사실 리더 본인도 자신이 내리는 온갖 결정들이 과연 올바른 결정인지 아닌지 알지 못한다. 다만 그러기를 바랄 뿐. 그걸 따르는 사회 구성원들도 모른다. 오직 시간이 한참 흐른 뒤에야 사후적으로 알 수 있다. 그 시간이 지나기 전에는 오직 대립과 투쟁밖에 없다. 시간이 흐른 뒤에야 사람들은 평가할 수 있다. 그때 그 리더가 있었기에 우리가 살았다거나, 그 리더 때문에 이 사회가 망했다고 비로소 덤덤히 말할 것이다.

역사가는 시간이 흐른 뒤에 평가할 수 있는 여유가 있지만, 리더는 문제에 당면한 그 시기에 바로 행동해야 한다. 리더에게는 여유가 없다. 그러나 이때 과업에 임하는 리더의 상당수는 운명처럼 리스크 무지(risk ignorance) 상태에 들어 있다. 대중도 마찬가지다. 대중 역시 리스크 무지 상태임은 물론이고 진실을 알고 싶어 할 의지도 없다. 대중은 언제나 신화, 음모, 악령의 스토리에 의거해서 많은 사태를 판단한다. 그들이 의사결정을 할 때 풍수지리나 사주관상을 늘 찾는 것도 전혀 이상할 것이 없다. 대중은 대개 합리적으로 판단하고 행동하지 않는다. 주로 정서와 믿음에 따라 움직인다. 그것도 엘리트들이 이미 그물망처럼 쳐놓은 파생체 안에서 말이다.

◆ 낙관과 비관을 모두 극복하는 유일한 길

인간은 완벽히 합리적이지도, 완벽히 감정적이지도, 완벽히 동물적이지도 않은 복합적 존재다. 사회 역시 이런 인간의 이성과 감성과 동물적 본능이 뒤섞인 채, 도처에서 태어나고 융성하고 쇠퇴하고 몰락한다. 거기에는 장엄(莊嚴)함과 추악(醜惡)함이 늘 함께 있다. 다만 우리는 파레토로부터 이렇게 돌아가는 세상에 대해서, 모든 이념과 지식의 프레임에서 벗어나, 몽상도 자학도 필요없이 있는 그대로 현실을 볼 줄 아는 자세를 배웠다. 누군가 파레토의 말 자체가 프레임이며 결코 있는 그대로의 현실이 아니라고 우겨도 할 말은 없다. 그게 프레임인가 아닌가 여부는, 파레토가 정하는 것이 아니라 독자의 마음이 어느 지점에 서 있느냐에 따라 만들어지는 것이기 때문이다.

파레토 덕분에 우리는 적어도 이상주의와 도덕주의가 주는 모든 낙관이 깨지는 진기한 경험을 하게 된다. 하지만 이렇게 희망이 깨지는 데에서 모든 사태가 멈추어버린다면 삶에는 아무런 의미가 없을 것이다. 우리는 한 걸음 더 나아가, 이 근거 없는 모든 낙관을 깨부수는 동시에 방향 잃은 비관으로부터도 벗어나야 한다.

이 극복은 결국 자신의 무지를 인정하는 데에서 출발한다. 사람인 이상 어떻게든 이 무지를 인정하되 그 한계를 조금이라도 극복하려는 노력을 게을리하지 않아야 한다. 그것만이 우리가 낙관과 비관 어디에도 휘둘리지 않는 유일한 탈출구일 것이다.

§ 참고문헌 §

- 박정자, 《잉여의 미학: 사르트르와 플로베르의 미학 이중주》, 기파랑, 2014.
- 안정석, 《마키아벨리 읽기》, 세창출판사, 2017.
- _____, [이승만포럼] 이승만의 독립정신이 상기하는 서구사상 요소들 (1부 – 고대와 중세1), https://www.youtube.com/watch?v=R8UX7lsYvLY
- Renato Cirillo, "Was Vilfredo Pareto Really a 'Precursor' of Fascism?", 〈The American Journal of Economics and Sociology〉, (Vol. 42, No. 2) (Apr., 1983), pp. 235~245.
- Joseph V. Femia and Alasdair J. Marshall ed., 《Vilfredo Pareto: Beyond Disciplinary Boundaries》, Routledge, 2012.
- Arthur M. Meltzer, 《Philosophy between the Lines: The Lost History of Esoteric Writing》, University of Chicago Press, 2014.
- Vilfredo Pareto, (Andrew Bongiorno and Arthur Livingston tr.), 《Mind and Society: A Treatise on General Sociology, I, II, III, IV》, Dover, 1935. (original Italian ed. 1916)
- _____, 《The Rise and Fall of Elites: An Application of Theoretical Sociology》, Routledge, 2017. (original 1968) (정헌주 옮김, 《파레토의 엘리트순환론》, 간디서원, 2018)
- _____, (Aldo Montesano, Alberto Zanni, Luigino Bruni, John S. Chipman, and Michael McLure ed.) 《Manual of Political Economy: A Critical and Variorum Edition》, Oxford University Press, 2014, (original 1906).
- Adrian Wooldridge, 《The Aristocracy of Talent: How Meritocracy Made the Modern World》, Skyhorse, 2021.

· CHAPTER 8 · 기대

팔방미인 사회사상가 '존 메이너드 케인스'
(영국)

* 출처 _ 위키피디아

◆ 영국이라는 나라

대항해 시대까지만 해도, 스페인과 네덜란드의 위세 앞에서 미개국 취급을 받았던 잉글랜드가 유럽 역사에서 중심국으로 떠오른 것은 엘리자베스 1세 여왕에 이르러서였다. 당시 영국은 대(對)스페인 전쟁(1585~1604)을 승리로 이끌고 대서양 해양 패권을 확보했다. 그후 아메리카와 아프리카 대륙의 식민지를 개척하며 무역을 통해 성장하기 시작했다.

18세기에는 잉글랜드보다 변방이었던 스코틀랜드에서 지식과 문필 문화가 꽃피어났다. 애덤 스미스는 그런 변방 문화의 한 정점이었다. 19세기에 들어서, 지식 문화는 스코틀랜드보다 잉글랜드에서 더욱 꽃피기 시작했고, 잉글랜드는 제러미 벤담, 존 스튜어트 밀, 토머스 칼라일Thomas Carlyle, 1795~1881, 찰스 다윈 같은 대(大)사상가를 배출하기 시작했다.

독일인 마르크스조차 런던 대영박물관에서 《자본론》을 집필했고 그의 묘지도 런던에 있다.

그동안 잉글랜드에서는 이미 근대 정치, 경제 체제의 변혁을 예고하는 여러 변화들이 일어나고 있었다. 프랑스나 러시아처럼 일순간의 폭력 혁명으로 세상을 바꿀 수 있다는 입장은 아니었다.

영국사를 한참 거슬러 올라가보면 1215년의 '대헌장(Magna Carta)'과 1688년의 '명예혁명(Glorious Revolution)'은, 인류가 왕실의 전제 통치로부터 벗어나 법치와 의회 민주주의의 단계로 진입하는 계기를 마련해준 예고편이었다.

정치 제도의 변화에서 영국이 세계사에 끼친 영향도 컸지만, 경제 제도에서는 더 심대했다. 명예혁명 직후 일어난 잉글랜드-프랑스 전쟁(1688~1697)에서 국채 개념이 원시적인 형태로 처음 등장했다. 영국은 전쟁 비용 5,000만 파운드 가운데 700만 파운드를 윌리엄 3세$^{\text{William III, 1650~1702}}$의 차입이 아니라 의회의 보증을 통한 차입으로 조달했다. 왕실의 채무를 대신하는 국가 채무(sovereign debt)가 탄생하는 순간이었다.

영국은 또한 세계에서 최초로 중앙은행이 발권하는 지폐 개념이 등장한 곳이었다. 영국 이외에 상업이 발달했던 네덜란드 등지에서도 이미 금보관 증서를 발행해주기는 했었지만, 아직 공식적 발권 형태는 아니었다. 1694년에 설립된 뱅크오브잉글랜드(Bank of England, 영란은행)는, 주화 예치자의 주화 인출권이 기재된 은행권 지폐를 발행했고, 왕실은 거기에 은행권 발행에 대한 독점권을 부여했다. 우리나라 한국은행이 발행하는 한국은행권 지폐처럼, 오늘날 세계 각국에서 중앙은행만이 은행권을 발행하도록 한, 국가 화폐 또는 법정 화폐의 원형은 바로 영국에서 나왔다.

무엇보다 1860년대 영국에서 제정된, 주주의 유한책임을 보장하는 '개정 회사법(Company Act)'이야말로 현대 자본주의 경제의 폭발적 성장을 이끈 계기가 됐다. 사업 파산 시, 지분 출자자가 무한책임이 아니라 유한책임을 지도록 법으로 보장받게 했다. 즉 투자자는 많아봤자 출자한 금액만큼만 손실을 보는 데에 그치도록 한 것이었다. 이후 유럽 각국과 미국에서 속속 모방 입법이 이루어졌다. 위험 부담이 그만큼 줄어들게 된 수많은 출자자들이 주식회사에 투자하러 몰려들기 시작됐다. 초기 주식회사 열풍은 해운, 철도, 철강, 유통 사업 등에서부터 시작했다. 오늘날 세상의 사업 조직들이 온통 주식회사로 뒤덮이게 된 것도 사실은 영국의 혁신적 입법 덕분이었다.

대영제국은 1차 산업혁명의 본거지로 출발한 이래, 근대 서구 산업 기술과 사회 제도의 발전을 주도했다. 아울러 세계 각지에 식민지들을 거느리며 패권국의 지위를 유지했다. 하지만 20세기 초까지 누렸던 그 지위는 두 차례의 세계대전을 겪은 끝에 미국[147]으로 넘어가기에 이르렀다. 그렇게 쇠락해가던 제국에서 현대 사회경제 사상과 정부의 모습에 일대 변화를 초래한 한 인물이 등장했다.

◆ 케인스는 철학자인가 경제학자인가

애덤 스미스보다 160년 뒤 영국 케임브리지에서 태어난 '존 메이너드 케인스John Maynard Keynes, 1883~1946'는 철학자, 경제학자, 행정가로 왕성히 활동했다. 그가 철학자였다고 소개하면, 대부분 그가 경제학자 아니었는가 반문할 것 같다. 흔한 경제학 교과서에 기술된 케인스에만 익숙해져 있다면, 철학자로서 케인스의 모습은 생소할 수 있다. 하지만 그는 경제학자이기 이전에 철학자였다.

철학자로서 케인스의 생각을 먼저 살펴보고, 다음에 경제사상가로서 그의 주장을 들여다본다면, 그가 수립한 학문 세계의 면모를 보다 정확히 알 수 있다.

먼저 경제학자로서 케인스에 대해 흔한 인상을 요약해보자.

첫째, '거시경제학(macroeconomics)'을 탄생시킨 사상가다. 거시경제학이란 한 나라의 경제를 여러 종류의 총량 지표를 통해서 분석하는 경제학의 한 분과다. 현대인들은 경제 뉴스를 통해 이미 거시경제학이 다루는 문제에 친숙하다. GDP, 국가 채무, 이자율, 실업률, 물가 상승률, 수출 증가율, 통화량, 주가지수 같은 것들이다. 이자율을 올리면 인플레이션을 완화시킬 수 있느냐 아니냐, 국가 채무가 과도하면 경제에 좋으냐 나쁘냐 등등을 따지는 것이 다 거시경제학의 문제다. 그 반대편에 있는 '미시경제학(microeconomics)'은 경제 주체로서 개별 개인 또는 기업의 경제 행동 원리를 분석한다.

거시경제학이 그동안 정책가들에게 전한 메시지가 여럿 있지만, 이 가운데에서 가장 인기가 있었던 것은 정부의 적극적 재정 지출을 통해서 불황을 타개할 수 있다는 이론이었다. 이 사상의 뿌리가 케인스에게 있다. 하지만 이 사상은 케인스 자신의 의도에 비추어보면, 매우 조심스럽게 해석해야 한다. 마치 애덤 스미스의 '보이지 않는 손'을 시장의 전능한 자동조정 장치라고 오인해서는 안 되는 것처럼, 재정 지출을 경제의 만병통치약으로 간주해서도 안 된다. 케인스를 계승했다고 자처하는 소위 케인지언 경제학자들, 대표적으로 노벨경제학상을 수상한 폴 크루그먼 $^{\text{Paul Krugman, 1953~}}$ 같은 사람들과 그들의 생각을 따르는 정책가들은 한 걸음 더 나아가서 적자재정(fiscal deficit), 조세수입으로 충당이 안 되는 재정 지출 수요를 국채 발행을 통해 계속 충당해서라도 재정 지출을 확대할 것을 주장해왔다.

여기서 한 걸음 더 나아가, '거대정부(mega-government)' 옹호론자들이 속속 등장했다. 이들은 자본주의 체제를 혁명을 통해 전복시켜야 한다는 주장에까지 이르지는 않을지라도, 시장 기능이 완전하지 않기 때문에 정부가 나서서 시장의 여러 부문을 통제하고, 동시에 각종 지원을 해야 한다는 신념을 갖고 있다. 이들 생각의 근거 역시 흔히 케인스로 돌리곤 한다.

거대정부와 함께 자주 따라다니는 사조가 또 하나 있다. '계획경제(planned economy)'다. 시장에서 자발적으로 생태계가 형성되도록 놓아두는 것보다, 정부가 모든 경제 분야의 수급과 자원 배분을 조직적으로 계획해서 추진하면 더욱 효과적으로 경제 성장을 이룩할 수 있다는 주장이다. 이 주장 역시 케인스와는 별 상관없는 것이다. 이런 생각은 오스카 랑게^{Oskar R. Lange, 1904~1965, 폴란드}의 시장 사회주의[148]나 루돌프 힐퍼딩의 국가 계획경제[149] 사상에서 연유한 것이다.

특히 1991년 계획경제 국가 소련이 패망한 뒤 반자본주의 사상가들의 입지가 크게 축소됐을 때, 대놓고서 마르크스-레닌 사상을 천명하기 곤란했던 인물들의 손쉬운 피난처 중 하나가 케인스였다. 그들에게 어쨌든 시장은 미웠고, 정부와 계획은 반가운 존재였다.

사실 우리나라는 박정희 정권하에서, 소련의 스탈린 시절 신경제계획과 유사한, '경제개발5개년계획'을 추진했던 것이 경제 성장의 기적을 이루는 원동력이 됐다. 하지만 우리나라의 계획경제는 소련 같은 국영기업 중심의 통제형, 배급형 계획경제는 아니었다. 현장에서 민간 기업가 활동을 장려하고 인력을 육성하고 제도를 정비하도록 돕는 계획경제였기에 성공할 수 있었다.

사실 계획만능론만큼이나 계획무용론은 어리석은 것이다. 실리콘밸리는 국가의 계획경제를 통해 탄생한 것이 아니었지만, 이어지는 성과들은 분명히 대학, 연구소, 기업, 그리고 정부 프로그램 사이의 합작품이었다. 정부가 뒷짐만 지고 있었다면 실리콘밸리는 없었다. 미국 정부의 이런 정책들은 케인스와 별 상관이 없다.

1960년대 이후 우리나라 정부의 경제개발계획도 사실 케인스 사상으로부터 영향을 받은 것은 거의 없었다. 많은 정책가와 공무원들이 2차 대전 후 일본 정부의 각종 경제 부흥 정책과 통상산업성(MITI)의 활동에서 많은 부분을 배워 왔다.

◆ 케임브리지의 팔방미인형 천재

케인스는 1883년에 영국 런던 북부, 케임브리지셔(Cambridgeshire)주 케임브리지(Cambridge)시에서 태어났다. 1883년은 공교롭게도 카를 마르크스가 런던에서 사망한 해이기도 하다. 아버지 존 네빌 케인스^{John Neville Keynes, 1852~1949}는 경제학자이자 도덕철학자로 케임브리지대학에서 강의를 하기도 했다.

어려서부터 수학 영재성을 보였고 1897년 이튼칼리지(Eton College)에 입학해서 역시 수학에서 발군의 실력을 보였다. 1902년 케임브리지의 킹스칼리지(King's College)에 입학했다. 이후 철학 연구자, 경제학 편집자, 행정가 등 다채로운 경력은 말할 필요도 없지만, 1925년에 러시아 출신의 발레리나인 리디아 로코포바^{Lydia Lopokova, 1892~1981}와 결혼했다는 사실이 세간에 이슈가 됐다. 대부분 경제학자의 이미지가 뭔가 고리타분한데, 케인스야말로 여러 면에서 능력이 탁월한 멋쟁이라는 인상을 동료 및 후대 경제학자들에게 주기에 충분했다.

그는 원래 수학과 논리학을 전공했으나, 우연한 계기로 경제학에 관심을 갖게 됐다. 이것은 역시 케임브리지의 위대한 경제학자인 알프레드 마셜의 강좌를 들으면서부터였다. 또한 그 당시에 경제학을 가르치던 피구^{Arthur Pigou, 1877~1959}의 강좌를 들으면서 지식을 넓혔다. 1908년에는 대학에서 '화폐, 신용, 가격(Money, Credit and Prices)'이라고 하는 강좌를 개설해서, 본인이 직접 강의를 하기에 이르렀다. 이후에 경제학과 관련된 논문을 집중적으로 쓰기 시작했다. 그전까지 케인스를 수학과 논리학 연구자로 알고 있던 동료들은, 1909년부터 1911년 사이에 그가 갑자기 경제학 논문을 쓰는 것을 보고 매우 놀랐다. 이때부터 그에게는 경제학자 케인스라는 평판이 추가됐다.

케인스는 박사학위가 없었다. 학계에서 정식으로 학위과정을 밟은 것도 아니고, 삶의 많은 기간 동안 주로 공무원 생활을 했다. 1908년 식민지 담당 부처인 인도청(India Office)에서 일했고, 〈이코노믹 저널(Economic Journal)〉 같은 경제 학술지에 기고하고 편집자 일도 했다. 제1차 세계대전 당시 영국 재무성에서 근무하면서 영국의 전비(戰費) 조달 실무를 담당했다.

종전 후에는 소위 베르사유평화조약, 파리평화회의에 영국 대표단의 일원으로 참가했다. 독일에 대한 전비 배상과 전후 처리 문제에 대해서 각국의 입장과 대립했는데, 이에 불만을 품고 중도 귀국했다. 이 문제에 대한 자신의 생각을 정리해서 1919년 11월 《평화의 경제적 결과(The Economic Consequences of the Peace)》를 펴냈다. 여기에서 그는, 독일에 대한 과도한 배상금 부담은 잘못된 것이며 미래에 또 다른 국제 갈등을 일으킬 가능성이 있다고 주장했다. 그가 내비쳤던 우려는, 훗날 피폐한 독일 경제에서 선동가 히틀러가 등장하고 제2차 세계대전이 발발한 데에서 보듯, 현실화되고 말았다. 아울러 전쟁 때문에 연합국 사이에 발생한 상호부채는 탕감하고, 미국이 중심이 되어 전후 복구를 지원해야 한다고 주장했다. 이런 주장들을 담은 그의 책은 큰 호응을 얻으며 유럽 각국에서 번역됐고, 케인스의 이름은 유럽 전역에 알려지게 됐다.

◆ **케인스가 살았던 시대의 특징**

케인스가 살았던 19세기 말부터 20세기 전반에 이르는 시기, 유럽과 미국의 사회상은 애덤 스미스가 살았던 시절과는 현저히 달랐다.

첫째, 전기, 석유, 화학을 중심으로 2차 산업혁명이 전개됐다. 범선이 떠다니고 마차가 오가는 풍경은 점점 사라졌고 가스등으로 불을 밝히던 모습도 서서히 저물었다. 이 거대한 변화를 주도하는 대기업 조직들이 속속 등장했다. 듀폰, GE, 포드, 지멘스, 바이엘(Beyer) 등 지금까지 생존해 있는 100년 기업들이 이 시기에 대거 등장했다. 케인스의 스승 알프레드 마셜의 《경제학 원리》에 대기업, 규모의 경제, 조직화된 경영관리 같은 개념이 처음 등장했다. 애덤 스미스로부터 존 스튜어트 밀에 이르기까지 그런 개념들은 없었다.

정치인들은 과거와 달리 대기업이 세상의 풍경을 바꾸어가는 모습을 보며 위기감을 느꼈다. 정치인들은 사회의 새로운 권력기구로 등장한 대기업을 반독점(anti-trust)이라는 명목으로, 때로는 압박하고 때로는 적절히 이용하기도 했다. 이런 대규모 기업이 속속 등장할 수 있도록 하는 데, 1860년대 영국에서 제정된 후 각국에 확산된 '회사법'이 큰 역할을 했다는 사실은 앞에서도 말한 바 있다. 애덤 스미스 시절에 흔했던 기계식 공방들도 자취를 감추고 수천 명을 넘는 인력을 고용하는 대량생산 및 수직계열화 기업들이 자리를 잡았다.

둘째, 자본시장이 성장하고 금융자산 투자가 전례 없이 확산됐다. 18세기 후반 미국 도금시대 이후 너도나도 돈을 추구하는 시대가 왔다. 대중의 주식투자 열풍은 이때부터 본격화된 것이다. 그와 동시에 자본시장(capital market)이라고 불리는 거대한 장(場)이 형성됐고, 그 주요 선수로서 투자은행(IB)들이 성장했다. 오늘날까지 활동하는 도이체방크, JP모건, 골드만삭스, 그리고 2008년 금융위기 당시 해체된 리먼브라더스 등 유서 깊은 IB들이 대부분 이 기간에 급성장했다.

대기업의 등장은 자본시장 성장이 병행됐기에 가능한 일이었다. 투자은행들은 대규모 조직의 설립과 운영에 필요한 대규모 지분투자와 채권 발행을 중개하는 역할을 했다. 뉴욕, 런던의 증권거래소는 이미 18세기부터 있었지만, 1920년대에 라디오, 자동차 등 신기술 사업 투자에 힘입어 증권 거래 규모가 급성장했고, 미국 전역에 지역 거래소들이 다수 설립됐다.

주식시장이 발전하면서 소유와 경영이 분리되기 시작했다. 구시대의 자본가였던 소유경영자 대신에 전문경영자 집단이 새로운 엘리트로 부상했고, 주식은 다중(多衆) 사이에 분산됐다. 법률가 아돌프 벌리와 경제학자 가디너 민스가 1932년에 출간한 《현대 기업과 사유재산》은 이 현상을 분석해서 널리 알렸다. 피터 드러커는 1976년에 《보이지 않는 혁명(The Unseen Revolution)》에서 이 현상이 자본주의 이후의 사회로서 연금기금 사회주의(pension fund socialism)의 도래를 촉진하는 역할을 했다고 말했다.

그런데 지분소유자와 전문경영자가 분리되고, 지분소유자조차도 소액주주를 포함한 다수로 분산된 결과, 이전 시대에 없었던 여러 문제점이 등장하기 시작했다. 창업가로서 기껏 4~5퍼센트 수준의 지분을 보유한 개인 대주주의 책임과 통제 권한의 영역을 과연 어디까지 인정해야 할 것인가? 소액주주들의 지위는 어떻게 보호할 것인가? 아울러 주주의 대리인에 불과한 전문경영자의 태만 또는 과도한 자기 이익 추구를 어떻게 방지할 것인가? 그는 자신이 경영하는 회사의 주가 향방에 따라 자신의 연임이 결정되고 주주를 상대로 자신의 능력을 입증해 보여야 한다. 장기 생존을 추구해야 하는 회사 전체의 이익과 (고액)급여 생활자인 전문경영자의 단기 이익이 반드시 일치하지는 않는데, 어떻게 해야 전문경영자의 의사결정을 회사의 이익에 부합하도록 이끌 수 있을까? 미국은 이런 문제로 홍역을 앓아왔다. 한국 사회에서도, 대기업을 사유재산처럼 여기는 재벌 가문의 행태, 창업가에게 차등의결권을 부여하는 문제, 또는 소액주주의 권익 보호 운동에서 보듯이, 오늘날에도 기업 현장에서 끝없이 많은 문제를 야기하고 있다.[150]

◆ **뉴딜정책은 과연 케인스 사상이었는가?**

케인스가 살았던 시대에 또 하나의 암울했던 경험은, 1930년대 '대공황(the Great Depression)'이었다. 대공황은 1929년 10월말 월스트리트의 주가 폭락으로 촉발된 뒤 10여 년간 지속되었다. 한참 뒤 사태가 진정되고 나서야 1960년대에 학자들 간에 그 원인에 대한 첨예한 논쟁이 있었다.[151] 통화공급량을 적절히 증가시키지 못했던 미국의 정책 실패 때문이라거나, 각국의 금본위제에 대한 집착이 거래량 확대를 제약했다거나, 각국이 보호무역 정책을 강화해서라거나 등등. 어쨌든 대공황은 미국과 유럽 전반에 수많은 기업을 파산시켰고 실업자를 양산했으며 디플레이션을 야기했다. 사회주의를 추앙하는 인사들 사이에 '거 봐라!' 하는 식으로 자본주의 위기설까지 대두됐다.

민주당 정치인 프랭클린 루스벨트는, 경제 위기를 불러일으켰다고 비난받았던 공화당 허버트 후버Herbert C. Hoover, 1874~1964의 뒤를 이어 1933년에 미합중국 제32대 대통령으로 취임했다. 그가 1933년~1939년 기간에 추진한 '뉴딜(New Deal)정책'은 대공황 극복을 목표로 했다. 단지 테네시 강 유역 개발청(Tennessee Valley Authority, TVA)을 설립해서 공공사업을 일으킨 것뿐만 아니라, 실업자와 빈민 구호 지출, 농업 보조금, 은행 개혁을 포함한 종합적인 정책이었다.

대공황이 뉴딜정책 시행에 힘입어 진정되어가는 과정을 이야기하는 사람들은 언제나 케인스의 사상을 호출했다. 특히 케인스가 1936년에 출간한 《고용, 이자, 화폐에 관한 일반이론》(이하 《일반이론》)을 뉴딜정책의 이론적 초석을 놓은 책이라고 말하는 사람들이 많다.

그러나 세간의 선입견과 달리, 케인스 사상이 뉴딜정책에 미친 영향이 전혀 없지는 않았지만, 그리 크지도 않았다. 결론부터 말하자면, '케인스'가 아니라 '케인지언'으로 분류되는 뉴딜정책 입안자들이 정책을 합리화하는 수단으로 저명인사 케인스의 이름을 사용한 것이다.

뉴딜정책의 계획이 행정 절차상 확정된 시점이 1933년 3월이었다. 케인스의 《일반이론》은 그로부터 3년 뒤에 출간됐다. 대공황 초기, 커다란 사회 혼란에 직면한 민주당 인사들은 경제학의 이론 근거와 별개로 정부가 돈을 풀어서 사태를 진정시켜야 한다는 생각을 이미 갖고 있었다. 그들이 뉴딜정책을 입안할 당시 케인스의 《일반이론》은 아직 세상에 나오지도 않았다. 케인스와 상관없이, 이미 뉴딜정책가들(New Dealers)은 테네시강 유역 개발 정책안을 만들었고, 1930년대 후반 즈음에 경제는 이미 회복세를 보이고 있었다.

TVA가 첫해 이룩한 10여 개월 남짓한 기간의 성과는, 전 유럽의 지도자들에게 깊은 인상을 줬다. 케인스 역시 그 결과를 높이 평가했다. 그는 1933년 말 루스벨트에게 보내는 공개서한에서, "기존 체제의 틀 안에서 이루어진 합리적인 실험"[152]이라면서 뉴딜정책을 호평했다. 1934년에 케인스는 백악관을 방문해서 적자재정을 통해서라도 지출을 증대시킬 것을 권고했다.[153] 그러나 정작 《일반이론》에서는, "뉴딜은 경기 불황 초기의 누적된 재고를 경감시키려는 시도로서 부분적인 효과를 거두었다.", 즉 경기순환의 작은 파동을 조정할 수 있을 정도의 효과를 거두었다고 평했을 뿐이다.[154] 오히려 "노동당 내각이나 뉴딜의 반기업 정책에 대해 기업가들이 불안감을 느끼고 그들의 장기적 기대 심리가 위축될 수 있다."라며 뉴딜의 부정적인 효과를 지적하기도 했다.[155] 1939년 뉴딜정책 말기, 케인스의 평가는 더욱 냉정해졌다. "자본주의에 기반을 둔 민주 사회가 내가 말했던 (유효수요의)(필자 삽입) 원리에 따라 그 정도 대규모 지출을 조직적으로 창출해낸다는 것은 정치적 수단으로는 도저히 불가능한 일이라고 보입니다."[156]

뉴딜정책 시행 3년 후에 출간된 케인스의 《일반이론》은 적자재정 자체를 일반적인 정책 수단으로 옹호한 적이 없었다. 뒤에서 다시 말하겠지만, 케인스는 오히려 적자재정은 전시 등 긴급상황에서 제한적으로 사용하는 수단이어야 한다고 생각했었다. 《일반이론》은 자본주의 경제에서 소득 대비 소비가 구조상 부족해질 수밖에 없다는 취약성을 강조했다. 그렇다고 해서, 그 부족분을 정부가 반드시 적자재정을 통해서 보완해야 한다는 결론이 필연적으로 도출되는 것은 아니다. 한 사회의 소비 부족을 해결하는 방법은 정부 개입 외에도 여러 가지가 있을 수 있으니까.

공공 지출이 승수효과를 통해 사회 전반의 지출을 증대시키는 효과가 있다는 케인스의 말은 정책가들을 특히 매료시켰다. 그들은 루스벨트 정권에 국채 발행을 통한 재정 조달 비중을 더욱 늘릴 것을 요구했다. 하버드대학교의 경제학과 교수였다가 나중에 백악관 경제고문으로 루스벨트를 보좌했던 로클린 커리Lauchlin Currie, 1902~1993, 루스벨트 정권하에서 FRB 의장을 역임했던 금융가 매리너 에클스Marriner E. Eccles, 1890~1977, 초기 뉴딜의 핵심 설계자이자 훗날 상무성 장관을 역임하기도 했던 민주당 정치인 해리 홉킨스Harry Hopkins, 1890~1946 같은 인물이 대표적이었다. 이들은 루스벨트 정권하에서 케인스주의자로 분류됐다. 이들이 케인스의 생각으로부터 직간접으로 영향을 받았다는 사실은 부정할 수 없다. 하지만 에클스 같은 인물은 막상 주변 인사들이 케인스에 대해 떠들어대기 시작했을 때, 케인스라는 이름 자체를 처음 들었고, 그 뒤로도 케인스의 글을 한 번도 읽어본 적이 없다고 고백하기도 했다.[157] 반면에 뉴딜의 핵심 설계자 중 한 명이었던 헨리 모겐소Henry Morgenthau, 1891~1967 재무장관은 오히려 케인스주의자들의 생각과 달리 적자재정을 반대하는 입장이었다.

사실 정치인 루스벨트는 학자 케인스의 사상에 별 관심이 없었다. 그는 학술보다는 정무적 판단에 의존했고 이 과정에서 상식을 중시했다. 그 자신은 균형 재정이 바람직하다고 생각했지만, 정치권의 분위기와 여론을 전혀 무시할 수 없었기에 결국은 적자재정을 용인하기에 이르렀다.[158]

케인스에게도 적자재정의 빌미를 제공할 소지가 있기는 했다. 하지만 케인스 자신이 강조했던 여러 논점들에 비추어보았을 때, 그와 뉴딜 정책의 연관성은 크지 않았고, 특히 적자재정에 대해서는 부분적인 효과만을 인정했다. 그럼에도 불구하고 그는 본의 아니게 뉴딜에 엮여서, 특히 본인이 아니라 후대에 '케인지언'으로 분류되는 경제학자들[159]의 주장과 뒤섞여 온갖 오해를 받았다.

이쯤에서 뉴딜과 케인스 이야기는 잠시 접고, 경제학을 연구하기 전 그가 탐구했던 철학을 살펴보도록 하자.

◆ 케임브리지학파의 분석철학

케인스는 킹스칼리지에서 수학과 논리학을 전공했다. 그때 철학자인 조지 무어George E. Moore, 1873~1953와 버트런드 러셀Bertrand Russel, 1872~1970의 강의를 들으며 깊은 감명을 받았다. 조지 무어는 케임브리지의 킹스칼리지나 트리니티칼리지 졸업생들로 구성된 모임, '블룸즈버리 그룹(Bloomsbury Group)'의 회원이기도 했다. 여기에는 케인스 본인을 포함하여, 저명한 작가, 지식인, 철학자, 예술가들이 포함되어 있었다.

케인스에게 큰 영향을 끼친 무어와 러셀의 철학이란 어떤 내용이었을까?

무어는 케임브리지대학교에 고전문학 전공으로 입학했으나, 수학 전공자 버트런드 러셀을 만나 철학이라는 학문이 있다는 사실을 처음 알게 됐다. 철학 초보자 무어가 이 학문에 관심을 보이게 되면서 느낀 점이 있었다. 도대체 철학자들이 심각한 자세로 펼치는 온갖 말들이 도무지 이해 불가능이었다는 사실이다. 플라톤, 칸트, 헤겔 등 관념론(idealims) 철학자들의 말은 특히 더 그랬다. 순수이성? 세계정신? 그게 뭔데? 눈앞에 나무가 있는데 그 나무는 그림자에 불과하고 그 실체는 이데아라고? 이 무슨 뚱딴지같은 소리? 당시만 해도 영국의 철학계는 특히 관념론 철학이 득세하던 때였다.

철학을 전공하지 않은 대부분의 사람들도 그런 느낌을 많이 받을 것으로 보인다. 보통 사람 같으면 그냥 넘어갔을 텐데, 그는 이 허황된 말의 묶음처럼 보이는 철학적 주장들을 결코 묵과할 수 없었다. 그 말들이 과연 옳은 말들인가를 하나하나 분석해서 파고들어가는, 지금까지와 전혀 다른 철학을 새로 만들었다. 이렇게 이 잡듯이 따져 들어가는 태도가 바로 '분석철학(analytic philosophy)'의 특징이었고, 그 자체가 철학사상의 혁신이었다. 그는 기존 철학이 제기했던 수많은 언어들, 개체, 전체, 동일성, 차이, 일반, 추상, 보편, 감각, 경험, 초월과 같은 말들을 하나하나 파고들어가며 과연 그 말 자체가 논리적으로 타당한지에 대해서 집요하게 분석하는 작업으로 평생을 보냈다.

1903년 무어는 《관념론 반박(The Refutation of Idealism)》이라는 글에서 관념론의 주장들이 모순으로 가득 차 있다는 사실을 보여주었다. '모든 실재는 정신'이라는 믿음은 옳을 수 있어도, 그것이 옳다는 것이 증명되지는 않는다. 사물과 사물에 대한 감각은 전혀 다른 것인데 관념론자들은 이 둘을 마치 같은 것처럼 간주해서 모든 존재는 정신적인 것이라는 엉터리 결론을 내린다는 식이다.

관념론이 하는 말대로 하면 우리는 컵이나 나무 같은 사물의 존재를 인정할 수 없게 된다. 이런 종류의 철학이 아무리 심오해 보여도 결국 그 옳음이 입증될 수 없는 허황된 말에 불과하다. 그는 상식(common sense)이야말로 굳이 까다로운 증명을 할 필요조차 없는 스스로 분명한 지식이라고 말했다. 손이 존재한다는 사실은 그냥 손을 내보이는 것만으로 분명히 드러난다. 관념론자들이 "시간은 실재하지 않는다."고 주장한다면, 나는 아침을 먹기 전에 점심을 먹을 수도 있어야 한다. 관념론 철학자들이 저지르는 모든 혼동은 그들이 스스로 범하는 논리적인 착각에서 나오는 것이며, 진정한 철학은 그들의 이런 착각들을 엄밀하고 논리적인 분석을 통해 밝혀내는 것이라고 무어는 생각했다.

무어는 사람들이 사용하는 언어뿐만 아니라, 언어로 표현되기 이전에 지니고 있는 믿음들까지 이런 분석의 대상이 되어야 한다고 생각했다. 일상생활에서 우리들의 모든 행동은 어떤 믿음하에 이루어진다. 내일 비가 올 것이라든지, 아버지가 지금 굉장히 화가 나 계실 것이라든지, 그녀 또는 그가 나에게 호감을 갖고 있을 것이라든지, 어떤 대통령 후보가 유능하게 일을 잘 처리할 것이라든지 하는 믿음, 그리고 이런 믿음이 사람들 사이에 언어로 표현되었을 때 그것이 과연 참이 될 수 있으려면, 어떤 조건들이 충족되어야 하는가를 분석했다.

무어의 이런 철학은 케인스로 하여금 우리가 선생님으로부터 배웠던, 책에서 읽거나 동료에게서 들었던, 우리가 옳다고 받아들이고 있는 모든 지식들이 과연 타당한 것인지에 대한 근본 물음을 제기하도록 만들었다.

러셀 역시 무어의 이런 철학으로부터 크게 영향을 받았다. 그는 수천 년 세월에 걸쳐 뜬구름 잡는 듯한 모호한 언어로 포장된 철학을 수학처럼 엄밀하고 논리적인 체계로 재구축해야 한다고 생각했다. 러셀이 생각한 것은 철학을 문학이나 신비주의 같은 분위기로 흐르도록 하는 것이 아니라, 철학에 과학의 방법을 도입하는 것이었다.

수학기초론과 연계되어 기호논리학(symbolic logic)이 발전하면서, 러셀은 아리스토텔레스 이래 소박했던 삼단논법식 논리학으로 풀 수 없었던 수많은 논리 관계를 기술할 수 있겠다는 희망을 품었다. 그는 모든 문장의 단위를 기호로 번역한 뒤, 그 논리적 연결 관계를 정립함으로써 철학의 체계를 새로 수립할 수 있다고 믿었다. 그가 알프레드 화이트헤드_{Alfred N. Whitehead, 1861~1947}와 함께 쓴 3권의 대저 《프린시피아 매스매티카(Prinicipia Mathematica)》가 그 고된 연구의 결과물이었다. 대부분의 내용이 알파벳 기호의 논리적 연결 관계를 묘사하는 형태로 구성되어 있는 이 방대한 책은, 얼핏 컴퓨터 알고리즘 모음집처럼 보이기도 한다. 하지만 언어를 원자처럼 분해한 뒤 조립하는 이 작업은 철학사상에서 하나의 혁신이기는 했지만, 언어가 지니는 논리성 외에, 상징성, 다면성, 중의성 같은 속성을 결코 담아낼 수는 없었다는 면에서 한계가 있었다.

케인스는 저토록 탁월한 논리적, 수학적 사고력을 지녔던 러셀과 토론하면서 지적 자극을 즐기곤 했다. 그런데 천하의 러셀조차 케인스의 똑똑함에 밀려 자신이 바보처럼 느껴질 때가 많았다고 자백하기도 했다.

◆ 지식이란 무엇인가

사물과 현상을 언어로 표현한 지식은 크게 경험에 기반을 둔 지식과 논리에 기반을 둔 지식으로 나뉜다. 사람들은 생활 속에서 그 지식에 대해 참이냐 거짓이냐를 판단하고, 그에 의거하여 행동을 결정하거나, 그로부터 또 다른 지식을 도출한다.

경험을 통해 형성된 명제는 경험상 확률에 의거한 판단이다. 확률에는, 베이지안(Bayesian) 확률이라고 불리는 주관적 확률과 과거 발생 빈도 데이터에 의거해서 도출하는 확률이 있다. 수술을 받을 때 의사가 "이 수술은 성공 확률이 90퍼센트입니다. 수술이 실패하면 죽을 수도 있습니다."라고 말했다. 이 90퍼센트는 과거 1,000건의 수술 사례에서 100건은 실패한 데이터가 기록되어 있다는 의미다. 이 90퍼센트를 믿고 수술을 받을 것인가? 환자가 느끼는 이 수술이 실패할 가능성에 대한 주관적 확률은, 10퍼센트를 훨씬 뛰어넘을 수 있다. 왜냐하면 환자는 태어나서 처음 이 수술을 받아보는 사람이기 때문이다. 이때 그 환자는 차라리 수술을 받지 않으려 들 수도 있다.

일기예보에 "오늘 서울 지역에 비가 올 확률이 71퍼센트다."라고 뜬다면, 기압이나 습도 등 여러 가지 조건이 과거 데이터로부터 미루어보았을 때, 100번 중 71번 꼴로 비가 온 것으로 추정된다는 뜻이다. 물론 실제로는 이 횟수를 세는 것이 아니라, 적절한 기계학습(machine learning) 모형으로 그 확률을 추정한다. 컴퓨터로 계산하지 않더라도, 사람들은 하늘을 쳐다보고 먹구름이 끼어 있으면 비가 올 가능성이 대단히 높을 것이라고 믿는다. 이 역시 수치화되지 않았을 뿐 경험을 통해 형성된 믿음이다. 더 나아가 지식이기도 하다. 해가 쨍쨍 떴을 때에도 갑자기 비가 올 수 있다. 하지만 경험상 그 확률은 대단히 낮다고 믿는다.

내가 어떤 사람을 보고 저 사람이 내 친구 아무개 씨라고 아는 것도 경험을 통한 믿음이다. 100퍼센트에 거의 가까운 확률로 말이다. 하지만 그 친구와 너무나 닮은 사람을 우연히 길거리에서 만났을 때, 잘못해서 그 친구의 이름을 부를 수도 있다. 0.000001퍼센트의 가능성으로 말이다. 중증 치매에 걸리게 되면 경험으로부터 이 명제를 도출해내는 능력이 상실된다. 수없이 그 친구를 만났던 경험이 있음에도 그 이름을 그와 대응시키는 능력이 사라지는 것이다. 페이스북이 내 얼굴 영상을 보고 나라고 인정하는 것은, 내 얼굴을 이루는 형상 데이터의 특성을 분석해서 도출해낸 계산값에 내 이름을 대응시켜서 맞출 확률을 최대한 끌어올린 것뿐이다.

학술논문에서 검증하는 가설도 마찬가지다. '부모의 학력이 높으면 자녀의 학력도 높다.' 또는 '채식을 하면 당뇨병 발병 가능성이 낮아진다.'는 명제는 맞는가? 맞다, 틀리다를 말할 수 없다. 확률적으로 맞을 뿐이다. 실험 대상으로 선정된 표본의 경험을 데이터화해서 확률적으로 높은 쪽이냐 낮은 쪽이냐만을 판별한다.

경영자 입장에서도 수많은 믿음을 지니고 있다. 예를 들어서 '명문대학 출신은 일을 잘한다.' 하지만 이 말이 참이라고 말할 근거는 아무데도 없다. 단지 확률적으로 참일 뿐이다. 사람을 많이 겪어보지 않은 경영자라면 자신의 경험 폭 내에서 이 명제에 높은 확률을 부여할지도 모른다. 하지만 고학력자임에도 형편없는 성과를 내는 직원들을 몇 차례 겪다 보면 그 확률을 대폭 하향 조정할 것이다. '과거에 어떤 사업에서 탁월한 성과를 낸 CEO라면 다른 사업을 맡겨도 역시 성과를 잘 낼 것이다.' 이런 믿음도 마찬가지로 경험을 통해 주관적 확률을 조정하는 대상이 될 것이다. '블랙스완은 없다.'라는 명제도 마찬가지다.

경험적 지식의 반대쪽에 논리적 지식이 있다. 이는 철저하게 연역법으로 도출된다. 뉴턴의 운동방정식을 비롯하여 수학의 온갖 정리들, 한결같이 연역적 지식이다. 자명한 공리에서 출발하여 오직 논리에 의해서만 도출한 지식들 말이다.

회계원리 자체는 정의(定義)와 약속의 체계이기 때문에 회계 시스템 안에서 일어나는 인과 본질상 연역 지식이다. 기계장치를 취득하면 유형자산이 증가하는 동시에, 현금이 감소하거나 매입채무가 증가하며, 감가상각비가 발생한다. 이는 그냥 그렇게 항목 간의 관계가 발생하도록 약속해놓은 것이기 때문에 필연적으로 참이다. 하지만 기계장치를 도입했다고 해서 다음해 영업이익이 증가할 것이라고 말하기는 어렵다. 이는 논리적 지식의 영역에 속한 문제가 아니기 때문이다.

경영 구루들이 말하는 온갖 경영 원리에 절대적인 믿음을 부여할 수 없는 이유도 여기에 있다. 누구든 미처 보지 못했던 수많은 인과요인들을 경험한 뒤에, 처음 지녔던 경영 원리에 대한 믿음의 수준은 항상 재조정된다. 어제는 맞았어도 오늘은 맞지 않을 수 있다. A사에는 맞았어도 B사에는 맞지 않을 수 있다. 식스시그마(6-Sigma), 블루오션, 와해형 혁신이 말하는 원리가 언제 어디서나 모두에게 항상 '참'이라고 말할 수는 없다.

◆ 확률, '참(True)'이 아니라 '참일 가능성이 있는(probable)' 지식에 대한 논고

케인스의 《확률론(A Treatise on Probability)》은 1921년에 첫 출간됐고, 유럽 전역에서도 베스트셀러가 됐다. 아카데미판 제16쇄, 대중판 제22쇄를 거쳤다. 독일어판은 1925년에 출간됐고, 프랑스어판은 출판을 추진하다가 사정상 좌절됐다.

확률론이라고 하면 온갖 수학 기호가 나올 것 같지만 그렇지는 않다. 이 책은 수학적 확률이 아니라 철학적 확률을 다루었기 때문이다. 케인스는 앞에서 언급했던 케임브리지대학의 분석철학 전통 속에서 자신의 지식관을 구축했다.

기호논리학의 대가 러셀은 이 책에 찬사를 보냈다. 칼 포퍼는 반증(falsification)을 통한 '참'의 입증을 중시했던 자신의 입장과 너무나 다른 케인스의 주장에 대해 순전히 엉터리 논설이라고 비판하기도 했다.

'probable'은 말 그대로 하자면, '그럴 가능성이 있다'는 뜻이다. 옳다, 그르다를 단정할 수는 없지만, 그럴 가능성을 열어둘 수 있다는 것이다. 케인스는 이 가능성에 대한 판단이야말로 사람들이 합리적 마음(rational mind)을 형성하는 근거라고 보았다. 영어 'rational'은 '합리적'이라거나 '이성적'이라는 한국어로 번역된다. 합리적이라거나 이성에 부합한다는 말 자체도 사람마다 그 의미를 다르게 받아들일 수 있다. 주장이 논리적으로 맞다는 뜻도 있고, 보편적인 상식에 부합한다는 뜻도 있으며, 심지어 경제학자들이 말하는 것처럼 기대효용 극대화 행동을 한다는 뜻까지 있다.

케인스가 보는 합리성은 귀납법에 바탕을 두고 형성되는 정신 능력이다. 반면에 이론경제학에서 흔히 말하는 인간의 합리성은 수학적이고 논리적인 명제들로 표현되는 인과관계다. '경제 주체는 효용을 최대화한다'고 그냥 가정하고, 그로부터 논리적으로 수많은 정리(定理)들을 도출하는 것이다.

사람들이 일상생활에서 "홍길동 씨는 만나서 얘기를 해보니까 사람이 대단히 합리적이더라." 한다면, 이건 무슨 뜻일까? 홍길동 씨가 하는 말을 들어보니 충분히 납득이 되고 받아들일 만하더라는 뜻이다. 그런데 이렇게 납득한다는 것이 사실은 'probable' 한 수준에서 받아들인다는 것이지, 논리적으로 참 또는 거짓이라고 결론을 내리는 것이 아니다.

사람들의 삶을 이끄는 대부분의 믿음은 어떤 절대적인 옳음이 아니라 옳을 개연성이 높은 명제들로 구성되어 있다. 'probability'를 '확률'

이라 표현하면 대부분 독자들은 수학 기호만이 연상될 것이기 때문에, 편의상 '어떤 수준에서 적당히 맞아 보이는 지식'이라고 일단 풀어서 표현하자. 케인스는, 일정 수준에서 적당히 맞아 보이는 지식들이 바로 우리의 삶을 이끈다고 생각했다.

세상에는 수많은 상식들이 있다. 그리고 그 상식은 대개 격언, 속담, 또는 사람들이 경험을 통해 보편적으로 명심하게 되는 단구(短句)에 담겨 있다. 그런데 이 상식이라는 것들이 논리적으로 따져보면 맞지 않는 측면이 많다. 그럼에도 불구하고 사람들은 상식을 따른다. '3대 가는 부자 없다.' 어느 정도는 수긍이 된다. 그런데 실제로 3대 이상 가는 부자들도 있다. '규칙적으로 운동하면 건강해진다.' 당연히 받아들인다. 그런데 논리적으로 보면 규칙적 운동이 건강에 대한 필요-충분조건이 아니기도 하거니와, 규칙적으로 운동해도 건강이 악화되거나 규칙적으로 운동하지 않아도 건강한 반증 사례들이 있다. 게다가 여기서 부자를 어디까지 부자라 해야 할지, 건강 지표들이 어느 정도 수준까지 나와야 건강하다고 말할 수 있을지와 같은 언어의 정의 문제로 들어가면, 도대체 우리가 상식이라 일컫는 수많은 명제들의 진위 여부는 점점 혼란스러워진다.

'말(馬)은 제주도로, 사람은 서울로 보내라.' 논리적으로는 무의미하다. 경험적으로도 다소 수긍은 가지만 항상 그렇다고 보기도 어렵다. 서울 아니라 다른 낙후한 곳으로 가서도 얼마든지 성공하는 사람들이 있다. 그런데도 굳이 서울로 보내라고 한 것은, 사람들이 경험을 통해 형성된 'probability'에 대한 지혜가 반영되어 있는 것이다.

케인스가 말한 probability, 즉 특정 명제가 일정 수준에서 적당히 맞아 보인다는 말의 의미를 이렇게 표현했다: "전제들의 집합에서 결론들의 집합이 도출되는 정도에 대한 합리적 믿음의 수준". 말이 어렵게 느껴질 것이다. 다음과 같은 그림으로 보는 편이 더 이해가 빠를 것 같다.

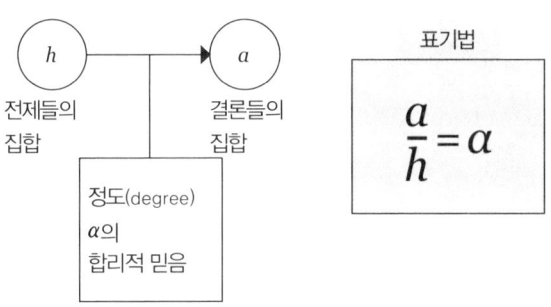

　내가 어떤 주장을 할 때 반드시 그 말에 전제가 되는 수많은 명제들이 있다. 이것이 h다. 다음으로 내가 결론으로 말하고자 하는 명제들이 있다. 그것이 a다. 그런데, 이 h로부터 a가 도출되는 가능성이 100퍼센트인 경우는 드물다. 대부분은 일정 정도(degree) α 수준에서 머문다. 케인스 입장에서 합리적 믿음(rational belief)이란, 정도가 α에 달하는 믿음이라는 뜻이다. 케인스가 말한 probability는 바로 이 α를 말한다. 분수 형태로 표시한 $\frac{a}{h}$는 측정 가능한 수치(數値)라기보다는, 마음속에 그리고 있는 양(量)의 비교 수준이다.
　이 시대에 논란이 되는 한 주제를 예로 들어보자. 누군가는 "자본주의는 소득 수준을 평등하게 향상시켰다."고 말한다. 이 말이 '참'일까?

또 누군가는 "자본주의는 소득 분배 불평등을 심화시켰다."고 말한다. 역시 이 말도 '참'일까?

자본주의 경제를 구성하는 헤아릴 수 없이 많은 전제들이 있다. 그런데 이 가운데서 논자마다 받아들이는 전제들의 집합 자체에 차이가 있다. 그들이 주로 접하는 사건과 데이터가 다를 것이다. 누군가는 대중들의 풍요로운 삶을 더 보고, 누군가는 그들이 받는 고통과 억압을 더 볼 것이다. 즉 h가 다른 것이다. 그렇게 서로 다른 h로부터 출발해서 역시 서로 다른 a에 도달한다. 물론 여기서 a란 소득 평등 또는 불평등에 대한 결론을 구성하는 수많은 일화와 데이터를 말한다.

$\frac{a}{h}$가 1인 것은 어떤 상황일까? 반드시 그러할 수밖에 없는 주장, 논리적으로나 경험적으로 완벽한 주장이다. 어떻게 보면 동어반복에 가까운 주장이 될 수도 있다. 이런 주장은 무조건 '참'이다. 예를 들어서 "특정 100가구를 선정해서 어떤 특정 시기에 연간 가처분소득을 계산해봤더니, 평균 5,000만 원이다."라고 말한다면 완벽하게 '참'인 말이다. 선정된 100가구의 가처분소득 데이터 집합이 h고, 100가구의 가처분소득의 산술평균이 5,000만 원이라는 것이 a인데, h로부터 a가 도출되는 가능성이 100퍼센트이기 때문이다.

세상에는 이런 식으로 $\frac{a}{h}$가 1인 지식이 작동하는 영역이 꽤 있다. 공학이나 자연과학 분야의 연구나 개발은 대부분 그런 지식에 입각하여 이루어진다. 물론 이런 분야에서도 경험에 의거한 믿음들이 개입하겠지만 말이다. 학술 논문 말미에 종종 등장하는 시사점(implacation)은 대개 경험에 의거한 해석이다.

$\frac{a}{h}$가 0인 상황은 절대로 참이 될 수 없는, 완전히 거짓인 주장이 될 것이다. 불가능한(impossible) 지식이다. "휘발유를 대체하는 연료로 물을 사용하는 자동차를 만들 수 있다."고 누군가 주장한다고 생각해보자. 물과 휘발유의 속성들을 가리키는 명제들은 h가 될 것이다. 휘발유 대신 물을 이용해서 자동차가 간다는 명제는 a가 될 것이다. 이때 대부분 "그게 어떻게 가능해?"라고 물으며 $\frac{a}{h}$가 0인 주장으로 받아들일 것이다. 물론 h를 구성하는 명제를 바꿔버리면 $\frac{a}{h}$가 0이 아닐 수도 있다. 물을 비록 휘발유처럼 연소시키지는 못하겠지만, 증기자동차를 만들 수 있는 새로운 전제들을 찾을 수도 있기 때문이다. 지금은 잊혀졌지만, 실제로 20세기 초 증기자동차가 실재했으며 이는 당시 전기자동차, 가솔린자동차와 서로 경쟁하는 관계였다.[160] 지금까지 몰랐던 물의 새로운 속성을 발견해서 자동차 운행 동력으로 물을 사용할 수만 있다면 $\frac{a}{h}$는 더 이상 0이 아닐 수도 있다.

케인스의 시도는 결국 지식의 '일반이론'을 만들려는 것이었다. 연역적, 수학적 논리에 의거한 지식과 경험론에 입각한 지식을 아우르는 보편 이론이 그의 의도였다. 동시에 스승이었던 무어나 러셀의 사상까지 종합하고 이들을 극복하고 싶어 했던 것이다.

◆ **직관의 역할**

케인스는 지식이 단지 경험과 연역만을 통해서 나오는 것은 아니라고 보았다. 그는 '직관(intuition)'의 역할을 중시하기도 했다. 사람은 누구나 자신이 지닌 전제들이 있어서, 그 전제들로부터 결론에 이르는 과정에, 보통 중간 단계의 전제(second prepositions)들을 거쳐간다. 중간 단계의 명제들을 도출하는 이 과정에서, 연역, 귀납 추론이 도달하지 못하는 지점에서 작동하는 제3의 정신활동이 있다. 이것이 직관이다.

직관이란 남들이 보지 못하는 사물의 속성을 새롭게 볼 수 있는 능력이다. 직관이 탁월한 사람들은 어느 날 갑자기 보인다. 사과가 떨어지는 것을 보는 가운데, 또는 호숫가를 걷는 중에 갑자기 떠오른다. 그런데 아직 그걸 입증할 증거는 부족하다. 이를 입증하기 위해 증거를 찾고 논리를 세우다 보면 새로운 지식 체계가 완성된다.

그러한 직관이 있었기 때문에 인류 역사상 수많은 획기적 지식 발견이 가능했다. 서구 지식 역사에서 획기적인 진전을 이룩했던 아이작 뉴턴, 토머스 맬서스, 앨버트 아인슈타인, 지그문트 프로이트 등, 이들이 연역과 귀납 추론만으로 그들의 지식을 만든 것은 결코 아니었다. 그들에겐 직관이 있었다. 그 직관을 뒷받침할 논리와 증거들은 그다음에 수집했다.

케인스는 직관에도 근육(muscle of intuition)이 있다고 생각했다. 무거운 물건을 잘 들어올리는 사람이 있듯이 직관 능력을 갖춘 사람이 있다. 누구나 똑같은 수준으로 갖추고 있는 것은 아니다. 케인스는 역사상 드문 직관의 달인 가운데 한 사람으로 아이작 뉴턴을 들었다. 뉴턴은 어떤 문제에 봉착했을 때 끈질기게 집중하다가 어느 순간에 홀연히 해결책을 떠올리곤 하는 탁월한 능력을 지니고 있었다. 수식을 동원해서 이를 합리화하는 것은 그다음의 일이었다.

연역과 귀납 추론을 백만 번 해보았자 지식 체계의 어떤 경계선을 돌파할 수는 없다. 평행선은 만나지 않는다는 공리로부터 아무리 백만 번 연역을 해보았자 유클리드 기하학의 경계선을 돌파할 수 없었다. 하지만 아인슈타인의 직관은 이를 돌파했다. 한정된 지식의 경계를 뚫고 전혀 다른 관점에서 세상을 보도록 하는 것이 바로 직관의 역할이다. 인문학, 사회과학, 자연과학, 공학, 의학의 모든 분야에서 그렇다. 발명의 세계에서는 더욱 그렇다.

직관의 힘은 경영 지식에서도 발휘된다. 어느 조직이든 공장이든 주어진 매뉴얼대로, 주어진 관행대로 조업하고 판매하고 관리해봤자 남다른 성과는 낼 수 없다. 헨리 포드가 도축장을 방문해서 얻은 컨베이어 벨트 시스템의 아이디어, 스티브 잡스가 제록스 연구소를 방문해서 포착한 GUI(그래픽사용자인터페이스)의 유용성, 검색 사이트에 검색 결과를 주제별로 보여주는 대신 사람들이 많이 찾는 페이지 순위대로 보여주는 게 더 낫겠다는 구글 창업자들의 페이지 랭킹(page ranking) 아이디어는 물론이고, 작게는 세상 곳곳의 기획과 개발 현장에서 직관 덕분에 전례 없는 사업 혁신들이 가능했다.

그런데 누군가 이런 직관을 처음 제시했을 때, 주변인들은 대개 부인한다. 이래서 안 되고 저래서 안 되고……. 구실은 차고 넘친다. 신사업 아이디어의 상당수가 대개 처음에는 업계 전문가들로부터 터무니없다고 배척당한다. 시간이 지나고 사업이 작동한다는 새로운 증거들이 쌓이고 나서야 전문가들은 이 사업을 예찬하기 시작한다. 경영학자들은 뒤늦게 이 찬양의 대열에 동참한다.

경영자의 마음은 결코 연역 기계, 즉 컴퓨터처럼 작동하지 않는다. 일단 직관과 통찰이 있은 다음, 이를 여러 증거와 이견을 통해 검증한 후, 마음속 확신이 섰을 때 비로소 결정하고 행동한다. 경제적 의사결정이 물리학 원리가 아니라 심리 현상을 따른다는 점을 강조했다는 면에서, 케인스는 어쩌면 행동경제학의 선조가 될지도 모르겠다.

◆ **역사 지식의 역할**

우리가 역사를 배우는 이유는, 그로부터 뭔가 참인 명제를 도출해서 현재 세상에 적용할 수 있으리라는 기대 때문일 것이다. 예를 들어서 외적의 침입 같은 비극이 다시 오지 않도록 하기 위해서는 보다 강화된 국방과 사회 시스템이 필요하다거나, 역사 속 위인의 어떤 가치 있는 행동을 본받음으로써 지금 상황에서도 더욱 나은 결과를 얻을 수 있다거나, 조상들이 만든 제도들은 이러하였고 이 중에 어떤 것은 지금도 남아 있고 어떤 것은 완전히 사라졌는데, 그 이유는 이러저러하므로 계승하거나 폐기해야 한다는 것들이다. 역사에 이러한 일들이 있었기 때문에(h) 우리는 지금 이런 결론(a)을 얻는다. 이 결론은 어쨌거나 현재 우리 행동을 이끄는 원리로 작용한다.

케인스는 과거에 그랬다고 해서 지금도 그렇다고 단정해서는 안 된다고 생각했다. 반대로, 과거에 틀렸다고 판명났어도 그것을 완전히 틀렸다고 버리지 말라고 했다. 그의 지식론 관점에서는 당연히 나올 수 있는 주장이다. 사물에 대해 단정(斷定)해서 말하기 좋아하는 사람이거나 지독한 원리주의자라면 케인스의 생각을 일관성이 없다거나 우유부단하다고 말할지 모른다.

현재 관점에서는 미신처럼 보이는 역사 속 행동일지라도 거기에는 일말의 타당성이 있을 수 있다. 명석한 두뇌와 빈틈없는 이성의 대명사였던 아이작 뉴턴조차 연금술에 심취했었다. 이것이 순전히 터무니없는 일이기만 했을까? 과거에 발생했던 모든 실패와 성공은 한결같이 케인스식 의미로 합리적 지식(rational knowledge)의 소산이다.

수많은 우리나라 사람들은 부모의 기일(忌日)에 제사를 지낸다. 제사는 조상 때부터 계속해오던 의례인데, 제사를 지내야 할 근거는, 적어도 과학의 관점에서는 별로 없다. 지금 존재하지도 않는 조상의 영혼을 마치 존재하는 것처럼 여기고 음식을 바치고 절을 하다니, 과학의 관점에서는 영 불합리한 관행으로 보인다. 그럼에도 불구하고 수많은 가정이 제사를 지낸다. 우리 모두 정말 터무니없는 사람들일까? 미신 관행에 사로잡힌 미개인일까? 하지만 제사라는 관행이 지닌 사회 결속과 소통 기능 같은 요소들을 감안하면, 제사에는 과학과 논리만으로 설명할 수 없는 모종의 합리성이 있다. 물론 사회가 변하면서 제사는 점점 줄어들고, 과거에 제사가 행했던 기능이 다른 수단, 예컨대 소셜미디어나 온라인 화상 만남으로 이루어질지도 모른다. 그렇게 되더라도 그런 변화 역시 나름의 합리성에 토대를 두고 이루어지는 것이다. 나라마다 지역마다 통용되어온 예의범절의 형태 내지 무례함의 기준이 다른 것도 각각의 사회에서 형성된 h와 a의 연결 구조가 다르기 때문이다.

케인스는 '경험으로부터 배우기(learning from experience)'에 대해서도 색다른 견해를 지녔다. 새로운 증거가 나타난다 해도 기존 지식을 완전히 반증할 수 없다는 것이다. 칼 포퍼 같은 사람이 들었다면 펄쩍 뛰었을 말이다. 케인스는, 새로운 증거로 기존 지식을 완전히 반증하지는 못하더라도, 이 새로운 증거는 새로운 주장을 낳을 수 있는 추가적인 정보 역할을 한다고 보았다.

현대의 예를 들어보자. 1991년 소련이 붕괴했다. 그때 사람들은 "자본주의는 승리했다. 사회주의는 실패했다."고 말했다. 사회주의에 심각한 결함이 있었다. 소련식 공산주의는 더 그랬었다. 그런데, 그렇다고 해서 자본주의가 모든 문제를 다 해결해줄 수 있다고 단정할 수는 없다. 마찬가지로 사회주의를 그 일점일획까지 다 틀렸다고 말할 수는 없다. 사람들은 자본주의든 사회주의든 경험을 통해서 뭔가 추가적인 정보를 얻어가면서 합리적인 생각을 계속 키워왔다.

실제로 우리가 살고 있는 이 세상을 자세히 들여다보면, 고전적 자본주의의 여러 속성과 사회주의가 표방했던 여러 요소들이 이미 혼재하고 있다. 사적 소유뿐만 아니라 국가 소유, 공동 소유는 도처에 공존하고 있다. 시장에서 자유로운 거래도 넘쳐나지만 정부는 필요에 따라 수시로 가격과 수량 통제를 가하고 있다. 세상 곳곳에서 정부의 보조금 지원은 이미 일어나고 있다. 그럼에도 사람들은 자신의 지식을 자꾸 어떤 한쪽의 원리주의 안에 가두고 싶어 한다. 그래서 그들은 지금도 외친다 : "자본주의를 타도하라." "사회주의는 악마다." 경험으로부터 학습을 통해 모든 것들은 이미 타도됐고, 이미 순화됐음에도 말이다. 케인스의 합리성과 원리주의자의 합리성이 이토록 다르다.

케인스 관점에서 보면, 오직 경험을 통해 학습한 사람이라야 전 시대가 만들어놓은 지식의 온갖 감옥에서 벗어날 수 있다. 그는 이념과 사상의 노예가 되지 말고, 당면한 현실과 문제 자체를 보라고 강조했다. 해법은 이미 죽고 없는 낡은 유명인들이 남긴 인쇄물 속에 있는 것이 아니다. 사실 그의 이런 태도는 《일반이론》을 비롯한 여러 경제학 저술에서 계속 드러난다. 케인스는 원리주의자가 아니었다. 철저한 현실주의자였다.

◆ 경제가 불확실할 때, 경제 주체의 '기대'가 경제의 향방을 이끈다

《일반이론》을 일관하는 논조는 '기대(expectation)'와 '불확실성(uncertainty)'이다. 어떤 면에서 보면 경제 현상 자체보다 그 이면의 인간 심리(psychology)에 초점을 두고 쓴 글이다.

케인스의 스승 마셜은 가격이 변동해서 수급이 항상 일치하는 방향으로 시장이 움직인다고 가르쳤다. 마셜을 만나기 전까지 경제학을 배운 적이 없었던 케인스는 거기에 의문을 품었다. 그것이 전혀 틀린 얘기는 아니지만, 완전히 맞지도 않는 것 같다고 보았다. 특히 그 시절은 옛날 시골 장터 경제도 아니고, 1년 중 수확기에 거두어들인 곡물을 한철 내다 팔아야 하는 농업 경제도 아니라, 대기업이 대규모로 인원을 고용하고 시설 투자하고 대량생산으로 마구 물건을 찍어내는 경제였기에 더욱 의문을 품었다.

그가 말했던 유효수요(effective demand), 한계소비성향(marginal propensity to consume), 기업가의 생산량 결정, 신규 투자 결정 이런 것들은 한결같이 '기대'에 기반을 둔 개념이다. 'expectation'은 '기대'라고도 하고 '예상'이라고도 하지만, 두 말을 섞어 쓰겠다.

유효수요는 소비자가 실제 구매하는 양이 아니라 경제 전체에서 실제 구매가 얼마나 이루어질 것인가에 대해 현재 예상하는 규모를 뜻한다. 기업가는 실제 수요가 아니라 예상하는 수요에 기반을 두고 사람을 얼마나 고용할 것인지, 기계를 얼마나 사들일 것인지, 어느 정도 물량을 생산할 것인지 결정한다.

소비성향도 기대와 심리의 문제다. 사람들은 소득이 발생하면 그중 얼마를 소비할까? 반대로 얼마를 저축, 즉 소비하지 않고 남겨둘까? 이 결정 역시 심리에 의존한다. 미래에 소득이 계속 발생할 것이라고 예상하면 소비를 늘릴 것이고, 그렇지 않으면 불안감에 소비를 줄이게 될 것이다. 기업가의 생산량 결정도 기대에 의존한다. 신규 투자, 신사업 진출, 한결같이 장기적인 미래의 유효수요에 대한 기대에 따라 결정된다.

케인스는 스승 마셜이 말했던 식으로 가격이 항상 원활히 조정됨으로써 기업들이 거기에 맞춰 생산량을 조절하고 수급이 일치하는 것은 아니라고 보았다. 기업은 기대에 따라서 생산량을 늘리기도 하고 줄이기도 하고, 단기 재고 투자에 그칠지 장기 투자를 행할지도 결정한다. 미래에 대한 기대와 실재하는 현실 사이의 불일치가 결국 시장에서 수급 불일치를 야기하는 더 중요한 원인이라고 보았다.

기대의 역할이 가장 크게 나타나는 영역 중 하나가 현금 보유에 대한 희망 수준이다. 케인스는 이를 '유동성 선호(liquidity preference)'라고 표현했다. 유동성이란 현금 또는 현금에 준하는 자산으로, 마치 액체처럼 쉽게 흘러들어올 수 있는 속성을 지닌 자산을 뜻한다. 원화나 달러화는 유동성 자산의 대표적인 예다. 현금으로 즉시 인출할 수 있는 예금이나 저축성 자산, 더 나아가 당장 현금화 가능한 상장주식 등도 유동성 자산이다. 하지만 건물, 땅, 기계를 포함하여 즉시 현금화하기가 곤란한 자산들은 유동성 자산이 아니다.

여기서부터는 잠시 유동성 선호라 하지 말고, 편의상 '현금 보유욕' 또는 '화폐(좁은 의미) 보유욕'이라고 표현하자.

《일반이론》에서는 사람들이 현금을 보유하고자 하는 3가지 동기가 있다고 말했다. 현금 보유란, 지갑이나 장롱에 돈다발 혹은 적정량의 지폐나 주화를 가지고 있는 것이다. 그 셋은 첫째 '거래 동기', 둘째 '예비 동기', 셋째 '투기 동기'다.

거래 동기는, 물건을 살 때 필요해서 일정량 현금을 갖고 있는 것이다. 예비 동기란, 앞으로 무슨 물건을 사는 데 필요해서가 아니라 예상치 못하게 돈이 갑자기 들 경우를 대비해서 현금을 가지고 있는 것이다. 사실 이 두 동기는 19세기 이전까지 사람들이 화폐를 지니는 주된 동기였다. 그런데, 19세기 말부터 투기(speculative) 동기가 새롭게 추가됐다. 이것은 미래의 불확실성에 대비해서 화폐를 비축하려는 동기다. 앞으로 세상이 어떻게 변할지 몰라서 불안하니 일단 안전을 추구해야겠다는 생각으로, 주식, 채권, 부동산보다 일단 현금을 더욱 가지고 있으려

한다.

1930년대 같은 초유의 불황에 맞닥뜨리다 보면, 기업이나 개인들은 소득이 생겨도 그것을 지출로 연결하지 않고 상당 부분 화폐로 보유할 동기가 생긴다. 현금 보유로 퇴장(hoarding)되는 것이다. 이런 불안감이 지속될 때에는, 금리를 낮춰도 투자와 소비를 촉진하는 효과가 잘 나타나지 않는다. 이런 식으로 기업과 사람들의 과도한 '화폐 보유욕'이 낳은 경색 상태를 '유동성 함정(liquidity trap)'이라고 불렀다. 기업이든 개인이든 소득이 생긴 만큼 계속 지출로 쉬지 않고 흘러들어가야 하는데, 중도에 단절 지점이 생기는 것이다.

케인스 당시에 관찰됐던 유동성 함정은 오늘날 형태가 좀 바뀌어 등장했다. 소비재나 생산재 구입으로 흘러들어가지 않는 지출이 주식, 부동산, 디지털 코인(coin) 같은 자산 매입으로 훨씬 많이 흘러들어가고 있다. 오늘날에는 유동성 '함정'이라기보다는 유동성 '경로 변경'이라고 부르는 것이 맞겠다. 기업이든 개인이든 자꾸 더 써야만, 은행이라면 자꾸 더 투자하고 대출해야만 유동성 함정에서 보다 빨리 벗어날 수 있다는 것은 맞다. 그것이 생산적 미래 투자이든, 소모성 현재 지출이든, 자꾸 돈이 사용되면서 곳곳으로 흘러들어가야 한다. 하지만 비록 똑같이 돈을 쓰는 것이라도, 유동성이 거쳐가는 경로가 어디냐에 따라 그 효과는 하늘과 땅만큼 차이가 난다. 이 차이를 이해하는 것이 경제를 이해하는 데 매우 중요한데, 이 책의 제3장 장 바티스트 세를 다룬 부분을 참조하기 바란다.(118쪽~121쪽)

어쨌든 자꾸 소득을 지출해야 한다는 이 생각과 관련해서, 케인스는 선대의 사상가 토머스 맬서스 목사의 사상을 계승했다. 《인구론(An Essay on the Principle of Population)》으로 유명한 그 맬서스다. 맬서스는 불황이 생기는 원인을 사회 전체의 소비량 부족에서 찾았다. 어떻게 보면 불황의 원인과 정의가 동어반복으로 나온 것인데, 어쨌든 사회 전반에 걸쳐 물건이 안 팔리는 정도가 매우 심한 현상을 불황이라 한다. 침체는 불황보다 그 강도가 약간 낮은 것이다. 불황, 그러니까 기껏 만들어진 물건들이 사회 전체에서 왜 충분히 안 팔리게 되는 것일까?

거기에는 구조적으로 불가피한 원인이 있다. 기업가가 모든 제품과 서비스를 구매자로부터 예약을 받고 생산하지 않는 한, 과잉생산은 자본주의 상품 생산 및 유통 구조에서는 필연적이다. 현실 속 대부분의 기업들은 살 사람이 정해져서 만드는 것이 아니라, 일단 만든 것들을 살 고객을 찾아야 한다. 물론 충분한 고객 분석 후에 만들어야 하겠지만 말이다. 공장을 한번 가보자. '이거 다 누가 사갈까?' 싶을 정도로 쉬지 않고 공장 생산라인은 계속 돌아가면서 물건을 찍어낸다. 자동차가, 초코파이가, 티셔츠가, 맥주가 그런 식으로 마구 쏟아져 나온다. 회사 창고든 매장 창고든 진열대든 재고는 생길 수밖에 없다. 그런데 이 재고가 넘치게 되면 가격이 하락하면서 다시 사람들의 수요가 늘고, 이 재고를 다 소진시킬 수 있을까?

영국에서 활동했던 케인스의 선대 경제사상가 중에서 데이비드 리카도와 맬서스가 있었다. 리카도는 후대에 카를 마르크스에게, 모든 상품의 가치는 오직 그 상품에 투하된 노동량에 의해서만 결정된다는 이른바 '투하노동가치론(embedded labor theory of value)'을 일깨워준 인물이기도 했다. 케인스의 선배 둘 가운데 리카도는, 중간중간에 마찰은 좀 있겠지만 결국은 가격조정을 통해 재고는 다 소진된다고 보았다.[161] 반대로 맬서스는 그렇게 되기는 어렵고 시장엔 재고가 쌓여갈 수밖에 없다고 보았다.[162] 케인스는 둘 중 맬서스가 옳다고 보았다. 맬서스는 이렇게 쌓인 재고들은 지주와 같은 부유한 계층이 소비를 자꾸 늘리게 해서라도 해소해야만 한다고 주장했었다. 맬서스는 당시 첨예한 계급 갈등을 부추긴 이런 발언으로, 자신은 정작 지주가 아니었음에도 지주이자 자산가였던 리카도로부터 지주 옹호자라고 비판받기도 했었다.

케인스는 소비자들이 지출할 것으로 예상되는 유효수요가 시장에 공급되는 생산량 대비 부족한 경향이 생길 수밖에 없다고 보았다. 유효수요 부족을 해소하기 위해, 정부 역시 돈을 쌓아두는 대신 보다 적극적으로 지출하는 편이 낫다. 또한 미래에 대한 불확실성을 해소하고 기업가로 하여금 동물 같은 야성(animal spirit)을 불러일으키도록 함으로써 그들이 적극적으로 시설 확장에 투자하고 고용을 늘리도록 해야 한다고 주장했다. 불황기에 모든 경기 전망이 비관적일 때 기업가들이 위축될 수밖에 없다면, 이때는 공공사업을 수행하는 것도 하나의 좋은 수단이 될 수 있다고 보았다.

◆ **현실주의자 케인스의 복지국가 옹호론**

재정 지출은 현실주의자 케인스의 관점에서는 문제 해결을 위한 여러 수단 중 하나였을 뿐이다. 그는 원리주의자도 만능주의자도 아니었다. 더구나 그는 학자로서의 일관성보다 정치 논평과 현실 행정 참여를 통해 의견을 주고받는 것을 즐겼다.

이랬던 그가 복지국가론의 원조로 오해받게 된 계기가 있었다. 《일반이론》이 출간되기 전, 1929년에 영국 총선에서 진보당(Liberal Party)의 로이드 조지^{David Lloyd George, 1863~1945} 당수는 선거 캠페인으로 "우리는 실업을 정복할 수 있다!(We Can Conquer Unemployment!)"고 내세웠다. 이때 그는 증세 없이 차입으로 공공사업을 일으키고 실업을 정복할 수 있다고 주장했다. 당시 케인스는 경제학자 허버트 헨더슨^{Hubert Henderson, 1890~1952}과 공저로 〈로이드 조지는 이 일을 해낼 수 있을까?(Can Lloyd George Do It?)〉라는 짤막한 팸플릿을 썼다. 여기에서 이 두 사람은 로이드 조지의 선거 캠페인을 옹호했다. 그 뒤로 케인스는 적자재정 옹호론자로 간주됐다. 하지만 적자재정이 만능이라든지 여기에 의존하는 것이 올바른 방향이라든지 하는 주장은 아니었다.

◆ 교과서와는 다른, 어느 한 편에도 속하지 않았던 케인스의 언어들

로버트 스키델스키^{Robert Skidelsky}가 저술한 방대한 분량의 케인스 전기 《존 메이너드 케인스(John Maynard Keynes)》 3부작을 보면, 케인스의 삶과 생각이 다방면에서 얼마나 다채롭고 복잡했는지를 알 수 있다.[163] 이 시대 대부분 경제학자와 경제관료들은 사실은 교조화된 케인지언 이론 속에서 살고 있다는 느낌이 든다. 맨큐나 새뮤얼슨$^{\text{Paul A. Samuelson, 1915~2009}}$의 표준 경제학 교과서에 소개된 파편화된 케인스 역시 축소·왜곡된 것이 많다. 사실 모든 대가의 사상이 대중에게 전달될 때는 짧고 알기 쉽게 전달되어야 할 뿐 아니라, 이때 전달자마다 모종의 해석 단계를 거치게 되므로, 대개 그런 운명을 겪게 되는 것 같다. 이 전달 과정 자체가 케인스 자신이 말했던, h와 a 사이의 관계로 정해지는 지식의 운명을 피할 수 없었다고나 할까?

영국 케임브리지대학의 마크 헤이스$^{\text{Mark G. Hayes}}$ 교수는 철저한 케인스 원전 연구를 통해, 케인스 추종자들이나 교과서에 수학모델로 도식화된 케인스 이론이 아닌, 케인스 자신의 사상을 보여주려 했다. 그는 2019년에 출간한 《케인스 경제학을 찾아서(John Maynard Keyens: The Art of Choosing the Right Model)》에서 케인스 본연의 생각들을 잘 정리해놓았는데, 흔히 교과서에서 말하는 것과는 많이 다른 내용을 담고 있다.

케인지언들이 옹호하는 재정 지출, 특히 적자재정에 대해서 헤이스는 이렇게 말했다.

"케인스는 전쟁 이외에는 경상 예산 적자에는 찬성하지 않았지만, '국민보험기금(national insurance fund)'을 위한 단기 차입과 '감채기금'이 정부에 지불하는 비용을 삭감하는 것(즉, 경상 예산 흑자를 줄이는 것)은 경기 침체 시에는 불가피한 조치이며, 또한 바람직한 것일 수 있음을 인정하였다. 불황 때의 '감채기금'의 적자는 호황 때 흑자를 내면서 회복시켜야 한다. 케인스가 요구한 것은, 장기적으로도 단기적으로도 민간투자의 부족분을 상쇄하기 위해서, 공공투자, 특히 주택이나 인프라에 대한 투자를 위한 차입을 하는 것이었다."[164]

정부가 그냥 돈을 쓰라는 것이 아니다. 정부 지출이 민간투자 부족분을 보충함으로써, 정부가 직접 행한 투자로부터 미래에 창출될 고용 효과가 충분히 커야 한다는 것이다. 특히 정부투자 재원이 국채 발행과 같은 차입을 통해 이루어진 경우에는, 그 원리금을 상쇄하고도 남을 미래 가치 창출이 전제되었을 때만 그 차입이 합리화될 수 있다. 하지만 정작 오늘날 포스트 케인지언 경제학자들은 이런 사실은 대개 무시하는 경향이 있다.[165]

정부 지출이 미래 가치 창출에 거의 기여하지 않는 활동들, 예컨대 지원받은 사람들이 그냥 생필품 구매나 술 마시는 데 써버리는 비중이 높다면, 그런 정부 지출은 다만 정치인들의 체면만 살려줄 뿐 사회 전체로서는 낭비에 다름없는 것이다. 그때는 돈을 돌릴 수는 있어도 경제 체력을 끌어올릴 수는 없다.

이와 반대로, 케인스식 재정정책을 반대하는 사람들이 흔히 드는 근거로 '구축(驅逐)효과'라는 것이 있다. 구축효과란 쉽게 말하자면, 정부 지출을 위해 정부가 민간으로부터 조달한 자금은 그만큼 민간 기업들의 자금 사용 기회를 박탈한 것이므로, 민간이 수행할 수도 있었을 투자 기회가 정부 때문에 사라지게 된다는 것이다. 정부가 1조 원을 투자하면 그 1조 원만큼의 민간투자 기회가 사라진 것일까? 반(反)케인스론자들의 근거 중 하나인 구축효과에 대한 케인스의 실제 견해는 무엇이었을까? 헤이스는 이렇게 말하고 있다.

> "완전고용 상태가 아닌 한, 공공투자가 민간투자를 '구축'할 이유는 전혀 없는 것이다. '구축'하는 경우는 오로지 노동력, 토지, 기타 물리적 자원이 부족한 경우에만 발생하는 것이다. 그러한 후자의 경우에 있어서만 공공사업과 민간사업 중 어느 것이 상대적으로 유리한가를 판단하여 선택하여야 하는 것이다. 공공투자는 현재 영국과 미국 모두에서 총 투자액의 약 15퍼센트에 불과하다. 실제 공공투자의 중요한 역할은 민간투자를 '유인하는(crowd in)' 것이다. 전략적인 공공투자는, 구조적 실업에 대처하기 위하여 불황에 빠진 지역에 민간자금을 유인하는 역할을 할 수 있는 것이다."[166]

수많은 교과서에서 케인지언과 통화주의 정책(monetarist policy)을 서로 대립하는 사상으로 소개하는 것도 석연치 않다. 대부분의 교과서에 따르면 케인지언은 경기 안정화에 재정정책(정부의 각종 보조금 지출, 융자, 대출 보증, 직접 투자 등을 포함)이 더 효과적이라고 하고, 통화주의자들은 통화량 조절(중앙은행의 발권과 국채 매입량 조절, 민간 은행의 대출 규모 조절 등을 포함)이 더 효과적이라고 말한다.

정작 케인스 자신은 공공 지출 외에도 통화량 증가가 물가 상승 또는 국민총생산 증대에 영향을 미치는 경로를 잘 이해하고 있었다. 즉, 그는 오늘날 통화주의자들이 말하는 효과를, 비록 100퍼센트는 아니었을지라도 대부분 인정하고 있었다.

독자 여러분의 지갑이나 장롱 속에 있거나 은행예금으로, 가입한 펀드로, 또는 투자한 주식이나 코인 등으로 흘러들어가 있는 한국은행권(5만 원, 1만 원 등)이나 한국은행권으로 돌려받을 수 있는 모든 권리의 양을, 한 나라를 탈탈 털어서 다 세보도록 하자. 그 어머어마한 돈들의 양이 10년 전에 비해서 10배나 늘었다고 하자. 그러면 경제가 과연 10배 나아졌는가? 공장이 10배 잘 돌아가고 고용이 10배 늘기라도 했나? 왜 내 삶은 하나도 나아진 것이 없고 언제나 경제가 어렵다는 소리밖에 안 들리는가? 그 많은 돈들은 다 어디서 무엇을 하고 있나? 보이지 않는 누군가가 다 움켜쥐고 있기라도 한 것인가? 금융기관과 건물주와 재력가들이 자기들끼리만 돌리고 있는 것은 아닌가?

바로 이때 케인스는 화폐 수량의 증가가 생산과 고용 증대에 영향을 미치는 과정에서 중간 단계들이 언제든지 단절될 가능성이 있다는 사실을 깨달았다. 케인스 이전의 사상가들은 화폐가 산업 생산 규모에 따라 단순히 거래를 중개하는 그림자 같은 역할, 즉 수동적인 역할을 하는 데 그친다고 생각했었다.[167] 하지만 케인스는, 은행의 대출 시스템에 따라, 그리고 개인과 법인의 투기심리에 따라, 화폐가 산업 생산을 촉진할 수도 있고, 인플레이션만 야기하고 끝날 수도 있다는 점을 알고 있었다.

특히 그렇게 해서 야기된 인플레이션은 노동자들의 근검절약에 대한 모든 보상을 앗아가는 도둑과 같다고 혐오했다. 뼈 빠지게 일해서 돈은 옛날처럼 벌고 있는데, 어느 날 갑자기 그럴듯한 외식 한 번 하기조차 두려운 시절이 온다. 돈은 많이 받는 것 같은데 왠지 날로 가난해지는 이 느낌은 뭘까? 인플레이션은 스텔스 전투기처럼 소리 없이 날아와서

폭격을 가하고 달아나는 '스텔스 조세(stealth tax)'다.[168] 자유방임과 마찬가지로, 화폐의 양이 경제 성장에 미치는 효과도 분명히 있기는 하지만, 결함이 많다고 보았던 것이다.

인플레이션이 보이지 않는 곳에서 서민 대중의 재산을 강탈하는 스텔스기로 등극하게 된 것은, 경제 원리가 아니라 정치 논리에 따라 화폐 발행량을 증가시키는 행태가 가장 큰 원인이었다.[169] 특히 케인스는 정부 지출 자금을 마련하기 위해 화폐를 찍어내는 것에 반대했다.[170] 오늘날 케인지언들이 무척 감추고 싶어 하는 진실일 것이다.

케인지언이거나 반(反)케인지언이거나, 막상 케인스 앞에 서면 그들의 칼은 언제든지 무력화될 수 있다.

◆ **기업가가 가장 중요하며, 투기자가 득세하면 안 된다**

케인스가 기업가 옹호자였다고 말하면 역시 고개를 갸우뚱할 사람이 많을 것이다. 그는 자본주의 안의 계급을, 기업가(entrepreneur), 금리생활자(rentier), 투기자(speculators)의 세 가지로 분류했다.

'기업가'는 바로 기업을 경영하는 사람이다. 그는 자본재를 직접 투자하고 노동력을 고용하고, 조직을 경영해서 생산을 영위하는 역할을 담당한다. '금리생활자'는 그냥 어떤 자산으로부터 고정수익을 계속 받으면서 생활하는 사람이다. 예금해놓고서 이자로 생활하거나 건물에서 임대료만 받고 생활하는 사람들이다. 그들은 노동하지 않는다. '투기자'는 가격이 변동하는 자산의 매매를 통해서 차익을 실현하는 사람을 말한다. 요즘으로 치자면 주식이나 코인 투자에만 골몰하는 사람들을 말한다.

케인스는 이 3가지 계층 나름대로 자신만의 합리성이 있으므로 존중되어야 한다고 말했다. 다만 이 3가지 합리성 중에서 기업가의 합리성이 사회를 지배해야만 사회 전체에 이익이 되고, 금리생활자나 투기자의 합리성은 사회의 지배적인 위치를 차지하면 안 된다고 생각했다.

케인스가 활약했던 1920~1930년대 영국과 미국 도시 사회의 특성 때문이었다. 19세기까지만 해도 서구 사회에 금리생활자와 주식투자자가 있기는 했지만, 상대적으로 여력이 있는 재산가들의 특권이었다. 그러나 2차 산업혁명 이후 대기업 시스템이 성장하면서 탄생한 급여생활자 중산층들은 새로이 투자에 눈을 뜨기 시작했다. 앞 시대 프롤레타리아 노동자들은 꿈도 꾸기 어려운 일이었다. 케인스 스스로도 주식투자를 즐겨 했고, 아침마다 신문에서 주식투자 정보를 읽었다. 그렇게 해서 그는 많은 돈을 벌기도 했다. 또한 그는 주식투자에 참여하는 사람들의 심리와 행태에서 투기 동기를 읽어내고 그의 사상에 반영하기도 했다.

그러나 케인스 본인도 해당되었던 이 투기자의 합리성이 한 사회를 지배하게 되면, 그 사회로서는 큰 해악이라는 사실만큼은 분명히 했다. 심지어 기업가조차도 금리생활자나 투기자의 마인드로 기업을 경영해서는 안 된다고 말했다. 한 나라의 자본 개발이 카지노 활동의 부산물이 되어서는 안 된다. 증권거래소의 주식투자는 일종의 레저 활동 수준의 돈놀이에 그치는 것일 뿐, 그것이 창출하는 진정한 사회적 가치는 적다고 보았다.

그렇다고 해서 금리생활자나 투기자를 사회악으로 몰아붙이면서 그들을 절멸시켜야겠다는 식의 생각도 위험하다. 그들의 기능이 있기에 경제 사회 생태계가 작동하며, 기업가 역시 지분을 모으고 투자 자금을 마련하고 재력가들의 소비를 기대하면서 자신의 역할을 온전히 수행할 수 있다. 다만 투기자의 위세가 과도해졌을 때, 즉 그들이 사회의 중심이 됐을 때, 그 사회는 병든다. 온 세상이 자산수익률만 쳐다보고 천하의 인재들이 자산운용업만 하겠다고 덤벼든다면, 그 수익률의 몸통인 재화의 연구개발, 생산, 판매, 그리고 그와 관련된 모든 노동은 도대체 누가 다 하겠는가?

◆ 자본주의의 미래에 대한 예견

케인스는 자본주의의 미래를 밝게 보았다. 인간 본성에 내재한 선(善)이 고양된, 윤리적이고 합리적인 사회가 올 것이다. 그런데 이것이 가능하려면 조건이 있다.

첫째는 '경제적 조건'이다. 경제적 조건에는 여러 가지가 있는데, 먼저 인구 조절이 필요하다. 너무 많은 인구는 해가 된다. 다음으로는 내란을 포함하여 외적의 침입에 의한 전쟁이 일어나지 않도록 해야 한다. 이것은 정치인들이 맡아야 할 영역이다. 마지막으로는 중요한 의사결정들이 과학에 기반을 두고 이루어져야 한다. 그다음에 사회에 경제적

자본의 축적이 이루어져야 한다. 그나마 이런 경제적 조건은 다음에 나오는 도덕적, 심리적 조건과 비교했을 때, 노력을 통해 상대적으로 쉽게 달성할 수 있는 과제다.

둘째, '도덕적, 심리적 조건'이다. 이는 무엇보다도 돈에 대한 애착(love of money)에서 벗어나는 것이다. 돈 자체에 대한 추구에서 해방되어야만 한다. 인생의 어떠한 숭고한 가치도 없이 오직 돈을 버는 것만을 자기의 가치관으로 삼는 그러한 사람들은, 진정한 삶의 가치를 결여한 채 대리만족 수단 내지는 대리목표에 취해 사는 것이다. 케인스 자신은 무신론자였지만, 적어도 종교가 제공하는, 돈을 대할 때의 도덕규범은 어느 정도 인정했다.

그리고 그는 필요(necessity)의 시대는 가고 자유(freedom)의 시대가 올 것으로 예견했다. 이건 어떻게 보면 마르크스식 사고와도 매우 유사한 면이 있다. 모든 인류가 먼 훗날 노동의 고통에서 해방되고, 극장, 음악당, 화랑을 찾아 문화예술과 삶의 즐거움을 가득 누릴 수 있는 그런 세상이 올 것이다. 금리는 0에 가까워질 것이고 저축과 금리생활자는 사라질 것이다.

완전고용에 대해서는 1930년에 쓴 에세이에서 이렇게 적었다.[171] 100년 뒤, 그러니까 2030년경에는 기술 발전으로 인간의 욕구를 충족시키는 재화의 공급이 충분해지고, 주당 노동시간도 15시간으로 줄어들 것이다. 생활 수준 역시 지금보다 4~8배 높아질 것이다.

케인스 당시까지 자본주의 기업의 성취를 감안하면 충분히 수긍할 만한 예측이었다. 그의 예견은 대개 이루어졌다. 적어도 정치 체제가 불안하고 산업화가 제대로 이루어지지 않은 중근동 지역, 남아메리카, 아프리카 지역 제3세계 국가를 제외하고는 말이다. 선진국가들은 단순히 생존을 위한 필수품의 구득을 넘어 다양한 욕구를 충족하는 재화와 상품이 넘쳐나고, 사람들은 질 높은 삶을 추구하는 단계로 접어들었다. 주당 15시간 노동은 아직 어림도 없지만, 노동시간이 계속 줄어온 것은 사실이다. 일이 줄다 못해 오히려 인공지능 때문에 일하고 싶어도 일할 데가 없다는 우려까지 일고 있다. 돈에 대한 애착만큼은, 케인스가 말한 대로 인간 본성상 좀처럼 사라지지 않고 있다.

◆ 진보적 보수주의자 케인스

케인스가 훗날 추종자들에게 거대정부와 국가주의의 빌미를 마련해주기는 했지만, 그 자신은 그것들을 옹호하지 않았다. 오히려 케인스는 자유주의자였던 동시에 보수주의자였다. 전체주의는 그에게 혐오 대상이었다. 특히 공산주의와 노동운동에 대한 그의 태도는 분명히 '아니오'였다.

   그런데 케인스가 이런 오해를 받게 된 계기가 있었다. 그가 죽기 4년 전이다. 1941년 영국 노동부 장관은 경제학자 비버리지[William H. Beverage, 1879~1963] 교수에게 복지국가 체제 설계를 요청했다. 그때 나온 유명한 보고서 〈사회보험과 통합 서비스들(Social Insurance and Allied Sevices)〉의 핵심어가 '요람에서 무덤까지(from-cradle-to-grave)'였다. 보고서 작성 과정에서 비버리지는 케인스에게 자문을 구했는데, 케인스는 그의 작업을 높이 평가했다. 노년의 케인스는 사상적인 하나의 일관성이라든지 신념에 집착한 것이 아니라, 유용한 행정 수단의 하나로 복지국가 문제를 바라보았을 뿐이다.

어쨌거나 2차대전 중 한층 강화됐던 참전국 전시 동원 체제는 종전 후 전혀 수그러들지 않았다. 이로부터 서구 주요국 정부의 경제 지원 또는 개입이 늘어나는 계기가 됐다. 2차대전 후 서구 정부의 성장은 지식경제의 도래, 산학 협력과 첨단 벤처 성장 등 산업의 성장을 이끄는 역할도 했지만, 관료 조직의 비대화, 로비로 조종당하는 정치인과 거미줄 같은 규제로 통제되는 사회를 낳았다. 정부가 자애로운 부모가 아니라 괴물 같은 통제자로 변모해가는 이 모든 변화를 케인스는 전혀 보지 못한 채 죽었다. 게다가 자신의 생각이 이 모든 변화를 합리화하는 근거로 사용되리라고는 생각조차 못 했을 것이다.

그는 다만 자유방임이 완벽하지 않을 뿐 충분히 고유의 기능이 있다고 보았다. 그래서 자유방임을 보충할 수단으로써 국가가 등장할 필요가 생기는데, 문제는 그 자유방임에 개입하는 권력 행사의 범위를 어디까지로 제한하느냐 하는 데에 있었다. 케인스는 온건한 계획(moderate planning)을 주장했다. 모든 계획이 무용한 것이 아니라 선을 넘어선 과도한 계획이 항상 문제가 되는 것이다. 그래서 케인스는 정부의 계획 자체를 무용하다고 본 하이에크를 비판했다. 케인스는 과도한 개혁이 아니라 최선의 계획이 필요하며 또 가능하다고 보았다.

케인스의 입장에 따르면 국가는 후견인(guardian)이거나 감시자

(supervisor)의 역할을 수행할 뿐, 그 선을 넘어서는 안 된다. 국가는 민간 부문에서 이미 수행하고 있는 활동을 직접 수행하려 들어서는 안 된다. 정부는 개인이 수행할 수 없는, 개인 차원에서 도저히 할 수 없는 그러한 과업들만을 수행해야 한다. 사실 국가에 대한 케인스의 입장 자체는, 애덤 스미스의 그것과 맥락이 같다. 다만 케인스는 시장이 잘 작동하지 않을 때 필요에 의해 최소한의 수준에서 국가가 개입할 수 있다고 했다. 그 개입의 강도에서 케인스는 스미스와 차이가 있었을 뿐이다.

케인스는 영국 보수주의 사상의 아버지, 에드먼드 버크$^{Edmund\ Burke,\ 1729\sim1797}$의 사회관으로부터 깊은 영향을 받았다. 버크는 애덤 스미스와 비슷한 시기에 활동한 아일랜드 출신의 영국 정치인이자 철학자다. 그는 프랑스 혁명처럼 급진적으로 기존 체제를 파괴하고 신체제를 도입하려는 방식이 아니라, 기존에 축적된 전통과 관습의 바탕 위에서 점진적, 합리적인 정책을 통해 진보를 추구해야 한다고 생각했던 인물이다. 케인스는 버크로부터 영향을 받은 동시에, 버크와 대척점에 있는 장 자크 루소의 민주주의적 평등사상으로부터도 영향을 받았다. 너무나 대립하는 이 두 사상을 케인스는 어떻게 조화시킬 수 있었을까? 이는 그가 이념가가 아니라 현실주의 정책가였다는 사실, 그리고 세상 모든 지식에 대하여 나름의 합리성을 다 인정하고 흡수하려 했던 그의 태도를 고려하면 수긍이 간다. 자유방임의 역할과 국가의 기능을 모두 필요하다고 했던 그의 포용하는 자세 역시 이해할 수 있다.

◆ 이미 죽은 사상가가 남긴 잡문의 노예가 되지 마라

《일반이론》의 제일 마지막 부분에, 세간에 흔히 인용되는 이런 구절이 있다.

> "경제학자와 정치철학자들의 사상은 그것이 옳을 때나 틀릴 때나 일반적으로 생각되고 있는 것보다 더 강력하다. 사실 세계를 지배하는 것은 이 밖에 별로 없는 것이다. 자신이 어떤 지적인 영향으로부터도 완전히 해방돼 있다고 믿는 실무자들도 이미 고인이 된 어떤 경제학자의 노예인 것이 보통이다. 허공에서 소리를 듣는다는 권좌에 앉아 있는 미치광이들도 그들의 미친 생각을 수년 전의 어떤 학구적인 잡문으로부터 빼내고 있는 것이다."[172]

케인스의 관점이라면, 이미 죽은 자들의 잡문에서 해법을 찾는 것보다, 문제를 직접 맞닥뜨리고 거기에서 해법을 찾는 것이 현명하다. 그런데 케인스 역시 지금은, 그 자신이 말했던 '이미 고인이 된 경제학자' 중 한 명이 됐다. 그럼에도 불구하고 지금 케인지언으로 분류되는 정책가 내지 경제학자들은 이미 돌아가신 '그분'의 학설을 맹종한다. 그것도 단지 부분 편취하거나 과대 해석해서 말이다. 만약 케인스가 지금 다시 태어나서 케인지언들의 행태를 본다면, 더욱이 자신의 말을 핑계 댄 끝에 재정 중독(fiscal alcoholism) 상태에 빠진 이 사회를 바라본다면 과연 뭐라고 말할까?

우리는 케인스로부터, 지식의 유용성과 아울러 지식의 한계와 위험을 동시에 배운다. 절대적으로 옳은 지식은 없다는 것, 이념이나 낡은 학설에 기대어 문제를 풀려 하지 말고 오직 현실과 문제 자체를 직시하며 해법을 찾아야 한다는 것, 경제는 물리 현상이 아니라 심리 현상이라는 것, 사회 구성원들의 금권 추구와 투기 행태가 절대 과도해져서는 안 된다는 것, 자유방임도 정부 개입도 어느 하나가 만능은 아니며 지혜롭게 이 둘을 동시에 구사해야 한다는 것, 그리고 지식의 노예가 되지 않으면서 동시에 지식을 올바로 씀으로써 이 사회는 자유, 평등, 풍요, 다양성의 이상에 보다 가까워질 수 있다는 것, 이 모두가 케인스로부터 얻을 수 있는 교훈이다.

§ 참고문헌 §

- John Maynard Keynes, 《The General Theory of Employment, Interest, and Money》, 1936 (조순 옮김, 《고용, 이자 및 화폐의 일반이론》, 개역판, 비봉출판사, 2007)
- John Maynard Keynes, 《A Treatise on Probability》, McMillan, 1952.
- 박이문, 《현상학과 분석철학》, 지와사랑, 2007.
- Jachary D. Carter, 《The Price of Peace: Money, Democracy, and the Life of John Maynard Keynes》, Random House, 2020.
- Robert Skidelsky, 고세훈 옮김, 《존 메이너드 케인스: 경제학자, 철학자, 정치가, 1권, 2권》, 후마니타스, 2009.
- Mark G. Hayes, 현동균 옮김, 《케인스 경제학을 찾아서: 주류 경제학이 가르치지 않는 정통 케인스 경제학 입문》, 한울아카데미, 2021.
- William E. Leuchtenburg, 《Franklin D. Roosevelt and the New Deal: 1932−1940》, Harper Perenial, 1963.
- R. M. O'donnel, 《Keynes: Philosophy, Economics and Politics: The Philosophical Foundations of Keynes's Thought and their Influences on his Economics and Politics》, Palgrave Macmillan, 1989.
- 송경모, "불황의 긴 그림자… 케인스라면?", 〈테크엠〉, 2017년 4월호.

·CHAPTER 9· 변화

창조적 파괴의 사상가 '조지프 슘페터'
(오스트리아)

*출처_위키피디아

오스트리아는 하이든Haydn, 모차르트Mozart, 요한 슈트라우스Johann Strauss, 헤르베르트 폰 카라얀Herbert von Karajan 등을 탄생시킨 클래식 음악의 성지로 유명하다. 루트비히 비트겐슈타인Ludwig Wittgenstein, 칼 포퍼, 지그문트 프로이트, 알프레드 아들러Alfred Adler 같은 심리학과 철학의 거성들을 배출했을 뿐만 아니라, 20세기 유럽 양자역학의 대가들을 배출한 학문의 나라이기도 하다. 또한 아무도 기억하고 싶지는 않지만, 그중에는 아돌프 히틀러 같은 희대의 악마 정치인의 출생지였다는 오명도 들어 있다.

무엇보다도 이 나라는 또한 20세기의 위대한 경영사상가이자 전체주의 비판 사상가였던 피터 드러커를 배출했다. 그 배경에는 오스트리아 학파(Austrian school of economics)라고 하는, 영국과 독일의 전통과 매우 다른 풍의 사회사상이 있었다. 이 학파를 배경으로 '요제프 알로이스 슘페터^{Joseph Alois Schumpeter, 1883~1950}'가 등장했다.

슘페터는 혁신과 창조적 파괴라고 하는, 한 시대의 유행어를 탄생시킨 인물이다. 요즘 정치인이거나 기업인치고 이 단어들을 사용하지 않는 사람이 거의 없다.

◆ 비엔나에서 하버드로

슘페터는 1883년 오스트리아-헝가리 제국의 모라바(Moravia) 지역의 트리슈(Třešť)에서 태어났다. 지금은 국경이 변해서 이곳은 체코의 트르제슈티 지역에 속한다.

그는 4세 때 아버지를 잃었다. 영민한 아들의 재능을 알아본 어머니 요하나^{Johanna}는 어린 슘페터의 교육에 열을 쏟았다. 그러던 와중 어머니는 32세에 재혼했다. 상대는 65세의 퇴역 군인이었다. 슘페터의 계부는 오스트리아 상류층 출신으로서 넓은 인맥을 갖고 있었다. 슘페터는 그 덕분에 명문 귀족학교 테레지아눔 고등학교에서 수학할 수 있었다.

시골에서 수도로 이주한 슘페터 가족은 오스트리아-헝가리 제국의회 의사당과 비엔나대학에서 그리 멀지 않은 고급 아파트의 1개 층 전부를 임대해서 살았다. 이 건물은 지금도 남아 있는 비엔나의 명소 가운데 하나라고 한다. 슘페터는 이 아름다운 집에서 10세부터 25세까지 청춘기를 보내며 귀족풍 청년으로 성장했다. 그는 독특한 오리엔탈풍 인상에, 빠른 두뇌 회전과 유머감각으로 여인들 사이에서도 인기가 많았다.

1901년 비엔나대학에 입학한 뒤 역사와 사회학에 심취했지만, 무엇보다 경제학이라는 새로운 학문에 관심을 보이기 시작했다. 1906년에 비엔나대학에서 박사학위를 취득했다. 졸업 후 유럽 전역을 여행하면서 학식과 경험을 넓혔다. 영국의 런던정경대학(LSE), 프랑스 소르본느대학, 독일의 훔볼트대학에 재직하는 유명 경제학자들을 만났다. 그 사이 영국 여인과 결혼하고 이집트 카이로에서 변호사로 일하면서 돈을 벌기도 했다.

1919년에 잠시 오스트리아 재무장관을 역임했고, 1921년에 오스트리아의 비더만(Biederman)은행장 일도 맡은 적이 있었다. 하지만 행정가로서도 은행가로서도 성공하지 못했다. 재무장관 시절에는 사회주의 성향의 각료들과 의견이 맞지 않아서 사임했다. 자신이 일했던 은행으로부터 받은 대출로 실행한 투자 사업이 실패했고, 이 은행도 파산하면서 관련 채무를 복구하는 데에 오랫동안 고초를 겪었다. 어쨌든 슘페터는 학자로서 생활 외에 관료와 은행장 경영 업무를 경험함으로써 학문의 시야가 한층 넓어질 수 있었다.

1932년 미국으로 이민했고, 하버드대학 경제학 교수에 임용됐다. 하버드 재직 중 미국경제학회(AER) 회장을 역임하고, 폴 새뮤얼슨과 폴 스위지[Parul Sweezy, 1910~2004]를 비롯한 하버드 출신의 숱한 경제학자를 길러냈다. 1939년에는 미국 시민권을 획득했고, 1950년에 66세의 나이로 사망했다.

◆ 역사와 이론을 함께 보려는 자세, 그리고 오스트리아학파

슈페터가 대학 생활을 했던 20세기 초 유럽은, 마르크스주의가 수많은 지식인들을 매혹시키고 있었다. 또한 그가 성장했던 독일어 문화권에서, 지식인들 사이에 독일 역사학파의 영향력은 매우 컸다. 동시에 새로이 등장한 신생 학문으로서, 수학과 한계효용이론이 결합된 경제학이 많은 사람의 관심을 끌기 시작했다.

청년기 슈페터는 이 모든 사상들로부터 골고루 영향을 받았다. 카를 마르크스나 역사학파에서 받은 역사적 관점(historical perspective)과 한계효용학파로부터 배운 이론적 관점(theoretical perspective)은, 그의 머릿속에서 씨줄과 날줄처럼 교차하면서 그가 혁신과 창조적 파괴 관점을 이끌어내는 바탕이 됐다.

또 한편에서 오스트리아학파라고 하는, 비엔나 지역을 중심으로 형성된 지식인들의 사상으로부터 큰 영향을 받았다. 루트비히 폰 미제스Ludwig von Mises, 1881~1973, 칼 맹거Carl Menger, 1840~1921, 프리드리히 폰 하이에크 등 그 학파에 속한 사상가들은, 집단이 아니라 개인의 지식, 그리고 계획이 아니라 사회에서 자생하는 질서(spontaneous order)와 역동성을 강조했다.

그런 면에서 이 학파는 애덤 스미스의 후예였다. 다만, 스미스 당시에는 등장조차 하지 않았던 사회주의와 케인지언 사상과 싸우다 보니 거기에서는 개인과 자생하는 질서 개념이 더욱 선명하게 부각됐다. 무엇보다 이 학파의 가장 큰 공헌은 경제에서 '지식의 한계'가 지니는 의미를 처음 강조한 데에 있었다. 개인이든 법인이든 자신의 경험의 테두리 안에서 불가피하게 부족한 지식에 의거해서 생산, 소비, 지출 활동을 하는데, 이 무지(無知)들이 상호작용하면서 사회에 질서가 형성된다는 것이다. 그 어떤, 자신이 모든 것을 다 안다고 착각하는 인물이나 집단이 있어서 이 모든 거래 과정을 설계해서 운용할 수 있다고 믿는 것이야말로 참으로 치명적인 오만이다. 오스트리아학파의 눈에 대개 사회주의는 바로 이런 오만과 착각 속에서 실패할 수밖에 없는 체제였다.[173]

슘페터도 이런 관점을 따랐지만, 그의 색채는 좀 달랐다. 혁신이라는 역동적 과정을 사상의 중심에 개입시킨 것도 그렇지만, 특히 사회주의의 의미를, 기존에 사적 소유권을 부정하는 공산주의와 전혀 다른 의미로 재정의했다.

◆ 피터 드러커와 슘페터의 인연

피터 드러커의 스테디셀러 《프로페셔널의 조건(The Essential Drucker On Individuals)》에는 드러커의 부친과 슘페터의 교분에 관련된 유명한 일화가 등장한다.

1950년 1월 3일, 73세의 부친 아돌프 드러커 Adolf Drucker는 막 40대에 접어든 아들 피터 드러커를 데리고, 병석에 누워 있던 말년의 슘페터를 문병하러 갔다. 그들은 슘페터가 30대 시절에 있었던 일을 회상하며 대화했다. 누군가 슘페터에게 "당신은 진정 어떤 사람으로 기억되기를 바랍니까?" 하는 질문에, 당시 우쭐대기 좋아했던 성격의 슘페터는 이렇게 대답했었다고 한다. "유럽 미녀들의 최고 연인, 유럽의 최고 승마인, 그 다음으로는 세계 최고의 경제학자가 되고 싶소." 부친 드러커는 슘페터에게 지금도 그렇게 생각하느냐고 물었다. 슘페터는 이렇게 답했다. "그렇네, 그 질문은 여전히 나에게 중요하네. 하지만 대답은 전혀 다르지. 나는 대여섯 명의 우수한 학생들을 일류 경제학자로 키운 교사로서 기억되기를 바라네."[174]

이 대화를 들은 아들 드러커는 깊이 깨우치는 바가 있었다. '내가 죽고 난 뒤에 사람들은 나를 어떤 사람으로 기억할까?' 이 화두는 평생 드러커의 삶을 이끌었다. 훗날 드러커는 자신이 "경영자들이 성과를 창출하는 데 도움을 주었던 사람으로 세상에 기억되기를 바란다."고 말했다. 슘페터가 젊은 드러커에게 물려준 것은 비단 혁신 사상뿐만이 아니었다. 드러커 인생의 한 좌우명이 슘페터로부터 나왔다.

◆ 혁신 사상의 실마리는 어디서 등장했는가

혁신은, 단순히 뭔가 새로운 것을 행하는 것이라는 의미 이상으로 경제현상에서 중요한 의미를 갖는다. 그런데 왜 슘페터 이전에는 경제사상가들이 이 개념에 주목하지 않았을까? 이상한 일이다.

지금도 그렇지만 19세기에도 시장을 들여다보면 언제나 가격이 변하고, 시장에 나와서 팔리는 재화의 물량도 변하는 것이 흔한 모습이었다. 정찰제라 하더라도 언제나 그 숫자는 갈아치워지곤 했다. 사고자 하는 사람은 물건이 없어서 허탕 치고 가기도 했고, 넘치는 물건 속에서 골라서 들고 갈 수도 있었다.

슘페터 이전의 경제사상가들은 당연히 이런 역동적인 변화에 주목했고, 그 변화를 일으키는 힘을 '경쟁(competition)'에서 찾았다. 그러나 아직 거기에 혁신이라는 관점은 없었다. 수많은 기업들이 경쟁을 하기 때문에, 시장에 공급 물량이 늘어나면 기업들은 가격을 낮추어 자신의 재고를 소진하려 할 유인이 있다고 보았다. 한편 기업가와 마찬가지로, 구매자 입장에서도 가격이 낮아지면 그만큼 구매자의 구매 의욕이 더 늘어날 유인이 있다고 보았다. 완제품이든 부품, 원자재, 생산 인력 할 것 없이 모든 거래 대상이 이 원리를 따르다 보면, 시장에 공급된 물품은 중간에 들쑥날쑥 조정과정은 있겠지만 종국에는 모든 종류, 모든 물량이 적절히 조정된 가격으로 다 팔리게 되는 상태에 이르게 된다고 보았다. 이런 상태를 '균형(equilibrium)'이라고 불렀다. 특히 어떤 한 재화 또는 서비스가 아니라, 한 사회 안의 모든 것들이 다 그런 상태에 도달하게 되면, 이를 레옹 발라 같은 사상가는 '일반균형(general equilibrium)'이라고 불렀다.

슘페터 이전의 경제학자들은 이 대목에서 한 가지 중요한 결론을 이끌어냈다. '경쟁 상황이 완전히 보장되면 어떠한 기업이라도 종국에 가서는 초과 이익을 달성할 수 없다.' 매출액에서 각종 원가를 다 제하고 나면 남는 게 없다는 말이다. 이렇게 빠지는 원가에는, 원재료비, 임직원 인건비, 임대료, 광고비, 외주비 등은 물론이고, 차입금 이자와 적정 수준의 주주배당금까지 다 포함된다. 어디서든 잘 되는 사업은 경쟁자들이 몰리고 생산요소 가격도 함께 올라서 원가가 상승하면서, 이익을 남기는 일이 점점 힘들어진다. 이런 상황이 궁극에 달했을 때를 가리켜서, 슘페터 이전의 경제학자들은 '완전경쟁하에서는 초과 이익이 0'이라는 명제로 표현한 것이다.

그런데 현실을 가만히 들여다보면 '초과 이익'을 실현하는 기업들이 많이 보인다. 모든 원가를 다 제하고도 이익이 충분히 남는 것이다. 그럼 경제학자들의 이 말은 틀린 것일까? 현실의 사업가들이 이 말을 들으면 고개를 갸우뚱할 것이다. '이 치열한 경쟁 속에서도 우린 이익을 남기는데……'

하지만 초과 이익이 0인 상태는 현실이 아니라 그냥 가상의 상태다. 앞의 표현에서 '종국에 가서는'이라고 했던 부분에 주목하자. 이건 플라톤식 이데아 상태라고나 할까? 사람들이 상상할 수는 있어도, 결코 거기 도달해 있을 수는 없다. 현실은 언제나 '종국에 달하지 않은' 상태다. 세상의 어떤 기업이든 초과 이익을 얻을 수 있는 수준으로 제품 가격과 원가를 유지하는 상태에 머물러 있거나, 반대로 손실을 내는 상태에 처해 있을 수밖에 없다.

슘페터의 고민은 여기에서 시작했다. 일반균형 같은 아름다운 상태를 이론으로 도출한 선대 경제학자들의 천재적인 두뇌는 찬탄할 만하지만, 현실에서는 초과 이익을 보는 기업이나 손실을 보는 기업만 보이는데 과연 어느 것이 정상인가?

슘페터는 우아한 이론과 굴곡진 현실을 둘 다 버리고 싶지 않았다. 여기서 그는 '신결합(new combination)'이라는 개념을 생각해냈다. 신결합이란, 기업이 새로운 생산 방법 적용, 새로운 제품 도입, 새로운 조달

경로 개척 등, 기존 관행과 다른 방식으로 생산요소를 결합하는 행동을 말한다. 모든 기업이 이익 0인 상태에서, 우연히 어떤 한 기업이 신결합을 수행하면, 오직 그만이 양(+)의 이익을 실현할 수 있다. 신결합을 통해서 매출을 증가시키거나 원가를 절감할 수 있기 때문이다. 그는 신결합 개념을 고안함으로써 이론과 현실 사이에 타협을 이끌어냈다: "신결합을 수행한 기업만이 초과 이익을 달성한다. 그리고 모방자(imitators)들이 진입하면서 초과 이익은 점점 사라진다. 다시 누군가 신결합을 수행하면 이 과정은 다시 반복된다." 그는 이 신결합을 훗날 '혁신'이라는 단어로 바꾸어 불렀다.

1928년에 출간된 《이론경제학의 본질과 주요 내용(Das Wesen und der Hauptinhalt der theoretischen Nationalökonomie)》은 일반균형이론을 '경제학의 대헌장'이라고 여길 정도로 그 이론적 엄밀함과 완벽성을 높이 평가했다. 그런데 여기에서 머물렀다면 그는 평범한 학자로 남아서 후세에 기억될 일이 없었을 것이다. 기존 경제학에서는 일반균형을 이상적인 상태로 전제하고 분석했지만, 그는 이 완벽한 균형 상태는 유지되는 것이 아니라 언제든 깨지기 위해 존재하는 것이라고 보았다.

지금도 경제학 교과서에서는 수요와 공급이 일치하는 균형이 정상적인 상태인 것처럼 묘사하므로, 많은 학습자들이 마치 그것이 현실에 항상 있는 상태인 것처럼 착각하기 쉽다. 슘페터가 보기에 균형이 비정상이고 균형이 깨지는 것이 정상이었다. 비유하자면 바다에서는 파도가 정상이며 잔잔한 수면이 정상이 아닌 것과 같다. 상상 속 바다, 머나먼 수평선은 평평하지만 현실의 바다는 오직 출렁일 뿐이다.

균형이 파괴되는 것이 정상이라는 사고는 참으로 혁명적인 발상이었다. 그런데 이렇게 균형을 깨뜨리는 신결합 활동은 경제 시스템 내부의 동기가 아니다. 그것은 경제 외적인 동기다. 이것은 기업가의 경제적 계산 너머로부터, 즉 그의 통찰, 의지, 열정 같은 심리와 정신의 영역에서 나오는 것이다.

◆ 이익의 도덕성을 회복하다

결국 슘페터는 기업가가 균형을 파괴하는 대가로 수취하는 금액이 바로 이익의 본질이라고 보았다. 슘페터 이전의 경제사상가들은 기업가가 수취하는 이익의 본질을 그와 다르게 해석했다.

마르크스는, 이익은 자본가가 생산과정에서 노동자를 착취한 결과 발생하는 것이라고 보았다. 그에게 이익은 인간의 비도덕성이 낳은 결과였다. 이런 부도덕한 이익관은 훗날 반(反)기업 정서를 일으키는 큰 원인이 됐다. 마르크스의 사고에 따르면 이익은 자본가의 사악한 동기에서 나왔고, 자본가의 이익만을 대변하는 기업은 악한 존재일 수밖에 없었다.

데이비드 리카도는 이익에 대해서 그 어떤 유의미한 도덕도 발견하지 못했다. 이익은 그냥 수익에서 비용을 제하고 남은 '잔여(residual)'일 뿐이었다.

케인스의 스승이었던 알프레드 마셜은 그나마 이익에서 도덕의 요소를 하나 발견했다. 그는 이익이 '절욕(abstinence)'의 대가라고 보았다. 현재의 소비를 억제하고 그를 자본으로 전환하여 미래에 효용이 발생하기까지 인내하는 마음의 대가가 바로 이익이었다. 마셜의 관점에서는, 누군가 소득을 당장 먹고 자고 입는 일에 쓰는 것 이상으로 향락에 쓰지 않고 저축을 통해 자본으로 전환시켰다면, 이런 행동은 마땅히 보상받아야 한다.

슈페터는 이보다 한 걸음 더 나아가서 이익이 혁신의 대가라는 점을 발견했다. 그렇게 함으로써 마르크스에 의해 철저히 부정당했던 이익의 도덕성을 온전히 회복시켰다. 아울러 그는 기업가가 착취하는 존재가 아니라 혁신하는 존재라는, 더 나아가 착취하는 존재여서는 안 되고 혁신하는 존재여야만 한다는 관점을 새로이 세웠다.[175]

◆ **경제 진화의 원동력, 신결합**

슈페터는 초기 저작에서 신결합이라는 표현을 썼으나, 후기에 가서는 '혁신(innovation)'이라는 단어를 주로 사용했다. 신결합은 1911년 《경제 진화의 이론》에서 처음 사용했다. 1934년, 1939년에 걸쳐 출간된 《경기순환(Business Cycles)》에서는 '혁신'이라는 제목을 단 소절이 등장했다. '창조적 파괴(creative destruction)'라는 어구는 1942년 출간된 《자본주의, 사회주의, 민주주의》에서 사용했다. 이 세 개념은 동일한 맥락에 서 있지만, 강조하는 지점이 조금씩 다르다.

《경제 진화의 이론》은 우리나라에서 '경제 발전의 이론'이라고 번역되어 있다. 하지만 'development'에 해당하는 독일어 'Entwicklung'의 의미는, 발전이 아니라 진화라는 뜻에 더 가깝다. 우리나라에서 경제 발전이라고 하면 후진국 경제가 보다 선진형에 가깝게 변화하는 현상을 말한다. 하지만 진화는 그런 뜻에 국한하는 것이 아니라 더욱 폭넓은 경제의 역동적 변화를 함축한다. 이 책은 후진국의 경제 발전을 다룬 것이 아니라, 보다 광범위한 경제의 역동적 변화 메커니즘을 다루었다. 그리고 그 변화를 일으키는 핵심 동인을 바로 신결합에서 찾았다. 신결합이란 신(新)상품, 신(新)품질, 신(新) 생산 방식, 신(新)시장, 신(新)공급원, 신(新)조직의 도입이나 독점적 지위 구축 또는 파괴 일체를 가리킨다. 그리고 신결합을 수행하는 주체를 기업가(entrepreneur)를 뜻하는 독일어 '운터네머(Unternehmer)'라고 불렀다.[176]

신결합 수행에 소요되는 자금의 원천은 내부 축적 자금일 수도 있지만, 금융기관으로부터 신용을 통해서 조달하는 경우가 더 많다. 슘페터의 이런 관찰은 전(前)시대 경제사상가들은 미처 볼 수 없었던 변화에서 나왔다. 20세기 초 대기업 조직이 등장하면서, 금융가들은 종래 상인에 대한 대부를 넘어 혁신 기업가들에 대한 지분투자와 대부로 영역을 확장하기 시작했다.

같은 오스트리아 출신의 경제사상가 루돌프 힐퍼딩이, 마르크스 시절에는 아직 미약했던 거대 투자은행 활동에 착안해서 《금융자본(Das Finanzkapital)》을 집필한 것도 역시 1910년에 이르러서였다. 힐퍼딩은 금융자본이 산업 및 국가와 결합해서 독점자본화하는 것을 문제 삼았지만, 슘페터는 금융자본이 혁신 기업가의 신결합을 뒷받침해주는 역할에 더욱 주목했다.

자본가나 발명가가 곧 기업가인 것은 아니다. 물론 자본가나 발명가가 직접 기업가 활동을 수행할 수는 있다. 예를 들어, 토머스 에디슨은 성공한 기업가가 되고 싶어 했지만, 기업가로서보다는 발명가로서 더 큰 족적을 남겼다. 반면에 헨리 포드는 탁월한 기계공으로 출발했지만, 기업가로서도 대성공을 거두었다. 발명가나 연구자가 새로운 혁신을 했다고 해서 아직 기업가라고 부를 수는 없다.

반면 자금을 지닌 사람들은 대개 직접 기업가로 나서기보다는 금융가로서의 역할에 머무는 경우가 더 많다. 반대로 기업가로 성공한 사람 가운데에는 엔젤투자자, 벤처캐피털(VC), 기업 벤처캐피털(CVC)과 같은 형태로 금융가 활동을 수행하는 경우가 자주 있다. 금융가의 목적은 어떤 경우든 기업가로부터 자본의 이용 대가로서 이자를 받거나 자본투자 이익을 극대화하는 것이다. 하지만 그것만으로는 그가 기업가 활동을 한다고 볼 수는 없다. 다만 그가 금융 사업 자체에 신결합, 예컨대 혁신적인 핀테크 사업모델을 도입한다면 기업가로서도 역할을 한다고 말할 수 있다.

◆ **기업가 활동은 인간의 능력인가, 시스템의 기능인가**

《경제 진화의 이론》은 독일어로 제2판까지 나왔는데, 제1판과 제2판의 내용이 많이 다르다. 분량도 제1판에 비해 제2판이 더욱 작다. 기존 영역본과 한국어 번역본은 모두 제2판을 대본으로 했다.

제1판에서는 기업가의 능력을 인간의 특성으로 바라봤다. 거기에서 기업가의 능력이란 어떤 개인의 타고난 강점, 우월성이었다. 제1판에서는 인간형을 소수의 동적인 기업가와 다수의 정적인 인간이라는 두 종류로 나누었다. 앞의 부류는 행동하는 인간, 둘째 부류는 안주하는 인간이다.

첫째 유형의 인물은 역동적이고, 균형을 깨뜨리고, 새롭고 활동적인 행동을 하고, 리더 역할을 하고, 변화에 대한 내면의 저항이 없고, 환경의 장애를 극복하기 위해 싸우고, 전에 없었던 새롭게 등장한 대안에서 가능성을 통찰해서 선택하고, 창조의 즐거움과 능력으로부터 동기를 얻으며, 자기 자신은 가진 것이 없어도 은행으로부터 자금을 조달해서 일을 추진한다.

둘째 유형의 인물은 정적이고, 균형 상태를 좋아하고, 이미 이루어진 관행을 반복하기 좋아하고, 수동적이고 에너지가 부족하고, 남을 따르기만 하는 추종자 역할을 하고, 변화하는 것을 마음 깊이 싫어하고, 다른 사람들이 새로운 시도를 하는 것을 탐탁지 않게 생각하고, 이미 있는 대안 사이에서만 선택하려 하고, 당장의 필요만을 충족하는 데에서 그치고, 가진 자원이 없을 때 외부에서 새롭게 자원을 구하려 하지도 않는다.

그런데 이 두 종류의 인간형이 세계에 절반씩 있는 것이 아니라, 앞 유형은 소수(minority)고, 뒤 유형은 다수(majority)라고 했다. 제1판 출간 당시만 해도 슘페터는 독일 역사학파의 영웅주의 철학에 심취해 있었다. 이는 일종의 엘리트 사상으로서, 세상을 이끄는 우월한 인물과 그렇지 않은 인물들로 사람을 나누는 방식이었다. 이런 관점 때문에 제1판은 많은 비판을 받았다. 그래서 제2판에서는 이렇게 인간 유형을 둘로 나누는 내용을 삭제했다. 제2판에서는 기업가의 역할이 개인의 어떤 우월한 능력에서 나온다는 특성을 강조하기보다는, 경제 시스템이 갖춘 하나의 기능이라는 측면을 더욱 부각시켰다. 거기에서 기업가는 탈인간화(dehumanize)했다. 즉 기업가라는 존재에서 인간의 색채는 살짝 빠져나갔다.[177]

창조적 소수자들은 비록 산발적으로 등장하기는 하지만 특정 시기, 특정 사회에서 군집 형태로, 떼를 지어 나타나는 경향이 있다. 그것은 일종의 한 사람의 출현이 다른 사람의 출현에 영향을 미치는 일종의 네트워크 효과 같은 것이다.[178]

◆ **더 많이, 열심히 일한다고 혁신이 되는 것은 아니다**

《경기순환》에서는 신결합이라는 단어의 등장 빈도는 줄어들고 혁신이라는 개념이 전면에 배치됐다. 여기서는 혁신을 가리켜 새로운 생산함수를 구축하는 활동으로 묘사했다.[179] 생산함수란, 경제학자들이 흔히 생산요소와 생산물 사이의 관계를 추상적으로 표현하는 한 방식인데, 흔히 $y=f$(노동투입량, 자본투입량) 같은 함수식으로 표현한다. 사실 이 $f(\ )$가 일차함수나 이차함수처럼, 작업자 10명이 기계 2대에 붙어 일하면, 하루에 제품(y)이 100개 나온다는 식으로만 작동한다면, 경영자는 별로 고민할 일이 없을 것이다. 하지만 기업에서 작동하고 있는 이 $f(\ )$의 구조는 오리무중(五里霧中)이다. 당장 노동투입량과 자본투입량이라고 하는 것도 정확한 측정의 문제로 들어가면, 수많은 난관에 부딪힌다. 게다가 나오는 산출물이 한두 종류가 아니고 그 형태도 천차만별이라면 수량으로 통일해서 측정하는 일은 더욱 어려워진다. 특히 현대처럼 복잡한 가치사슬과 외주관계, 그리고 다양한 이질적인 사업부가 한 사업체 안에서 함께 조업하고 있는 현실에서, 예컨대 삼성전자의 재무제표와 내부 사업 분석 보고서를 아무리 뒤져 봐도 노동투입량과 자본투입량은 정확히 계측하기 어렵고 산출물 역시 그렇다.

어쨌든 기업 활동의 투입 요소와 산출물 사이의 관계를 추상적으로 묘사하는 수단으로서 $f(\ )$는 역대 경제학자들이 분석을 보다 논리적으로 수행하기 위해 수학으로부터 빌려온 한 수단이었다. 사람을 많이 투입하면 산출 또는 매출이 더 늘어난다거나, 기계를 더 투입해도 역시 그런 결과가 난다는 사고방식이 $f(\ )$에 반영되어 있다. 현대 경영자들은 이런 사고에 어느 정도는 동의할지 몰라도, 현실은 이 관계를 무력화시키는 복잡한 변수가 너무 많다는 사실도 잘 알고 있다.

어쨌든 슘페터는 이 오묘한 블랙박스 $f(\ )$ 안에서 노동투입량이나 자본투입량을 변화시키는 것보다 $f(\ )$ 자체의 구조를 변화시키는 활동에 더 주목했다. 이것이 혁신이었다. 아무리 사람들이 바삐 움직이고 기계가 활발히 돌아가고 있는 것처럼 보여도, 아무 혁신 없이 $f(\ )$의 구조가 그대로 유지되는 것은, 슘페터 눈에는 그저 정지 상태로 비쳤을 뿐이다.

그에게 역동이란, 사람을 늘이거나 기계를 더 설치하는 것이 아니라, 이 $f(\ )$ 자체를 변화시키는 활동이었다. 신기술을 도입하고 신제품을 개발하며 신조직을 구축하는 활동이 모두 $f(\ )$를 변화시키는 것이었다. 《경기순환》은 역사에서 수많은 사례와 통계를 모아서, '정지 상태가 깨지면서 경제가 역동적으로 변화하는 과정'을 분석한 책이다.

그는 《경기순환》에서, 단순히 재고 순환, 또는 가격 변동과 금융 요인뿐만 아니라 기술 변화에 연유한 장기에 걸친 경기순환이 존재한다는 사실을 강조하기도 했다. 그는 콘드라티에프[N. D. Kondratiev, 1892~1931]라고 하는 러시아 경제학자의 1926년 논문을 인용하면서, 그에 의거해 거대한 경기변동 주기를 구분했다. 이 변화의 주기는, 1787년부터 1842년에 이르는 1차 장파 기간은 증기 기술이, 1843년부터 1897에 이르는 2차 장파 기간은 철도 기술이, 1898년부터 1913년에 이르기까지는 3차 장파 기간은 전기, 화학 기술이 일으킨 것이라고 보았다.[180]

슘페터 사후에 이른바 실리콘밸리와 ICT 혁명이 등장했다. 이 변화가 훗날 4차, 5차 등 장파를 이루어낸 것은 확실하다. 오늘날 4차 산업혁명이니 아니니 말이 많지만, 연속하는 역사에서 정확한 숫자 서열이 부여된 시대 구분은 언제나 간단치 않은 문제다. 다만 슘페터는 기술 변화가 경기변동의 큰 흐름을 낳으며, 그 근저에 혁신 활동이 중요한 역할을 했다는 사실을 처음으로 부각시켰다.

◆ 자본주의 역동성의 본질은 창조적 파괴에 있다

슘페터가 1942년에 출간한 《자본주의, 사회주의, 민주주의》에서는 '창조적 파괴'라는 단어가 등장했다. 의미상으로는 창조적 건설이 더 어울린다. 창조는 건설과 짝이 맞는다. 하지만 그는 일종의 모순어법으로서, 창조와 파괴라는 서로 대립되는 의미를 지닌 단어를 병행해서 자신의 생각을 더 확실히 표현했다. 창조는 언제나 파괴를 수반한다.

슘페터는 자본주의의 본질은 '안정 파괴(destabilize)'에 있다고 보았다. 마르크스가 역사의 관점에 입각해서 자본주의의 본질을 계급투쟁이라고 보았던 반면, 슘페터는 그와 전혀 다른 관점에서 자본주의의 본질을 보았다. 자본주의는 혁신을 통해 끊임없이 낡은 것들을 파괴해가는 과정이었다.

사실 현대 자본주의가 등장하기 이전 고대와 중세 사회에도 새로운 것이 등장하고 낡은 것들이 파괴되는 현상이 전혀 없었던 것은 아니었다. 하지만 그 속도가 너무 느려서 사실 아무 변화도 안 일어나는 것처럼 느끼기 일쑤였다. 옛날 옛적 아버지가 읽었던 책을 자식도 거의 그대로 물려받아서 공부했었고, 할아버지 때 마차로 여행하는 문화나 대장장이가 칼을 만드는 방식은 손자 때에 와서도 크게 달라지지 않았다. 그러나 19세기 이후 자본주의가 본격 확산되면서, 마을이, 거리가, 건물이, 가게가, 일상용품이, 직업이, 사회 계급이 하루가 다르게 바뀌기 시작했다. 오늘날의 프로그래머는 1년간 일에서 떠났다가 복귀하면 예전에 알았던 지식은 다 낡은 것이 되어 있다. 그래서 새로 등장한 기술을 익히기 위해 새로 배워야 한다.

이런 급속한 변화는 사실 누구에게나 달갑지 않다. 사람은 누구나 안정을 추구하는 심리가 있기 때문이다. 한번 획득한 학력이나 자산으로 혜택을 계속 누리고 싶고, 죽을 때까지 자기가 지금까지 일하던 대로 끝까지 일하고 싶고, 자기가 힘겹게 차지한 지위가 평생 유지되기를 바란다. 자신이 사는 세계가 불안정해서, 언제 내 지식이 쓸모없는 것으로 전락하고 일자리와 지위도 사라질지 모른다면 그 누가 반길 것인가?

슘페터의 안정 파괴 개념은 불가피한 현실을 직시한 것이기는 했다. 하지만 그는 사회가 어떻게 이 불안을 해소할 수 있는가에 대한 해법은 제시하지 못했다. 훗날 슘페터의 제자 드러커는 혁신하는 경영자와 학습하는 노동자가 책임 있는 경영을 통해서 이 불안을 극복할 수 있다고 했다.

마르크스는 자본이 확대 재생산하는 과정에서 이익률 저하가 불가피하고 자본은 스스로 몰락하는 숙명에 처해 있다고 보았다. 그러나 슘페터는 자본주의의 숙명은 자멸이 아니라 창조적 파괴라고 보았다. 단순히 파괴에 그치는 것이 아니라 뭔가 그 자리를 대신할 새로운 것을 창조해내는 과정이다. 그는 《자본주의, 사회주의, 민주주의》의 제7장 '창조적 파괴'에서 이렇게 말했다.

"신시장의 개척 (중략) 조직의 개발 (중략) 등은 마찬가지로, 생물학 용어를 좀 사용하자면 산업의 변이(mutation) 과정이다. 그 과정은 경제 구조를 끊임없이(incessantly) 내부로부터 혁명적으로 뒤바꾸고, 끊임없이 낡은 것들을 파괴하고, 끊임없이 새로운 것들을 만들어낸다. 이런 창조적 파괴 과정이 자본주의에 관련한 본질적 사실이다."[181]

슘페터는 진화생물학에서 많은 영감을 얻었다. 변이(變異)란, 갑자기 유전자 구조상 한 부분이 바뀌는 것이다. 이렇게 새로운 종이 튀어나오고 이 종은 자연선택의 과정을 거쳐 종의 생태계가 변화하는 끊임없는 과정이다. 이런 과정을 통해 공장은 대장간을 없앴고, 자동차는 마차를 없앴다. 마부들의 일자리가 사라진다는 걱정이 없지 않았지만, 그 우려는 이내 새로운 일자리가 등장하면서 사라졌다. 이 변화는 한순간에 벼락 치듯 일어나는 것이 아니라 눈치채지 못할 정도로 서서히 일어난다.

지금도 그런 일이 계속 일어나고 있다. 공유경제, 블록체인, 핀테크, 에듀테크, 리걸테크, 인공지능 같은 새로운 창조가 도처에서 그런 우려를 낳고 있다.

100여 년 뒤 역사서에는, 2020년대에 사람들은 새로운 변화 앞에서 자신들의 일자리가 사라지는 것에 저항했지만, 그에 못지않은 새로운 일자리들이 등장해서 살아갔다는 서술이 등장할 것 같다. 그때쯤이면 사람들끼리 이런 대화를 나누고 있을지도 모른다: "그 시절에는 대학교라는 곳에 학생들이 몇 시간씩 차 타고 가서 수업을 들었다지 뭐예요. 그리고 사람들이 자기가 직접 핸들을 돌리며 차를 몰았대요. 그 무거운 차를 말이죠. 불편해서 어떻게 살았는지 몰라."

◆ **진부화와 혁신의 반복은 기업뿐만 아니라 문화에서도 항상 일어난다**

슘페터의 역사 공부는 매우 광범위했기 때문에, 수많은 사회학자와 역사사상가로부터 영향을 받았다는 것은 확실하다. 그중 슘페터의 역사관이 독일의 종교 사상가 하르낙Adolf von Harnak,1851~1930의 사상에도 많은 연원을 두고 있다는 연구가 있다.[182]

하르낙은 역사상 종교 개혁이 발생해온 패턴을 연구했다. 모든 종교는 초창기에 영웅적인 어떤 예언자로부터 태동한다. 이내 수많은 사람이 따른다. 그런데 이 새로웠던 사상이 어느 날부터인가 진부해지고 딱딱한 교리가 되고 화석화된다. 종교는 처음 등장했을 때와 전혀 다른 모습을 지닌 우상으로 타락한다. 이 상태에서 어느 날 갑자기 새로운 예언자가 나타나서 이 우상을 파괴하기 시작한다. 이 파괴자에 대해 처음에는 대부분의 사람들이 그를 핍박한다. 그러다가 이내 사람들이 그를 따르기 시작한다. 이렇게 새로 등장한 우상 파괴자와 그를 따르는 무리들은 다시 앞의 과정을 똑같이 반복한다. 그들 역시 새로운 우상이 된다. 그리고 또 누군가 나타나서 그를 파괴한다.

기업의 태동과 진부화도 마찬가지 과정이 늘 반복된다. 시장 판도를 바꾸는 혁신기업이 처음 등장했을 때, 그들은 기존 기업 관행을 파괴하면서 충격을 준다. 수많은 사람들이 열광하고 그 기업으로 몰려든다. 이렇게 모인 사람들은 신사업을 건설하겠다는 열정과 사기로 충만해 있다. 이렇게 승승장구하는 기간이 지속된다. 그러다가 처음에 그토록 그들이 혁신이라고 알고 있었던 것들이 어느 날 일상적인 관행으로 바뀌고 조직은 서서히 경직된다.

　PC와 윈도 운영체제의 시대를 열었던 혁신기업 마이크로소프트는 어느 날 갑자기 진부화된 관행 기업이 돼버렸다. 사내에는 관료주의가 자리잡았고, 이를 못 견딘 임직원들이 신생 혁신기업 구글로 대거 몰려갔다. 그랬던 구글에서도 똑같은 일이 일어났고, 직원들은 메타 등으로 대거 이탈했다. 메타 안에서도 그런 일이 일어났다.

　이렇게 진부화된 상태는 적어도 겉으로만 보면 뭔가 일하는 방식이 정착되고 시스템도 안정되고 조직이 잘 운영되고 있는 것처럼 보인다. 하지만 아무리 많은 사람들이 거기서 열심히, 그리고 안정적으로 일하고 있어도 그것은 슘페터의 관점에서는 그냥 정지 상태에 있는 기업이다. 그런 상태가 계속되는 한 반드시 누군가에 의해 파괴당한다. 이런 과정을 기업이 시장에서 겪을 수밖에 없는 것처럼 자본주의 사회도 이런 과정을 피할 수 없다. 창조와 파괴, 진부화와 혁신이 반복됨은 운명이다.

◆ **사회의 상류 계급은 어떻게 탄생하는가?**

경제사상에 계급 문제를 첨예하게 부각시킨 인물은 카를 마르크스였다. 그에게 인류의 역사는 계급투쟁의 역사였다. 마르크스주의자들은 지금도 그렇게 믿고 있다. 그래서 그들은 언제나 타도할 적을 만들어서 공격한다. 슘페터는 이 주장에 기본적으로 의문을 제기했다. 마르크스가 말했던 식의 계급투쟁이 과연 존재하기는 하는가?

일단 슘페터는 계급이라는 것이 어떻게 처음 등장한 현상인지를 관찰했다. 우선 그는 사회 계급의 기본 단위는 가문(family)이라는 데에서 출발한다. 어떤 사람의 계급은 그 사람이 어느 집안에 태어나느냐에 달려 있다. 자신의 선택이 아니라, 누군가는 태어나면서부터 귀족이었고 누구는 태어나면서부터 평민이었다. 그렇다면 그런 가문 자체가 도대체 언제부터 귀족 또는 평민의 지위를 갖게 되었는가를 따져보아야 한다.

인류 역사는 전쟁의 연속이었다. 이른바 한 왕가가 형성된다는 것은 무엇을 뜻하는가? 전쟁에서 승기를 잡은 집안이 왕가가 되는 것이다. 개국 공신들은 점령한 지역에서 토지를 하사받고 귀족의 특권을 부여받는다. 그리고 그 지위는 자녀들에게 세습된다.

이렇게 정치를 배경으로 탄생한 가문 외에 경제 요인으로 등장한 가문들이 있다. 메디치, 로스차일드(Rothschild), 푸거 가문 등. 19세기 후반 넘어 주식회사 제도가 확산되기 이전 대부분의 사업은 가문의 사업이었다. 20세기 들어서도 수많은 사업들이 주식회사 형태를 띠기는 했지만, 대개 가문의 구성원들이 중심이 되어 일으킨 것이 대부분이었다. 듀폰, 지멘스, 포드, 존슨앤존슨, JP모건, 골드만삭스…. 우리나라도 마찬가지였다. 삼성, 현대, 두산, 금성, 코오롱, 한화 등…. 지금은 사업의 중심이 가문으로부터 조직으로 이행하는 과도기다.

사업 성공의 규모가 크고 작은 것과 상관없이, 역사상 어느 지역마다 한때 이름도 없던 집안이 갑자기 명문가로 등장하고는 했다. 그런 집안은 돈이 있기에 자녀들에게 양질의 교육을 시킬 수 있었고, 혼맥과 인맥을 넓히며 한동안은 그 부를 이어갈 수 있다. 하지만 세월이 흐른 뒤, 한때 그토록 위세를 떨쳤던 상류 가문은 어디론가 사라진다. 합스부르크 왕가는 다 어디로 갔으며, 전주 이씨 왕가는 다 어디로 사라졌는가? 창조와 파괴는 경제 생태계에서만 일어나는 일이 아니다.

어쨌든 그런 상류 가문이 최초로 등장하게 된 배경은 어디에 있을까? 주군을 잘 만나서, 가주(家主)가 근면 성실해서, 또는 약탈과 폭력으로 그렇게 될 가능성이 있다. 슘페터는 그런 요인들이 전혀 없는 것은 아니지만 다 지엽적인 요인이라고 보았다. 슘페터는 신결합을 수행한 가주들의 존재를 가장 큰 이유로 꼽았다. 그 집안의 어떤 인물이 뭔가 남들이 안 하던 새로운 활동을 수행하면서 그 가문은 상류 가문으로 부상하게 된다는 것이다. 15세기 중반까지 특별히 이름날 것이 없었던 피렌체의 메디치 가문은, 유럽 귀족 사회를 상대로 한 은행업을 성공시키면서 귀족 가문으로 승격했다.

슘페터는 역사 속에 수많은 명문가의 성공담을 살펴본 뒤, 그 뒤에는 항상 신결합을 최초로 수행한 인물이 있었다는 사실을 알아냈다. 하지만 그렇게 성공한 가문은 2대, 3대를 거치면서 최초의 신결합 정신은 다 사라지고 자연스럽게 쇠락했다는 사실도 알아냈다. 이런 가문의 부침은 많은 문학가들의 소재가 되기도 했다. 예컨대 염상섭^{廉尙燮, 1897~1963}의 《삼대》(1937)는 지역의 대지주 부호인 조씨 가문의 2대, 3대 후손들과 친척들 사이에서 벌어지는 온갖 분란과 애욕, 집착, 파멸을 그린 소설이다. 토마스 만^{Thomas Mann, 1875~1955}의 《부덴브루크가 사람들(Buddenbrooks)》

도 부유한 곡물도매상 가문을 대상으로 마찬가지 내용을 담았다. 어느 가문에서나 신결합을 최초로 성공시켰을 당시의 기풍은 시간이 지나면서 점점 사라진다. 그 틈을 타 후손들은, 선대에 이어 또 다른 신결합을 성공시키는 인물이 등장하지 않는 한, 온갖 재산 분란과 탕진, 그리고 혼란스러운 삶을 겪다가 서서히 선대의 탁월성으로부터 멀어진다.

슘페터는 이 관점에서 마르크스가 자본가와 노동자라고 하는 고정된 계급을 추상적으로 나눈 것은 허상이라고 보았다. 지배자와 피지배자, 가진 자와 못 가진 자는 정해져 있는 계급이 아니라 늘 구성원들을 달리하면서 바뀌는 집단에 불과하다. 예컨대 그는 1912년에 수행된 한 연구를 인용해서, 마르크스가 그토록 혐오했던 영국의 자본가들, 특히 면화 사업을 하던 자본가들을 분석해보면 그 자본가들의 63~85퍼센트는 노동자 계급 출신이었다는 점을 말했다.[183] 노동자가 자본가가 되고 자본가가 노동자가 된다. 이 본질을 보지 않고 고정된 계급이 실재하는 것처럼 규정하는 것은 옳지 않다.

슘페터는 이렇게 비유를 들었다. 사회 계급은 늘 붐비는 호텔 내지 만원 버스와 같다.[184] 객실과 좌석에 들어차는 사람은 늘 바뀐다. 그 자리에 오늘은 이 사람들이 있었는데 다음날은 다른 사람들로 바뀌어 있다. 계급은 파괴하려고 애쓸 필요가 없다. 그들은 스스로 나가고 사라진다. 왜? 자본주의의 본질 자체가 끊임없는 파괴 과정이기 때문이다. 자본주의 그 안에서 유력했던 인물도 어떤 지위도 혁신가들에 의해 어느 순간 저 낮은 곳으로 추락한다.

◆ 상하 계급은 정주 사회의 산물이다

역사를 살펴보면 계급 현상은 유목 사회보다 정주 사회에서 두드러졌다.

유목 사회의 사람들은 수시로 변하는 혹독한 자연환경 속에서 생존해야 하기 때문에 개인에게 유동적인 기능을 부여할 뿐, 어떤 고정된 계급을 주지는 않는다. 물론 리더는 있다. 하지만 리더는 하나의 역할일 뿐, 높은 자리에서 군림하는 계급이 아니다. 이는 슘페터가 몽골족, 셈족, 에스키모, 초기 게르만족 들의 특성을 관찰한 결과 도출한 결론이었다.

계급 현상이 두드러지게 된 것은 사람들이 정주 사회를 형성하면서부터였다. 사람이 정착을 하게 되면, 개인들에게 고정된 기능이 부여되고 이것은 계급으로 고착된다. 그 기능은 자녀에게 계급으로 세습된다. 이런 현상은 슘페터가 농경지에 정착한 이후의 게르만족 사회를 관찰한 뒤 내린 결론이었다.

슘페터의 분석은 군대에도 적용해서 생각해볼 수 있다. 전쟁 중인 군대와 평화 시의 군대는 큰 차이가 있다. 전시의 군대는 분명히 상사의 명령에 부하는 절대복종해야 하는 조직이지만, 그것은 결코 상하로 나뉜 계급이 아니라 각 지위마다 역할을 부여받은 것이다. 이 지위가 높고 낮음으로만 존재하게 되면 그 공동체 전체가 괴멸하기 때문이다. 이때 명령하고 따르는 과정은 있지만, 계급 현상은 아니다. 이 상태는 유목 사회와 같다.

반대로 평시에 전쟁이 없는 상태를 오래 지내다 보면 그 안에 서열이 정해지고 차별이 생긴다. 높은 사람과 낮은 사람이 생긴다. 군림하는 사람이 생기고 안주하는 사람도 나온다. 계급 현상이 고착되는 이 상태는 정주 사회와 같다.

요즘 명령통제형 위계 조직보다 수평 조직이 더 바람직하다는 경영 사조가 있다. 슘페터의 관점에서 볼 때, 위계 조직 자체가 문제될 것은 없다. 위계 속 여러 지위에는 각각 고유한 기능이 있기 때문이다. 문제는 그 조직 내 각 지위가 어떤 임무를 부여받은 자리로서가 아니라 하나의 계급처럼 작동하고 있다는 것, 높은 사람과 낮은 사람으로 구분되는 데에서 발생한다. 목표와 책임이 구성원 사이에 분명히 인식되어 있고 소통이 효과적으로 이루어질 수만 있다면, 위계 조직이냐 아니냐는 별 문제가 안 된다. 오히려 목표, 역할과 책임, 소통 요건이 안 갖추어져 있다면, 표면상 계급이 없어 보이는 수평 조직이 더 위험할 수 있다.

◆ **모든 계급은 시대의 필요에 맞추어 생긴 기능을 담당한다**

한 시대에 형성된 계급은 그 사회가 필요로 하는 어떤 기능을 담당하기 위해 생긴 것이다. 시대가 바뀌어 그 기능이 필요없는 세상이 오면, 그 계급은 알아서 사라진다. 과거의 모든 것들은 지속적으로 그 유효성을 검증당하면서 유지되거나 상실된다. 중세 서구 사회가 왕, 영주, 기사, 농노, 성직자 같은 계급으로 나뉜 것은 각각 그 시대에 맞는 자신의 기능들이 있었기 때문이다. 말과 창·칼로 전쟁을 수행했던 기사들은, 총포와 전차의 시대를 맞으면서 사라졌다. 이 시대의 전쟁 수행 전문 인력들의 조직과 계급 구조는 전혀 다른 형태로 진화했다. 고전적인 의미의 자본가라는 집단도, 지분이 분산되고 소유와 경영이 분리된 사회에서 사실상 사라졌다. 지주의 지위도 예전과는 전혀 달라졌다. 대신에 오늘날에는 과거의 자본가나 지주와는 색채가 다른 자산가 집단이 등장했다. 마찬가지로 시대마다 직업의 구성 자체가 달라진다. 우리나라에서도 해방 후 잠시, 한 지역 최고의 부자는 양조장집이었던 때가 있었지만, 지금 그들의 지위는 거의 사라졌다. 시대마다 군인, 교사, 공무원, 과학자, 벤처사업가 등에 걸쳐, 그들이 담당하는 기능과 위상이 달라져 왔다.

이런 관점에서 슘페터는 리더십은 기능의 문제이며, 리더는 계급 현상이 아니라고 보았다. 슘페터도 젊은 시절에는 위대한 리더와 평범한 추종자라는 식으로 이분법 사고를 한 적이 있었다. 하지만 나중에는 그 견해를 바꾸었다. 리더십은 개인마다 지닌 적성의 차이(individual differences in aptitude)에서 나오는 것이라고 보았다.[185] 시대마다 요구하는 다양한 기능들이 있고, 이 기능에 부합하는 특질들은 개인마다 다 다르다는 것을 인정해야 한다. 리더십이라는 자질 자체를 특별히 개인의 위대한 능력으로 찬탄할 근거는 없다. 모든 개인은 다르며, 다른 만큼 각각 사회가 필요로 하는 어떤 기능을 맡을 뿐이다. 리더십 역시 개인의 한 기능이다. 다시 말해서 계급은 없다.

◆ 세금으로 지탱하는 근대 국민국가의 취약성

우리나라의 2022년 정부 예산안이 600조 원을 돌파했다. 같은해 중앙정부의 총수입 예상 548조 원 가운데 338조 원은 조세수입으로, 210조 원은 조세외수입(세외수입, 기금수입 등)으로 조달될 것으로 계획했었다.[186] 이 수치만으로 보면 조세수입이 정부 수입의 61퍼센트에 달한다. 불과 10년 전 2012년 중앙정부 총수입은 341조 원, 국세수입은 205조 원 수준이었다.[187] 지방세는 차치하고, 국세 절대 규모만으로 계산하면, 10년 사이에 연평균 5.1퍼센트씩 상승했다. 그 사이 명목 GDP는 2012년 1,400조 1,000억 원 규모에서, 2022년 IMF 추정치 1조 8,239억 달러(약 2,166조 8,000억 원)에 이르기까지 연평균 4.4퍼센트 증가세를 보여왔다. 조세수입 성장률 5.1퍼센트와 명목 GDP 성장율 4.4퍼센트는 근소한 차이 같지만, 절대액으로 계산하면 납세자 입장에서는 실로 거대한 추가 부담인 것이다. 그만큼 납세 부담은 생활 수준에 비해 압도적으로 빠른 속도로 늘어왔다.

언론과 정치인들은 늘 '혈세' 운운하며 공방을 벌이기도 하지만, 이 문제가 사회 전체의 자원 배분 효율성을 얼마나 저해하는지, 사태의 심각성에는 둔감해져 있는 것 같다. 사실 우리나라만의 문제가 아니다. 2차대전 이후 복지국가 패러다임이 등장한 이래, 주요 선진국의 모습은 거의 예외 없이 거대정부, 거대 세입, 거대 채무를 등에 진 골리앗으로 바뀌어왔다.

어느 날부터인가 개인과 법인 납세자들은 국민으로서 정당한 납세

의무에 대한 책임을 넘어, 그 합리성에 점점 의심을 품기 시작했다. 이런 사태가 지속되면 종국에는, 경제 성장 둔화는 물론이고, 시민으로부터 강력한 조세 저항이 일지도 모른다.

슘페터는 《조세국가의 위기(Die Krise des Steuerstaates)》(1918)에서 근대 국민국가 자체가 재정의 필요(fiscal needs)로부터 탄생한 만큼, 조세의 기능과 그 합리적 운용은 한 사회의 건강을 유지하는 데에 절대적이라고 보았다. 국민국가 탄생 이전의 사회는, 군주의 통치에 기반한 왕국 내지 지방 토호들의 영지 개념으로 사회가 굴러갔다. 그때는 지금과 같은 국가(nation state)라고 하는 개념이 없었다.

중세에는 농노가 군주에게 납부하는 공물이나 상인들이 지역 영주들에게 내는 통행세는 아직 엄밀한 의미에서 조세(tax)가 아니었다. 종래의 징수는 의회 민주주의와 법치를 통해서 조세로 탈바꿈했다. 마찬가지로 중세에 빈번했던 왕실의 차입도 외회의 승인을 통한 국가 차입으로 전환되고 나서야 비로소 국채가 될 수 있었다. 요는 전쟁 비용 조달 수단으로써 조세 징수와 국채 발행이 근대 법치주의를 바탕으로 결합한 사회가 바로 근대 국민국가라는 것이다.

슘페터는 조세국가의 본질을 '경제 기생충(economic parasite)'으로 보았다.[188] 정부는 자신의 힘으로 가치를 생산해내는 주체가 아니다. 다만 경제 주체들 사이에 가치가 이동하는 길목에 서서 그 일부를 빼가는 존재다. 그러나 기생충의 생존은 언제나 숙주의 건강 상태에 제약당할 수밖에 없다. 그런 관점에서 조세국가의 과도한 행정 유지 비용과 공공 지출 목적의 징세는 자칫 자신의 존립 근거 자체를 무너뜨리게 된다. 결국 세금은 민간 경제 주체의 자본 형성을 방해하지 않는 수준에서만 징수해야 한다.

슘페터는 먼저 소득세를 최소화하라고 주장했다. 슘페터 당시 오스트리아의 상위 소득 구간에 대한 누진소득세율 상한이 40퍼센트에 이르렀는데, 그는 이를 완화해야 한다고 주장했다. 그 대신에 소비세를 강화하라고 말했다. 그 당시에는 부가가치세 개념이 없었지만, 슘페터가 말했던 소비세는 오늘날 부가가치세에 해당하는 것이었다. 소비세를 높이고 소득세를 완화하라는 그의 주장은, 세금이 민간 경제 주체의 자본 형성을 저해해서는 안 된다는 신념 때문이었다.

아울러 슘페터는 이자소득세를 철폐하라고 했다. 사람들이 더 많이 저축하도록 유인을 해야 하는데, 이자소득세는 그 방해물이었다. 법인세 역시 완화하라고 했다. 대신에 지대와 불로소득에 대해서는 징세를 한층 강화할 것을 주장했다. 이것이 슘페터가 생각한, 자본 형성 촉진책으로서 조세 정책의 대원칙이었다. 세수 부족에 대해서는 국영기업의 수익으로 충당해야 한다고 말했다.

슘페터가 살았던 20세기 전반 유럽과 미국 사회에 비해 오늘날 세금의 구조는 한층 복잡해졌다. 여기에 비추어보면 그의 주장이 원시적으로 보일지도 모르겠다. 하지만 납세자로서 원초 상태로 한번 돌아가서 질문해보자. 우리는 도대체 왜 세금을 내야 하는가? 공동체 방위와 치안과 사회간접자본의 조성을 위해 자금을 분담하기 위해서인가? 자본 형성을 촉진함으로써 사회의 역동성을 강화하기 위해서인가? 구성원들에게 두루 돈을 나누어주기 위해서인가? 다 필요하다. 하지만 무게를 어디에 두느냐에 따라, 균형을 어떻게 유지하느냐에 따라 사회가 맞이할 결과는 전혀 다른 방향으로 나타나고 말 것이다.

슘페터는 1919년에 오스트리아 칼 레너^{Karl Renner, 1870~1950} 수상이 이끄는 내각에 재무장관으로 취임했다. 슘페터의 이런 조세 철학은 당시 내각의 주류였던 사회주의 성향 인사들의 생각과는 완전히 반대였다. 그는 다른 각료들과 갈등 끝에 1년도 채 안 되어 장관직을 사임했다.

슘페터는 그 뒤로 여러 글에서 세금을 걷는 이유가 무엇인지를 근원에서부터 되물었다. 그의 철학은, 한 계급으로부터 빼앗아서 다른 계급에 주는 것을 세금의 목적이라고 생각해서는 절대로 안 된다는 것이었다. 그가 보기에 세금의 목적은 현(現)세대가 희생해서 미래 세대를 이롭게 해주는 데에 있었다.

적자재정에 대해서도, 그게 정말로 긴급할 때 필요성을 인정했을 뿐, 일상적으로 확대하는 일은 바람직하지 않다고 생각했다. 조세의 본질은 공공부문이 민간부문을 착취하는 것이다. 반면에 국채 발행은 민간부문이 공공부문을 착취하는 것이다. 민간이 사용 가능한 자본이 세금으로 빠져나가고, 정부가 사용 가능한 자본이 다시 민간에 이자로 빠져나가는 과정이 반복되면서, 세금 징수와 국채이자 부담은 마치 약물 중독자의 투약량이 늘어날 수밖에 없는 것처럼 증가한다. 그 결과 자본축적 누수(漏水)는 가중된다. 이런 민간 대 국가 간 상호 착취 구조가 확대되는 것은 절대로 바람직하지 않다.

슘페터는 자본축적 촉진이라는 자신의 조세 철학을 구현할 수 있는 대안으로 '조세 연방주의(tax federalism)'를 제안했다. 독일 바이마르공화국 초기에는 조세 제도 설계와 관련하여 연방제 대(對) 중앙집중제 사이에 논쟁이 있었다. 슘페터는 연방제를 지지했다. 연방제는 세금 납세 체계를 설계하고 징수하는 전권을 중앙정부에 부여하지 말고, 지역 정부들이 각각 그 권한을 갖도록 하는 것이다. 슘페터의 의도는 지역별 조세 제도 사이의 경쟁에 있었다. 경쟁의 결과, 가장 효율적인 조세 제도를 운용하는 지역으로 인력과 자금이 이동하는 효과를 바라본 것이다.

하지만 슘페터의 이런 제안을 실현한 국가는 거의 없다. 정치 권력의 속성은 대개 중앙집중을 추구하기 때문이다. 단순히 국세와 지방세가 나뉘어 징수되고 있다고 해서 조세 연방제라고 말할 수 없다. 명목은 지방세지만 그 구조 자체를 중앙정부에서 설계하고, 지방정부는 단지 징수할 수 있는 권한만 가지고 있다면, 그것은 중앙집중제에 불과할 것이다. 예를 들어서 법인세가 한 나라 안의 여러 지역에서 동일한 세율로 적용된다면, 지자체의 일시적인 보조금 지급 정책만 가지고는, 기업들이 자신에게 가장 유리한 지자체로 이주할 유인을 만들어내기에 부족하다. 개인이든 법인이든 소득세 부담이 한결 적은 지역이 한 나라 안에 있다면 어떻게든 그곳으로 이주할 생각을 할 것이다. 그렇지 않은 한, 중앙으로 모든 자원이 몰리는 현상은 강화되고, 지자체들이 인력과 자원을 흡수할 유인은 살아날 기미가 없을 것이다.

◆ 자본주의의 몰락과 민주주의의 실패

슘페터는 1940년대 즈음에, 자본주의의 미래를 어떻게 보았을까? 친기업 성향을 지녔던 이 사상가는 당연히 마르크스처럼 프롤레타리아 독재사회가 도래할 것이라고 생각하지는 않았다. 또한 슘페터가 두 차례의 세계대전을 거치며 경험했던 서구 사회의 모습은, 거의 증조부뻘 되는 마르크스가 경험했던 그것과는 사뭇 달랐다.

주식회사형 자본주의의 발상지 영국은 20세기 들어 민간기업 시스템은 붕괴하고 정부의 행정 관리는 강화됐다. 슘페터가 오스트리아를 떠나 정착한 제2의 조국, 미국은 대공황 직후 이루 말할 수 없는 혼란 상태에 빠졌다. 특히 슘페터는 뉴딜정책을 수행하는 프랭클린 루스벨트 대통령의 상류층 재산 몰수와 과도한 증세를 비롯한 반기업, 반자본주의, 반시장 정서를 혐오했다. 그는 뉴딜정책을 가리켜 자본을 축적하는 것이 아니라 그 기반을 완전히 허물어버린 실패작이라고 보았다. 또한 당시 사회주의에 물들어 있던 미국 지식인들 사이에 만연했던 경제적 평등주의 사상도 탐탁지 않게 여겼다. '자본주의 덕분에, 부를 축적할 수 있었고, 출판과 미디어 콘텐츠의 확산과 다양한 학습 기회 덕분에 성장할 수 있었던 사회 각계의 고학력 전문가와 지식인들 사이에 오히려 자본주의에 대한 적대감이 확산되어 있다니…….'[189]

이렇게 상황이 전개되는 모습을 지켜본 슘페터는, 앞으로 자본주의라는 이름은 남겠지만 과거에 우리가 자본주의라고 불렀던 그런 사회는 사라질 것이라고 조심스럽게 예측했다. 자본주의는 자신의 무능함 때문이 아니라 그 성공 때문에 사라진다. 자본주의가 창출했고 또 자본주의를 뒷받침하는 여러 사회 제도들은 자본주의를 파괴하는 조건들을 불가피하게 만들어낸다.[190] 슘페터 자신은 결코 공산주의자도, 사회주의자도 아니었지만, 슘페터의 이런 생각은, 자본주의가 내재하는 모순 때문에 파멸할 수밖에 없다는 마르크스식 사고와 얼핏 유사하다.

하지만 그가 바라본 자본주의의 진화 방향은 전혀 달랐다. 자본주의가 혁명을 통해서 전복될 가능성은 낮다. 다만 자본주의는 점진적인 제도화 과정을 거치면서 자신의 모습을 하나씩 잃어간다. 기업가 활동에 대한 관료들의 규제는 나날이 강화되고, 온갖 종류의 조세가 계속 등장한다. 생산 체제의 상당 부분은 국가가 관리하는 형태로 전환된다. 이런 변화가 사회주의라는 이름을 달고 진행되는 것이 아니라 어디까지나 자본주의라는 명분 안에서 이루어질 것이기 때문에, 굳이 부르자면 '노동자(laborite) 자본주의'라고 부를 수도 있다.[191] 사회주의란 그 원리상, '임금' 개념 자체가 사라지고 모든 생산과 소비가 집단의 결정과 계획, 그리고 예산에 따르는 체제여야 하는데, 노동자 자본주의는 실제로는 중앙으로부터 통제를 받으면서도 명목상으로는 민간기업의 임금 제도를 유지할 것이다.

실업에 대해서도, 그 문제에 지극히 예민한 케인지언 정책가들과 달리, 상대적으로 덜 중요한 문제로 바라보았다. 자본주의 과정에서 실업보다 더 심각한 문제는 '빈곤'이었다. 실업은 물론 해결해야 할 과제이지만 빈곤에 비해서는 우선순위가 낮다. 왜냐하면 자본주의 과정의 본질은 창조적 파괴인데, 파괴는 필연적으로 일자리를 사라지게 하고 실업을 불가피한 현상으로 대두시키기 때문이다. 하지만 사라진 일자리는 다시 새로운 일자리를 찾아 흡수된다. 역사 속에서 한때 비정상적일 정도로 높아 보였던 실업률도 이어지는 시기에 융성으로 대부분 연결되었다. 하지만 빈곤은 그런 과정에서 자연스럽게 해소될 성격의 것이 아니므로, 실업보다 더 우선순위를 두고 해결해야 할 문제다. 그렇다고 해서 정치가들이 실업 문제에 대해 손놓고 있으라는 말은 아니었다. 슘페터는 사회의 자본축적을 저해하지 않는 범위 내에서 적절한 실업수당 제도가 필요하다고 했다.

민주주의에 대해서도 부정적으로 봤다. 민주주의는 표면상으로는 대중의 선거를 통해 선출된 정치인이 공동선을 추구하는 모습을 띠지만, 실상은 직업 정치인과 관료들이 조직적으로 대중을 지배하는 체제에 불과했다. 그나마 민주주의가 본연의 모습대로 제대로 작동하려면 선출된 정치인들의 품질(quality)이 우수해야 하고, 다중(多衆, majority) 의사결정을 해야 하는 과제들의 영역이 과도하게 확대되지 않아야 하며, 관료집단이 책임감과 사명으로 충만해 있어만 한다는 전제조건이 충족되어야 하는데, 슘페터가 경험한 서구 사회 현실에서는 그것을 기대하기 어려웠다. 민주주의는 날이 갈수록 무뇌(無腦) 저질 정치인과 무사안일 공무원으로 채워지고 모든 문제를 여론과 대중의 뜻에 따라 결정하려 함으로써 무질서와 혼란이 가중되기만 했다. 그의 눈에 민주주의는 장점보다 단점이 더 많은 체제였다. 그나마 장점이라고 볼 수 있는 점은 정기적인 선거를 통해 리더 간 경쟁을 촉발한다는 것 하나 정도였다. 그런 장점에도 불구하고, 역사상 경험을 통해 보면 민주주의하에서 정말로 국민을 위한 정책이 수립되는 경우가 매우 드물다는 사실을 알았다. 그 정책들은 대부분 정치인 자신을 위한 정책이었다.[192]

◆ 슘페터의 예측, 반은 맞았고 반은 빗나갔다

슘페터의 우려와 달리, 오늘날 조세국가는 붕괴되지 않고 여전히 강성하며, 적자재정은 여전히 논란이 있지만 선진국에서 별 거부감 없이 수용되고 있다. 제2차 세계대전 뒤에 정부 지출 확대와 금태환 제도의 소멸에 따라 족쇄 풀린 지폐 발행이 가능했기 때문이다. 그런데 이런 조세 확대가 슘페터의 우려처럼 자본축적을 그저 저해하기만 한 것은 아니었다. 국가의 사회 기반시설 건설과 R&D 투자 집중으로 사회의 유형·무형자본은 크게 늘었고, 전후 폭발적인 경제 성장과 21세기 기술 혁신이 비로소 가능했다. 정부의 역할에 대한 슘페터의 과소평가는 빗나간 면이 있다.

그가 우려했던 국유화 추세는 적절한 선에서 멈추었다. 국영기업으로 전환된 사업체는 그 수가 적었다. 반면에 민간기업에 대한 거미줄 같은 활동 규제는 사실상 기업들이 국가의 통제하에 있다 싶을 정도로 강화됐다. 수많은 기업 활동이 촘촘한 노동자 관련 입법, 환경 관련 입법, 독과점 금지 입법에 제약당한다.

반자본주의 사상과 반기업 지식인의 횡행은 슘페터가 경험했던 시대 이후 날로 늘어만 갔다.

그는 《자본주의, 사회주의, 민주주의》에서 자본주의의 원동력인 혁신이 미래에는 조직화, 관료화될 것으로 잘못 예측했다. 아마 당시 융성했던 GE, 듀폰, AT&T 등 서구 대기업들의 조직적이고 체계적인 혁신 관리를 보고 그런 생각을 한 것 같다. 19세기 영웅적이고 천재적인 개인이 이끌었던 혁신의 시대는 가고, 기업 연구소에서 기술관료들이 이끄는 시스템화된 혁신의 시대가 올 것이라고 보았다. 훗날 기업과 대학의 연구소 조직이 등장하면서 수많은 혁신을 탄생시키는 과정에서 혁신은 결코 관료화되지 않았다.

1950년대 이후 창의적인 개인들이 실리콘밸리를 비롯하여 전 세계 벤처 집적지에서 역동적으로 혁신의 물결을 일으켰고, 여러 대기업들이 관료주의를 극복하고 그런 대열에 동참했다. 또한 피터 드러커나, 클레이튼 크리스텐슨이나, 탈레스 테이셰이라^{Thales S. Teixeira} 같은 후대의 경영사상가들은 슘페터가 원론 차원에서만 언급했던 혁신 현상을, 경영자의 구체적인 실천 원리로 격상시켰다. 이제 혁신은 과거처럼 일부 특별한 기업이나 특별한 인물이 하는 것이 아니라 모든 기업, 모든 구성원들이 당연히 실행해야 하는 과제가 됐다. 이 모든 변화가 슘페터로부터 나왔다.

슘페터가 지식 세계에 끼친 공헌 가운데 하나는 '변화'의 세계관을 제시했다는 것이다. 애덤 스미스는 조화, 마르크스와 엥겔스는 투쟁, 케인스는 불확실성, 리스트는 국가 시스템이라는 관점을 제공했다. 경영자이거나 노동자이거나 어떤 관점에 서느냐에 따라 그 행동은 달라진다. 슘페터가 제기한 변화의 관점으로 세상을 본다는 것은 분명히, 뉴턴과 데카르트식 기계관, 조립관, 법칙관으로부터 벗어나 전체적(holistic)이고, 유기적(organic)이고, 생성하고(emerging), 진화하는(evolving) 관점으로 이행하는 혁명이었다. 이 관점에 설 때라야 우리는 비로소 혁명이 아니라 진화를, 개혁이 아니라 혁신을 추구할 지식의 근거가 생기는 것이다.

슘페터가 외쳤던 혁신은 20세기 후반 다양한 분야에서 꽃을 피웠다. 그중에서도 벤처 창업 분야는 가장 생동감 넘치는 현장이었다. 이어지는 제10장과 제11장은 바로 그 문화를 창조한 벤처캐피털과 실리콘밸리 이야기다.

§ 참고문헌 §

- 랜달 홀콤, 이성규·김행범 옮김, 《오스트리아 경제학파의 고급 입문서》, 해남, 2018.
- 송경모, "'창조적 파괴' 슘페터는 테슬라를 어떻게 볼까?", 〈테크엠〉, 2017년 5월호.
- 토머스 매크로 지음, 김형근·전석헌 옮김, 《혁신의 예언자: 우리가 경제학자 슘페터에 대해 오해하고 있던 모든 것》, 글항아리, 2012.
- 피터 드러커 지음, 이재규 옮김, 《프로페셔널의 조건》, 청림출판, 2012.
- Markus C. Becker, Thorbjørn Knudsen and Richard Swedberg, 《The entrepreneur : classic texts by Joseph A. Schumpeter》, Stanford University Press, 2011.
- Peter F. Drucker, "Schumpeter and Keynes", 〈Forbes〉, May 23, 1983. pp. 124~128,
- Paul Nightingale,, "Schumpeter's Theological Roots? Harnack and the Origins of Creative Destruction", 〈Journal of Evolutionary Economics〉, 2015, 25:69~75.
- R.A. Musgrave, "Schumpeter's Crisis of Tax State: An Essay in Fiscal Sociology", 〈Journal of Evolutionary Economics〉, 1992, 2:89~113.
- Joseph Alois Schumpeter, 《The Theory of Economic Development》, English translation form 2nd German ed. Trasaction Publishers, 1934, (박영호 옮김, 《경제 발전의 이론》, 지식을만드는지식, 2012)
- _____, 《Theorie der Wirtschaftlichen Entwicklung》, 1st ed. Dunkker & Humboldt, 1912.
- _____, 《Business Cycles: A Theoretical, Historical, and Statistical Analysis of the Capitalist Process》, vol I & II, McGrawHill, 1939.
- _____, 《Capitalism, Socialism, and Democracy》, 3rd ed, HarperPerenial, 1950.
- _____, Heinz Norden trs., Paul Sweezy ed., 《Imperialism and Social Classes》, Augustus M. Kelley, 1951.

· CHAPTER 10 · 금융

현대 벤처캐피털의 원조 '조르주 도리오'
(미국)193

*출처_60. INSEAD.edu.

◆ 대부업이 아니라 지분투자 금융이 세상을 바꿨다

스티브 잡스와 스티브 워즈니악^{Steve Wozniak}(애플컴퓨터 창업자), 래리 페이지^{Larry Page}와 세르게이 브린^{Sergey Brin}(구글 창업자), 스티브 첸^{Steve Chen}과 자베드 카림^{Jawed Karim}과 채드 헐리^{Chad Hurley}(유튜브 창업자)의 능력만으로는 역부족이었다. 그들은 돈이 없었더라면 아무것도 할 수 없었다. 물론 돈 이외에 더 많은 것들도 필요했지만 말이다.

하지만 그들의 사업 초창기에 벤처캐피털(Venture Capital, VC)의 지원이 없었다면 오늘날 이토록 많은 사람들이 아이폰으로 채팅을 하고 사진을 올리거나, 구글로 언제 어디서나 자료를 쉽게 검색하거나, 유튜브로 세상의 거의 모든 영상 콘텐츠를 감상하는 날이 오지 못했을 것이다.

적어도 1950년대 이전까지는 오늘날 벤처캐피털이라 불리는 특화된 스타트업(Startup, 신기술 또는 신사업 모델 창업 기업을 뜻함) 금융이 등장하지 않았다. 대신에 벤처캐피털의 전신으로서, 대출은행 대신에 개인 부호, 가문, 성공한 사업가, 초창기 투자금융 조직이 신기술 사업에 투자한 지분투자 금융이 그 역할을 했다. 증기기관차, 내연기관 자동차, 화력 발전, 전구, 항공기, 라디오, TV, 컴퓨터 등이 그에 힘입어 성장했다.

고대 이래 금융의 원형은 대부업이었다. 돈을 빌려준 뒤 만기까지 이자를 받고 원금을 상환받는 것이었다. 물론 담보를 설정하는 일은 필수였다. 셰익스피어 등 고금의 문학가들의 작품에 등장하는 고리대금업자를 비롯하여, 이탈리아의 메디치 가문이나 유럽 전역에서 활동했던 로스차일드 가문이 그런 일을 했었다.

지분 참여자 간 파트너십(partnership)으로 사업 자금을 조달하는 형태는 이미 중세에도 존재했었던 것으로 추정되지만, 아직 금융이라기보다는 그냥 공동 사업의 개념에 가까웠다. 17세기 네덜란드와 영국 등 해양국가에서 동인도회사들이 등장한 이후, 특히 1860년대 영국에서 시작되어 유럽과 미 대륙으로 확산된 유한책임 회사법 이후, 지분투자형 자금 조달이 크게 확산됐다. 하지만 여전히 사회의 유력자와 재산가들만이 거기에 참여했다. 서구에서 급여 생활에 기반을 둔 중산층, 더 나아가 사회 모든 계층에 속한 사람들이 대대적으로 참여하는, 그러니까 대중에게 보다 개방된, 또는 민주화된 투자금융 시대는 20세기 두 차례의 세계대전을 겪고 나서야 열렸다.

산업혁명기 이후 세상을 바꾼 금융의 힘은 대부가 아니라 지분투자 금융에서 나왔다. 대부업자는 차입자가 사업으로 새로운 가치를 창출하는 데에는 아무런 관심이 없다. 차입자의 고통에도 무관심하다. 대부업자의 모든 관심은 이자와 원금에 대한 채무불이행 리스크(default risk)에만 있다. 설령 차입자의 사업 흥망에 관심이 있다 해도, 어디까지나 채무불이행에 영향을 미치는 경우에 한해서다.

그래서 대부업자의 인상은, 법인이거나 개인이거나를 막론하고, 어디서나 냉혹하다. 너그러운 대부자란 거의 없다. 그는 돈이 필요한 자들에게 처음 접근하는 그 순간에만 동정심과 자애심이 넘치는 천사의 모습으로 다가온다. 그러나 일단 대출이 실행되고 나면, 한없이 차가워진다. 하루라도 이자가 밀리면 통지문이 날아온다. 몇 차례 경고를 받고 나면 계약서 문구를 내세우며 쳐들어온다. 담보물, 예컨대 주택을 공매처분해서 가족들이 차디찬 길거리에 나앉게 돼도 대부업자는 눈 한번 깜빡하지 않는다.

반면에 지분투자는 좀 다르다. 본질적으로 사업가와 공동운명체로 간다. Venture Capital, 즉 '모험 자본'이라는 단어가 생긴 이유도 거기에 있다. 죽어도 같이 죽고 살아도 같이 산다. 물론 현실의 지분증권(equity securities)에는 이자 성격으로 비교적 안전하게 배당을 받는 특이한 주식, 예컨대 우선주 같은 것들도 있고, 주식과 채권의 성격을 혼합한 전환사채(CB)나 교환사채(EB) 같은 것들도 있다. 그러나 보통주라고 일컬어지는, 특히 주주총회에서 경영자에게 입김을 불어넣을 만큼 충분히 높은 지분율을 보유한 주식이라면, 결국 사업과 생사고락을 같이해야 한다.

그런 면에서 금융가들을 탐욕의 화신으로만 볼 일은 아니다. 1970년대 미국에서 성행했던 LBO(Leverage Buyout)와 PEF의 만행, 또는 2008

년 서브프라임 모기지(sub-prime mortage) 구조화증권 부실화로부터 촉발된 글로벌 금융위기에서 금융의 파탄 지경이 드러나기도 했지만, 여기서는 그보다는 역사 속에서 세상을 진보시켜왔던 동력으로서 지분투자 금융의 역할에 잠시 주목해보자.

◆ 벤처캐피털의 간략한 역사

'venture'라는 영어 동사는 adventure의 준말로서, 15세기까지만 해도 '위험 또는 손실을 무릅쓰다'라는 뜻으로 쓰였다. 보배를 찾아 험지로 떠난 모험가야말로 'venture' 하는 것이었다. 보물 대신 언제든 죽음을 맞을 수 있었으니까.

벤처캐피털이라는 용어는 1938년 실업 문제를 논의하는 미국 상원위원회에서 라모 뒤퐁 2세^{Lammot du Pont II, 1880~1952}의 보고서에서 처음 등장했다고 알려져 있다.[194] 얼마 뒤 〈월스트리트 저널(The Wall Street Journal)〉의 사설에서는 뒤퐁의 벤처캐피털 용어를 '수익에 대한 보상이 확실하지 않은 투자'로 소개하기도 했다.

이 용어가 등장하기 전 20세기 초반에 이르기까지 이런 종류의 투자는 이미 유럽과 북미 대륙 전역에서 '파트너십', '합작(joint-stock)', 또는 더 광범위한 의미로 '뱅킹(banking)'이라는 이름으로 이루어지고 있었다.

대항해 시대 이후 스페인, 포르투갈, 네덜란드, 이탈리아, 영국 등에서는 왕과 도시의 군주, 지역의 부호들이 공격적으로 모험가들의 항해 자금을 후원했다. 이교도를 추방하고 알람브라 궁전을 회복한 뒤 권세의 최고점에 있었던 스페인 이사벨라 여왕이 엔젤투자자(angel investor)였다면, 인도로 가서 황금을 캐오겠다는 크리스토퍼 콜럼버스[Christopher Columbus, 1450~1506]의 항해 사업 제안은 스타트업의 사업계획서(business proposal)와 같은 것이었다. 콜럼버스는 항해를 통해 새로 발견된 지역에서 얻는 총이익의 10퍼센트를 성공 보수로 수령하고, 이후 이뤄지는 교역 활동에 대해 최고 8분의 1의 자본참가권, 그러니까 요즘 용어로 하자면 지분에 대한 콜옵션(call option)을 여왕으로부터 약속받았다.

대항해 시대 신대륙의 발견과 신항로의 개척을 통해 대서양 일대에서 활동하던 무역상들이 신흥 부호로 떠올랐다. 그들은 상인으로서뿐 아니라 은행가로도 활동하면서 많은 부를 축적했다. 1600년 전후 설립된 영국, 네덜란드 등지의 동인도회사도 투자가들로부터 자금을 모은 뒤 무역업을 통해 성장했다. 이 과정에서 대서양 무역에 필요한 조선, 철강, 광산업이 발전했다. 또한 대금 결제와 그에 수반하는 제반 위험을 관리할 기능을 수행하는 상업은행업(merchant banking)과 보험업이 등장했다.

이때 탄생한 부호들이 18세기 산업혁명기 이후 신기술 투자의 선구가 됐다. 제임스 와트의 증기기관은 처음에 탄광 사업가인 동시에 발명가였던 존 로벅[John Roebuck, 1718~1794]의 자금 후원으로 진행됐다. 로벅이 파산하면서 그의 친구인 금속용품 제조 사업가 매튜 볼턴[Matthew Boulton 1728~1809]이 투자를 계속해주었기 때문에 와트는 개발을 이어갈 수 있었다. 이후

19세기 초, 조지 스티븐슨George Stephenson, 1781~1848의 증기기관차 개발은 달링턴의 면방직업자인 에드워드 피스Edward Pease, 1767~1858의 자금 후원이 없었으면 불가능했을 것이다. 이들이야말로 당시의 전형적인 엔젤투자자였다.

한때 포경업은 대표적인 벤처 사업 가운데 하나였다. 19세기 말 석유와 전기가 등장하기 전까지, 고래기름은 서구 사회에서 중요한 에너지원 가운데 하나였다. 고래의 종류에 따라 조명용, 윤활용, 왁스용 등 다양한 형태의 기름을 얻을 수 있었고, 고래 고기, 뼈, 힘줄, 내장, 털 등도 낱낱이 분해된 뒤 각종 제조물의 원재료로 판매됐다. 포경업은 원래 영국과 네덜란드가 강국이었으나, 19세기 중반에 이르러 미국으로 그 지위가 넘어갔다. 이 시기 미국이 포경업을 주도하게 된 데에는, 미국 북동부 대서양 연안의 뉴잉글랜드를 중심으로 활발히 이루어진 엔젤투자가 큰 역할을 했다.

당시 북미 해안 지역의 부유한 변호사·의사·상인들은 유능한 선장과 선원, 그리고 포경선을 확보하기 위해 앞다투어 투자했다. 고래를 잡으러 떠났던 선원들이 살아 돌아오면 다행이었다. 망망대해에서 사투 끝에 포획한 고래는 콜럼버스 시절의 황금과도 같았다. 포획한 고래의 기름·살·뼈 등에서 얻은 판매 수익에서 비용을 제하고 남은 이익에 대해 개인 투자자들은 지분에 따라 배당받았고, 선원들 역시 자신들의 몫으로 성과급을 받았다. 선원들이 받는 몫을 '레이(lay)'라고 불렀다. 상황에 따라 달랐지만 대개 선장급은 이익의 20분의 1부터 8분의 1까지 레이를 받았고, 1등항해사 이하는 계급과 역할에 따라 그 배분율이 조금씩 달라졌다. 허먼 멜빌Herman Melville, 1819~1891은 1820년 태평양에서 향유고래에 받혀 침몰한 포경선 '에식스호' 사건을 소재로, 소설 《모비딕(Moby-Dick)》(1851)을 집필했다. 이 소설에도 선원이 투자자와 레이를 협상하는 장면이 등장한다.[195]

지역 재산가들 중심의 투자 방식은, 고래기름을 대체하는 석유와 전기라는 신에너지원을 비롯하여 내연기관 자동차, 항공기, 라디오, 텔레비전 등 혁신 기계들이 등장하기 시작한 19세기 말 2차 산업혁명기에도 이어졌다. 다만 앞선 시대와 다른 점은, 당시 대기업 경영을 통해 부를 축적한 인물들이 적극적으로 참여하기 시작했고, 더욱이 개인 차원이 아니라 보다 조직화된 형태를 취하기 시작했다는 점이다. 순수한 개인 투자가 아니라 가문이 은행 조직을 만들어서 행하는 투자가 등장했다. 이 중에서도 철강 또는 석유 사업으로 거부가 된 가문의 후손인 헨리 핍스Henry Phipps, 1839~1930, 로렌스 록펠러Laurence S. Rockefeller, 1910~2004, 그리고 금융가 존 모건 등이 유명했다.

당시 미국의 JP모건 은행은 전기(General Electric)와 철강(US Steel) 투자를 주도함으로써 미국 경제 도약의 전기를 마련했다. 프랑스에서는 1852년 페레르 형제가 설립한 크레디모빌리에 은행이 철도와 광업 투자로부터 시작해서, 훗날 도로, 항만 등 기간산업 투자를 주도했다. 독일에서는 1870년 지멘스 가문이 도이체방크를 설립해서 전기(Siemens)와 제약(Beyer) 사업 투자를 이끌었다. 이들은 단지 수익률만 올리고 튀는 재무적 투자자가 아니었다. 그들은 경영자와 함께 사업의 성장을 모색했던 적극적 사업가였다.

이들이 등장하면서 수천 년 대부업 마인드에 갇혀 있던 금융의 성격에 변화가 일어나기 시작했다. 전통적으로 대출에 의존했던 상업은행업은, 채권을 포함해서 지분투자를 조직화한 근대 투자은행업으로 사업 영역을 확대하기 시작했다. 만약 19세기 말 이런 성격의 금융 혁명이 병행되지 않았다면, 이른바 2차 산업혁명으로 알려진, 19세기 말부터 20세기 초에 걸쳤던 사회경제 구조 변혁은 아예 일어날 수조차 없었을 것이다. 그 시대의 유니콘 GE도, GM도, 듀폰도 없었을지 모른다.

근대에 가문 중심의 투자은행이 주도했던 신기술 투자가 현대에 고유한 벤처캐피털 사업으로 진화하면서 그 성격이 분명해지기 시작한 것은 2차대전이 끝나고 나서부터였다.

◆ **미국을 동경했던 프랑스 출신의 이민자**

조르주 도리오 Georges Frédéric Doriot, 1899~1987는 1899년 9월 24일 프랑스 파리에서 태어났다. 부친 오귀스트 도리오 August Doriot는, 푸조 자동차회사(Peugeot Motor Company)에서 근무했던 엔지니어로서, 이미 여러 차례 창업을 실행했던 기업가이기도 했다. 아버지 덕분에 그는 어렸을 때부터 엔지니어 창업이라는 가풍 속에서 자라날 수 있었다. 또한 프랑스에까지 들려왔던 미국 하버드대학 비즈니스스쿨의 명성을 들으면서 언젠가는 미국에 가리라는 꿈을 키웠다.

1921년 증기선을 타고 미국으로 떠났다. 하버드에서 MBA를 취득한 뒤 월스트리트의 투자은행인 쿤-뢰브(Kuhn, Loeb & Company)에서 근무했다. 금융가로 활동하다가 1940년, 41세 되던 해에 비로소 미국 시민권을 획득했다. 곧바로 제2차 세계대전이 발발했는데, 이때 미군 병참부대에서 중령으로 근무하게 됐다. 그의 임무는 전투 참가가 아니라 군수물자의 조달, 수송이었다. 일종의 전시 산업공학 업무였다. 복무기간 중 그는 미국 방위사업체와 대학 연구소 주요인사들과 널리 인맥을 쌓을 수 있었다.

전쟁이 끝난 이듬해인 1946년에 그는 ARDC(American Research and Development Corporation)를 설립했다. 공동설립자는 도리오를 포함하여, 랄프 플랜더스[Ralph Flanders, 1880~1970], 칼 콤프턴[Karl T. Compton, 1887~1954]이었다. 랄프 플랜더스는 엔지니어 출신이었지만 금융에 관심이 많아서 월스트리트에서 계속 근무하다가, 보스턴 연방준비은행(Boston FRB) 행장까지 역임한 정통 금융인이었다. 칼 콤프턴은 물리학자로서 MIT 총장을 역임한 거물이었다. 이 세 사람이 모임으로써 정부, 방위사업체, 대학 연구소, 그리고 금융계의 경험과 지식이 결집될 수 있었다. 창업 자본금으로 350만 달러를 모집했다. 사무실은 보스턴 금융가 밀크스트리트(Milk Street) 79번지였다.

도리오는 이렇게 말했다. "ARDC는 일반적인 의미의 투자를 하지 않는다. 대신에 성장 가능성이 있다고 믿는 소수의 선택된 회사들을 대상으로 계산된 위험(calculated risks)을 감수함으로써 새로운 가치를 창조(create)한다."[196] 사업의 목적은 단지 돈을 투자해서 수익률을 올리는 것보다는, 경영을 지원하고 기술에 대해 자문을 제공하면서 회사를 성장시키는 데에 있었다. 바로 오늘날 벤처캐피털 사업의 본질과 같다. 이런 관점에서 보면 벤처캐피털의 이상형은, 샤일록(Shylock, 셰익스피어의 희곡에 나오는 악덕 유대인 고리대금업자)의 이미지를 지닌 '금융가'가 아니라, 말 그대로 '천사' 투자자(angel investor)로 지칭되는 론 콘웨이[Ron Conway, 1951~][197] 같은 '사업가'이자 '경영자'이다.[198]

◆ 역사상 최초의 주식 공모형 벤처 투자 전문회사

ARDC는 주식 공모 발행을 통해 자금을 조달해서 전문적으로 벤처에 투자하는 최초의 사업모델이었다. 1946년 그해에 뉴욕에서 록펠러브라더스(Rockkefeller Brothers, Inc.)나 존 휘트니(John H. Whitney & Compnay) 등 벤처 투자 전문회사가 등장했으나, 공모형 주식회사가 아닌 파트너십 형태의 조직이었다는 면에서 ARDC와 달리 구시대의 전통을 따른 것이었다. 그밖에 샌프란시스코, 피츠버그 등지에서도 벤처 투자 전문회사들이 소수 등장했으나, ARDC처럼 큰 영향력을 발휘하지 못한 채 역사 속에서 명멸했다.

ARDC 이전 시대에 신기술 사업 자금 모집은 대개 '사모(private placement)'였다. 사모란, 특정 투자 건에 대하여 사적으로 연결된 소수의 개인 또는 법인 투자자로부터 자금을 모집하는 것이다. 예를 들어서, 찰스 코핀은 당시 경영난에 처해 있었던 전기기술 스타트업 에디슨 제너럴 일렉트릭을 인수하겠다고 마음먹었다. 그는 JP모건 회장 또는 기타 유력한 소수의 투자자들을 찾아다니면서 자신의 구상을 말하고 지분을 투자받았다. 그는 회사명을 General Electric으로 바꾸고 GE의 초대 회장으로 취임한 뒤, 구조조정을 거쳐서 100년 기업 GE의 성장 기틀을 닦았다.

그때까지 증권의 공모(public placement)는 대개 미국 재무부 국채 투자, 또는 이미 안정기에 들어선, 특히 이미 상장된 사업의 지분 또는 채권 투자를 대상으로 이루어졌었다. 예컨대 미국은 두 차례 세계대전 참전 비용을 국민의 애국심에 호소한 공모 국채 발행으로 조달했다.

반면에 돈이 꼬박꼬박 나오는 것도 아니고, 언제 망할지도 모르는 초기 회사에 투자하는 자금을 공모로 모은다는 것은 기관이나 개인에게 아직 생소했다.

ARDC가 처음 신기술 사업에 대한 공모형 투자회사를 선보였을 때 수많은 사람들이 실패할 거라고 야유했다. 당시 GM에 근무하던 천재 발명가 찰스 케터링 Charles F. Kettering, 1876~1958이라는 인물이 있었다. 그는 전기 시동장치 발명 등 현대 자동차 기술 발전에 획기적인 공헌을 한 위대한 엔지니어였다. 그는 ARDC가 일 년 안에 망한다는 데 판돈을 걸겠다고 호언장담하기도 했다.

◆ **지지부진했던 성과**

ARDC는 첫해 투자 대상으로 3개 회사를 골랐다. 기화된 연료를 차량

변속기에 주입하는 장치를 제조하는 서코프로덕트(Circo Products)에 15만 달러를, MIT 출신 엔지니어들이 창업한 고전압 생성기 제조사 하이볼티지엔지니어링(High Voltage Engineering Corporation)에 20만 달러를, 그리고 역시 MIT 출신이 창업한, 거의 파산 직전까지 가 있던 방사능 탐지기 제조사 트레이서랩(Tracerlab)에 15만 달러를 투자했다.

소문을 들은 벤처기업들의 투자 제안서가 ARDC에 쇄도했다. 몰려든 기업들 가운데에는 하이테크기업뿐만 아니라 전통 비(非)기술 사업을 하는 기업도 많았다. 그들은 대부분 동부 보스턴 일대의 회사들이었다. 1947년 ARDC는 고르고 골라 5개 회사에 88만 달러를 투자했다. 설립 11년 차의 화학 성분 분석기 회사 베어드어소시에이츠(Baird Associates)에 22만 5,000달러, 제트엔진 기술에 기반한 가정용 화로 제조사 제트히트(Jet-Heet)에 20만 1,000달러, 종이와 목재용 수지를 개발하는 스나이더케미컬(Snyder Chemical Corporation)에 52,550달러, MIT 식품공학과 학부장의 소개로 식품회사 크로거(Kroger Company)로부터 해산물 회사 콜터(Colter Company)의 지분 인수에 35만 달러, 그리고 영화제작사 워너브라더스(Warner Brothers Company)의 스파이러튜브(Spiratube) 사업부를 인수할 목적으로 설립된 플렉서블튜빙(Flexible Tubing Corporation)에 45,000달러였다.

사람들의 예상은 틀리지 않은 것 같았다. 초기 투자를 행한 8개 회사 중 1946년 말 흑자를 기록한 회사는 2개에 불과했다. ARDC는 설립 이후 3년간 38,000달러의 투자 손실을 기록했다. 투자 자금의 절반에 가까운 금액이 사실상 회수 불가 자산으로 분류됐다. 도리오는 1948년 주주서한에서 내년에는 영업이익을 달성할 수 있을 전망이라고 밝히며 그들을 안심시키려 했지만, 상황은 호전될 기미가 보이지 않았다.

어쨌든 버티기 끝에 한 가닥 희망이 보이기는 했다. 1949년 트레이서랩 지분 중 10만 4000주가 투자은행을 통해 총 130만 달러에 IPO(Initial Public Offering, 기업공개)가 성사됐다. 또 하이볼티지엔지니어링의 기술은 암 진단기기와 물리학 실험 장비라는 새로운 시장에 적용되기 시작했다. 하이볼티지의 매출은 점점 상승하기 시작했고, 여기 투자했던 20만 달러는 1955년 IPO 후에 180만 달러가 됐다. 그러나 그 외에는 대부분의 회수 실적이 지지부진했고, ARDC는 늘 자금 부족에 시달렸다. 특히 록펠러 가문과 공동 투자했던 어업회사 아일랜드패커스(Island Packers)가 1950년에 파산하면서 투자 전액을 날리기도 했다. 사람들은 점점 ARDC 설립 당시의 저 야심 찼던 비전이 다 수포로 돌아가고 있다고 믿었다.

이후 작은 성공과 실패가 계속 반복되다가, 어느 날 이른바 '초대박' 회수에 성공하게 된다.

◆ **스타 탄생**

미국의 노르웨이 이민 가문에서 태어난 케네스 올슨^{Kenneth H. Olsen, 1926~2011}은 2차대전 시 해군에 복무했다. 종전 후 MIT에 입학해서 전기공학으로 학사 및 박사학위를 받고, 대학 내 링컨연구소(Lincoln Laboratory)에 일자리를 얻었다. 이 연구소는 미국 국방성이 냉전 시대에 국방용 컴퓨터 기술 연구를 위해 자금을 출연해서 1951년에 설립한 곳이었다. 올슨은 거기에서 남다른 근면성과 일을 마무리하는 능력을 인정받아 새로운 공군용 컴퓨터 시스템 개발팀장이 됐다.

1947년에 벨연구소의 쇼클리^{William Bradford Shockley, 1910~1989} 등 3인이 주도하여 개발한 트랜지스터가 각종 전자기기에서 기존 진공관 소자를 대체하는 큰 변화가 일기 시작했다. 이에 영감을 받은 올슨은 1955년 연구소 일과 별개로 혼자 트랜지스터 기반의 컴퓨터 개발에 착수했다. 이윽고 개발에 성공한 그는 1957년 연구 동료였던 할런 앤더슨^{Harlan Anderson, 1929~2019}과 함께 당시 주류였던 IBM 컴퓨터 대비 저렴하면서도 효율적인 컴퓨터를 만들 사업계획을 세웠다. 자금을 조달하기 위해 몇 회사에 제안했으나 다 거절당했다. 보스턴에 소재한 중소기업국(Small Business Administration)을 다짜고짜 찾아가 지원을 요청했는데, 이때 중소기업국은 그들에게 ARDC를 소개했다. 그들은 ARDC에 투자를 요청하는 짤막한 편지를 써서 보냈다.

도리오는 올슨과 앤더슨으로부터 처음 받은 편지가 워낙 허섭하다고 느꼈는지, 그의 신실한

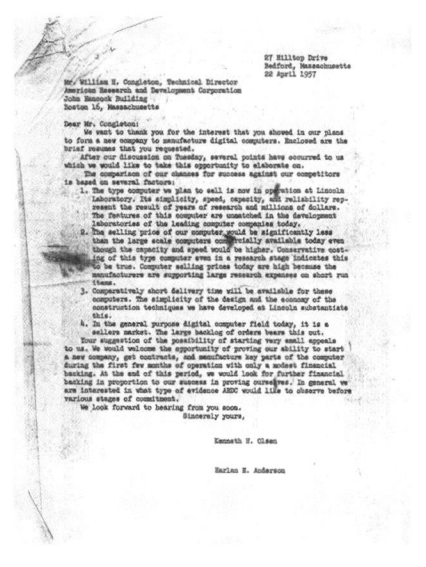

1957년 올슨과 앤더슨이 ARDC에 보낸 첫 투자 제안 편지(출처_ www.computerhistory.org)

하버드대 제자이자 직원이었던 콩글턴^{William Herald Congleton}에게 제안을 좀더 자세히 검토해보라고 넘겼다. 올슨과 앤더슨은 콩글턴의 요청으로 제안서를 여러 차례 수정해서 다시 보냈다. 자신들이 왜 성공할 수밖에 없는지, 가격, 성능, 편의성 등 기존 메인컴퓨터 시장을 대체할 수 있는 강력한 우위로는 어떤 것들이 있는지 등을 거기에 담았다.

1957년 4월 22일, 도리오 앞에서 첫 제안발표회가 열렸다. 위원회는 당장 결정하지 않고 이 새로운 종류의 컴퓨터가 지닌 잠재력에 대하여 내부 숙의와 외부 기술 전문가들의 자문을 거쳤다. 결국 도리오는 투자하기로 결정했다. 그가 이런 결정을 내린 계기는 물론 제품 자체의 가능성도 있지만, 무엇보다도 당시 30세에 불과했던 청년 2명의 사업을 향한 순수한 열정과 헌신하려는 자세를 높이 평가했기 때문이다. 도리오가 본 것은 바로 '사람'이었다.

도리오는 최종 결정을 하기 전에, 느닷없이 올슨과 앤더슨의 아내를 만나볼 수 있겠느냐고 제안했다. 그 이유는 그들이 과연 이 사업에 자신의 일생을 헌신할 수 있는 환경인지 가정 분위기를 통해 한 번 더 점검해볼 심산이었다. 도리오는 그들의 아내를 만나보고 만족스러워했다.

올슨과 앤더슨은 총 1,000주 10만 달러 투자를 희망했다. 이 중 700주를 ARDC에, 200주는 올슨(12퍼센트)과 앤더슨(8퍼센트)에게, 그리고 나머지 100주는 사업 성장의 조력자로 등장할 제3의 인물을 위해 남겨두었다. 결국 이 나머지 100주를 채울 사람이 등장하지 않아서, ARDC는 사실상 77퍼센트의 지분율을 확보한 셈이었다. 회사 이름은 원래 계획했던 Digital Computer Corporation 대신에 Digital Equipment

Corporation으로 바꿨다. 1957년 8월, 드디어 DEC가 출범했다.

같은 해 10월 4일, 소련이 최초의 인공위성 스푸트니크(Sputnik) 1호 발사에 성공하자, 항공 미사일 강국으로서 미국의 자존심이 크게 손상됐다. 다급해진 미국은 아이젠하워^{Dwight David Eisenhower, 1890~1969} 대통령 주도로 과학기술 기업 육성에 사활을 걸고 뛰어들기 시작했다. 1958년에 '소기업투자법(Small Business Investment Act)'이 제정됐고, 소기업 투자회사, 즉 SBIC(Small Business Investment Company)에 대한 막대한 예산이 의회로부터 승인됐다. 그 전까지 ARDC를 비롯한 소수의 VC들이 고군분투해왔던 미국의 벤처캐피털 시장은, 정부의 지원하에 급속히 팽창하기 시작했다. 그러나 이 때문에 ARDC의 자금 상황이 당장 호전된 것은 아니었다. 많은 사람들이 도리오에게 정부의 융자 지원 자금을 두드려보라고 권유했으나, 도리오는 정부 자금에 의존하는 것을 싫어했다. 그럼에도 불구하고, 이런 SBIC 열풍 속에서 미국 벤처캐피털의 원조 격이었던 ARDC에 대한 시장의 관심도 덩달아 증가하면서, 1959년부터 ARDC의 주가가 급등하기 시작해서 주당 38달러까지 치솟았다. 도리오는 이런 시장 분위기를 이용해서 주식 발행으로 소요자금을 계속 충당할 수 있었다.

DEC는 설립 후 MIT 인근 8,680제곱피트 면적의 모직 공장 부지를 취득하고, 이내 설비를 갖추고 운영관리 체제를 정비했다. ARDC는 이 과정에서 DEC에 여러 법률 및 지식 자문을 제공했다. 그리고 도리오 자신의 유능한 하버드대학교 제자들을 추천해서 취업시키기도 했다. 1958년 ARDC는 DEC에 10년 만기 채권 형태로 추가 투자를 집행하기도 했다. 1958년 DEC의 첫 제품, 컴퓨터 메모리 장치 테스트용 모듈이 선적됐다. 고객은 MIT의 링컨연구소, 벨연구소, 캘리포니아공과대학(California Insititute of Technology, CALTECH)이었다. 영업 첫해 DEC는 비록 작은 규모지만 3,000달러의 흑자를 냈다.

이후 ARDC는 DEC 외에도 계속 신규 기업을 발굴해서 투자를 이어나갔고, 크고 작은 성과를 내면서 사업을 지속했다. 1961년 5월 8일 ARDC의 주식이 뉴욕증권거래소에 상장되기에 이르렀다.

지속 성장을 거듭한 DEC는 1964년에 최초의 미니컴퓨터(mini-computer) PDP-8을 개발하는 데 성공했고, 1968년에 기업공개(IPO)를 했다. ARDC가 1957년에 집행했던 초기 투자금 7만 달러는 IPO를 통해 330만 달러로 가치가 상승했다. 무려 47배로 증식된 것이다. 10년 기준으로 환산하면 연수익률 47퍼센트다. ARDC가 DEC 투자에서 거둔 이 성과는 주식시장 전반에 경이로운 사건으로 인식됐다.

◆ 업계의 첫 송아지, ARDC의 활약과 퇴장

1961년 ARDC의 상장이 개시된 바로 다음 날, 도리오는 일리노이의 시카고증권분석가협회(Chicago Society of Security Analysts)에서 '창조하는 자본(Creative Capital)'이라는 제목으로 특별 강연을 했다. ARDC가 설립 이후 상장에 이르기까지 14년 동안 총 66개 벤처에 투자했고, 이 가운데 발표일 당시까지 지분을 유지하고 있는 37개 사(社)는 1960년 12월 말

기준으로 투자액 대비 약 2.5배, 즉 3,025만 달러로 평가된 바 있으며, 나머지 29개 벤처는 9개 사에서 85만 달러 손실을 입고, 20개 사에서 300만 달러의 자본이득을 실현해서, 순이익은 215만 달러라고 밝혔다.

도리오는 전통적인 주식 분석에 매몰되어 있던 분석가들에게 자신의 새로운 경영철학을 다음과 같이 밝혔다.

첫째, 최고의 보상을 안겨주는 사업은 언제나 리스크가 가장 컸던 영역에서 등장했고, 최고의 자본이득은 밑바닥부터 사업을 일구어온 회사에서 나왔다.

둘째, 벤처 투자는 결코 하룻밤 사이에 성공을 거둔 적이 없었고, 기반이 튼튼하고 잘 경영되는 인적자원들이 꾸준히 성장한 끝에 얻을 수 있었다.

셋째, 기술이야말로 우리가 주목할 영역이다. 왜냐하면 특허나 노하우로 보호되는 특수한 지식이야말로 작은 회사가 대기업과 경쟁할 수 있는 강력한 무기가 될 수 있기 때문이다.

그러면서 ARDC가 가장 아쉬워했던 점은, 성장 가능성이 큰 소기업들이 외부의 도움을 받아야 할 필요성을 잘 모르고 있다는 현실이었다. 아무리 뛰어난 잠재력을 가지고 있어도 창업가들이 자신의 능력만으로 사업을 성공시킬 수 있다고 믿는다면 오판이다. 도리오는, 벤처캐피털의 사명은 벤처 경영이 성공하도록 돕는 데 있으며, 이렇게 도움을 줄 수 있을 때에만 자신이 투자한 회사의 성장, 더 나아가 성공을 창조하는 역할을 수행할 수 있다고 말했다.[199]

ARDC는 2차대전 후 미국 증권시장, 더 나아가 벤처캐피털의 역사에 지대한 영향을 끼쳤지만, 한때의 성공을 뒤로한 채 어느새 노쇠하기 시작했다. 1969년 ARDC는 자신이 투자한 회사이자, 전통 섬유 사업을 구조조정해서 첨단 우주항공 사업으로 거듭난 회사인 텍스트론(Textron)과 합병을 추진하게 됐다. 여러 가지 복잡한 내부 갈등, 임직원 보상 문제, 조세 문제 등을 해결한 뒤, 1971년 7월 ARDC는 텍스트론에 합병당했다. 그리고 도리오 자신도 벤처캐피털 사업에서 은퇴했다. ARDC라는 회사 자체는 이제 사라지고 없지만, 그 회사가 확립한 VC 문화는 현대 벤처캐피털 업계 유전자로 확산되어 오늘에 이르고 있다.

◆ 실리콘밸리 밴처캐피털의 성장

ARDC에서 보듯 미국 밴처캐피털의 원조는 1950년대 동부 매사추세츠주 일대에서 태동했고 지금도 뉴욕, 보스턴에 많은 VC들이 집중되어 있는 편이다. ARDC가 설립됐던 1946년 당시, 샌프란시스코에 인더스트리얼캐피털(Industrial Capital Corporation)과 퍼시픽코스트엔터프라이즈(Pacific Coast Enterprise Corporation) 같은 벤처 투자 전문회사가 생기기는 했지만, 동부 지역의 그것에 비해서 성장세는 미미했다. 하지만 오늘날에는 캘리포니아주 샌프란시스코에서 실리콘밸리에 이르는 해안가에 포진한 VC들의 투자액이 미국 전체 VC 투자액의 약 45퍼센트를 점하고 있을 정도로 서부의 투자 비중이 압도적이다.[200]

도리오는 ARDC를 경영하는 와중에도, 하버드비즈니스스쿨에서 강의를 겸임했다. 그곳에서 투자 경험과 투자 철학을 학생들에게 계속 전수했다. 그때 수업을 들었던 학생 중에, 뉴욕 월스트리트 투자은행 출신의 아서 록$^{Arthur\ Rock,\ 1926~}$이 있었다. 록은 그전까지는 투자라고 하는 것이 상장회사 주식, 또는 국공채나 안정적인 회사채를 대상으로 한다고 생각했었다. 그는 도리오의 강의를 듣고서야 사람과 신기술에 투자하는 일이 얼마나 큰 매력과 가능성을 지니고 있는지 처음 깨달았다. 특히 먼 발치에서나마 소문으로 들려오던, 서부 캘리포니아 스탠퍼드대학에서 터먼$^{Frederick\ E.\ Terman}$ 교수(제11장)의 주도하에 생성된 엔지니어 창업 생태계에 깊은 관심을 갖게 됐다.

록은 페어차일드세미컨덕터(Fairchild Semiconductor)라는 캘리포니아 신생 벤처의 성장 가능성을 알아보고 투자자들을 모집, 중개해주었다. 그때 모집된 투자자 중에는, 훗날 애플의 엔젤투자자이자 제2대 CEO를 역임했던 마이크 마쿨라$^{Mike\ Makkula,\ 1942~}$도 있었다. 록은 페어차일드세미컨덕터의 성공을 지켜본 뒤, 1961년 아예 샌프란시스코로 이주해서 데이비스앤록(Davis&Rock)이라는 벤처캐피털 회사를 설립했다.

록의 이주와 성공을 지켜보던 동부의 투자자들은 속속 서부에 벤처캐피털 회사를 설립하기 시작했다. 대표적으로, 1962년 드레이퍼앤존슨(Draper & Johnson), 1964년 서터힐벤처스(Sutter Hill Ventures), 1972년 클라이너퍼킨스코필드바이에르(Kleiner Perkins Caufiled Byers), 1974년 세콰이어캐피털(Sequoia Capital)이 서부에 입성했다. 하이테크 지식의 신흥 집결지 서부에 돈까지 몰려오기 시작한 것이다. 게다가 캘리포니아의 온화한 기후와 자유분방한 기업 문화까지 가세해서, 온 미국, 더 나아가 세계 각지의 돈과 인재들이 속속 이곳으로 몰려들었다.

1970년대에는 벤처캐피털이 급성장할 수 있도록 제도까지 우호적으로 바뀌었다. '종업원퇴직연금법(Employee Retirement Income Security Act, ERISA)'이 개정되면서 연기금의 VC 투자가 허용되기 시작했고, 벤처 투자에서 얻는 자본이득에 대한 세금이 대폭 완화됐다. VC에 자금이 몰려들기 시작했다. 기존 사모펀드 등에서 통용되어오던 연간 2퍼센트 내외의 운용 수수료와 기준(handle rate)대비 초과 이익의 20퍼센트 배당 같은 업무 관행들도 그때 대부분 정착되어 오늘에 이르고 있다.

ARDC의 직원들도 1960년대 중반부터 독립해서 벤처캐피털 창업 대열에 뛰어들었다. 윌리엄 엘퍼스William Elfers는 하버드비즈니스스쿨 졸업생으로서 1947년 ARDC 설립 즈음에 입사했다. 그는 ARDC가 성장하는 과정에서 도리오의 오른팔 역할을 충실히 하면서 탁월한 벤처캐피털리스트로 활약했다. 불행하게도 1960년대 들어 엘퍼스는 도리오와 자주 의견 충돌을 일으키게 됐고, 급기야 1965년에 ARDC를 떠났다. 그해 동료 몇 사람과 함께 동부 매사추세츠주의 케임브리지에서 그레이록(Greylock)이라는 벤처캐피털 회사를 창업했다. 창업은 비록 자신의 본거지 동부에서 했지만, 그가 모델로 삼은 것은 데이비스앤록이나 드레이퍼게이더앤앤더슨(Draper, Gaither, and Anderson) 같은 실리콘밸리의 벤처캐피털이었다. 그레이록이 실리콘밸리에 지사를 낸 것은 그보다 한참 뒤인 1999년이었다. 그리고 2009년에는 본사를 실리콘밸리로 옮겼다. 그레이록은 아직 대중에게 잘 알려지지 않은 수많은 신생 벤처를 포함하여, 이미 세상에 그 이름이 잘 알려진 드롭박스, 에어비앤비,

페이스북, 링크드인, 로블록스 등에 초기 투자했고, 오늘날 세계 최대의 벤처캐피털 중 하나로 성장해 있다.

모든 위대한 역사는 언제나 주변 정황들의 조합이 맞아야 이루어지는 법이다. 캘리포니아가 하이테크 벤처의 중심지로 급성장하게 된 것은 단지 프레데릭 터먼, 윌리엄 쇼클리, 조르주 도리오, 내지 아서 록 같은 몇 사람의 공덕에만 연유한 것은 아니다. 이미 미국항공우주국(NASA)은 1915년에 캘리포니아주에 전미항공우주자문위원회(National Advisory Committee for Aeronautics, NACA)를 두었었다. NACA의 연구소 랭리항공우주연구소(the Langley Aeronautical Laboratory)가 1920년에 동부 버지니아에 세워졌고, 1933년에 샌프란시스코 남부 모페필드(Moffet Field)에 미국 해군&공군기지가 건설됐다.

군사기지가 뉴욕, 보스턴 일대가 아니라 캘리포니아로 오게 된 배경 가운데 하나로, 당시 군사 통신에 필수적인 라디오 기술 연구개발의 중심이 스탠퍼드대학에 있었다는 사실이 크게 작용했다. 군사기지가 오면서 부속연구소도 따라왔다. 모페필드의 연구소는 1958년에 신설 NASA 조직에 흡수되면서 미국 전역에 동부, 남부, 서부까지 거친 기술 개발 거점 체계가 갖추어지게 된다.

사실 NASA는 미국의 벤처 창업 생태계 조성에 막대한 역할을 했다. 실리콘밸리는 단지 민간의 지식, 자금, 그리고 기업가정신만으로 이루어진 것이 아니었다. 1957년 스푸트니크 충격 이후, NASA를 중심으로 전개된 적극적인 항공우주 관련 하이테크 벤처 지원 정책, 그리고 이에 따른 SBIC 육성책이 없었다면, 이 모든 영웅적인 민간인들의 열정은 결코 화려한 결실을 맺지 못했을 것이다.[201] 가끔 미국의 벤처 생태계는 언제나 시장에서 자생했고, 한국의 그것은 인위적인 정부 정책, 예컨대 '벤처기업육성에관한특별조치법' 같은 것을 통해서 비(非)시장 방식으로 이루어졌다고 억지로 대비시키는 사람들이 있다. 하지만 이는 사실과 다른 이야기다.

◆ DEC의 뒷이야기

도리오와 ARDC의 도움으로 탄생, 성장했고 성공 가도를 달렸던 DEC의 말로를 살펴보는 것도 사업과 경영의 본질 몇 가지를 이해하는 데에 도움이 될 것 같다.

1960년대 이후에 출생한 세대는 실리콘밸리 벤처라고 하면 일단, 마이크로소프트, 애플, 구글, 페이스북 등을 떠올릴 것이다. 하지만 그보다 앞서 태어나 1970년대에 성년기를 보냈던 사람들이라면, 아직 벤처라는 단어가 잘 쓰이지 않았던 당시, 단순히 'd·i·g·i·t·a·l'이라는 일곱 글자 브랜드로 통했던 한 회사의 제품에 친숙할 것이다. 바로 DEC였다.

DEC는 IBM이 주도했던 대형 머신의 시대를 저물게 했던, 미니컴퓨터라고 하는 와해형 혁신(disruptive innovation)[202] 제품으로 시장을 석권했었다. 당시 DEC의 VAX와 알파(Alpha) 서버 시스템은 IT 인력 사이에서는 매우 인기가 있었다. 1986년 10월 27일 자 〈포천〉 지는 DEC

창업가 케네스 올슨을 '미국에서 가장 성공한 기업가(America's Most Successful Entrepreneur)'라고 소개하기도 했다. 훗날 빌 게이츠[Bill Gates, 1955~]와 스티브 잡스 같은 인물에 버금가는 유명세를 이미 탔던 인물이다.

IBM이라는 지존(至尊) 공룡을 작은 와해형 혁신으로 공격하는 데에 성공했던 올슨조차도 자신의 사업이 또 다른 와해형 혁신에 의해 붕괴되리라고는 생각지 못했다. 애플이 개인용 컴퓨터를 처음 만들었을 때 올슨은 도대체 컴퓨터를 1인당 하나씩 가지고 있을 필요가 어디 있느냐고 비아냥거렸다. 올슨은 시장과 고객이 무엇인지 얼핏 잘 아는 것 같았지만 의외로 잘 모르고 있었다.

어렵사리 성공한 기업가 내지 전문가들조차도 자신이 익숙한 관행과 사고의 틀에서 벗어나기가 이토록 어렵다. 예컨대 1990년대 말 전자상거래가 처음 등장했을 때, 대형 유통회사들은 온라인 구매가 사람들의 매장 방문 경험을 대체할 가능성이 매우 낮다고 믿었다. 2010년대에 비트코인이 시장에서 처음 거래되기 시작했을 때, 많은 금융 전문가들이 아무런 실체도 없는 암호화폐는 곧 가치를 상실할 것이라고 말했다. 마찬가지로 미국에서 1980년대에 흑인 저소득층 사이에서 랩(Rap) 음악이 처음 등장했을 때, 또는 한국에서 1990년대에 아이돌그룹이 방송을 타기 시작했을 때, 기존 음악인들 가운데 많은 사람들이 저게 어떻게 음악일 수 있느냐고 의문을 제기했다. 이 세상에 '반드시 이래야 한다'는 것은 없다. 잠시 필요에 따라 있을 수는 있어도, 원래는 없는 것이다.

1990년대 들어 결국 PC 시대가 도래하고 개인과 기업의 컴퓨터 사용 환경이 크게 바뀌면서 DEC는 경영난을 겪게 된다. 1998년에 DEC는 결국 컴팩(Compaq)에 인수되면서 허공으로 사라졌다.

◆ 인시아드(INSEAD) 설립

도리오는 벤처캐피털 사업을 일으킨 것 외에 또 다른 업적을 남겼다. 그는 1959년, 오늘날 명문 경영대학원으로 자리잡은 'INSEAD(Institut Européen d'Administration des Affaires, 인시아드)'를 자신의 조국 프랑스에 설립했다. INSEAD는 미국의 와튼스쿨, 하버드비즈니스스쿨 등과 더불어 세계적인 경영전문대학원으로 인정받고 있다. 뿐만 아니라, 싱가포르, 아부다비, 샌프란시스코에 분교를 낼 정도로 국제적 교육기관으로 성장해 있다.

프랑스계 미국인 도리오는, 항상 미국의 발전된 금융과 교육 시스템을 프랑스에 이식하면 좋겠다고 생각했다. 특히, 하버드비즈니스스쿨을 모방해서 프랑스에 경영 전문, 비즈니스 전문 교육기관을 만들고 싶어 했다. 같은 프랑스 출신의 하버드대 제자 클로드 얀센^{Claude Janssen, 1930~2021}, 사업을 하면서 알게 된 올리비에 지스카르 데스탱^{Olivier Giscard d'Estaing, 1927~}**203**과 함께, 프랑스 상공회의소(Chambers of Commerce and Industry) 자금을 지원받아 INSEAD를 설립했다.

도리오의 하버드대 제자 중 프랑스인들의 모임이 만들어졌는데, 얀센이 회장을 맡았고, 학교 설립과 관련하여 도리오와 많은 시간을 함께하며 의견을 나누었다. 도리오는 자신의 구상을 프랑스 상공회의소 회장 장 마코Jean Marcou에게 밝혔다. 얀센은 도리오와 함께 학교 설립을 위해 상공회의소, 프랑스 정부, 그리고 여러 후원 기업들을 접촉하며 실무를 처리했다.

학교 운영 방안과 관련하여 도리오는 수업을 영어, 프랑스어, 독일어 3개 국어로 진행할 것을 제안했다. 2차대전을 목전에서 경험했던 도리오 스스로, 이 전쟁이 유럽 사회에 남긴 쓰라린 상처를 교육을 통해서라도 봉합하고자 했던 염원이 담긴 제안이었다.

학교 부지는 파리처럼 번잡하고 공부에 방해물이 많은 도시 대신에, 소박하고 조용한 교외 지역을 찾았다. 그렇게 해서 파리 근교의 유적지 퐁텐블뢰 성(Fontainebleau Castle) 인근, 여름에만 운영되는 아름다운 예술학교 건물이 눈에 들어왔다. 도리오와 얀센은 이 학교를 겨울에만 경영 교육 장소로 사용할 수 있겠느냐고 프랑스 교육부에 문의했다. 교육부 담당자는 "유서 깊은 사적(史蹟)지에 비즈니스스쿨이라니 말도 안 된다."며 난색을 표했다. 하지만 그들은 담당자에게 '경영이야말로 하나의 예술'이라고 설득했고, 결국 승낙을 받아냈다.

학교 설립을 허가받은 뒤, 얀센은 DEC의 케네스 올슨에게 전화했다.

> "도리오는 평생 두 가지 큰 성공을 일구었다. 하나는 당신의 Digital(DEC의 브랜드명)이고, 다른 하나는 INSEAD다. 당신은 돈을 벌었고, 우리는 돈이 필요하다."[204]

올슨은 INSEAD 도서관 건립 기금으로 당장 200만 달러를 기부했다.

◆ 도리오의 메시지

도리오는 훗날 "ARDC의 최고 업적은, 사람을 평가하는 기계를 만든 것"이라고 말했다. 그는 금융업을 한 것이 아니라 사람 경영을 한 것이었다.

> "유능한 사람의 평범한 아이디어는, 평범한 사람의 탁월한 아이디어보다 훨씬 가치가 있다."[205]

여기서 그가 사용한 유능하다는 표현은 생각이나 말, 글로 그치는 것이 아니라 사업 성과를 만들어낼 수 있는 능력을 말한다. 아무리 평범해 보이는 아이디어라도 올바른 경영을 통해 비범한 성과로 연결될 수 있다는 통찰이 그의 말에 담겨 있다.

하버드에서 도리오의 강의를 수강했던 학생들은, 그의 강의가 잠시도 한눈을 팔 수 없을 정도의 명강의였음을 기억했다. 누구든 그의 강의를 듣는 순간 창업에 대한 강렬한 동기와 열망이 생기지 않을 수가 없었다. 어떤 면에서 보면 그는 단순히 산업공학이나 벤처 투자의 기법을 가르친 것이 아니라 삶을 가르치고 꿈을 보여주었다.

그는 용기에 대해 이렇게 말했다.

> "아무도 자신을 지켜보지 않을 때, 용기 있는 행동을 하는 사람이야말로 진정 용기 있는 사람이다."[206]

영감에 대해서는 이렇게 말했다.

"사람들에게 영감을 일깨워주지 못한다면, 당신은 아무 일도 하지 않은 것이다."[207]

마지막으로, 변화와 경쟁의 위협에 대한 그의 무서운 경고를 끝으로 이 위대한 벤처캐피털 선구자의 이야기를 맺으려 한다.

"당신이 모르는 어느 곳에서 누군가가 지금 당신이 만드는 그 제품을 아무 쓸모없게 만들어버리는 그러한 제품을 반드시 만들고 있다는 사실을 절대로 잊지 마라."[208]

§ 참고문헌 §

- 배승욱, "미국 벤처캐피털의 역사 및 시사점", 〈한국벤처투자 보고서〉, 2019.
- 송경모, "벤처캐피털의 역사를 통해 본 혁신의 방향", 〈테크앤비욘드〉, 2015년 1월.
- Tom Nicholas, 《VC: an American History》, Havard University Press, 2019.
- Spencer E. Ante, 《Creative Capital; Georges Doriot and the Birth of Venture Capital》, Havard Business School Press, 2008.

· CHAPTER 11 · 창업

실리콘밸리의 아버지 '프레데릭 터먼'
(미국)

*사진 ⓒ O.G. Villard, Jr.
*출처 _ www.smecc.org/frederick_terman

◆ **부를 향한 서진(西進)**

19세기 후반 서구 사회의 물질적 진보는 뉴욕을 중심으로 하는 북미 동부 해안 지역이 거점이 됐다. 혜안이 있었거나 없었거나, 유럽의 세력가들이었거나 보잘것없는 평민이었거나, 기회만 있다 싶으면 바다를 건너 서진하기 시작했다. 그 와중에 철도 사업가들이 대거 등장하면서 동부에 집중되어 있던 대열이 내륙과 서부 해안 지역 곳곳으로 속속 퍼지는 데 일조했다.

1849년에 캘리포니아에서 금이 발견됐다는 소문이 미국 전역, 더 나아가 유럽에까지 퍼졌다. 1853년에 열풍이 사그라질 때까지 수많은 미국인과 외국인들이 '골드러시' 대열에 합류했다. 그러나 골드러시는 잠깐의 광란으로 끝났을 뿐 캘리포니아의 경제를 근본적으로 변화시키지는 못했다. 캘리포니아의 경제가 본격적으로 성장하게 된 것은 그로부터 100년 뒤 실리콘밸리라는 새로운 금광이 형성된 이후의 일이었다.

그러나 실리콘밸리는 천연 금광처럼 처음부터 그 자리에 매장되어 있던 것이 아니었다. 물론 그 지역에서 원래부터 활동했던 연구자나 창업가들이 없었던 것은 아니었지만, 본격적인 성장 동력은 동부의 축적된 지식들이 그곳으로 대거 자리를 옮김으로써 가능했다.

사람들에게 빌 게이츠나 스티브 잡스를 아느냐고 물으면 당연히 안다고 말할 것이다. 하지만 '프레데릭 터먼Frederick Terman, 1900~1982'이나 조르주 도리오를 아느냐고 물어보면, 대부분 처음 들어보는 이름이라고 답할 것이다. 이들이 있었기 때문에 동부에서 먼저 꽃을 피웠던 첨단 창업과 금융 지식은 서부로 건너가 결실을 맺을 수 있었다.

캘리포니아주에 팰로앨토(Palo Alto)라는 도시가 있다. 스탠퍼드대학이 위치한 이 도시에 1951년부터 스탠퍼드 산업단지(Stanford Industrial Park)가 조성되기 시작했다. 이 개발 스토리 중심에 바로 프레데릭 터먼 교수가 있었다. 이 산업단지 일대가 훗날 실리콘밸리라는 이름으로 불리게 됐다.

두말할 필요가 없다. 이곳은 휴렛팩커드, 애플, 오라클, 구글, 메타(前 페이스북), 트위터 등등 미국을 대표하는 하이테크기업들의 산실이 됐다. 실리콘밸리 덕분에 20세기 후반 미국, 아니 전 세계의 첨단 벤처 사업의 지형도가 바뀌었을 뿐만 아니라 인류의 삶까지 바뀌었다. 실리콘밸리를 탄생시킨 수많은 주역들이 있겠지만, 그중에서도 스탠퍼드대학교의 프레데릭 터먼 교수를 빼놓고는 이 역사를 이야기할 수 없다.

◆ 라디오광 소년

프레데릭 터먼은 1900년에 미국 인디애나에서 태어났다. 부친 루이스 터먼Lewis Terman, 1877~1956은 아이큐 테스트 기법 개발에 큰 공헌을 한 유명한 심리학자였다. 프레데릭이 11세 되던 해에 아버지가 스탠퍼드대학교 심리학과 교수로 부임하게 되면서 온 가족이 캘리포니아로 이사했다.

　프레데릭은 어렸을 때 취미가 햄 라디오(Ham Radio)였다. 햄 라디오는, 라디오 주파수를 이용해서 사설 방송을 하거나 상호 통신하는 활동을 말한다. 요즘이야 유튜브와 같은 소셜미디어에 개인 방송을 송출하는 사람들도 많고 온라인 채팅이 보편화되어 있지만, 라디오 기술 초기였던 20세기 전반에는 햄 통신이 그 역할을 했다. 프레데릭은 요즘 긱(geek)이라고 불리는, 그러니까 컴퓨터나 기계를 속속들이 다룰 줄 아는 그런 소수의 청소년 중 하나였다. 어린 시절부터 라디오 기술에 대단한 호기심을 보였지만, 정작 학부는 스탠퍼드대학 화학과를 나왔다. 그다음에 다시 자신의 적성을 찾아 전기공학대학원으로 진로를 바꿨다. 졸업 후 그는 MIT로 박사학위를 받으러 갔다.

　프레데릭 터먼의 삶은 MIT 진학이 전환점이 됐다. 동부 매사추세츠에 소재한 이 명문대학은, 당시만 해도 서부 변방의 학생들에게는 선망의 대상이었다. 터먼은 1924년 MIT에서 배너버 부시Vannebar Bush, 1890~1974를 지도교수로 전기공학 박사학위를 취득했다. 배너버 부시 교수는 훗날, 1950년 미국과학재단(National Science Foundation, NSF)을 설립한 주역 가운데 한 명으로 활약했던 인물이다.

NSF는 제2차 세계대전을 승리로 이끄는 데 기여했던 미국의 군·산·학(軍·産·學) 협력 체제를 바탕으로, 전후 정부 지원하에 과학기술을 진흥할 목적으로 설립된 기구다. NSF는 막대한 예산으로 미국의 산·학·연 과학기술 지원 정책에서 중심적인 역할을 수행해왔으며, 오늘날 미국이 전 세계 부동의 기술 패권국으로서 지위를 달성하는 데에 크게 기여했다. 터먼이 부시 교수와 맺은 인연 및 그로부터 형성된 인맥은, 전후(戰後) 터먼이 미국 과학기술계에서 입지를 다지는 데에 많은 도움이 됐다.

◆ **MIT의 산학 협력 매뉴얼**

터먼은 박사학위 취득 후 다시 서부로 돌아왔다. 1925년에 스탠퍼드대학교의 전기공학과 교수로 임용됐다. 진공관과 반도체 연구소를 설립해서 조직적인 연구 활동을 전개하고, 학교 행정에 적극적으로 참여했다. 학자로서 저술 활동도 게을리 하지 않아서, 그가 저술한《전자·라디오 엔지니어링(Electronic and Radio Engineering)》(초판 1932, 제4판 1955)은, 1950~1960년대만 해도 전자공학, 특히 라디오 전공자들 사이에서는 표준 교과서로 명성을 누렸다. 그러나 터먼이 학자로서 단지 연구하고 책을 쓰는 일에만 그쳤다면, 오늘날 터먼 교수를 기억하는 이는 그리 많지 않았을지 모른다. 그의 시야는 좀 다른 곳을 향하고 있었다.

MIT 유학 시절, 그는 MIT 이공계 대학들이 정부와 협력 연구를 대단히 활발히 진행하고 있는 것을 목도했다. 그는 MIT 대학의 관·산·학 협력 매뉴얼을 계속 연구하고 응용해서 이를 스탠퍼드대학에 이식시켜야겠다고 생각했다. 사실 2차대전 당시까지만 해도 미국 동부 지역이 산학 협력의 중심지였다. 전쟁 중에 군수물자 공급 관리 및 관련 연구개발은 아무래도 행정 수도와 경제 중심지였던 워싱턴DC와 뉴욕이라는 입지를 중심으로 이루어질 수밖에 없었기 때문에, 이는 자연스러운 결과였다.

훗날 그 무게 중심이 서부 지역으로 상당 부분 기울어지는 데에 터먼 교수의 영향이 컸다. 동부 지역에 취업했던 스탠퍼드대학의 제자들을 다시 서부로 불러들여 휴렛팩커드(Hewlett& Packard)를 창업하도록 한 이야기는 너무 유명하다.

휴렛팩커드 스토리가 생기기 한참 전부터, 터먼은 이미 많은 기업가들을 스탠퍼드대학으로 초청해서 기업들이 연구에 재정을 지원할 필요성을 알리려고 노력했다. 또한 대학에서 개발한 기술은 대학이 특허권을 보유하고, 대학의 연구자들도 그로부터 라이선싱 인센티브를 받을 수 있도록 대학 당국의 정책을 유도해냈다. 그 한 예로, 대학에서 개발한 클리스트론 진공관 기술 특허를 라이선싱해서, 실시 기업으로부터 당시 명목금액으로 200만 달러에 달하는 로열티 수입을 받기도 했다. 오늘날 대학교 기술지주회사의 근사한 모델을 이미 100년 전에 구상했던 것이다.

◆ 스탠퍼드 산업단지 조성의 주역

1951년 스탠퍼드대학은 스탠퍼드 산업단지 건설을 기획했고, 터먼 교수는 그 추진 단장이 됐다. 스탠퍼드대학 캠퍼스 남단에 페이지밀로드(Page Mill Road) 일대에 광활한 나대지가 있었다. 대학은 여기에 건물을 짓고 일반 기업에 임대할 계획이었다. 이때 터먼 교수는 일반 기업은 안되며, 오직 하이테크기업에만 임대해야 할 것을 강력히 주장했다. 논란 끝에 그의 주장은 관철됐고, 하이테크기업 중심으로 입주사 선정 기준이 마련됐다.

이렇게 해서 산업단지에 입주한 하이테크기업 중 제1호는, 뒤에 설명할 배리언어소시에이츠(Varian Associates) 사였다. 흔히 실리콘밸리 최초의 벤처는 휴렛팩커드라고 알려져 있지만, 이는 사실과 다르다. 휴렛팩커드는 제2호 입주 기업이었다. 그 뒤로 속속들이 동부에 있던 명문 대기업들, 특히 수많은 기술기업들이 산업단지에 지사, 또는 연구소를 내기에 이르렀다. 예를 들어 GE가 1954년, 이스트먼코닥(Eastman Kodak)이 1956년, 시계회사 제니스(Zenith)가 1956년, 항공기 제조사 록히드(Lockheed)가 1956년에 입주했다. 기술기업들만 들어선 것이 아니었다. 1955년에는 거대한 쇼핑센터까지 구축됐다. 이렇게 산업단지 자체가 하나의 독립된 생활공간 혹은 생태계로 자리를 잡게 됐다.

스티브 잡스가 1979년 제록스(Xerox)연구소에서 세계 최초로 개발한 그래픽사용자인터페이스(GUI)를 곁눈질한 뒤, 이를 모방해서 애플컴퓨터의 운영체제를 디자인했다는 유명한 이야기가 있다. 그가 견학했던 제록스의 팰로앨토연구소, 약어로 PARC(Palo Alto Research Center)가 바로 이 산업단지 안에 있었던 것이다.

터먼은 1954년에 명예협력프로그램(Honors Cooperative Program)을 만들었다. 이는 지역의 유수한 전자회사의 엔지니어들이 대학원 수업을 수강할 수 있도록 해주는 제도였다. 1961년에 이르러서는 일대의 32개 기업에서 400여 명이 수업을 듣기에 이르렀다.

터먼 교수가 정립한 이 산학 협력 전통은 터먼의 후임 교수들이 부임한 뒤에도 계속 유지, 확장됐다. 만약 터먼 교수가 하이테크기업 중심의 입주 기준을 관철하고 우호적 기술창업 생태계를 조성하는 데 진력하지 않았더라면, 오늘날 스타트업 전진기지로서 스탠퍼드대학의 모습은 기대하기 어려웠을지 모른다. 또한 실리콘밸리가 선수(先手)를 치지 않았더라면, 이미 2차대전 후 강력한 군·산·학 네트워크 기반이 형성되어 있었던 동부 매사추세츠 지역이 그 자리를 차지했을지도 모른다.

◆ **제자들의 창업**

터먼 교수는 숱하게 많은 제자를 길러냈다. 그중에서 특별히 주목할 만한 제자들이 몇 사람 있다. 먼저 오스왈드 빌라드 Oswald Garrison Villard Jr., 1916~2004 는 학문의 제자로서 가장 영향력이 컸던 인물이다. 그는 1938년에 예일대학에서 영문학을 전공했으나, 어렸을 때부터 라디오와 전자 이론에 관심이 많았었다. 그는 1949년에 스탠퍼드대학 전기공학대학원에 입학하여 터먼의 제자가 됐다. 박사학위 취득 후 1955년에 스탠퍼드대학 전기공학과 교수로 임용됐다. 그는 터먼의 다른 제자들과 달리 직접 창업 일선에서 뛰지는 않았지만, 여러 공동 연구와 자문을 통해 연구소 창업가들을 지원했다. 그는 레이더와 스텔스 기술(stealth technology) 연구에 큰 업적을 남기면서 미국의 군사 기술 발전에도 혁혁하게 기여했다.

다음에 언급할 제자는 배리언 형제다. 러셀 배리언[Russeell H. Varian, 1898~1959]과 시거드 배리언[Sigurd F. Varian, 1901~1961]은 1948년에 자본금 22,000달러로 배리언 어소시에이츠를 설립했다. 터만 교수 휘하에 있던 많은 제자들과 동료 교수들이 파트너 내지 직원으로, 또는 지분투자자로 참여했다. 그들의 창업 아이템은 클리스트론(Klystron)이었다. 그것은 극초단파 신호를 변조하는 소자로서 군수 통신 장비의 핵심부품이었다. 스탠퍼드 산업단지 설립 계획이 수립됐을 때, 배리언 사가 제일 먼저 입주한다는 계약서가 작성됐다. 이렇게 훗날 실리콘밸리로 불리게 된 산업단지의 1호 벤처, 배리언 사가 탄생했다.

배리언 사는 실리콘밸리 기업들의 자유분방한 기업 문화의 효시였다. 회사 이름을 'Varian Associates'라고 지은 것도, 오너와 피고용인의 관계로 이루어진 조직이 아니라 구성원 모두 평등한 지위에서 일한다는 것을 강조하기 위해서였다. 화려하게 꾸민 보고 문서에 신경 쓰지 않았고, 선임 직원들의 의사결정에 대해 일반 구성원들도 동등하게 투표권을 부여받았다. 이런 식의 수평적 조직 문화는 뒤이어 설립되는 휴렛팩커드에서도 그대로 구현됐다.

배리언 사는 설립 직후 매출이 급신장했는데, 그 계기는 아이러니컬

하게도 한국전쟁 때문이었다. 한국전쟁에 투입된 미군의 장비용품을 대량 납품하게 된 것이었다. 전쟁이 끝난 다음에도 미소 냉전 기간에 지속적으로 군수품 장비를 공급하면서 성장했다. 배리언 사는 2010년에 애질런트테크놀로지(Agilent Technologies) 사에 인수당하면서 기술만을 남긴 채 이름은 세상에서 사라졌다.

◆ **휴렛과 패커드**

윌리엄 휴렛William Hewlett, 1913~2001은 1934년에 터먼 교수 지도로 석사학위를 취득한 다음에 MIT로 갔다. 마치 시골을 떠나 도시로 간다는 식이었다. 그는 1936년에 MIT에서 석사학위를 취득했다. 그가 MIT에서 돌아오지 않으려고 하자, 터먼 교수는 그에게 스탠퍼드로 다시 오라고 종용했다. 결국 휴렛은 스탠퍼드로 돌아와서 1939년에 박사학위를 취득했다.

콜로라도주 푸에블로 출신인 데이비드 패커드David Packard, 1912~1996는 1934년에 스탠퍼드대학 전기공학과를 졸업했다. 콜로라도주 볼더에 있는 콜로라도대학에 잠시 적을 두었다가, 1938년에 뉴욕의 GE에서 근무했다. 휴렛과 마찬가지로 공부는 변방에서 했어도 일은 도시에서 하겠다는 생각이었다. GE에서 근무할 당시 터먼 교수는 그에게 스탠퍼드로 다시 돌아오라고 계속 권유했다. 스탠퍼드로 돌아온 그는 평생의 벗 윌리엄 휴렛을 만나게 됐다.

1939년에 동급생 휴렛과 패커드는 단돈 538달러의 자본금으로 차고

지에서 창업했다. 그 당시 자본금 538달러는 요즘 가치로 환산해도 1만 달러 정도에 해당한다. 사실상 구멍가게 수준의 창업이었다. 창업 아이템은 음향기기에 사용되는 음향발진기(sound oscillator)였다.

회사명을 정할 때 일화가 있다. 1913년생 휴렛과 1912년생 패커드는 거의 동년배로서 딱히 누구를 앞세워야 할지 고민했다. 회사 이름을 휴렛팩커드로 할지 팩커드휴렛으로 할지 고민하다가 결국 동전 던지기로 결정하기로 했다. 휴렛이 앞면이 나와서 회사 이름은 휴렛팩커드가 됐다.

스탠퍼드 산업단지에 입주하기 전 휴렛팩커드는 팰로앨토의 작은 건물을 임차하여 사용하고 있었다. 1939년에 창업 직후에는 차고를 임차해서 사용했지만, 어차피 임시 공간이었으며 이듬해에 회사는 그곳을 벗어났다.

우연히도 훗날 스티브 잡스와 스티브 워즈니악, 또는 빌 게이츠 같은 인물도 차고지에서 창업했다. 사실 실리콘밸리에서 차고지 창업은 극히 예외적인 일이었지만, 마치 실리콘밸리 창업이라 하면 대부분 차고지가 즉각 떠오르게 된 것도, 휴렛팩커드 스토리의 인상이 너무 강렬했기 때문이다.

주제품인 음향발진기의 우수성을 알아본 월트디즈니 스튜디오(Walt Disney Studio)가 사운드트랙 제작 장비로 대량 구매하면서 회사는 급성장하게 됐다. 그 결과 1957년 11월 6일, 주당 16달러로 역사적인 IPO에 성공하기에 이르렀다. 기업공개 당시 공모가를 기준으로 기업가치는 4,900만 달러에 달했다. 창업 당시 자본금 538달러가 18년 후 무려 9만

배로 증식된 것이다. 1960년에는 스탠퍼드 산업단지의 멋진 4개 동 건물로 이사했고, 음파 및 전자파를 응용한 다양한 제품을 제조하는 당당한 중견기업으로 자리잡았다.

휴렛은 스티브 잡스와도 인연이 있었다. 잡스도 어렸을 때 전자기기 부품을 만지고 조립하는 데 취미가 있었다. 잡스가 열두 살 때였다. 당시 캘리포니아주 전화번호부 책자를 뒤져서 휴렛의 번호를 알아낸 뒤 전화를 걸었다. 내(잡스)가 뭔가를 만들고 있는데 부품이 좀 필요한데, 그런 부품을 당신(휴렛)은 가지고 있느냐고 물었다. 휴렛은 이 당돌한 꼬마의 전화를 받은 뒤, 그렇다면 한번 찾아오라고 답했다. 휴렛은 자신의 사무실을 방문한 어린 잡스를 만나본 뒤 대견하고 똑똑해 보였는지 휴렛팩커드에서 여름철에 잠깐 인턴으로 일해보라고 제안했다.

스티브 워즈니악은 애플I을 처음 개발한 뒤 휴렛팩커드를 방문해서 시제품을 시연했다. 그때 휴렛팩커드 측의 대답은 "아니, 우린 이런 거 필요 없소."였다. 그러다가 나중에 애플이 보다 개선된 제품을 후속 개발하고 그 가치가 세상에 알려지기 시작하자 휴렛팩커드는 입장을 바꿨다. 휴렛팩커드는 애플컴퓨터에 부품을 상당 기간 동안 공급하는 역할을 담당했다.

패커드는 1969년 휴렛팩커드를 떠나 닉슨 대통령 행정부에서 국방부 차관(US Deputy Secretary of Defense)으로 임명됐다. 그가 맡은 역할은 주로 군수물자 조달 시스템을 관리하고 대통령에게 관련 자문을 해주는 일이었다. 1970~1980년대에는 백악관의 군수 시스템 자문관 역할을 계속 수행했다.

휴렛팩커드는 1939년 창업 당시 음향발진기로부터 출발해서, 잉크젯프린터, 컴퓨터, 의료기기 등으로 사업을 다각화하고, 다수의 기업을 인수하며 해외 사업을 전개하면서 글로벌기업으로 성장했다. 2002년에 컴팩과 합병하면서 휴렛팩커드라는 독립 법인은 사라졌지만, 휴렛팩커드가 초기 20~30년간 공들여 구축한 전자산업 기업체들 사이의 가치사슬은, 훗날 스탠퍼드대학교 일대에 '실리콘밸리'로 불리는 거대 생태계가 탄생할 수 있도록 하는 밑거름이 됐다.

◆ 윌리엄 쇼클리가 캘리포니아로 간 까닭은?

실리콘밸리라는 말 자체는 1970년대 이후 팰로앨토에 이미 전자산업이 융성한 이후 언론에서 사용하기 시작한 것이다.

실리콘밸리의 아버지라고 하면, 1950년대 스탠퍼드 산업단지 조성의 일등 공신이자 휴렛팩커드 탄생의 산파 역할을 한 프레데릭 터먼 교수를 흔히 꼽지만, 또 한 사람의 중요한 인물이 있다. 바로 윌리엄 쇼클리다.

쇼클리는 부모가 캘리포니아 출신 미국인이었지만 영국에서 태어났다. 캘리포니아공과대학에서 학사학위를 받았지만, 박사학위는 1936년에 MIT에서 받았다. 이후 뉴욕 인근 AT&T 벨연구소에서 근무했다. 1947년에 벨연구소에서 존 바딘[John Bardeen, 1908~1991], 월터 브래튼[Walter Houser Brattain, 1902~1987]과 함께 트랜지스터를 공동 개발했다.

벨연구소의 공동개발자가 모두 나름대로 기여했겠지만, 실질적인 트랜지스터 개발의 아이디어는 쇼클리로부터 거의 다 나왔다는 설이 있었다. 한편 벨연구소가 트랜지스터 특허를 출원할 때 복잡한 사건이 발생했다. 벨연구소는 쇼클리의 아이디어가 선행 특허를 침해할 가능성을 우려해 발명자 명단에서 그의 이름을 빼려고 했다. 이에 분개한 쇼클리는 전혀 다른 관점에서 트랜지스터의 개념을 새로 설계해서 독자 개발에 나섰다. 그는 발명에 성공한 뒤 특허도 취득했다. 경위야 어쨌든 간에, 트랜지스터를 개발한 공로로 이 세 사람은 1956년에 노벨물리학상을 공동 수상했다.

이제 쇼클리에게 터먼 교수가 접근할 차례가 됐다. 터먼은 쇼클리에게 스탠퍼드대학으로 오라고 권유했다. 그런데 쇼클리 본인은 스탠퍼드에 별로 매력을 못 느껴서 거부했다. 그렇게 버티다가 결국 1956년에 캘리포니아로 왔다. 그런데 그가 도착한 곳은 팰로앨토가 아니라 베이에어리어(Bay Area) 지역이었다. 그가 내세웠던 이유는, 팰로앨토에는 나무가 없고 베이에어리어에는 울창한 나무들이 많기 때문이라고 알려져 있다. 그는 베이에어리어의 베크먼인스트루먼트(Beckman Instrument)에서 쇼클리반도체연구소(Shockley Semiconductor Laboratory)를 설립했다. 일단 캘리포니아로 돌아온 쇼클리는 결국 터먼 교수의 노력으로 1963년에 스탠퍼드대학교 교수로 임용됐다.

쇼클리가 스탠퍼드로 부임하기 전, 1958년에 페어차일드세미컨덕터라는 반도체 회사가 팰로앨토에 설립됐다. 이 회사는 미국 동부의 방위산업체였던 페어차일드카메라앤인스트루먼트(Fairchild Camera and

Instrument)의 투자를 받아 설립됐다.

    페어차일드세미컨덕터 창업을 주도한 8명은 모두 쇼클리반도체연구소에서 근무하던 직원들이었다. 쇼클리는 연구자로서는 탁월한 능력을 지니고 있었을지 몰라도 리더십은 다소 부족하지 않았나 추측된다. 성격이 매우 까칠해서 연구자들을 불쾌하게 만드는 언행을 일삼곤 했다. 연구소를 떠나 페어차일드로 간 이 8명은 쇼클리로부터 '배신자 8인'으로 낙인찍혔다. 그렇다고 해서 이 8인이 끝까지 함께한 것도 아니었다. 이 중 몇 명이 나가서 새로 회사를 만들었다. 이 가운데 대표적인 인물이 고든 무어$^{Gordon\ E.\ Moore,\ 1929~}$와 로버트 노이스$^{Robert\ Noyce,\ 1927~1990}$, 바로 1968년에 인텔(intel)을 창업한 자들이었다. 고든 무어는 1965년에, 무어의 법칙(Moore's Law)이라고 알려진, 반도체 성능이 2년마다 2배씩 향상된다는 원리를 처음 주장하기도 했다. 이런 식으로 쇼클리반도체연구소에서 근무하다가 나온 인물들이 설립한 벤처만 무려 38개에 달했다.

◆ 페어차일드로부터 애플에 이르기까지

어쨌든 그들이 뛰쳐나온 결과만 보면 잘됐다. 모든 일은 꼬리에 꼬리를 물면서 일어났다. 인텔이 생기고 마이크로소프트가 생기고, PC가 보급되고 구글이 생기고, 더 나아가 바다 건너 한국에서 삼성전자가 도약했다. 2차대전 후 일본 경제 부흥의 상징이자 1980년대에 삼성전자의 추격 대상이기도 했던 소니는 일단 페어차일드세미컨덕터와는 직접 관련이 적었다. 하지만 소니가 벨연구소로부터 트랜지스터 기술 라이선스를 취득한 뒤 개선된[209] 트랜지스터 라디오를 제조함으로써 세계 시장을 석권할 수 있었다. 그런 면에서, 쇼클리는 소니의 성장에 간접적으로 기여한 먼 조상 중 한 명이었다.

한편 페어차일드세미컨덕터의 역할 중 무엇보다도 주목할 것은, 바로 훗날 애플이 탄생할 인연을 만들었다는 사실이다.

마이크 마쿨라는 페어차일드세미컨덕터와 인텔의 초기 투자자 중 한 명이었다. 애플이 초기 애플II 개발 후 벤처캐피털 회사 세콰이어캐피털에 투자 제안을 하러 갔을 때, 세콰이어캐피털은 애플의 성공 가능성을 반신반의했다. 그래서 세콰이어는 일단 투자를 보류하는 대신에 잡스에게 마이크 마쿨라를 소개했다. 애플의 성장 가능성을 알아본 마쿨라는 엔젤투자자로 참여했다. 그는 애플의 금융시장 자금 조달을 중개하고 사업 안정화를 위해 노력했다. 애초 투자를 거부했던 세콰이어캐피털은 마쿨라의 노력으로 안정화 궤도에 들어선 애플에 후속 투자를 하기에 이르렀다. 이후 숱한 실리콘밸리의 거물 투자자들이 애플에 투자하려고 줄을 섰다.

마쿨라는 1981년부터 1983년까지 애플의 제2대 CEO를, 그리고 1985년부터 1997년에는 애플의 이사회 의장을 역임했다. 1985년 잡스가 애플에서 해임될 때 이사회 의장이 바로 마쿨라였다. 잡스의 해임은 잡스 자신의 괴팍한 성격과 CEO 존 스컬리John Sculley와의 충돌 같은 여러 요인이 작용했지만, 어쨌든 쇼클리로부터 시작된 기나긴 인연의 연쇄고리는 마쿨라라는 인물을 통해 애플로 연결되었던 것이다.

실리콘밸리라는 표현이 회자된 것도, 처음엔 쇼클리반도체연구소를 상징하는 단어로 트랜지스터의 소재인 '실리콘(Silicon)'이라는 단어가 쓰인 데에서 유래했다. 급기야 캘리포니아 팰로앨토 일대에 형성된 하이테크기업 단지 전체가 실리콘밸리로 불리게 됐다. 결국 쇼클리 본인은 터먼 교수처럼 적극적인 산업단지 건설 따위는 전혀 의도하지 않았건만, 결과만 놓고 보았을 때 쇼클리는 어쨌든 실리콘밸리의 아버지가 되고 말았다.

◆ 기술경영의 탄생

터먼 교수는 '기술경영(Management of Technology, MOT)'이라는 분야를 탄생시키는 산파 역할을 하기도 했다. 얼핏 기술경영은 종래의 경영학 또는 산업공학(Industrial Engineering)과 비슷한 것 같지만, 자세히 보면 성격이 조금 다르다.

사실 기술경영이 어떤 학문인가를 정의하는 데에는 아직도 논자마다 견해를 조금씩 달리 하고 있다. 조직의 연구개발 관리(R&D management) 활동, 프로젝트 관리(project management) 방법론, 또는 기술사업화(commercialization of technology)를 연구하는 활동 등 협의로 파악하는 사람도 있고, 보다 광범위하게 사업의 가치사슬 전 영역에 걸쳐 혁신 지식(innovative knowledge)으로부터 성과를 창출하는 원리를 연구하는 활동이라는 광의로 정의하는 사람도 있다.[210] 맥도날드나 스타벅스의 혁신 경영은 협의가 아니라 광의로 보았을 때, 기술경영의 대상이 된다. 제약회사의 신약 개발이나 자동차회사의 신차 개발 활동은 협의로는 분명히 기술경영 대상이지만, 그들의 고객관계관리(CRM) 기법이나 물류 시스템 혁신도 광의로 보았을 때 분명히 기술경영 대상이 된다.

과학자나 엔지니어의 성과는 과연 어떤 형태로, 어떤 경로를 거쳐 세상에 빛을 보게 되는가? 그들이 실험실에서 머리 싸매고 탐구하는 지식만으로 세상에 성과를 확산시킬 수 있을까? 터먼은 그들의 활동이 경영이라는 활동과 접목되어야만 비로소 성과를 낼 수 있다는 사실을 알았다. 과학기술인들도 각종 방정식, 실험 방법, 그리고 관련 공학지식 같은 것뿐 아니라, 마케팅, 재무, 전략, 조직관리 등 사업 경영의 기본을 알아야 한다고 생각했다. 하지만 종래의 산업공학이나 프로젝트 관리 방법론만으로는 그 공백을 채우기 부족했다.

터먼은 1964년에 물리학자 윌리엄 밀러William F. Miller, 1925~2017 박사를 영입한 뒤 연구부총장으로 기용했다. 그에게 부여된 임무는 스탠퍼드대학의 모든 산학벤처 창업, 벤처캐피털 투자, 그리고 창업 경영관리 업무를 총괄하는 것이었다. 1960~1980년대 실리콘밸리 기업들의 성장은 단지 기업만의 노력이 아니라 스탠퍼드대학의 지식과 벤처캐피털의 투자 생태계가 함께 작용한 것이었다.

1980년대에는 그간의 경험을 바탕으로 스탠퍼드의 공과대학에 기술경영(Technolgy Management) 과목이 개설됐다. 기존 경영대학이 중심이 되지 않고, 공과대학 스스로 경영을 가르치는 커리큘럼이 스탠퍼드대학에 독자적으로 등장한 것이다. 물론 기술경영의 교과목들 가운데 많은 부분이 기존 경영학과 산업공학의 내용을 따랐다.

스탠퍼드대학에서 기술경영 커리큘럼이 성공하자, MIT나 캘리포니아공과대학 등 유수의 공과대학들이 속속 MOT 과정을 개설하기 시작했다. 과학기술인도 비즈니스 경영을 알아야 한다는 인식이 확산되기 시작했다. 더 나아가, 2차대전 이전 상아탑 같았던 대학의 분위기는 일변했다. 대학이 적극적으로 정부의 연구개발 예산을 확보하고, 그렇게 연구개발한 지식으로 창업을 하고, 기술지주회사를 설립하고, 수익을 창출하는 활동이 당연한 것으로 인식되기 시작했다.

1980~1990년대 미국의 기술경영 커리큘럼의 성공을 지켜본 우리나라의 과학기술인들은 MOT 도입의 필요성을 느꼈다. 2006년 이후 기존 경영대학과 별도로, 이공계 대학을 중심으로 MOT 전문대학원이 설립되기 시작했다. 다만 미국처럼 대학에서 스스로 자생한 것은 아니었고, 정부로부터 예산 지원이 있었다.

19세기 말 테슬라^{Nikola Tesla, 1856~1943}나 에디슨 같은 인물은 어디서도 비즈니스 경영을 체계적으로 배워본 적이 없었다. 앞에서 언급했던 1950년대 윌리엄 쇼클리나 고든 무어 같은 인물들 역시 마찬가지였다. 그들은 일하면서 알음알음으로 또는 타고난 감각으로 경영의 원리를 터득했다. 아니면 아예 모른 채 평생을 보내기도 했다. 하지만 오늘날 벤처 창업에 뛰어드는 수많은 엔지니어들은 MOT 등에서 경영학 과정을 체계적으로 이수하거나, 경제경영 서적을 독파하며 비즈니스 지식을 축적해나가는 일이 일상이 됐다.

◆ 한국과 맺은 인연

대전시 한국과학기술원(KAIST)의 창의학습관 건물에는 '터만홀(Terman Hall)'이 있다. 2004년에 개관한 289석 규모의 이 대형 강의실은 바로 KAIST 설립에 지대한 도움을 주었던 프레데릭 터먼 교수를 기리고 있다. 터만홀 개관식이 열렸던 2014년 5월 17일에는, 터먼의 분신(分身)이기도 했던 윌리엄 밀러 교수가 직접 와서 축사를 해주기도 했다. 강의실 앞 동판에는 터먼 교수의 얼굴과 함께 이런 글귀가 새겨져 있다.

"카이스트 설립에 공헌한 실리콘밸리의 아버지. (중략). '터만 보고서'는 KAIST 설립의 청사진 역할을 했다."

KAIST 터만홀 입구의 동판

1961년 미국의 존. F. 케네디[John F. Kennedy, 1917~1963] 대통령은 직속 기관으로 미국국제개발처(United States Agency for International Development, USAID)를 설립했다. 1969년에 사무처장으로 미시간주립대 총장 존 해너[John A. Hannah, 1902~1991]가 부임했다. 그는 당시 뉴욕공대에 근무하던 정근모[1939~] 교수가 과거에 미시간주립대학에 다닐 적 그의 멘토였다.

해너 처장은 후진국에 단순히 물적 원조를 해주는 것은 그들의 경제 성장에 별 도움이 안 된다는 것을 잘 알고 있었다. 고대 유대인의 지혜처럼, 물고기를 주는 것이 아니라 물고기를 낚는 법을 알려주어야 한다. 그를 위해서 개발도상국에서 사람과 지식을 키우는 데 지원하기로 했다.

해너 처장은 정근모 교수를 만나서, 지금 해외 개발도상국에 뭔가 지원을 해줄 수 있는 여러 가지 프로젝트를 찾고 있는데, 한국에 대해서 뭔가 할 수 있는 일이 있느냐고 물었다. 미국의 과학기술 생태계에 늘 관심이 많았던 정근모 교수는, 한국에 새로운 차원의 과학기술 교육 시스템이 도입되어야 한다는 주장을 피력했고, 이를 글로 정리해서 해너 처장에게 전달했다. USAID는 이를 바탕으로 한국의 과학기술 특수 대학원 설립 제안서를 만들었다. 이 제안서는 주한 USAID 하워드 휴스턴 Howard E. Houston 단장을 통해 김학렬[1923~1972] 경제부총리 겸 경제기획원 장관에게 전달됐다.

보고를 받은 박정희 대통령은 이 제안을 매우 진지하게 받아들였다. 1970년 3월, 일시 귀국한 정근모 교수는 박 대통령을 비롯하여 여러 각료 인사들에게 이 프로젝트에 대해 설명했다. 당시 문교부 장관의 반대가 있었다고 알려져 있으나, 박 대통령의 중재 아래 결국 교육 주무 부처인 문교부 대신에 당시 과학기술처(現 과학기술정보통신부)에서 프로젝트를 주도하기로 결정했다.

차관 협의를 하기 위해서 과학기술처의 김기형[1925~2016] 장관이 미국에 가서 이를 추진했다. USAID에 한국의 과학기술 전문 교육기관 설립 타당성 조사위원회가 결성되었고, 터먼 교수가 단장이 됐다. 1970년 터먼 단장을 비롯한 조사단이 한국을 방문했다. 그들이 귀국 후 방문 조사 보고서를 작성하는 과정에서 집필을 담당했던 조사단 위원들 사이에 몇 가지 예기치 않은 사정들이 생겨서 보고서 작성에 차질이 생겼다. 그러자 터먼 교수는 정근모 교수에게 아예 초안 작성을 맡겼다. 터먼 자신은 정 교수의 초안을 꼼꼼히 수정해서 완성할 생각이었다. 정 교수는 한국과학원 설립과 운영에 대한 자신의 구상을 이 초안에 담아서 계속 터먼 교수에게 전달했다. 모든 초안은 터먼 교수의 빨간 펜으로 도배가 되어 정 교수에게 다시 돌아왔다.

이렇게 여러 차례 수정 보완을 거친 끝에, 정 교수는 마지막으로 결론 부분을 작성해서 보냈다. 정 교수는 이제 이것만 빨간 펜으로 수정을 받으면 다 끝나겠거니 하며 기다렸다. 그런데 거의 수정 없이 되돌아온 초안을 보고 깜짝 놀랐다. 그래서 이건 왜 수정 안 하셨냐 물었다. 터먼 교수는 답했다.

"자네의 보고서가 모두 완벽한 영어 문장으로 이루어지면 사람들은 이를 내가 썼다고 생각하지 않겠나. 한국식 영어가 남아 있어야 자네가 썼다는 것을 알게 될 걸세. 그래서 결론 부분에 남아 있는 한국식 영어는 자네의 서명이라 할 수 있어. 내가 자네의 흔적을 좀 남겨놓고 싶어서 초고대로 놔두기로 했네."[211]

이렇게 해서 1971년 1월 USAID의 '한국과학원 설립에 관한 조사보고서(Survey Report on the Establishment of the Korea Advanced Institute of

Science)'가 완성됐다. 같은 해에 과학기술 전문대학원으로서 한국과학원(KAIS)이 설립됐다. 교육기관 KAIS는 1981년에 연구기관, 한국과학기술연구원(KIST)과 통합, KAIST로 새로 출범해서 오늘에 이르고 있다. KAIST는 훗날 한국의 벤처 창업 생태계가 형성되는 데에 지대한 영향을 끼쳤다.

◆ **터먼이 남긴 교훈**

평생을 미국인으로서 미국을 위해 살았던 그가 미국 바깥의 여러 나라 가운데 진심을 다해 도와준 유일한 국가가 한국이었다. 더구나 그 도움은 무위로 끝나지 않고 한국의 인재 육성과 경제 발전으로 큰 결실을 맺었다. 역설적이지만, 한국인에게는 비극이었던 한국전쟁은, 터먼의 제자였던 배리언 형제의 사업, 더 나아가 스탠퍼드 산업단지가 성과를 낳는 데는 더할 나위 없는 호재였다. 한국사에서는 실로 끔찍했던 이 사건이, 실리콘밸리의 역사에서는 성공의 한 발판이었다.

터먼 교수는 한국전쟁이 일어나기 전까지 과연 한국이라는 나라가 지구상에 존재한다는 사실을 알기나 했을까? 설령 알았다 해도, 먼 훗날 그 나라에 자신의 손길을 거쳐 미국의 과학기술 교육 제도를 이식하게 될 것이라고 상상이나 할 수 있었을까?

터먼 교수는 실리콘밸리의 형성을 통해 간접적으로 세상의 문물을 바꾸었다. 그 가운데 그가 이 세상에 가져온 의미 있는 변화 하나는 바로 대학교의 변화였다.

첫째, 대학에 취업 대신 창업 마인드가 자리잡았다. 터먼은 대학원생들한테 항상 강조했다. "직장 제의가 들어오기를 기다리지 마라. 먼저 창업할 생각을 하라." 이런 대학 문화는 이미 1960년대 이후 미국 주요 대학에서 학생 창업, 교수 창업을 전례 없이 활성화시키는 데 기여했고, 동시에 전개된 국가 R&D 정책 및 벤처캐피털 생태계 형성과 결합해서 오늘날 미국이 세계 최고의 기술 선도국이 될 수 있었다. 만약 미국 대학이 창업 대신 취업에 우선을 두는 문화에 머물고 있었다면, 빌 게이츠나 스티브 잡스, 래리 페이지와 세르게이 브린 같은 인물은 나오기 힘들었을 것이며, 미국은 오늘날 전 세계 인공지능과 데이터 비즈니스, 핀테크, 블록체인 기술 창업 문화를 선도하는 국가로 남아 있지도 못했을 것이다.

둘째, 대학의 무게 중심이 인문사회과학에 대비해서, 심지어 순수자연과학에 대비해서, 공과대학으로 옮겨갔다. 터먼은 그의 탁월한 행정력과 방대한 인맥을 기반으로 스탠퍼드대학에 많은 군·관·산·학·연(軍·官·産·學·硏) 간 연계 사업을 일으켰다. 오늘날 많은 나라에서 정부 또는 민간의 과학기술 연구개발 예산은 공과대학을 중심으로 배정되면서 대학 재정 확충에 기여하는 비중이 높다. 이런 대학의 변화는 훗날 2차대전 이전 기업들이 주로 폐쇄형 혁신에 의존했던 것에서 벗어나 보다 개방형 혁신(open innovation)을 활용할 수 있도록 하는 길을 열어주었다.

19세기 초에 프로이센의 베를린 소재 훔볼트대학교는 인문학 중심의 보편 교양을 가르치는 곳으로 근대 대학의 성격을 처음 정립했다. 상업, 공업 등과 관련된 전문 기술을 가르치는 대학은 한동안 유럽에서 인문학 중심 대학보다 하급의 대학으로 치부됐었다. 이후 상업, 그러니까 경영을 가르치는 대학의 위상은, 19세기 말 미국 펜실베이니아대학에서 비즈니스스쿨 도입 이후 서구 각 대학에서 점차 올라가기 시작했다. 그러다가 20세기 후반 공과대학의 위상이 경영대학의 그것을 압도하기 시작한 것은 스탠퍼드대학에서 터먼 교수가 일군 성과에서부터 출발한다. 이 추세를 뒤늦게 따라간 우리나라도 예외가 아니다.

셋째, 과학기술인들에게 통합적 경영 마인드가 생겨나기 시작했다. 기술과 발명도 중요하지만, 그것을 사업화하고 지속 경영하는 능력 역시 똑같이 중요하다는 통찰이 그들 사이에 확산됐다. 학자들은 자신의 학문적 성과를 사업으로 연결시키는 것이 학문의 순수성을 침해하는 것이 아니라 오히려 학문의 사회적 책임을 다하는 한 수단임을 인식하게 됐다. 특히 스탠퍼드대학을 통해 확산된 '기술경영' 개념은, 비단 대학에 속한 과학기술인뿐만 아니라 기업체 연구소에 근무하는 연구원들에게도 경영 마인드를 심어주는 계기가 됐다.

터먼 본인은 대학의 일원으로서 이 경영 마인드를 직접 실천했다. 그는 학자로서도 자신의 연구와 집필을 게을리하지 않았지만, 대학 경영자로서의 행정 능력도 십분 발휘했다. 그런 면에서 그는 융합 경영자였다.

그는 경영이 궁극적으로 '돈' 또는 '기계'가 해내는 것이 아니라, '사람'이 해내는 것임을 통찰했다. 언제나 최고의 인재를 알아보고 자신의 주변으로 모으는 데에 집중했다. '탁월한 인물을 붙잡아라.' 그 덕분에 휴렛팩커드가 탄생할 수 있었고 기술경영이 탄생할 수 있었다. 그렇다고 해서 이때 어떤 한 개인의 능력만이 중요한 것이 아니라, 이 능력자들 간 협력과 네트워크가 결정적인 역할을 한다는 사실을 잘 알고 있었다.

◆ 우리나라 벤처기업의 도전

한국전쟁 후 폐허, 빈곤, 낙후, 혼란의 대명사와도 같았던 한국은 1970년대 이후 기적처럼 경제 성장을 이룩할 수 있었다. 제2차 세계대전 이후 강대국의 식민 지배에서 독립한, 수많은 원조 수혜국 중 거의 유일하다시피 했다. 이 성장의 기틀은, 물론 해방 후 1세대 벤처나 마찬가지였던, 설탕, 모직, 건설, 전기, 생활용품, 식음료 등 전통 산업에 기반을 둔 삼성, 현대, LG, 두산 등 선구적 가문 기업들이 마련해놓았다. 한국경제는 21세기에도 여전히 그때 설립된 기업들의 후광을 누리고 있다.

특히 한국 경제가 1997~1998년 기간 중 동아시아 외환위기, 속칭 IMF 위기의 직격탄을 맞고 휘청거리는 상태에서 새로운 경제 동력을 찾아야 할 절박감에 맞닥뜨렸을 때, 물밑에 준비되어 있던 2세대 벤처[212]가 바통을 이어받으면서 한국 경제는 넘어지지 않고 또 다른 탈출과 도약의 발판을 마련할 수 있었다.

2차대전 후 미국에서 태동한 벤처캐피털과 실리콘밸리 문화는 훗날 태평양 건너 한국에서도 벤치마킹 대상이 됐다. 1990년대 말부터 한국 정부는 당시 중소기업청(現 중소벤처기업부)을 중심으로 실리콘밸리 시스템을 진지하게 학습하기 시작했고, 이와 동시에 벤처캐피털 설립을 지원하기 시작했다. 관련 공무원과 기업가들이 실리콘밸리를 탐방하고 연수하기 위해 줄을 이었다.

우리나라에서 2세대 벤처 문화가 태동하는 데에는, 역시 터먼 교수의 조력으로 1971년에 설립된 KAIS의 후신으로서 KAIST 출신 또는 유관 인사들이 큰 역할을 했다. KAIST 전산학 박사 이범천[1950~] 큐닉스컴퓨터(1981년 설립) 대표, KAIST 이사장을 역임했던 정문술[1938~] 미래산업(1983년 설립) 대표, KAIST에서 전자공학 박사를 취득한 이민화[1953~2019] 전(前) 메디슨(現 삼성메디슨) 대표 등이 그 선구자들이었다.

이들 벤처기업가들을 중심으로 1989년에 (사)한국벤처캐피탈협회(前 (사)한국투자사협회)가, 1995년에 (사)한국벤처기업협회가 설립됐다. 1997년 '벤처기업육성에관한특별조치법' 등 관련 법제가 정비되면서 벤처기업과 벤처캐피털 육성을 위한 각종 지원 정책이 실시되기 시작했다.

1990년대 후반, KAIST 출신 인사들을 중심으로 모인 벤처 선구자들은, 흔히 간과하기 쉬운 중요한 이치를 잘 알고 있었다: '벤처기업의 아이디어와 열정만으로는 안 된다. 돈이 돌아야만 한다.' 1996년 코스닥(KOSDAQ) 시장이 개설된 것도, 그들의 건의가 반영된 것이었다. 벤처캐피털의 기능은 투자와 아울러 활발한 회수(exit) 시장이 있어야만 작동하는데, 코스닥은 바로 그를 위한 공간이었다. 기존 증권거래소에 비해 등록 요건이 비교적 덜 엄격했다. 비단 신기술 벤처기업만이 아니라 연륜이 오랜 전통 기업들도 다수 코스닥에서 거래되긴 했지만, 어쨌든 이를 통해 많은 벤처기업이 성장했고 벤처캐피털은 투자금을 회수하고 재투자하는 중요한 경로를 얻을 수 있었다. 이후 한국 사회에서 지식 정보, 하드웨어, 소프트웨어, 콘텐츠 사업을 이끌었던 네이버, 한컴, 안랩, 휴맥스, 엔씨소프트, 넥슨, 다음 등이 바로 이 시기에 태동했고, 그들은 1세대 벤처였던 삼성, 현대, LG 등과 차별화된 경영 DNA를 한국 기업 사회에 확산시키기 시작했다.

우리나라에서 벤처캐피털은 처음에는 공기업 형태로 등장했다. 벤처캐피털이라는 개념 자체가 생소했던 시절, 정부출연연구기관의 R&D 성과 사업화를 목적으로 1974년에 KIST의 출자로 ㈜한국기술진흥주식회사가 설립된 것이 그 효시였다. 이후 공공부문 주도하에 몇몇 기술 투자 전문회사가 설립되기는 했지만, 눈에 띌 만한 성과는 없었다. 그러다가, 1996년 메디슨, 한컴, 비트컴퓨터 등이 출자한 무한기술투자가 최초의 민간 주도 벤처캐피털로 등장함과 동시에 코스닥 시장이 개설되면서, 벤처캐피털 산업이 급성장하기 시작했다. 2000년을 전후한 닷컴 붐과 닷컴버블 붕괴 등 성쇠를 겪으면서도 꾸준히 성장해서 2022년 10월 말 기준으로, 한국벤처캐피탈협회에 등록된 벤처캐피털 회원수만 해도 179개에 이른다. 그밖에 시중은행, 증권사, PEF 등이 벤처투자 형태로 집행하는 수많은 사례와 일반 기업의 벤처기업 지분투자, 소위 CVC까지 포함하면 그 규모는 훨씬 클 것이다.

2012년 당시 카카오는 아직 문자메시지 사업만을 영위하고 영업적자를 기록하고 있었다. 많은 사람들이 반신반의할 때 소수의 엔젤투자자와 한국투자파트너스는 그 성장 가능성을 알아보고 투자를 결정했다. 이후 카카오는 플랫폼 기업으로 변신해서 오늘에 이를 수 있었고, 한국 사람의 생활 방식과 문화 자체를 바꾸어가고 있다. 비슷한 시기 우아한 형제들은 본엔젤스와 알토스벤처스 등의 초기 투자에 힘입어 성장 기반을 갖출 수 있었다. 덕분에 대부분의 한국인이 배달 서비스를 손쉽게 경험하며 살 수 있게 됐을 뿐 아니라, 코로나19(COVID19)로 인한 거리두기 지침으로 매장 고객이 급감한 상황에서 자영업자들에게 배달이라는 탈출구가 열릴 수 있었다. 그 어떤 대출금융 사업도 이런 일을 해낼 수는 없었다.

지금도 쉼없이 등장하면서 성장하고 있는 벤처[213]와 그들을 뒷받침해 온 벤처캐피털의 유전자가 우리나라에서 하루아침에 튀어나온 것이 아니다. 제2차 세계대전 이후 미국 보스턴 지역으로부터 출발해서 실리콘밸리를 거쳐, 아니 그보다 앞서 대항해 시대로부터 수백 년간 면면이 이어져온 모험사업의 경험과 지식이 꼬리에 꼬리를 물고 켜켜이 쌓여가며 바다 건너 우리 반도에까지 전파, 축적되었기 때문이다. 그 안에 이미 애덤 스미스도, 존 메이너드 케인스도, 조지프 슘페터도, 코닐리어스 밴더빌트도, 프레데릭 터먼도 있었다. 우리는 단지 지금 이 순간만의 우리가 아니라 언제나 긴 역사 속, 그리고 세계 속에 우리일 수밖에 없는 것이다.

§ 참고문헌 §

- 정근모, 〔남기고 싶은 이야기〕 "한국과학원 초안 담당자마다 교통사고·심장마비 … 결국 임무는 내게", 〈중앙일보〉 2018.11.20. https://news.joins.com/article/23138776
- 이민화, 김명수(I); 장흥순, 조현정, 오완진(II), 《한국벤처산업발전사 I, II》, 아르케, 2006.
- Piero Scaruffi, 《A History of Silicon Valley 1900~2016》, almost 3rd ed., 개인출판, 2016.

에필로그

이 책은, 2021년 5월부터 4개월간 (사)인간개발연구원에서 매주 진행했던 인문학 아카데미 온라인 강의 '앉아서 세계 문화, 경제사상 여행'이 모태가 됐다. 그중 필자가 담당했던 8회분 내용을 글로 보완하여 새로 옮긴 것이다. 전체 강의는 김재열 아랑곳 대표와 필자가 나누어서 맡았다. 김 대표는 여행 스토리텔링 전문가로서 미국과 유럽의 주요 여행지의 사적과 문화로 청중을 이끌었다. 필자는 여행하는 나라마다 배출한 대표 기업가와 사상가의 세계로 그들을 안내했다.

경영자는 현장에서 일하지만, 사상가는 펜으로 일한다. 경영자의 성과는 현실 사회의 변화로 드러나는 반면, 사상가의 성과는 텍스트로 집약된다. 그러나 이 두 성과는 언제나 서로 교류해야만 한다.

이 책에서 소개하는 사상가와 기업가들의 이야기는, 그들의 삶과 생각을 통해서 세상이 어떻게 바뀌었는가를 소개하는 데에 초점을 두었다. 특별히 경제사상가들에 대해서는 복잡한 경제 이론 이야기는 되도록 다루지 않았다. 대신 그 시대, 그 사회에서 그들이 품었던 인간관, 사회관, 지식관에 더욱 초점을 맞추었다. 물론 그들의 경제사상을 전혀 언급하지 않을 수는 없었지만, 이론의 모태로서 그들이 인간과 사회에 대해 지녔던 관점을 소개하는 데에 더욱 중점을 두었다.

경제학을 전혀 모르는 독자라도, 지난 시대의 위대한 경제사상가들의 사회관에 비추어 현대 사회의 문제들을 반추해볼 수 있는 좋은 기회가 되었을 것이다. 반면에 경제학을 전공한 독자라면, 평소에 접하기 힘들었던 그들의 삶 속에 녹아든 인간관, 사회관, 지식관을 함께 들여다봄으로써, 그들의 진정한 면모를 다시 발견하는 계기가 되었을 것이다.

예컨대, 이 책에서 소개하는 애덤 스미스, 존 메이너드 케인스, 또는 빌프레도 파레토 등은, 학교나 언론매체를 통해 흔히 알려졌던 그들의 모습과는 다른 면모로 우리 앞에 다시 나타난다. 그들을 깊이 들여다보고 제대로 알지 않으면, 평범한 시민은 물론이고 탁월한 경영자와 지식인조차도 언제든 멋진 단구(單句)에 휘둘리고 선동당하는 법이다. 정의, 평등, 자유, 공정, 민주, 성공, …. 학력이 높은 자든 아니든 언제나 이런 언어의 속임수에 넘어간 채 살고 있는 것은 아닐까? 지금껏 가졌던 그들에 대한 인식이, 이해관계가 얽힌 누군가의 선동으로 왜곡된 것은 아니었을까?

21세기다. 세상은 완전히 바뀌었고, 우리 앞에 닥친 문제들도 완전히 새로워졌다. 그럼에도 불구하고 머나먼 나라의 철 지난 인물들의 이야기를 다시 소개하는 이유는 간단하다. 그들이 새 술을 새 부대에 담고자 애썼던 그 당시의 모습으로부터, 현대의 문제를 해결하기 위해 본받을 만한 무언가를 찾기 위해서다. 코닐리어스 밴더빌트나 애덤 스미스가 21세기 사회에 다시 태어난다면, 과연 철도 사업을 그대로 다시 할 것이며 보이지 않는 손의 위대함을 여전히 찬양할 것인가? 그들은 오히려 자율주행차 사업을 시도하거나, 인공지능 사회관계망 모델을 연구할지 모른다.

그런데 우리는, 그때 그들이 고민하고 경험했던 숱한 문제들이 수십, 수백 년이 지난 오늘날에도 외피만 달리했을 뿐 여전히 반복되고 있음을 발견하고 흠칫 놀라곤 한다. 모든 시대에는 특수함이 있지만, 결코 사라지지 않는 공통됨도 있기 때문이다.

이 책을 읽은 독자들이 11명의 위대한 사상가, 기업가들과 함께 현재와 과거를 동시에 성찰해볼 수 있는 값진 여행을 했기를 진심으로 바란다.

감사의 글

 이 책이 나오기까지 필자가 도움을 받았던 많은 분들께 감사의 뜻을 전해야겠다.

 먼저 '앉아서 세계 문화, 경제사상 여행' 프로그램을 기획해서 필자에게 제안해주신 (사)인간개발연구원의 한영섭 원장과 장소영 상무께 감사드린다. 이분들이 있었기에 이 책에서 다루는 11인이 비로소 확정되면서 책의 골격이 만들어질 수 있었다.

 이 책에서 다룬 여러 주제와 인물들은, 과거 〈머니투데이〉의 월간지 〈테크앤비욘드〉와 〈테크엠〉에서 2015년 이후 필자가 연재했던 글에서 대부분 한 번씩은 다루었던 것들이다. 특히 그 가운데에서, 지난 경제사상의 역사를 상품과 가격의 관점이 아니라 지식과 도덕의 관점에서 재건설해보자는 취지로 시도했던 기사들이 있었는데, 필자는 이를 훗날 저술의 소재로 쓸 것을 기대하고 있었다. 그런데 이 책의 출간으로, 그 내용 중 일부가 먼저 책에 담기게 됐다. 기사 중 일부 문장들은 이 책에서 그대로 다시 사용하기도 했다. 이 모든 계기는 당시 〈테크엠〉의 노성호 편집장과 최현숙 부장의 기획 덕분에 가능했다.

필자가 〈테크엠〉 원고를 집필하기 시작한 이래, 친우 김봉주 박사는 국회도서관의 관련 문헌들을 입수하는 과정에서 많은 도움을 주었다. 더구나 초고를 읽고 참으로 유익한 논평들을 아끼지 않았다. 그의 아낌없는 도움이 지금 이 책의 한 밑거름이 됐다. 현동균 대표는 케인스 사상을 다룬 여러 문헌과 《케인스 경제학》(Mark G. Hayes 지음) 번역본의 출간 전 원고까지 필자에게 제공하는 호의를 베풀었다. 안정석 박사는 마키아벨리 사상에 대한 명철한 조언으로 파레토 집필 부분이 방향을 잃지 않도록 도움을 주었다.

필자가 진행했던 강좌를 책으로 엮어낼 것을 처음 제안한 트로이목마 출판사의 노고야말로, 진정 이 책의 마지막 완성에 가장 힘을 기울인 산파 역할을 했다.

이 모든 분들께 아무리 감사하는 마음을 넘치게 표현해도 모자랄 듯하다.

내 볼품없는 공부와 집필 과정을 늘 묵묵히 지원하는 가족, 아내 현숙과 딸 나현, 아들 수범에게도 미안하면서도 고마운 마음을 전한다.

Endnotes

• 제1장 •

1. 그렇다고 해서 중세 자체를 '암흑시대'로 규정하는 것은 적절치 않아 보인다. 그 시대의 사회 질서와 규범하에서 그 시대 고유의 아름다움과 찬란한 문화, 그리고 삶의 즐거움이 나름대로 존재했다.
2. 철학적 해석학(philosophical hermeneutics)이 말하려는 것이 바로 이것이다.
3. 근대 프랑스의 계몽사상가 디드로(Denis Diderot, 1713~1784)와 달랑베르(Jean le Rond d'Alembert, 1717~1783)가 주 편집자로 참여해서 1751년에 시작해 1780년에 총 37권의 1차 편찬이 마무리된, 방대한 분량의 지식총서 《엔사이클로피디(Encyclopedie)》가 그 시조다.
4. 스미스의 세세한 삶에 대해서는 널리 읽히는 로버트 하일브로너(Robert Heilbronner)의 《Worldy Philosophers》나 토드 부크홀츠(Todd Bucholz)의 《죽은 경제학자의 살아있는 아이디어》 같은 교양 경제사상사 도서를 통해 많이 알려져 있다.
5. 물론 리버럴리즘(liberalism)은 오늘날 이상적 사회 개혁을 추진하는 진보주의자들의 사상을 대변하는 단어로 뜻이 변질됐다. 중앙의 통제와 계획보다 개인의 자유로운 선택을 중시하는 원래의 자유주의는 오늘날 리버테리어니즘(libertarianism)이라는 부자연스럽게 만들어진 조어로 통한다.
6. 주변부 스코틀랜드와 중심부 잉글랜드의 관계 속에서 스코틀랜드 계몽주의의 형성을 바라본 본 소절의 관점은 이영석의 《지식인과 사회: 스코틀랜드 계몽운동의 역사》(아카넷, 2014), 특히 이 책의 제4장 '중심과 주변'에서 가져온 것이다.
7. 다만 같은 스코틀랜드 안에서도 잉글랜드에 보다 가까운 내륙 지역의 글래스고

는 그 번영의 혜택을 더 입을 수 있었던 반면, 에든버러 지역은 상대적으로 그에 미치지 못했다.

8   이영석(2014), p.80.

9   Adam Smith,《And Inquiry into the Nature and Causes of the Wealth of Nations》(이하《Wealth of Nations》), Volume 2., 1776, p.761.

10 영국의 철학자 버트란드 러셀(Bertrand Russel)의 선조.

11 이영석(2014), p.83~86.

12 시민군은, 평소에 생업에 종사하다가 전쟁이 나면 동원되어 전투에 투입되는 방식인데, 옛날 그리스 시대처럼 평민들이 평소에는 농사짓고 살다가 전쟁이 나면 군인으로 전환하게 되는 그런 제도를 말한다. 시민군의 반대말은 상비군이다. 모두 알다시피 우리나라는 상비군 체제를 갖추고 있다. 우리나라 역사에서 등장했던 의병은, 다만 국가에 의해 조직되지 않았을 뿐 자발적으로 결성된 시민군이었다고 말할 수 있다.

13 잘 알려진《보물섬(Treasure Island)》의 작가 로버트 스티븐슨(Robert Stevenson)도 회원이었다.(이영석(2015), p. 212)

14 임마누엘 칸트 외 지음, 임홍배 옮김,《계몽이란 무엇인가》, 도서출판 길, 2020, p.28, p.40.

15 이 역시 레오 스트라우스(Leo Strauss)가 말했던 철학적 에소테리시즘(philosophical esotericism)의 일종이라고 말할 수 있다. 요한 게오르크 하만(Johann Georg Hamann, 1730~1788)은 칸트의 이런 입장을 간파하고 신을 경외하는 것이 모든 지혜의 시작이라고 칸트의 계몽관을 비판하기도 했다. 앞의 책, pp.57~67.

16 스미스는《도덕감정론》에서 사회 및 사회를 구성하는 여러 기구들을 아름답고 질서 있게 작동하는 기계로 비유한 적이 여러 번 있지만(예를 들어, 박세일·민경국 옮김,《도덕감정론》, 2009, p.350, 이하《도덕감정론》), 그것을 일종의 보이지 않는 손에 의해 이끌리는 시스템일 뿐 인위적으로 조작, 통제 가능한 기계라

는 의미로 사용하지는 않았다.

17 18세기 스코틀랜드 시대상에 비추어 볼 때, 당시 대부분 유럽의 계몽사상가들이 그랬듯이 애덤 스미스 역시 신의 섭리 등에 기대는 서술을 완전히 배제하지는 않았다. 그 역시 인간의 질서라는 현실의 원리와 신의 섭리라는 상상의 원리를 공존시키면서 자신의 생각을 펼쳐나갈 수밖에 없었다.

18 《Wealth of Nations》, Vol 2. p.769. 스미스는 이 소절에서 고대 이래 철학의 전통에서 도덕철학과 자연철학의 분화와 그 특성을 다루고 있다.

19 앞의 책, Vol 1. p. 456.

20 이 '보이지 않는' 메커니즘을 일반균형(general equilibrium) 연립방정식 체계를 통해 '보이도록' 했던 시도는 훗날 프랑스의 경제학자 레옹 발라(Leon Walras, 1834~1910)에 이르러 이루어졌다. (제7장 '빌프레도 파레토'의 설명을 참조하라.)

21 '이기심(selfishness)'과 '불구하고(in spite of)'를 일부러 강조한 것은, 뒤에서 스미스가 사용한 selfish라는 단어가 지닌 부정적인 의미를 드러내기 위해서다. 이어지는 '사익 또는 이기심' 소절을 참조하라.

22 《도덕감정론》, pp.345~347.

23 《Wealth of Nations》에 self-love라는 단어는 2번 나오는데(pp.26~27), 이건 교환의 행동 동기를 설명할 때 나온다. 자신에 대한 아무런 대가 없이 그냥 주는 일은 없다는 것을 강조하는 대목에서 self-love라는 단어를 사용했다.

24 예를 들어서 selfish에 대해서는 《Wealth of Nations》 Vol 1. p.349의 "저열하고 이기적인 기질(base and selfish disposition)"이라 했던 것처럼 여러 곳에서 부정적인 의미로 사용했다. self-love에 대해서는 《Wealth of Nations》 p.27에서는 own interest와 사실상 같은 맥락으로 사용했으나, 《도덕감정론》 p.580에서는 "자기 자신에 대한 사랑(self-love)은 어떤 경우에든 미덕이 될 수 없는 천성이다."고 말해서, 단어 사용에 혼란이 있다.

25 《도덕감정론》 p.511. p.3. 이 책을 여는 첫 문장 "인간이 아무리 이기적(selfish)이라 하더라도, 그 천성(principle)에는 분명히 이와 상반되는 몇 가지가 존재

한다."에서 보듯이 'selfish'라는 품성은 그가 찬양한 미덕이 결코 아니다.

26 《Wealth of Nations》, Vol 1 : p.350, 422, 456(invisible hand가 등장하는 유명한 문장의 바로 다음 문장), 27, 267, 308, 312, 506, 516, 525, 531. Vol 2 : 553, 567, 582, 640, 664, 665, 671, 672, 687, 697, 796, 810, 832, 833, 847, 856, 873.

27 앞의 책, Vol 1 : p.26~27

28 영어에서 'Mind your own business!'라고 했을 때 '다른 사람들 일에 신경 쓰지 말고, 당신 일이나 신경 쓰라'는 뜻임을 상기하면 이해에 도움이 될 것이다.

29 앞의 책, p.520

30 《도덕감정론》, p.590.

31 앞의 책, p. 346의 '보이지 않는 손'에 대한 각주 5).

32 《Wealth of Nations》, Vol 1, p.454.

33 앞의 책, 같은 쪽.

34 초기 ROI 중심의 관리회계, 컨베이어벨트 시스템, 재고와 물류 관리기법, 위계형 조직 등으로 대변된다.

35 앞의 책, p.687, Book V.

36 앞의 책, p.911. 10.

37 앞의 책, p.138. I.x.c.12.

38 앞의 책, p.163, I.xi.b.5.

39 앞의 책, p.786. V.i.f.57.

40 앞의 책, pp.781~782, V.i.f.50.

41 《도덕감정론》, p.109.

42 앞의 책, p.66.

43 Clayton M. Christensen, Efosa Ojomo, and Karen Dillon, 《The Prosperity Paradox》, Harper Business, 2019.

44 윤형준, 〔위클리비즈〕 "경영, 철학에 한 수 배우다", 〈조선일보〉, 2014.11.15. http://weeklybiz.chosun.com/site/data/html_dir/2014/11/14/2014111401712.html

관련 주제에 대한 보다 상세한 설명은 크리스티안 마두스베르그, 《센스메이킹》(위즈덤하우스, 2017)을 참조하라.

45 W. Brian Arthur, 《The Nature of Technology》, Free Press, 2009, pp. 35~37.
46 현실에서는 시장 원리에 따라 온갖 물질적 혜택과 풍요를 다 누리고 살면서, 자본주의는 불공정하므로 혁명을 통해 폐기해야 한다고 외치는 이른바 '캐비어 좌파'들의 위선은, 역사의 필연(necessity)으로서 시장이라는 현실과 그들이 머릿속에서 상상해낸 가상현실이 도저히 구분되지 않고 뒤섞인 데에서 나온다. 게임 속 현실을 진짜 현실과 혼동하는 일은, 전혀 그럴 것 같지 않은 지식인 세계에서 오히려 더 잘 일어난다.

• 제2장 •

47 야나부 아키라 지음(김옥희 옮김, 2020), 《Freedom, 어떻게 자유로 번역되었는가》, 제1장, pp.9~34에 society에 대해 '사회'라는 번역어가 등장하기까지의 우여곡절, 이하 본문에 기술된 내용을 포함하여 자세히 소개되어 있다. 이 책에는 그뿐만 아니라 오늘날 일상어가 된, 개인(個人), 근대(近代), 미(美), 연애(戀愛), 존재(存在), 자연(自然), 권리(權利), 자유(自由) 같은 번역어가 어떻게 등장했는지, 그리고 원래 한자가 지녔던 뜻에서 얼마나 다르게 바뀌었는지를 포함한 온갖 일화들이 흥미롭게 기술되어 있다.
48 최범수(1991), p.13. 주)2.
49 G.D.H. Cole(1955), pp.1~2.
50 오언에 대한 설명은, 송경모(2016년 4월)의 내용 일부를 다시 사용했다.
51 Kirk Watson ed., 《Socialism1.0 : The First Writings of the Original Socialists, 1803~1813》, Independantly published, 2020.
52 18세기에 이르러 industry는 여러 의미로 쓰였다. 첫째, 발명, 솜씨 좋음, 둘째,

행정용어로서 농업에 부과되는 세금과 구별하여 상업과 공업에 부과되는 1/20 세금, 셋째, 원료를 가공하는 경제적 생산활동의 특수한 분야, 이른바 근대적인 의미의 사업(l'entreprise industrielle)이었다. 최갑수(1990), p.95

53 최갑수(1990), pp.104~111.

54 생시몽 과학주의의 제반 특성에 대해서는 Richard G. Olson(2008)의 Chapter 2, 'Saint-Simon, Saint-Simoniaism, and the Birth of Socialism' pp.41~61 참조.

55 문지영(2011), p.91.

56 생시몽주의자들이 에콜 폴리테크니크 출신 인사들을 중심으로 프랑스에서 엔지니어링 프로젝트를 어떻게 이끌어왔는가에 대해서는 김덕호 외 공저 《근대 엔지니어의 탄생》(2018), 특히 문지영(2011)을 참조하라.

57 벨기에 대사관 홈페이지 "유럽연합 설립의 아버지 : 장 모네 / 로베르 쉬망" https://overseas.mofa.go.kr/be-ko/brd/m_22372/view.do?seq=5

58 손기웅 외, 〈EC/EU 사례 분석을 통한 남북 및 동북아공동체 추진방안: 유럽공동체 형성기를 중심으로〉, 통일연구원, 2012년 4월, pp.10~18.

59 중국의 싱가포르 모델 채택에 대해서는 임계순(2018)을 참조하라.

60 자유주의에 대한 생시몽의 입장 변화에 대해서는 최갑수(1990), 특히 pp.173~187를 참조하라.

61 물론 마르크스주의자들은 현실과 부합하지 않는, 자본주의 이후에 도래할 이상사회에 대한 그들의 믿음을 합리화하기 위해, 훗날 끝없는 수정 이론들, 예컨대 금융자본주의론, 국가독점자본주의론, 문화적 헤게모니 자본주의론, 모택동주의, 주체사상 같은 것들을 그때그때마다 생산해냈음은 잘 알려져 있다.

• 제3장 •

62 물론 여기서 슘페터가 말하는 manager는 director 내지 administrator에 가까운

의미이며, 훗날 피터 드러커 등이 말한, 혁신하는 주체로서 manager와는 다른 뜻으로 쓰였다. 'man-'의 어원은 손(hand)을 뜻하는 라틴어 manus다. manager는 현장에서 노동자들에게 지시를 내리는 사람이라는 어감이 있었다. 또한 manager라는 단어의 의미가 현대적인 의미로 정착되기 이전, 19세기 말에 처음 등장했던 학위 MBA가 Master of Business Administrator 였다는 사실을 상기하라.

슘페터 당시까지만 해도 manager의 의미는 19세기 이래 소유경영자의 대리인으로서 공장이나 사무실 관리를 총괄하는 역할을 하는 인물로 간주되곤 했다. 우리나라에서도 해방 이후 많은 사업장에서, 특히 골프장이나 레스토랑 등 서비스 업장에서는 소유경영자를 대리해서 업장 관리를 총괄하는 지위에 있는 사람을 가리켜 '지배인'이라는 표현을 많이 사용했다. 물론 지금 이 단어는 우리나라에서 거의 사용되지 않는다. 상장기업의 대주주가 아닌, 전문경영자 대표이사를 가리켜 지배인이라고 불렀다가는 미친 사람 소리를 들을 것이다.

63 J. A. Schumpeter,《Business Cycles》, 1939, p.102.

64 이때에는 '진화'하도록 한다는 표현 외에 경제를 '발전'시킨다고 말해도 의미상 큰 오류는 없을 것이다.

65 존 스튜어트 밀, 박동천 옮김,《정치경제학 원리》제4권, p.376.

66 이렇게 뒤의 의미로 쓰이는 entrepreneurship을 연구하는 학문분과를 '창업학'으로 분류한다. 창업학은 기존 경영학이나 기술경영과 유사한 면이 있지만, 결코 일치하지는 않는 특수한 성격의 종합학문이다. 특히 기업 형태를 갖춘 사업체 외에 자영 사업가들의 창업과 경영을 중점적으로 다루며, 기존에 대기업 조직에서 수행하는 신사업에 대한 관심은 상대적으로 적다는 면에서 더욱 그렇다. 국제적으로 창업학 연구를 주도하는 조직 중 대표적인 것으로, GERA(Global Entrepreneurship Research Association, www.gera.org)가 있는데, 여기에서는 다양한 분야를 전공한 연구자들이 학제간 연구를 수행하고 있다.

67 샘 월튼 창업 당시 프랜차이즈는 상품 구성과 가격 책정 전략 등에서 점장의

자율권이 어느 정도 인정됐기에 이 일이 가능했다. 하지만 오늘날 우리가 경험하는 프랜차이즈 편의점의 모습은 그렇지 않다. 상품 구성을 비롯하여 대부분의 경영 의사결정은 본사 지침에 따라야 하기에 점장의 자율권은 매우 제한되어 있다. 우리는 전국의 어느 편의점을 가도 모든 것이 똑같다는 것을 알 수 있다. 그런 면에서 지금 수많은 프랜차이즈 조직은 현대의 혁신 사상과는 반대 방향으로 가고 있다.

68 《자유론》의 저자 존 스튜어트 밀(John Stuart Mill, 1806~1873)의 아버지
69 Evert Schoorl(2013), p.108.
70 앞의 책, p.109.
71 앞의 책, pp.126~130.
72 《일반이론》, 서문.
73 Steven Kates(1998), p.23에 세의 《정치경제학 논고》 1판(1883)의 내용이 이와 같이 소개되어 있다.
74 마르크스식 표식으로 표현하면 C-M-C′이다. 상품(C)은 상품(C′)을 구매하며, 이 중간 과정에 단지 화폐(M)로 한 번 형태 변환이 될 뿐이다. 이런 사고는 화폐는 경기에 영향을 미치지 않는 단순 매개체 역할을 하는 데에 그친다는, 화폐를 베일(veil)과 같은 존재로 보는 견해다. 케인스는 이와 반대로 상품과 상품 중간 단계에 걸쳐 있는 화폐에 대한 수요가 경기에 영향을 미치는 효과가 있다고 봄으로써, 이런 견해에 반대했다. 제8장 케인스 편을 참조하라.
75 세가 원래 《정치경제학 논고》에서 의도했던 내용에 대해서는 Steven Kates(1998), pp.29~34의 상세한 분석을 참조하라.
76 앞의 책, pp.148~151.
77 사실 세는 리카도와는 이미 가치론부터 완전히 다른 입장에 서 있었다. 리카도는 사물의 가치는 투입된 노동량에 의해 결정된다고 보았던 반면, 세는 그 가치는 시장에서 결정된다고 보았다.
78 앞의 책, pp.153~157.

79 Evert Schoorl(2013), p.107.

80 앞의 책, p.33, J.B.Say, p.58.

81 국채 발행으로 ○○○원을 조달한다고 가정을 대체할 수도 있다.

82 신산업, 신기술 육성 지원, 교육기관 지원, 장애인 극빈자 지원, 사회복지성 지출 등 우리나라의 다양한 정부 예산사업의 구조와 그 조달 구조를 일반 대중들이 접할 기회는 흔치 않다. 하지만 관심 있는 독자들이라면, 국회예산정책처 예산분석실에서 해마다 발표하는 예산안 분석 보고서를 참조하면 도움이 될 것이다.

• 제4장 •

83 후쿠자와 유키치(福澤諭吉, 1835~1901), 니시 아마네(西周, 1829~1897) 등이 대표적이다.

84 프리드리히 리스트, 《민족적 체계》(이하 《민족적 체계》), 제4장 영국인, 특히 p.88~89를 참조하라.

85 헤르더 같은 인물은 역사주의 학파에 속하기는 했지만 '신의 뜻' 같은 보편적인 원리를 개입시켰다. 그밖에 무질서 속에서 등장하는 질서, 유기성과 다양성 속에서 등장하는 통일성 같은 개념을 다루다 보면 불가피하게 보편성의 지점을 건드리지 않을 수가 없었다. 독일 역사주의 학파에 대해서는, 이규하(2020) 제3장을 참조하라.

86 《민족적 체계》, 서문 1.

87 앞의 책, p.105.

88 앞의 책, p.56.

89 이혼 문제로 교황과 갈등을 빚은 끝에 얼떨결에 종교 개혁을 촉진하게 됐고, 《유토피아》의 저자로 유명한 토머스 모어(Thomas More, 1451~1530)를 처형시

켰던, 광기로 가득한 바람둥이 내지 공포정치 군주로 알려져 있다.

90 《민족적 체계》, p.89.

91 Palgrave Dictionary의 laissez faire 항목 설명에 따르면, 이 일화는 튀르고의 《Petit Bibliographie Economie》(1844)에 소개되어 있으며, 그때 이런 말을 남긴 상인의 이름은 르장드르(M. Legendre)라고 한다. 애덤 스미스보다 한참 뒤, 영국의 사회사상가들 가운데 존 스튜어트 밀의 저서 《정치경제학 원리(Principles of Political Economy)》(1848)에 비로소 이 구절이 등장했다.

92 《민족적 체계》, p.125.

93 앞의 책, pp.170~171. 리스트가 《민족적 체계》를 집필할 당시만 해도, 그의 눈에는 일본도 중국, 인도와 마찬가지로 내륙 수운에 치중하는 나라 가운데 하나로 보였던 것 같다. 하지만 일본은 리스트 이전에도 이미 바다를 넘어 확장하려는 시도를 수차례 했었고 이 확대 전략은 20세기까지 이어졌다.

94 앞의 책, p.172.

95 앞의 책, p.208.

96 앞의 책, p.210~213.

97 앞의 책, pp.234~235.

98 앞의 책, pp.235~236.

99 본 소절의 내용은 다음 기사 전문을 재인용, 편집한 것이다. 송경모, 〔이코노 서가(書架)〕"美 공화당, 70년대엔 관세폭탄 반대했다", 〈조선일보〉, 2018.03.26.

100 《민족적 체계》, 서문 liv.

• 제5장 •

101 예를 들어, 조엘 코트킨(Joel Kotkin) 미국 채프먼대 교수의 《신(新)봉건시대가

온다(the Coming of Neo-feudalism: a Warning to the Global Middle Class)》 같은 책을 들 수 있다.

102 1851년 개통. 미국 이리호 주변을 경유하면서 뉴욕-버팔로-시카고 노선을 운행했다.

103 Jan. 5, 1877 Board of Directors, NYC&HR, Vol2, Box 93, NYCRR.

104 조선시대에는 왕자를 일컫고, 일본에서는 에도 시대에 국왕보다 낮은 지역 군주, 쇼군(장군)을 가리키는 한자어였다. 일본 기업이 1980년대 이후 세계 무대에서 활약하면서 붙여진 이름이다.

105 T. J. Stiles(2010), p.496.

106 앞의 책. 같은 쪽.

107 앞의 책, p.435.

108 탈레스 S. 테이세이라, 김인수 옮김, 《디커플링》, 인플루엔셜, 2019.

• 제6장 •

109 이하 신문의 역사를 다룬 소절은, 송경모 '정보 욕구와 기술 혁신의 척도, 신문의 미래", 〈테크엠〉, 2017년 5월호를 인용, 재편집했다.

110 전신과 라디오, TV, 인터넷을 통한 뉴스 전파는 신문과는 별개의 경로로 탄생했다. 하지만 모두 융합의 길을 걸어왔다는 것은 분명하다. 신문 사업자, 방송 사업자, 통신 사업자는 항상 서로 넘나들면서 이들 매체를 통합적으로 운영하는 경향이 있었다.

111 차배근, 《미국 신문 발달사: 1690~1960》, 서울대학교 출판문화원, 2014, p.52.

112 〈Pennsylvania Journal〉, 〈Pennsylvania Gazette〉, 〈Pennsylvania Packet〉

113 〈Pennsylvania Evening Post〉, 〈Pennsylvania Ledger〉, 〈Royal Pennsylvania Gazette〉

114 이하 퓰리처의 삶은, 차배근의 《미국 신문 발달사》 pp.615~632를 주로 참고

했다.

115 앞의 책, p. 623.

• 제7장 •

116 V. Pareto(1906), Chapter II 'Introduction to Social Science', pp.20~71.

117 예를 들어서, 조선시대 성리학 지식인의 전범으로 추앙받던 주희는, 패도(霸道)가 아니라 인(仁)의 정치로 나라를 다스려야 한다는 공자와 맹자의 생각에서 더 나아가,《자치통감(資治通鑑綱目)》에서 "우리는 무(武)로 거란과 여진의 오랑캐로부터 나라를 지킬 수 없다. 우리는 촉나라 관우를 숭배하는 것으로 무를 대신하자."고 했다는 데에서 알 수 있듯이, 무력이 아니라 정신과 도덕의 힘으로 나라를 지킬 수 있다는 생각을 하고 있었다. 조선시대 효종의 북벌론에 대해서 당시 성리학을 추종하던 지식관료들은 소국이 대국을 치는 것은 천명을 거역하는 것이므로 옳지 않다며 반대하기도 했다. (안정석, [이승만포럼] 이승만의 독립정신이 상기하는 서구사상 요소들 (1부 – 고대와 중세1), https://www.youtube.com/watch?v=R8UX7IsYvLY.)

118 파레토는 이런 형태의 분포를 수학식으로 표현하기도 했다. 세로축 소득수준을 x, 가로축 확률밀도를 y라고 했을 때, 멱분포의 확률밀도함수는 $y = \frac{\alpha A}{x^{\alpha+1}}$로 표현된다. 이 α의 값이 클수록 저소득층으로 치우치는 정도가 커진다. 파레토 자신의 분석에 의하면 지역마다 대개 차이는 있지만 대개 α의 값은 1.5 내외였다. 이렇게 분포의 한 끝이 비대해지는 형태를 멱법칙 분포(power law distribution)라고 한다.

119 V. Pareto(1906), p.63, sec.102; p.192, sec.2.

120 〈Course〉에서 밝힌 그의 생각은 Femia and Marshall ed.(2012), p.25에 인용되어 있다.

121 파레토의 이 분포에 자극받은 후대의 많은 연구자들, 예컨대 행동과학자이자 인지과학자였던 허버트 사이먼(Herbert A. Simon, 1916~2001)이나 프랙탈 이론가인 망델브로(Benoit B. Mandelbrot, 1924~2010) 등은 이런 현상이 일종의 자연법칙으로 일어날 수 있는 메커니즘을 연구했다.

122 김광억, 김대일, 서이종, 이창용(2003), "입시제도의 변화: 누가 서울대학교에 들어오는가?", 〈한국사회과학〉 제25권 제1·2호.

123 ~cracy란, '지배'라는 뜻이며, '~주의'를 뜻하는 ~ism과는 거리가 있으므로, 흔히 능력주의라 하지만, 여기서는 능력제라고 했다. democracy도 ~ism이 아니라 ~cracy이므로, 민주주의라기보다는 민주지배체제라는 뜻이 맞다고 보인다.

124 Adrian Wooldridge, 《The Aristocracy of Talent: How Meritocracy Made the Modern World》, Skyhorse, 2021.

125 무아브르(Abraham de Moivre, 1667~1754), 라플라스(Pierre-Simon, marquis de Laplace, 1749~1827) 등.

126 위키피디아, https://en.wikipedia.org/wiki/Pareto_principle

127 P. F. Drucker(1964), Ch.1.

128 박정자(2014), pp. 55~57, pp. 161~162.

129 경제학에서는, 절대수치로 측정하는 효용을 '기수(基數) 효용(cardinal utility)', 상대적인 우열의 비교로만 표현하는 효용을 '서수(序數) 효용(oridinal utility)'이라고 한다.

130 V. Pareto(1906), Ch.VI, sec 33, p.179. 이 상태를 좀 더 기술적으로 표현하자면, 구성원 간 효용의 무차별곡선(indifference curves)들이 접점을 이루는 (tangent) 상태다.

131 앞의 책, Appendix to the French(1909) edition, sec. 151, p.397.

132 앞의 책, sec.145~152, pp.394~397. 파레토의 원래 사상에서 나타난 파레토 최적의 개념을 소개한 글로는 Fiorenzo Moranti, "Pareto Optimality in the

Work of Pareto", 〈Revue Europeenne des Sciences Sociales〉, 2013, No.51~52, pp.65~82를 참조하라.

133 파레토는 생산계수가 고정되어 있다는 전제하에 분석했다.
134 Femia and Marshall ed.(2012), Ch.4, J.V.Femia "Pareto, Machiavelli, and the Critical of Ideal Political Theory", p.77.
135 신보수주의(neo-Conservatism)의 중심인물로 알려진 미국의 철학자 레오 스트라우스(Leo Strauss, 1899~1973)는 마키아벨리의 화법은 에소테리시즘(esotericism)을 포함하고 있다고 주장했다. 특히 자기 자신을 말하는 대목에서 그게 가장 현저하다는 것이다. 스트라우스는,《리비우스 논고》의 맥락에서는 그 대목을 3권 22장 2절에서 새로운 정치 모우드의 주창자로서 자신을 시사하는 곳이라고 논평한다(Leo Strauss Thoughts on Machiavelli, 1958, 미주 172, 325~6쪽). 그리고《군주론》의 맥락에서는 6장에서 '새로운 질서와 모우드'의 주창자로서 자신을 시사하는 대목이라고도 할 수 있다. 에소테리시즘은 흔히 밀교주의(密敎主義)라고 번역한다. 하지만 밀교라는 단어는 티베트 불교처럼 스승이 제자에게 비밀리에 전수하는 가르침을 의미하기 때문에 여기서는 그다지 적절하지 않아 보인다. 여기서는 화자가 말이나 글에 자신의 뜻을 노골적으로 드러내지 않고 다른 식으로 표현을 돌려서 사용함으로써 적어도 표면상으로는 그 뜻이 드러나지 않게 하는 방법을 말한다. 말하는 자의 의도, 즉 문장 이면에 숨은 뜻을 알아채는 일은 오직 듣는 자의 몫이다. 레오 스트라우스는 플라톤을 비롯하여 마키아벨리에 이르기까지 수많은 철학자들이 이 에소테리시즘을 구사했기 때문에, 표면상의 독법으로는 그들을 전혀 이해할 수 없다고 말했다.

마키아벨리즘의 본질에 대한 훌륭한 서술은 안정석의《마키아벨리 읽기》(2017)를 참조하라. 철학에서 에소테리시즘에 대한 가장 포괄적인 서술은 Arthur M. Meltzer,《Philosophy between the Lines: The Lost History of Esoteric Writing》, University of Chicago Press, 2014.를 참조하라.

136　Femia and Marshall ed.(2012), Ch.4, J.V.Femia "Pareto, Machiavelli, and the Critical of Ideal Political Theory"

137　Renato Cirillo, "Was Vilfredo Pareto Really a 'Precursor' of Fascism?", 〈The American Journal of Economics and Sociology〉, Vol. 42, No. 2 (Apr., 1983), pp. 235~245.

138　한국어로 번역하기가 대단히 어려운데, 기존에 residue는 잔기, derivation은 파생체라고 하는 번역어가 쓰이고 있다.

139　V.Pareto,《Mind and Society》, Vol III, sec2034, p.1424.

140　V. Pareto, 정헌주 옮김,《파레토의 엘리트 순환론》, pp.63~70.

141　Dahrendorf, R.(1968),《Essays in the Theory of Society》, Palo Alto: Stanford University Press). Femia and Marshall ed.(2012), Ch5, A.J. Marshall and Marco Guidi, "The Idea of a Sociology of Risk and Uncertainty: Insight from Pareto", p.98

142　V. Pareto, 앞의 책, pp.56~77.

143　앞의 책, p.97~106.

144　앞의 책, pp.137~138. (번역문 일부 수정)

145　앞의 책, p.155.

146　Femia and Marshall ed.(2012), Ch6, John Higley and Jan Pakulski, "Pareto's Theory of Elite Cycles: A Reconsideration and Application", pp.119~122.

• 제8장 •

147　영국이 17세기 말~19세기에 걸쳐 서구의 초기 경제 제도 혁명을 이끌었던 것처럼, 20세기 신흥 패권국 미국은 영국으로부터 바통을 이어받아 영국이 마련했던 그것과 전혀 다른 차원의 변화와 혁신을 이루었다. 커다란 정치 제도

변화는 없었지만, 금융과 화폐 제도 측면에서는 실로 많은 변화가 있었다. 우선 1910년대 이후 후불 신용카드의 개발, 2차대전 후에는 비록 정치적인 결정이기는 했지만 닉슨 대통령의 1971년 미국 달러화의 금태환 정지 선언이 있었다. 1990년대 이후에는 전자결제를 비롯한 전자 금융 혁명, 그리고 21세기 다양한 핀테크(fin-tech) 사업모델과 암호화폐의 등장이 이어졌다. 자금 조달 형태로서 고전적 주식회사 제도로부터 파생된 자산유동화(asset securitization)나 크라우드펀딩(crowdfunding) 같은 모든 금융기법들 역시 미국에서 등장했다. 미국이 주도해서 탄생시킨 이 모든 제도들은 전 시대의 역사와 완전히 단절된 밀레니엄 경제를 이끌고 있다.

148 민간의 자유로운 수요-공급의 시장 메커니즘을 통한 자원 배분을 중앙계획위원회의 수급 배분과 가격 결정 활동으로도 달성할 수 있다는 주장이다. 예를 들어서, 내 자녀의 졸업식 날, 내가 꽃이 필요한지 아닌지 사회에 보고한 적이 없지만, 근처 꽃가게는 전날부터 축하 꽃을 들여놓고 교문 앞에는 어디서 왔는지 졸업식 아침부터 꽃 장사들이 몰려 있다. 건설회사에서 어떤 공사 현장에 철근이 필요하면 그 회사는 스스로 판단해서 필요한 물량을 정한 뒤, 이미 신뢰 관계가 있는 공급사로부터 조달하거나, 가장 좋은 조건을 판매 가능한 공급사를 수소문해서 알아낸 뒤 조달한다. 이것이 바로 시장 메커니즘을 가능하게 하는 자발적 정보 생성 능력이다. 반면에 시장사회주의란 내가 필요한 꽃이나 철근의 양과 가격을 중앙당국에서 적절한 방정식 체계로부터 계산해서 할당해주는 것이다.

사실 시장과 계획은 서로 완전히 대립 또는 분리되는 현상이 아니다. 시장 속에 계획 요소가 있고, 계획 속에 시장 요소가 있다. 예를 들어서, 기업은 흔히 연간 사업계획을 통해서 예산과 소요 자원의 규모를 정한 뒤, 시장을 통해서 이를 조달한다.

149 마르크스주의자로서 《금융자본(Das Finanzkapital)》의 저자. 대기업에서 볼 수 있는 합리적인 경영계획과 통제를 국가 차원으로 확대하여 적용해야 한다고

150 이 문제에 대한 피터 드러커의 견해에 대해서는, 송경모, 《피터 드러커로 본 경영의 착각과 함정들》, 을유문화사, 2016, 제2부, 7장 '회사는 누구의 소유인가' pp.213~230를 참조하라.

151 통화주의자 밀턴 프리드먼(Milton Friedman) 진영과 지출주의자 테민(P. Temin) 사이에 벌어져, 이른바 테민논쟁(Temin Controversy)이라고 알려진 것이 대표적이다.

152 William E. Leuchtenburg(1963), p.337.

153 W. Elliot Brownlee, 《Federal Taxation in America: A Short History》(2004), p.103. 위키피디아 'New Deal' 항목에서 재인용.

154 J. M. 케인스, 조순 옮김, 《일반이론》, pp.397~398.

155 앞의 책, p.190.

156 P. Renshaw, 《Journal of Contemporary History》, 1999 vol. 34 (3), p.377~364. 위키피디아, 'New Deal' 항목에서 재인용.

157 앞의 책, p.245~246.

158 앞의 책, p.264.

경제학 배경이 부족한 독자를 위해 보완 설명하자면, 균형재정은 정부 지출이 세입 범위 내에서 이루어지는 것이고, 적자재정은 정부 지출이 세입을 초과하는 것이다. 이 부족분은 대개 국채 발행으로 조달하게 된다. 개념상으로는 간단하지만, 회계상으로는 추계 항목이 매우 복잡하다. 우리나라에서 '통합재정수지 = 세입(경상수입+자본수입)−세출 및 순융자'로 정의되는데, 이 값이 음수가 되면 좁은 의미에서 재정적자로 본다. 우리나라 통합재정수지는 1998년 외환위기나 2008년 글로벌 금융위기 이후 일부 기간을 제외하고 대부분 기간에 균형을 이루어왔으나, 2019년부터는 재정지출 급증으로 2019년 12조 원, 2020년 71조 원의 적자로 전환된 상태다. 한편, 세금은 아니지만 사실상 세금에 준하는 국민연금 납입 등 각종 사회보장성 납부금의 수입과 지출을 감안한 관리재정수지는 '관리재정수지=통합재정수지-사회보장성기금 수지(사회보장성기금 수입-사회보장성기금 지출)'로 정의되는데, 관리재정수지는 대부분의 기간 동안 적자였다. (국가통계포털 index.go.kr 통합재정수지 통계)

159 수도 없이 많지만, 일단 대중들 사이에 잘 알려진 인물로 폴 새뮤얼슨, 제임스 토빈, 폴 크루그먼, 그레고리 맨큐 등을 들 수 있다.

160 송경모, "100년 전 전기자동차 몰락의 교훈", 〈테크엠〉, 2017년 12월.

161 이것을 부분적 과잉생산론(partial theory of glut)이라고 부른다.

162 이것을 일반적 과잉생산론(general theory of glut)이라고 부른다.

163 R. Skidelsky, 고세훈 옮김, 《존 메이너드 케인스》, 후마니타스, 2009.

164 M.G. Hayes, 현동균 옮김, 《케인스 경제학을 찾아서》, 한울아카데미, 2021, p. 235.

165 앞의 책, p.323.

166 앞의 책, p.235.

167 케인스 이전 사상가들의 이런 견해를 화폐를 베일(veil)처럼 간주하는 견해, '화폐 베일관'이라고 부른다.

168 앞의 책, pp.172~181.

169 독자들의 이해를 돕기 위해 간단한 통계 수치를 들어보겠다. M1, M2 같은 복잡한 화폐 정의는 잠시 잊고 본원통화에 한정해서 살펴보자. 시중에 유통되는 한국은행권 5만 원권부터 1천 원권에 이르는 모든 지폐들과 500원, 100원짜리 동전과 시중은행이 한국은행에 대한 원화 예치금의 합을 본원통화라고 하는데, 이 본원통화의 양은 1997년부터 2020년 기간 9.7배 늘었다. 그 기간 우리나라 명목 GDP는 3.57배, 인플레이션 효과를 제거한 실질 GDP는 2.3배 증가했다. 이렇게 차이가 나는 현상과 그것이 야기한 효과에 대한 엄밀한 실증 분석은 차치하고, 본원통화 증가 속도가 실제 산업 생산 증가 속도에 비해 이렇게 높았다는 사실은 분명히 확인할 수 있다.

원화는 물론이고, 미국 달러화에 대해서는 이런 현상이 1970년대 이후 가속화됐다. 특히 2008년 글로벌 금융위기 이후 전 세계에 미국 달러화의 증가 추세는 상상을 초월할 정도였다. 양적 완화(quantitative easing)라는 완곡어법으로 세간의 눈을 흐리게 했지만, 본질은 돈을 마구 찍어서 헬리콥터로 온 세상에 뿌린 것에 불과했다. 1917년 이후 최근까지 미국 달러화 유통량 통계에 관심 있는 독자들은 https://fred.stlouisfed.org/series/CURRCIR 사이트 자료를 참고하기 바란다.

170 앞의 책, p.172.

171 James Suzman, 《Work, A Deep History, from the Stone Age to the Age of Robots》, Penguin, 2021, p.5, p.339.

172 《일반이론》, p.461~462.

• 제9장 •

173 오스트리아학파에 대한 종합 해설로는 랜달 홀콤, 이성규, 김행범 옮김, 《오스트리아 경제학파의 고급 입문서》, 해남, 2018을 참고하라.

174 피터 드러커, 이재규 옮김, 《프로페셔널의 조건》, p.166~168.

175 Peter F. Drucker, "Schumpeter and Keynes", 〈Forbes〉, May 23, 1983. pp. 126~127.

176 Entwicklung을 진화로 번역하는 것의 타당성에 대한 슘페터 연구자들의 논의는 Markus C. Becker, 《Thorbjørn Knudsen and Richard Swedberg》(2011)을 참조하라.

177 《경제 진화의 이론》 제1판과 제2판의 현저한 차이점에 대해서는 Markus C. Becker, 《Thorbjørn Knudsen and Richard Swedberg》(2011) 참조. 특히 제1판에서 나타난 두 가지 인간형의 특성은 p.9 Table I을 참조하라.

178 《Theory of Economic Development》, p.228. 15세기 르네상스 시기의 이탈리아,

19세기 말 발명의 시대 미국 등을 포함하여, 혁신가들의 군집 출현 사례는 역사 속에서 많이 관찰할 수 있다.

179 J.A. Schumpeter,《Business Cycles》, Vol I, p.87.

180 앞의 책, p.170.

181 J.A. Schumpeter,《Capitalism, Socialism and Democracy》, p.83.

182 Paul Nightingale,, "Schumpeter's Theological Roots? Harnack and the Origins of Creative Destruction", 〈Journal of Evolutionary Economics〉, (2015) 25:69~75.

183 J.A. Schumpeter,《Imperialism and Social Class》, p.170.

184 앞의 책, p.165.

185 앞의 책, p.216.

186 국회예산정책처, 〈2022년도 총수입예산안 분석〉, 2021.10., p.21.

187 한국재정정보원, 〈2020 재정통계 브리프〉, p.7; 국회예산정책처, 〈2012년도 세입예산안 쟁점 분석〉, 2021.10, p.16

188 R.A. Musgrave(1992), p.92. 이하 본문에서 조세국가론에 대한 서술은 대개 이 논문에 바탕을 두었다.

189 J.A. Schumpeter,《Capitalism, Socialism and Democracy》, Chapter XIII. 'Growing Hostility', pp. 143~155.

190 앞의 책, p.61.

191 앞의 책, p.227.

192 앞의 책, pp.284~296.

• 제10장 •

193 본 장의 내용 중 일부는 이미 발표된 필자의 다음 기사 중 상당 부분을 취하여 편집한 것이다. 송경모, "벤처캐피탈의 역사에서 본 혁신의 방향", 〈테크

엠〉, 2015년 1월, Vol.21, 122~125 ; 송경모, "〔이코노 서가(書架)〕 포경업에서 시작된 벤처캐피털… 증기기관·방적기 개발에 돈 대", 〈조선일보〉, 2018년 8월 20일.

194 배승욱(2019), p37.

195 Tom Nicholas(2019), p.33.

196 Spencer E. Ante(2008), Ch.7.

197 Google, Paypal 등에 대한 초기 엔젤투자자로 유명하다.

198 물론, 금융가로서 수익률 제고를 위해 수단과 방법을 가리지 않는 악덕 벤처캐피털도 많은 것이 현실이다.

199 Spencer E. Ante(2008), Ch 9. 3467/6233 Kindle Book.

200 Richard Florida, "The Extreme Geographic Inequality of High-Tech Venture Capital", 〈Bloomberg CitiLab〉, 2018년 3월 27일.
https://www.bloomberg.com/news/articles/2018-03-27/the-extreme-geographic-inequality-of-high-tech-venture-capital

201 실리콘밸리의 성장에서 민간부문의 활동과 아울러 정부 정책의 역할을 잘 정리한 책으로, Piero Scaruffi(2016)을 참조하라.

202 필자는 클레이튼 크리스텐슨(Calyton M. Christenen) 교수가 제시한 'disruptive innovation'의 번역어로 '파괴적 혁신'보다는 '와해형 혁신'이 보다 적합하다고 생각한다. 왜냐하면, 이 혁신은 기존 시장을 단순히 파괴한다는 의미보다는, 처음에 저수준 시장(low market)에서 시작한 뒤 점점 고수준 시장(high market)으로 진입하면서 기존 시장에 서서히 균열을 일으킨다는 의미를 더 강하게 지니고 있기 때문이다.

203 프랑스의 제20대 대통령 발레리 지스카르 데스탱(Valéry Giscard d'Estaing, 1926~2020)의 동생

204 https://60.insead.edu/stories/georges-doriot

205 Spencer E. Ante(2008), 2508/6233, Kindle eBook

206 앞의 책, 159/6233.

207 앞의 책, 같은 쪽.

208 앞의 책, 같은 쪽.

• 제11장 •

209 트랜지스터 라디오를 개발해서 최초로 상업화한 회사는 소니 이전에 텍사스 인스트루먼트였다.

210 기술경영의 정의에 대한 보다 세부적인 논의는, 김영준, 송경모, 민재웅, 윤지환, 조용덕의 《기술경영학개론》(탐진, 2017) 제1장 '기술경영학이란 무엇인가'를 참조하라.

211 정근모, 〔남기고 싶은 이야기〕 "한국과학원 초안 담당자마다 교통사고 · 심장마비 … 결국 임무는 내게", 〈중앙일보〉, 2018.11.20.
https://news.joins.com/article/23138776

212 업계에서는 이들을 1세대 벤처로 분류하지만, 필자는 책에서 역사의 큰 흐름에서 보면 진정한 1세대 벤처는 그들보다 앞서 한국전쟁 직후 전통 산업으로 출발해서 대기업 집단으로 성장했던 기업들로 분류하고자 한다. 사실 세대의 엄밀한 구분에는 어려움이 많고 보는 사람마다 이견이 있을 수 있지만, 필자는 네이버, 한컴, 안랩, 엔씨소프트, 넥슨 등은 2.5세대 정도로, 그리고 오늘날 배달의민족, 쿠팡 등은 3세대로 잠정적으로 분류하고 싶다.

213 물론 이 글을 쓰는 시점에 카카오는 더 이상 신생 벤처가 아니다. 이미 시장을 지배하는 거대 사업자 집단이 되어 있다.

찾아보기

ㄱ

가문 169~172, 186, 191, 354~356, 375, 380~381
감가상각 194, 298
감정(sentiment) 30~32
강점 48, 58, 131, 246, 345
개방주의 154
개방형 혁신 426
개연추론 31~32
개인주의 20, 22, 46, 49, 272
갤브레이스, 존 92
거대정부 282, 325, 360
거시경제학 281
게르만족 357
결정화(crystallized)된 사회 263
경영 48, 58, 62, 121
경영 마인드 427
경영전문대학 116~118
경영주의 62
경쟁 메커니즘 63, 252
경쟁 46, 58, 63, 98, 155, 188~189, 215~216, 251~252, 338~339, 364
경제 기생충 361
경제개발5개년계획 88, 283
경제인 231
경제적 자유주의 18
경험으로부터 배우기(learning from experience) 309
계급 353~359
계급투쟁 76, 349, 353, 354
계몽 28~29
계몽주의 15~17, 19, 30~31, 53, 70, 86, 104, 107, 117, 130, 263
계산된 위험 382
계획경제 282~283
계획형 사회주의 34, 48
고객 디스럽션 190
고래 곡선 243~244
골드러시 179, 404
골드만삭스 87, 172, 287, 354
공감 53~55, 58~59
공공의 선 39
공공투자 318~319
공동체 12, 19, 20, 45, 69, 72, 74, 76, 131, 149, 259, 357, 362
공동체 윤리 45
공리주의 74, 248, 250, 251
공모(public placement) 186, 383, 384
《공산당 선언》 73
공산주의 30, 71, 72, 88, 89, 272, 309, 325, 336,
공자 54, 231, 270
공평한 관찰자 43, 53, 55, 56, 57, 59
과학 36, 73, 81, 82, 83, 92, 93, 139, 141, 217, 240, 266, 295, 308, 323
관념론 293~294
관리회계 243
관용 19, 139, 144, 255
관중(管仲) 231
교구 학교 51
구글 147, 306, 353, 374, 396, 405, 417
구루 299
구축효과 120, 318
구텐베르크, 요하네스 13, 124, 199, 202
국가 시스템 125, 126, 144, 146~150, 369
국가 채무 279, 281
국가관리 자본주의 366
국가의 역할 34, 49, 129, 131, 133
국가주의 64, 86, 125, 130, 159, 325
《국부론》 17, 52, 104, 142
국영기업 283, 362, 368
국유화 368
국채 64, 105, 106, 119, 279, 282, 291, 318, 319, 361, 363, 384
군주제 31, 89
굴드, 제이 170
귀납법 300

귀족 40, 60, 61, 77, 79, 80, 82, 168, 225, 264, 265, 354, 355
규모의 경제 188~190, 289
규제 139, 161, 242, 270, 326, 366, 368
균형 52, 53, 55, 151, 152, 159, 163, 229, 249, 250, 252, 271~272, 338~341, 345, 363
그랜드 센트럴 터미널 173
그랜트 장군 247
그레이록 394
근대 12~13, 20, 23, 61, 70, 117, 125, 130, 139, 224, 232, 233, 234, 239, 264, 279, 280, 361, 381
글래스고대학 15, 16, 17, 25, 27, 32
글로벌 가치사슬 161
금리생활자 79, 321~323, 324
금본위제 64, 288
금성 354
금융가 85, 104, 291, 343~344, 376, 380, 382, 383
금융자본 153, 343, 344
기계학습 34, 297
기대 33, 34, 42, 76, 120, 121, 146, 152, 167, 168, 181, 188, 210, 238, 249, 273, 274, 290, 307, 310~312
기독교적 휴머니즘 19
기번스 오그덴 재판 178
기번스, 토머스 177, 178, 179
기본소득 119~120
기사 114, 170, 171, 209, 210, 211, 216, 217, 218,
기술 사업화 419
기술경영(MOT) 419~421, 427
기술관료 81, 88, 92, 93, 369
기술지주회사 408, 421
기업 벤처캐피털(CVC) 344, 430
기업 연구소 369
기업가 57, 72, 79, 80, 89, 96~97, 100, 107~113, 116, 117, 126, 169, 170, 172, 183, 185, 187, 188, 219, 220, 241, 242, 252, 254, 283, 290, 311, 314, 315, 321~323, 338, 341~346, 366, 381, 397, 408, 429
기업가정신 70, 96, 97~100, 121, 146, 147, 148, 168, 183, 395,

기준 수익률 394
기호논리학 295
길드 50
김기형 423
김옥균 268
김학렬 423
《꿀벌의 우화》 43

ㄴ

나이트, 프랭크 98
나폴레옹, 보나파르트 82, 85, 105, 106, 107, 131, 143, 145, 176, 226
남북전쟁 157, 180, 206, 247
낭트칙령 101, 144
네덜란드 24, 86, 132, 142, 145, 156, 160, 169, 173, 179, 200, 268, 278, 279, 375, 377, 378, 379
네이버 147, 187, 430
네이피어, 데이비드 203
넥슨 430
노동시간 324, 325
노동운동 325
노동자 자본주의 366
노예무역 106
노이스, 로버트 417
녹스, 존 18
논리적 행동 233, 259~261, 271
뉴딜정책 289, 290, 292, 365
뉴딜정책가들 290
뉴욕 26, 109, 169, 173, 174, 175, 176, 178, 179, 180, 181, 191, 201, 206, 207, 212, 214, 216, 287, 383, 392, 393, 395, 404, 408, 412, 415
〈뉴욕 월드〉 212, 213, 214, 215, 216
능력제 51, 80, 239, 240

ㄷ

다른 조건들이 동일하다면(ceteris paribus) 34
다윈, 찰스 270, 278
다음(Daum) 430
대공황 288, 289, 365

대기업 21, 48, 60, 96, 99, 100, 172, 183, 186, 189, 193, 213, 252, 286, 287, 288, 310, 322, 343, 369, 380, 391, 409
대량생산 21, 189, 204, 286, 310
대륙봉쇄령 105, 145, 176
대부업 20, 93, 109, 375, 376, 381
대헌장 279, 340
덕성의 준칙 52
덩샤오핑 88
데스탱, 올리비에 지스카르 398
데싱, 안셀름 71
데이비스앤록 393, 394
데카르트 13, 33, 91, 370
도금시대 169, 183, 187, 286
도덕 32~35, 148
도덕감각 32, 33, 34, 148
《도덕감정론》 38~43, 52, 142
도덕주의 255, 275
도덕철학 17, 24, 35~37
도리오, 조르주 381, 382, 385, 387~401, 405
도이체방크 87, 287, 380
독일 24, 29, 30, 61, 72, 73, 85, 86, 87, 93, 116, 117, 124, 125, 126, 128, 130, 144~145, 169, 173, 193, 202, 203, 206, 219, 224, 226, 234, 285, 332, 334, 335, 345, 352, 363, 380
동물 같은 야성(animal spirit) 315
동인도회사 375, 378
동중서(董仲舒) 270
동학사상 266
두산 172, 354, 428
뒤퐁 2세, 라모 377
듀폰 172, 187, 189, 286, 354, 369, 381
드러커, 피터 48, 58, 62, 70, 108, 121, 166, 187, 244, 245, 255, 287, 332, 336, 337, 350, 369
    기능하는 사회 35, 58
    목표와 자기통제에 의한 경영(MBO) 58
    사회적 책임 58
    자본주의 이후의 사회 62, 287
드레이퍼게이더앤앤더슨 394
드레이퍼앤존슨 393
드루, 대니얼 170
드워킨 231
디스패치라인 179
디지털 코인 313
디플레이션 289

ㄹ

라스푸틴 266
라즈, 조지프 231
랑게, 오스카 283
랑케, 레오폴드 폰 130
랩(Rap) 음악 397
랭리항공우주연구소 395
러셀, 버트런드 292, 293
러셀, 존 25
런던비즈니스스쿨 118
레너, 칼 363
레닌, 블라디미르 88, 283
레버리지 경영 190
레비스트로스 187
레셉스, 페르디낭 드 84
레이(lay) 379, 380
로드리그, 올랭 87
로벅, 존 378
로빈슨, 제임스 A. 148
로스차일드 354, 375
로잔대학 228
로저스, 에버렛 69
로코포바, 리디아 284
로크, 존 32
록, 아서 393, 395
록펠러, 존 169, 171
록펠러브라더스 383
록히드 409
롤스, 존 231, 249
루소, 장 자크 102, 327
루스벨트, 프랭클린 158, 289, 365
루이14세 141
루터, 마르틴 124
리더 171, 256, 261, 273~274, 345, 357, 359, 367
리더십 271, 272, 359, 417
리먼브라더스 287

리바이어던 32
리빙스턴, 로버트 178
리스크 무지 274
리스트, 프리드리히 101, 125, 126, 130, 140, 141, 143, 145~156, 159, 161~163, 270, 369
리얼리즘 230, 256
리카도, 데이비드 37, 105, 106, 114, 115, 314, 315, 341
리콴유 88
링컨, 에이브러햄 207, 247

ㅁ

마누티우스, 알두스 199
마르크스, 카를 37, 60, 61, 73, 74, 76, 88, 92, 101, 129, 152, 153, 270, 279, 283, 284, 314, 324, 335, 341, 342, 343, 349, 350, 353, 356, 365, 366, 369
마르크스주의자 353
마셜, 알프레드 189, 284, 310, 311, 341, 342
마쿨라, 마이크 393, 418
마키아벨리, 니콜로 13, 233, 256~257, 262, 270
마킬라도라 156
만, 토마스 355
맥크라켄, 할란 114, 115
맨더빌, 버나드 43
맨큐, 그레고리 100
맬서스, 토머스 114, 115, 305, 314, 315
맹자 231, 270
메디슨 429, 430
메디치 169, 354, 355, 375
메르겐탈러, 오트마르 203
메수엔 조약 135, 142
멜빌, 허먼 380
멩거, 칼 335
명문가 354, 355
명예혁명 279
명예협력프로그램 410
모건, 존 171, 380
모겐소, 헨리 291
모네, 장 85, 86
모듈 분화 61

모듈화 161
모색자 262
모페필드 395
목표와 책임 358
몰리나리, 구스타브 드 227
몽골족 357
뫼저, 유스투스 130
무디스 194
무산자 79
무솔리니, 베니토 257
무스쿠리, 나나 166
무어, 조지 292, 293, 294, 295, 304
무어의 법칙 417
무어인 133, 134, 135
무정부주의 49, 227
무지(無知) 30, 100, 101, 266, 275, 336
무한기술투자 430
무형자본 47, 63, 153, 368
물리적 노동 151~153
미국과학재단(NSF) 406, 407
미국국제개발처(USAID) 422, 423, 424
미국항공우주국(NASA) 395
미니컴퓨터 390, 369
미시경제학 281
미신 29, 51, 232, 266, 269, 308
미제스, 루트비히 폰 335
미주리대학 217, 218
민간투자 317, 318, 319
믿음 297~299
밀, 제임스 105
밀, 존 스튜어트 98, 106, 189, 278, 286
밀러, 윌리엄 420, 422

ㅂ

바이마르공화국 363
바자르, 아르망 90, 91
박정희 88, 283, 432
반(反)시장주의자 252
반(反)기업 정서 341
반(反)기업 정책 290
반독점(Anti-Trust) 286

반증 가능성(falisification) 240
발라, 레옹 37, 228, 338
발명가 242, 344, 378, 384
배급 경제 48
배리언어소시에이츠 409, 411
배리언, 러셀 411
배리언, 시거드 411
백인 우월주의 160
밴더빌트, 글로리아 191
밴더빌트, 윌리엄 181
밴더빌트, 코닐리어스 169~191, 192
밴더빌트대학 190, 191
뱅크오브잉글랜드 279
버크, 에드먼드 327
벌리와 민스 186, 287
범위의 경제 190
베르너, 카를 130
베세머 제련법 193
〈베스틀리헤 포스트〉 208, 209, 210
베이조스, 제프 220
베이지안 확률 296
베이컨, 프랜시스 81
벤담, 제러미 74, 247, 278
벤처기업육성에관한특별조치법 396, 429
벤처캐피털(VC) 344, 370, 374, 375, 377, 381, 383, 389, 391, 392, 393, 394, 395, 398, 401, 418, 420, 426, 428, 429, 430, 431
    벤처캐피털의 역사 377~381
    실리콘밸리 벤처캐피털의 형성 392~396
    한국의 벤처캐피털의 등장 428~431
벨, 앤드류 16
변증법 129
보수주의 327
보이는 손 47, 48, 64
보이지 않는 손 13, 37, 38~41, 42, 43, 48, 125, 128, 132, 251, 282
보호무역 155, 157~159, 289
보호주의 133, 141, 154, 155, 157, 161, 226, 227
복지국가 315~316
본엔젤스 431
볼로냐대학 117

볼리외, 폴 르로이 234
볼턴, 매튜 378
볼테르 255
부가가치세 362
부시, 배너버 406
분석철학 292~296, 299
분업 42, 46, 49, 51, 60, 61, 150, 151, 162
불평등 35, 60, 236, 237, 303
불확실성 98, 99, 251, 310, 312, 315, 369
《브리태니커 백과사전》 15, 16, 28
블랑키, 제롬 72
블랙스완 298
블레어, 휴 18
블루오션 299
블룸즈버리 그룹 292
비논리적 행동 229, 258~261
비버리지, 윌리엄 325, 326
빅데이터 59
빈곤 57, 238, 366, 367, 428
빌라드, 오스왈드 410
빌란트, 크리스토프 마틴 29

ㅅ
사리사욕 32, 41, 42, 43, 55
《사기열전》 61
사마천 61
사모(private placement) 383
사유재산권 76
사익 41
사회 네트워크 효과 238
사회 이동성 236
사회(Society) 12, 54, 68~71
사회자본 153
사회적 균형 271
사회주의 68, 70, 72, 73, 76, 88, 92, 257, 267, 269, 283, 289, 309, 334, 335, 336, 363, 356, 366
사회주의1.0 76, 93
산업 생산 320
산업공학 382, 400, 419, 420, 421
산업주의 79, 80, 89
산학 협력 326, 407, 408, 410

삼성전자 99, 347, 417
상류층 27, 166, 179, 201, 261, 333, 365
상식 49, 51, 63, 75, 155, 238, 292, 294, 300, 301
상업은행업 378, 381
새뮤얼슨, 폴 317, 334
샌델, 마이클 240
생산 역량(Produktive Krafte) 132, 140, 148
생산자(producteur) 79, 107, 108, 109, 111, 248
생산함수 346
생시몽, 루브루아 콩트 드 68, 69, 72, 73, 76,
    77~80, 81, 83~91, 93
    금융사업론 86~87
    사회계급론 78~81
    유럽통합론 83~86
    지식통일론 81~83
서터힐벤처스 393
세, 장 바티스트 37, 79, 80, 97~121
세계관 13, 19, 24, 37, 117, 229, 233, 256, 369
    기계적 세계관 370
    변화의 세계관 369
    유기적 세계관 370
    전체적 세계관 370
    진화적 세계관 370
세계정신 129, 293
세금 103, 118, 212, 213, 360~364, 394
세련됨(Refinement) 23
세의 시장법칙 101, 111, 112, 114, 115
세인트루이스 철학학회 208
〈세인트루이스 포스트-디스패치〉 210, 211
세콰이어캐피털 393, 418
셀렉트 소사이어티(명사(名士) 협회) 27, 28
셈족 357
소기업 투자회사(SBIC) 369, 395
소기업투자법 389
소니 109, 418
소득분포 234~237, 249
소득세 362, 364
소련 72, 88, 219, 283, 309, 389
소비세 362
소셜 캐피털 69
소시에테제네랄크레디모빌리에은행 87, 380

소통 71, 75, 308, 358
쇄국주의 155, 160, 161
쇼클리, 윌리엄 387, 395, 415~419
쇼클리반도체연구소 416, 417, 419
수에즈 운하 84
수직계열화 286
수평 조직 358
쉬망, 로베르 85, 86
슈르츠, 카를 209
슈몰러, 구스타프 폰 130
슈발리에, 미셸 84, 85
슈워제네거, 아놀드 166
슘페터, 조지프 92, 97, 98, 107, 166, 241, 242,
    270, 332~370
    《경기순환》 342, 346, 348
    《경제 진화의 이론》 97, 342, 343, 344,
    《이론경제학의 본질과 주요 내용》 340
    《자본주의, 사회주의, 민주주의》 97, 342, 349,
    350, 369
    《조세국가의 위기》 361
    일반균형이론 338, 339
    창조적 파괴 349~351
스멜리, 윌리엄 16
스무트홀리 관세법 158
스미스, 애덤 13~21, 25, 26~59, 60, 61, 63, 64,
    65, 68, 74, 101, 102, 104, 106, 107, 110, 126,
    127, 128, 131, 132, 137, 140, 142, 143, 146,
    148, 149, 153, 154, 155, 168, 169, 189, 226,
    227, 230, 231, 233, 242, 251, 256, 263, 270,
    278, 281, 282, 327, 335, 369, 431
스위지, 폴 334
스코틀랜드 14~31, 35, 51, 53, 68, 74, 126, 132,
    201, 203, 278
    계몽주의 사상 28~31
    교육 시스템 24~26
    상업의 융성 19~21
    종교 개혁 18~19
    주변국의 강점 21~23
스키델스키, 로버트 316
스타벅스 156, 221, 419
스타일스, 존 183

스타트업 96, 99, 374, 378, 383, 410
스탈린 88, 283
스탠퍼드 산업단지 405, 409, 411, 413, 414, 415, 425
스탠퍼드대학 393, 395, 405, 406, 407, 408, 409, 410, 411, 412, 415, 416, 420, 421, 426, 427
스텔스 조세 321
스티븐슨, 조지 379
스페인 84, 132, 133, 134, 135, 139, 143, 145, 160, 173, 200, 278, 377, 378
스페큘러티브 소사이어티(사변(思辨)협회) 16, 27, 28
스푸트니크 1호 389, 395
시민군 27, 28
시장만능주의 49
시장창조형 혁신 57
식스시그마 299
신결합 339~344, 346, 355, 356
신경제계획 88, 283
《신기독교론》 80, 81, 90
신돈 266
신문 198~205
　　　신문과 광고수익 모델 218~220
　　　신문과 정치면 205
　　　신문의 기술혁신 202~205
　　　신문의 역사 199~202
신용평가회사 194
신흥 종교 266
실리콘밸리 167, 182, 283, 348, 369, 370, 392, 394, 395, 396, 405, 409, 410, 411, 413, 415, 418, 419, 420, 422, 425, 428, 429, 431
실린더 인쇄기 203
실물자본 153, 154
실업 316, 319, 366, 367, 377
심리 33, 34, 58, 63, 185, 212, 248, 307, 310, 311, 322, 324, 329, 341, 350
십자군전쟁 13, 20
쑹훙빙 266

ㅇ

아메리칸드림 166, 167, 168, 169, 183
아서, 브라이언 60

아시엔토 조약 134
아우구스티누스 44
아이디얼리즘 230, 256
아인슈타인, 앨버트 166, 305, 306
안랩 430
안정 파괴 349, 350
안창호 163
알람브라 궁전 134, 378
알람브라 칙령 134
알토스벤처스 431
알파 서버 396
암호화폐 397
앙뜨러쁘러너 96
앙시앙 레짐 167
앙팡탱 84, 90, 91
애덤스미스소사이어티 226
애쓰모글루, 대런 148
애질런트테크롤로지 412
애플 162, 187, 374, 393, 396, 397, 405, 409, 414, 417, 418, 419
액세서리트랜싯컴퍼니 179
앤더슨, 할런 387, 388
얀센, 코르넬리우스 268
얀센, 클로드 398, 399
어윈, 더글러스 157
언더우드 관세법 158
언론학 218
에드워드 3세 139
에든버러대학 14, 16, 24, 25, 26, 28
에디슨 제너럴 일렉트릭 172, 383
에스키모 357
에콜 폴리테크니크 77, 82, 117
에클스, 매리너 291
엑스포(EXPO) 84
엔씨소프트 430
엔젤투자자 344, 378, 379, 393, 418, 430
엔트러프러너십 96
엘리슨, 래리 56
엘리자베스 1세 139
엘리트 83, 88, 93, 230, 261~271, 273, 274, 287, 346

사자형 엘리트 262~263
엘리트의 비논리적 행동 265~267, 271
여우형 엘리트 262~263
유형Ⅰ 엘리트 262~263, 271~273
유형Ⅱ 엘리트 263~264, 271~273
엥겔스, 프리드리히 73, 270, 369
역사 307~310
역사주의 128, 129, 130
역사철학 129
역사학파 335, 345
연결 경제 108
연구개발(R&D) 관리 419
연금기금 사회주의 287
연역법 298
염상섭 355
《영구평화론》 86
영웅주의 345
오그덴, 아론 177, 178
오마에 겐이치 161
오스트리아 332, 333, 334, 343, 362, 363, 365
오스트리아학파 332, 335, 336
오언, 로버트 72, 73
옥스포드대학 25
온건한 계획 326
온정주의자 75
올슨, 케네스 386, 387, 388, 397, 399, 401
와트, 제임스 15, 378
와튼스쿨 118, 398
와해형 혁신 299, 396, 397
왓슨, 토머스 182
외국 문화 159
외국인 노동자 159
외부 효과 251
요람에서 무덤까지(from-cradle-to-grave) 325
우드, 로버트 182
우상 파괴자 352
우아한형제들 431
〈워싱턴 포스트〉 220
워즈니악, 스티브 374, 413, 414
월드와이드웹(WWW) 198
월마트 100

월트디즈니 스튜디오 413
월튼, 샘 100
위계 조직 358
위고, 빅토르 86
위키피디아 16
윌슨, 우드로 158
유대인 87, 90, 133, 134, 135, 266, 383, 423
유동성 선호 312
유동성 함정 313
유럽석탄철강공동체(ECSC) 86
유럽연방 84
유럽연합(EU) 85, 86, 125
유로터널 85
유산자(les proprietaires) 78, 79
유클리드 기하학 306
유토피아 254~255
유토피아 사회주의자 72
유튜브 219, 374, 406
유한책임 회사법 375
유효수요 112, 290, 311, 315
윤전기 203
음모론 266
이든 조약 142
이민화 429
이범천 429
이사벨라 여왕 378
이상주의 125, 254, 255, 275
이스트먼코닥 409
이슬람 원리주의 159
이익(Profit), 슘페터 338~342
    신결합 내지 혁신의 대가로서 이익 338~340, 342
    이익의 도덕성 341~342
    잔여로서 이익 341
    절욕의 대가로서 이익 342
    착취의 결과로서 이익 341
이익(interest, Interesse), 파레토 258
이자소득세 362
이탈리아 71, 86, 102, 117, 144, 145, 156, 160, 199, 224, 225~228, 235, 256, 257, 375, 377
이튼칼리지 284

인간성의 과학 81
인과 232, 298, 299
인과관계 33, 259, 260, 300
인구 234, 235, 323
인더스트리(industry) 68, 78
인도청 285
인적자본 47, 93
인적자원 개발(HRD) 75
〈이코노믹 저널〉 285
인텔 417, 418
인플레이션 281, 320, 321, 455
일반균형 338, 339, 340
잉글랜드 15, 16, 17, 21, 22, 23, 24, 25, 28, 31, 68, 132, 278, 279
잉글랜드-스페인 전쟁 278
잉글랜드-프랑스 전쟁 279

ㅈ

자동주조 식자기 203
자본(capital) 153~154
자본가 61, 75, 109, 110, 287, 341, 344, 356, 359
자본가와 노동자 79, 80
《자본론》 73, 279
자본시장 125, 286, 287
자본주의 21, 60, 61, 62, 92, 101, 187, 239, 241, 269, 280, 282, 287, 289, 290, 291, 302, 303, 309, 314, 321, 323, 324, 349, 350, 351, 353, 356, 365, 366, 369
자본축적 37, 363, 367, 368
자생하는 질서 335
자신의 이익 39, 152
자애심(beneviolence) 42, 43, 45, 55, 59, 185, 376
자연철학 24, 36
자영업 48, 96, 99, 100, 177, 431
자유(freedom) 50~51, 324
자유무역 31, 37, 101, 105, 132, 137, 140, 143, 156, 157, 158, 159, 161, 226
자유방임 63, 76, 141, 142, 321, 326, 327, 329
자유의 여신상 214
자유주의 18, 76, 77, 78, 89, 92, 98, 107, 226, 227, 229, 230, 269, 272,

잔기(residue, residui), 파레토 258~259
잡스, 스티브 56, 306, 374, 397, 405, 409, 413, 414, 426
장기신용은행, 일본 87
장로교 18, 19, 27
장망식 제지 204
장인 경제 21
재정 중독 328
재정 지출 64, 282, 315, 317
적성의 차이 359
적자재정 282, 290, 291, 292, 316, 317, 363, 368
전문경영자 172, 287~288
전미항공우주자문위원회(NACA) 398
전자상거래 397
전쟁 20, 35, 64, 85, 86, 140, 143, 146, 176, 225, 227, 260, 285, 317, 323, 354, 357, 358, 361
전체주의 93, 125, 272, 325, 332
정규분포 243
정근모 422, 423, 424
정념(Passion) 30, 31, 32, 52, 55, 56
정문술 429
정부지출 318, 321, 368
정신노동 150~152
정신자본 153, 154, 162, 163
정실주의(情實主義) 227
정주영 99, 170
제2차 세계대전(2차대전) 64, 85, 88, 93, 186, 272, 283, 285, 326, 360, 368, 381, 382, 386, 391, 399, 407, 408, 410, 417, 421, 426, 428, 431
제너럴 일렉트릭(GE) 172, 182, 286, 369, 380, 381, 384, 409, 412
제너럴모터스(GM) 172, 182, 381, 384
제니스 409
제록스 팔로알토 연구소(PARC) 410
제퍼슨, 토머스 107, 217
조광조 268
조세 연방주의 363
조세(tax) 13, 37, 50, 64, 103, 119, 234, 252, 360~364, 366, 368, 392
조세국가 360~364, 368

롤링, 조앤 15
조지, 로이드 316
존 휘트니 383
존슨앤존슨 354
종교 개혁 18, 23, 139, 224, 352
종업원퇴직연금법(ERISA) 394
종족주의 159
주관적 확률 296, 298
주란, 조지프 234
주식투자 125, 287, 322
주식회사 21, 92, 169, 171, 189, 192, 280, 354, 365, 383
주희(朱熹) 231
중도파 목사 18, 19, 27
중세 19, 20, 24, 30, 61, 124, 129, 159, 168, 169, 175, 183, 224, 264, 349, 358, 361, 375
중소기업국(Small Business Administration), 미국 387
중소기업청, 한국 428
중앙은행 279, 319
증권거래소 287, 322, 429
증기기관 15, 21, 192, 378
증기기관차 21, 375, 379
증산교 266
지대추구자(rentiers) 263
지멘스 172, 286, 354, 380
지배계급 261
지배자와 피지배자 356
지분소유자 287~288
지분투자 금융 374, 375, 377
지식 296~299
지식노동 60, 63
지주 40, 60, 79, 110, 315, 359
직관 304~307
진화생물학 351

ㅊ

차선(the second best) 255
착취적 제도 148
창문세 103
창업 99, 120, 172, 178, 186, 370, 374, 381, 382, 393, 394, 395, 400, 405, 408, 410, 411, 413, 415, 417, 420, 421, 425, 426
창조적 파괴 97, 241, 254, 333, 335, 342, 349, 350, 351, 366
창조하는 자본 390
철도 87, 126, 180~183, 198, 204, 226, 280, 348, 380, 404
    철도와 거대 조직의 등장 192~193
    철도와 기업 회계의 변화 194
    철도와 산업 파급효과 193~194
    철도와 주식 투자의 확산 192
    철도와 투자금융 사업의 발전 194
채무불이행 리스크 376
챈들러, 알프레드 48, 92
최대 행복감 249~252
최약자 249
추종자 77, 90, 317, 325, 345, 359

ㅋ

카네기, 앤드루 15, 169, 171, 193
카리스마형 통치자 171
카베, 에티엔 72
카카오 147, 187, 430
칸트, 임마누엘 15, 29, 86, 125, 231, 270, 293
칼라일, 알렉산더 18
칼뱅, 장 18
캉티용 97
캘리포니아공과대학(CALTECH) 421, 390
캠블, 존 201
커리, 로클린 291
컨베이어벨트 시스템 306
컨테이너 시스템 146
컬럼비아대학 217
컴팩 398, 415
케인스, 존 네빌 284
케인스, 존 메이너드 89, 98, 101, 111~116, 242, 270, 281~328, 341, 369, 431
    《고용, 이자, 화폐에 관한 일반이론》(《일반이론》) 101, 115, 289, 290, 291, 310, 312, 316, 328
    《확률론》 299~300

케인지언 100, 282, 289, 292, 316, 317, 318, 319, 321, 328, 335, 366
케임브리지대학 24, 25, 284, 293, 299
케터링, 찰스 384
코로나19(COVID19) 431
코스닥(KOSDAQ) 429, 430
코오롱 354
코즈모폴리턴 경제학 131
코핀, 찰스 172, 383
콘드라티에프 348
콘드라티에프 장파 348
콘웨이, 론 383
콜럼버스, 크리스토퍼 378, 379
콜베르, 장 바티스트 135, 141, 142, 143, 155
콜옵션 378
콤프턴, 칼 382
콩드, 오귀스트 77
쾨니히, 프리드리히 202
쿠퍼, 앤더슨 191
쿤-로브 382
크롬웰, 올리버 139, 140
크루그먼, 폴 282
크루프(Krupp) 193
크리스텐슨, 클레이튼 57, 369
클라베이어, 에티엔 104
클라이너퍼킨스코필드바이어 393
클레이, 헨리 157
클린턴, 빌 158
킹스칼리지 284

ㅌ

타이슨, 마이크 239
탈무드 56
터만홀 422
터먼, 프레데릭 393, 395, 405~431
테네시강 유역 개발청(TVA) 289, 290
테이셰이라, 탈레스 369
테일러, 프레드 114
텍사스인스트루먼트 109
토크빌, 알렉시 드 168
톨러러블 소사이어티 255

통상산업성(MITI), 일본 283
통일주의자, 이탈리아 227
통화주의 319
퇴장(hoarding) 313
투기자(speculators) 262, 321~323
투자은행(IB) 87, 194, 287, 343, 381, 382, 386, 393
투자은행업 93, 381
투하노동가치론 314
트랜지스터 387, 415, 416, 418, 419
트랜지스터 라디오 109, 418
트럼프, 도널드 158, 160
트루먼, 해리 158
트웨인, 마크 183

ㅍ

파레토 최적 230, 247, 252, 253, 254
파레토 효율성 250
파레토, 빌프레도 224~275
파레토의 법칙 234, 245
파리상업고등대학(ESCP) 116, 117, 118
파생체(derivation, derivazioni), 파레토 258~261, 262, 264, 265, 266, 267~271, 274
파시즘 257
파트너십 192, 375, 377, 383
팍스 아메리카나 168
판탈레오니, 마페오 227, 228
패커드, 데이비드 412, 413, 414
팰로앨토 405, 410, 413, 415, 416, 419
퍼거슨, 애덤 18
페레르 형제 87, 380
페루치, 우발디노 226
페어차일드세미컨덕터 393, 416, 417
페이스북 69, 99, 297, 395, 396, 405
페이지 랭킹 306
평등 12, 49, 70, 80, 91, 168, 183, 185, 207, 229, 239, 246, 302, 303, 329
평등주의 248, 249, 250, 251, 365
평로법 193
포경(捕鯨)업 146, 379
포드(자동차) 172, 182, 189, 286, 354

포드, 헨리 109, 171, 172, 182, 306, 344
포드니맥컴버 관세법 158
포르투갈 132, 133~136, 142, 143, 145, 377
포용적 경제제도 148
포커 클럽 27, 28
포퍼, 칼 240, 299, 309, 332
푸거 169, 354
풀턴, 로버트 178
퓰리처, 조지프 199, 205, 207~220
퓰리처상 216, 218
프랑스 상공회의소 398
프랑스 (대)혁명 16, 31, 77, 82, 89, 93, 104, 106, 117, 167, 168, 264, 265, 327
프랭클린, 벤저민 27, 202
프로이트, 지그문트 232, 305, 332
프로젝트 관리 419
프롤레타리아 독재 129, 365
플라톤 26, 61, 231, 257, 270, 293, 339
플랜더스, 랄프 382
플로렌스대학 227
플로베르, 구스타브 246
피구, 아서 284
피스, 에드워드 379
피스크, 제임스 171
피케티, 도마 60
필요(necessity) 324

ㅎ

하르낙, 아돌프 폰 352
하버드비즈니스스쿨 118, 392, 394, 398
하이에크, 프리드리히 폰 93, 98, 326, 335
한계소비성향 311
한국과학기술원(KAIST) 422, 425, 429
(사)한국벤처기업협회 429
(사)한국벤처캐피탈협회 429, 430
한국전쟁 57, 172, 265, 412, 425, 428
한국투자파트너스 430
한자 동맹 136, 144
한진 187
한컴 430
한화 354

합리성 30, 92, 300, 308, 310, 322, 327, 361
합리적 마음 300
합리적 믿음 302
합리적 지식 308
합작(joint-stock) 377
항해조례 140
해너, 존 422
해리스, 벤저민 200
해밀턴, 알렉산더 157
해운업 146~147
햄 라디오 406
행동(action, azione), 파레토 258
행운 240~241
허스트, 윌리엄 랜돌프 215, 216
허치슨, 프랜시스 17, 32, 34
헤겔 125, 129, 231, 270, 293
헤르더, 요한 고트프리트 폰 130
헤이스, 마크 317
헨더슨, 허버트 316
헨리 8세 139
혁신 13, 28, 69, 97, 100, 107, 172, 192, 195, 199, 203, 205, 209, 210, 212, 242, 253, 254, 262, 293, 333~344, 368, 370, 419, 420
    혁신의 관료화 352~353
    혁신의 관행화 352~353
    혁신의 시스템화 352~353
현금 보유 312, 313
    현금 보유의 거래 동기 312
    현금 보유의 예비 동기 312
    현금 보유의 투기 동기 312, 322
현대(그룹) 161, 172, 187, 354, 428, 430
호프만-라로슈 109
홉스, 토머스 32, 264
홉킨스, 해리 291
화이트헤드, 알프레드 166
화폐(금융)자본 153
화폐수량설 320~321
황색 신문 215, 216
황색 저널리즘 216
회계원리 298
회사법, 영국 280, 286, 375

후버, 허버트 289
후쿠자와 유키치 71
훔볼트대학 117, 125, 334, 426
휴렛, 윌리엄 412, 413, 414
휴렛팩커드 405, 408, 409, 411, 413, 414, 415, 427
휴맥스 430
흄, 데이비드 14, 26, 27, 31, 35, 53, 128
흄, 존 18
히틀러, 아돌프 93, 125, 285, 332
힐퍼딩, 루돌프 153, 283, 343

A~, 1~
ARDC 382~392, 394, 396, 400
AT&T벨연구소 109, 387, 390, 415, 416, 418
DEC 389, 390, 396~399
GATT(관세 및 무역에 관한 일반협정) 158
GUI(그래픽사용자인터페이스) 306, 409
IBM 컴퓨터 182, 187, 387, 396, 397
IKEA 162
INSEAD 398, 399
JP모건 87, 109, 172, 187, 194, 287, 354, 380, 384
KDB산업은행 87
LG 161, 187, 428, 430
MIT 382, 385, 386, 389, 390, 406, 407, 408, 412, 415, 421
NAFTA(북미 자유무역협정) 158
VAX 396
80 대 20 법칙 233, 234